KB273706

내가 쓰는 한국 근현대사

내가 쓰는 한국 근현대사

2011년 3월 25일 처음 펴냄
2014년 1월 16일 1판 4쇄

지은이 한상철, 이영복
펴낸이 신명철
편집장 장미희
편집 장원
디자인 박대성

펴낸곳 (주)우리교육
등록 제313-2001-52호
주소 (121-841)서울시 마포구 월드컵북로 43
전화 02-3142-6770 | 팩스 02-3142-6772
홈페이지 www.uriedu.co.kr
이메일 urieditor@uriedu.co.kr
출력 한국커뮤니케이션 | 인쇄 제본 천일문화사

이 책의 국립중앙도서관 출판시도서목록(CIP)은 e-CIP 홈페이지(http://www.nl.go.kr/ecip)에서
이용하실 수 있습니다.(CIP제어번호: CIP2011001291)

내가 쓰는
한국 근현대사

한상철·이영복 지음

우리교육

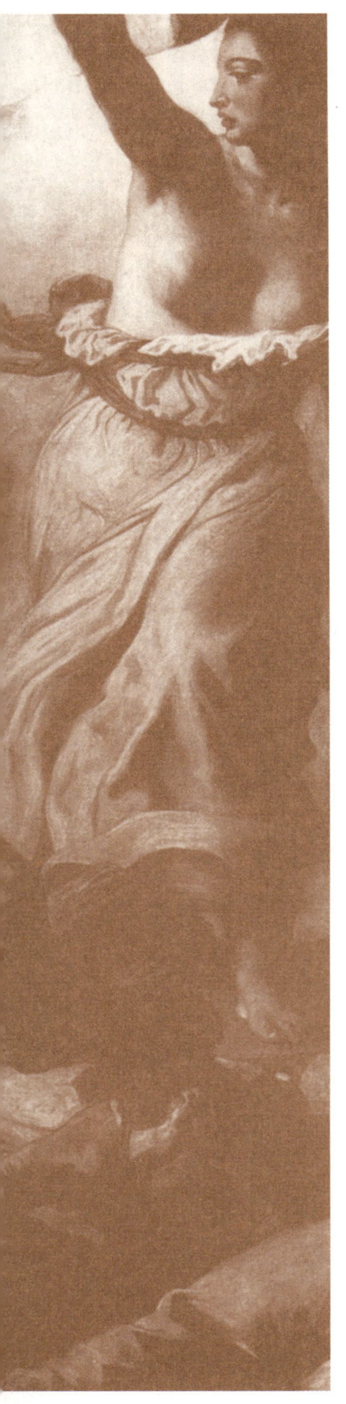

어느덧 '근현대사, 무엇을 어떻게 가르칠 것인가?'라는 질문을 던진 지 십 년이 지났습니다. 그것은 역사란 무엇인가에 대한 질문인 동시에 입시 경쟁과 교육 양극화가 극단으로 치닫는 시대에 교단에 서 있는 제 삶의 의미에 대한 질문이었습니다. 우리 사회의 갈등을 바람직하게 해결하고 더 나은 내일로 나아가려면 권력으로부터 독립된 역사의식이 필요합니다. 이 책은 지난 십 년간 누구의 간섭도 받지 않고 양심에 따라 정리한 근현대사를 교실에서 학생들과 호흡하며 다듬은 것입니다. 이 책이 다른 책과 구별되는 차이점은 두 가지입니다.

첫째, 교과서나 통사에서 버려지고 왜곡된 근현대사의 중요한 사실들을 빠뜨리지 않고 역사의 무게에 맞게 서술하려고 노력했습니다. 우리는 이처럼 누락된 기억의 복원을 통해 우리 사회의 정치, 경제, 사회, 문화에 대한 비판적이고 총체적인 인식에 다가설 수 있을 것입니다.

둘째, 주제마다 중요한 쟁점을 심화시킨 생각마당과 토론마당을 만들어 스스로 역사를 생각하고, 토론하고, 쓸 수 있도록 구성했습니다. 이를 통해 독자들은 주어진 해석을 받아들이는 수동적인 자세에서 벗어나 역사를 쓰고 만들어 가는 주인이 될 수 있을 것입니다.

근현대사 인식의 문제점

사람들은 교과서나 통사를 통해 자신의 역사의식을 형성합니다. 그런데 식민지 시대와 독재 정권을 거치며 우리 사회의 근현대사 인식은 험난한 길을 걸어왔습니다.

첫째, 부당한 권력이 역사의식을 통제해 왔습니다. 일제가 민족의식을 말살하고, 독립 의지를 꺾으려 만든 교과서 검정 제도는 해방 뒤 독재 정권에게 이어져 정권 합리화의 도구로 이용되었습니다. 이처럼 뿌리 깊은 역사 왜곡의 전통 속에서 근현대사의 진실은 깊이 묻혔습니다. 2011년에 일어난 고등학교 한국 근현대사 과목의 폐지는 지금까지도 힘으로 진실을 덮으려는 권력의 부끄러운 모습을 잘 보여 주고 있습니다.

둘째, 남한과 북한의 독재 정권은 체제 경쟁에서 이기려고 자신들의 약점이 드러나는 현대사 연구를 금기시했습니다. 이 때문에 분단과 전쟁, 남북 문제에 대한 연구는 아직까지 미흡한 수준에 머물고 있습니다. 이러한 현상은 현재와 가까워지고 북한과 관련이 깊어질수록 두드러집니다. 앞으로 한국 사회가 진실한 현대사 연구를 통해 분단을 극복하고 새로운 질서로 나아가는 역사의식을 얻길 바랍니다.

셋째, 역사의식 형성의 기본이 되는 체계적인 통사 연구가 부족합니다. 연구자들에게는 오래전에 정설로 받아들여진 내용도 통사에서는 다루지 않는 경우가 많습니다. 물론 몇몇 근현대사 통사들이 나와 있지만 독재 정권에 저항하던 역사 인식에 그치고 있습니다. 통사에 대한 깊이 있는 이해 부족은 한국 사회의 정치, 경제, 사회, 문화에서 일어나는 다양한 갈등의 원인을 총체적으로 파악하는 데 어려움을 주고 있습니다.

우리에게 필요한 역사의식

우리에게 필요한 역사의식은 무엇일까요? 역사의식은 현실의 문제를 해결하는 데 도움이 되어야 합니다. 저는 역사의식을 과거에 비추어 현재를 인식하는 역사적 사고력과 한국 사회 문제 해결의 바람직한 기준이 될 수 있는 민주주의, 평화, 인권, 노동, 평등, 환경에 대한 의식으로 정의합니다.

현재를 총체적으로 인식하는 역사적 사고력을 얻으려면 과거의 사실을 빠뜨리지 않고 인과관계에 맞게 이해하는 것이 중요합니다. 그러나 지금까지 교과서는 검정 제도에 묶여 역사적 사고력을 기르는 데 필요한 사실을 계열성 있게 서술하지 못했습니다. 그러므로 정치사는 민주주의와 남북 문제의 본질에 접근할 수 있는 사실이, 경제사는 자본주의 경제성장과 문제점을 이해할 수 있는 사실이 필요합니다. 사회사는 민중들의 삶과 운동, 언론과 교육의 본질에 다가설 수 있는 사실이, 문화사는 시대를 반영하는 문화의 모습을 그려 낼 수 있는 사실이 필요합니다. 우리는 이처럼 계열성을 갖춘 역사적 사실을 통해 한국 사회의 정치, 경제, 사회, 문화에 대한 깊이 있는 통찰력을 얻을 수 있을 것입니다.

역사적 사고력이 현실 인식을 위한 것이라면 민주주의, 평화, 인권, 노동, 평등, 환경에 대한 의식은 한 사회가 나아갈 방향을 제시한다는 점에서 미래 지향적입니다. 저는 우리 사회 문제 해결의 바람직한 기준이 될 수 있는 보편 가치의 개념을 아래와 같이 제시합니다.

- 정치, 경제, 사회, 문화의 실질적인 민주화를 추구하는 민주주의
- 전쟁을 반대하고 국가의 폭력을 막는 평화
- 사람이 사람답게 살 수 있는 권리로서의 인권
- 일한 만큼 정당한 대가를 받는 노동
- 성별, 종교, 인종의 차이로 차별받지 않는 평등
- 자연과 인간이 공존하며 지속 가능한 발전을 할 수 있는 환경

민주주의, 평화, 인권, 노동, 평등, 환경의 가치는 한국 사회의 성숙도를
비추어 볼 수 있는 거울이 될 것입니다.

이 책을 통해 독자들이 근현대를 살아온 우리 이웃의 삶을 가슴으로
이해하고 다양한 사회 구성원들의 모습 속에서 나를 찾는 데 도움을
받았으면 좋겠습니다. 나아가 모두가 행복한 사회를 위해서 한 걸음 양
보하는 관용과 서로 다른 것을 존중하는 공존의 지혜가 자라길 바랍
니다.

필자를 대표해서 한상철 씀

차례

들어가며 04

1. 조선, 격랑에 길을 잃다 12

꿈틀거리는 조선 | 밀려드는 서양 열강 | 대원군 개혁과 서양과의 충돌 | 첫 단추를 잘못 끼운 개항 |
개화파와 척사파의 충돌 | 못다 핀 3일의 꿈

2. 무너진 꿈과 일본의 침략 30

일어서는 농민들 | 꼭두각시 정권의 개혁 | 열강의 다툼 속에 왕비는 쓰러지고 | 이름뿐인 황제와 빠져나가는 국부 |
우리도 힘 있는 나라를 만들자 | 일본 제국주의 조선을 삼키다 | 나라를 지키려 총을 들다 | 실력만이 살 길이다

3. 일제의 노예로 산 35년 57

조선인은 굴복하거나 죽거나 | 친일파를 키운 문화정치 | 조선인을 일본인으로 만들라

4. 빼앗긴 들에서 독립을 노래하다 67

어둠 속에서 새벽을 준비하다 | 봇물 터진 독립 노래 | 조선을 대표할 정부를 세우다 | 먼저 민족의 실력을 키우자 |
독립과 사회 개혁을 함께 이루자 | 일어서는 노동자와 농민 | 힘을 합쳐 독립을 이루자 | 파괴 대상 다섯, 암살 대상 일곱 |
하늘을 찌르는 독립군의 기세 | 시련을 딛고 새롭게 | 다시 일어서는 독립군 | 중국 대륙을 누비는 조선인 부대

5 해방과 분단의 먹구름 104

일본의 패망과 해방 | 우리 힘으로 나라를 세우자 | 미군정 현상을 유지하다 | 조선 독립을 위한 연합국의 약속 |
소군정 조선인에게 권력을 넘기다 | 연합국의 약속이 깨지다 | 쌀을 달라! 친일파를 처벌하라! | 좌우합작 운동 |
한반도에서 불붙은 냉전 | 잠들지 않는 남도

6. 대한민국의 수립과 4월 혁명 139

대한민국이 수립되다 | 친일파 청산이 실패하다 | 찢겨진 산하 | 쓰러져 간 민중들 | 반공을 내세운 독재 |
독재자를 몰아낸 4월 혁명 | 새로운 사회가 싹트다

7. 총칼을 앞세운 독재 166

무력으로 정권을 잡은 군인들 | 장기 집권을 꿈꾸는 박정희 | 3억 달러에 판 식민 지배의 고통 |
베트남전쟁 무엇을 남겼나 | 1인 독재를 만든 10월 유신 | 내 명령에 무조건 복종하라 | 유신의 심장을 쏘았다

8. 민주주의를 향한 몸부림 190

끝나지 않은 겨울 | 아! 광주여 민주의 십자가여 | 유신 정권의 부활 | 우리 손으로 대통령을 뽑자 | 노동자도 인간이다 |
신군부, 보수 대연합으로 살길을 찾다 | 역사를 거꾸로 세운 문민정부 | 선거 혁명과 진보의 새 물결

9. 북한의 어제와 오늘 219

독재와 사회주의 | 모든 것을 수령 중심으로 | 대를 이은 김정일 | 우리식 사회주의와 경제난

10. 가깝고도 먼 남과 북 231

높아지는 분단의 벽 | 겉과 속이 다른 독재자들의 약속 | 평화와 통일을 위한 발걸음

정치사 · 백성, 국민 그리고 시민

경제사 · 땀방울로 이룬 경제성장

1. 제국주의 경제 침탈 244

빠져나가는 쌀과 밀려드는 옥양목 | 서양의 경제를 태우자 | 일본의 경제 침탈과 저항운동

2. 일제의 경제 지배 255

땅은 빼앗고 조선인 회사는 누르고 | 빛 좋은 산미 증식과 회사령 폐지 | 모든 것을 전쟁에 동원하라

3. 경제성장의 빛과 그림자 264

위대한 원조 | 싸우면서 건설하자 | 우리는 기계가 아니다 | 기업 특혜와 중화학공업 | 알몸과 똥물 |
농산물 개방과 치솟는 부동산 | IMF 경제 위기와 노동자의 희생 | 비정규직과 양극화의 시대

사회사 · 닫힌 사회에서 열린 사회로

1. 밀려드는 서양 문물 292

새 학교와 언론 | 싹트는 근대의식

2. 꿈을 잃은 사회 299

하급 일본인을 만드는 학교 | 이제 일제에 협조하자 | 학생, 청년, 어린이, 여성, 백정 들의 목소리 |
총알받이로, 노예로, 위안부로 살다 | 카레이스키, 코리언, 애니깽, 조센진

3. 통제에서 자율로 314

반공을 위한 교육과 언론 | 국민교육헌장과 향토예비 군 | 학교와 사회를 군대식으로 |
광주의 아픔을 딛고 | 교육 민주화 선언과 보도 지침 | 지역과 부문으로 조직되는 사람들 |
눈뜨는 시민들 | 진보와 소수자들의 목소리

문화사 · 시대를 비춘 거울

1. 서양 것과 우리 것 342

겉 다르고 속 다른 근대 문물 | 문예와 생활의 변화

2. 흔들리는 민족문화 350

숨죽여 부르는 아리랑 | 신사에 참배하는 종교인 | 우리말 우리 역사 | 몸뻬, 커피, 개량 한옥

3. 겨울 그리고 봄 364

비바람 속에 피는 꽃 | 한쪽 날개를 잃은 문화계 | 군사독재에 이용된 대중문화 | 청바지와 통기타 |
3S 정책과 노동의 새벽 | 돈이 만드는 문화

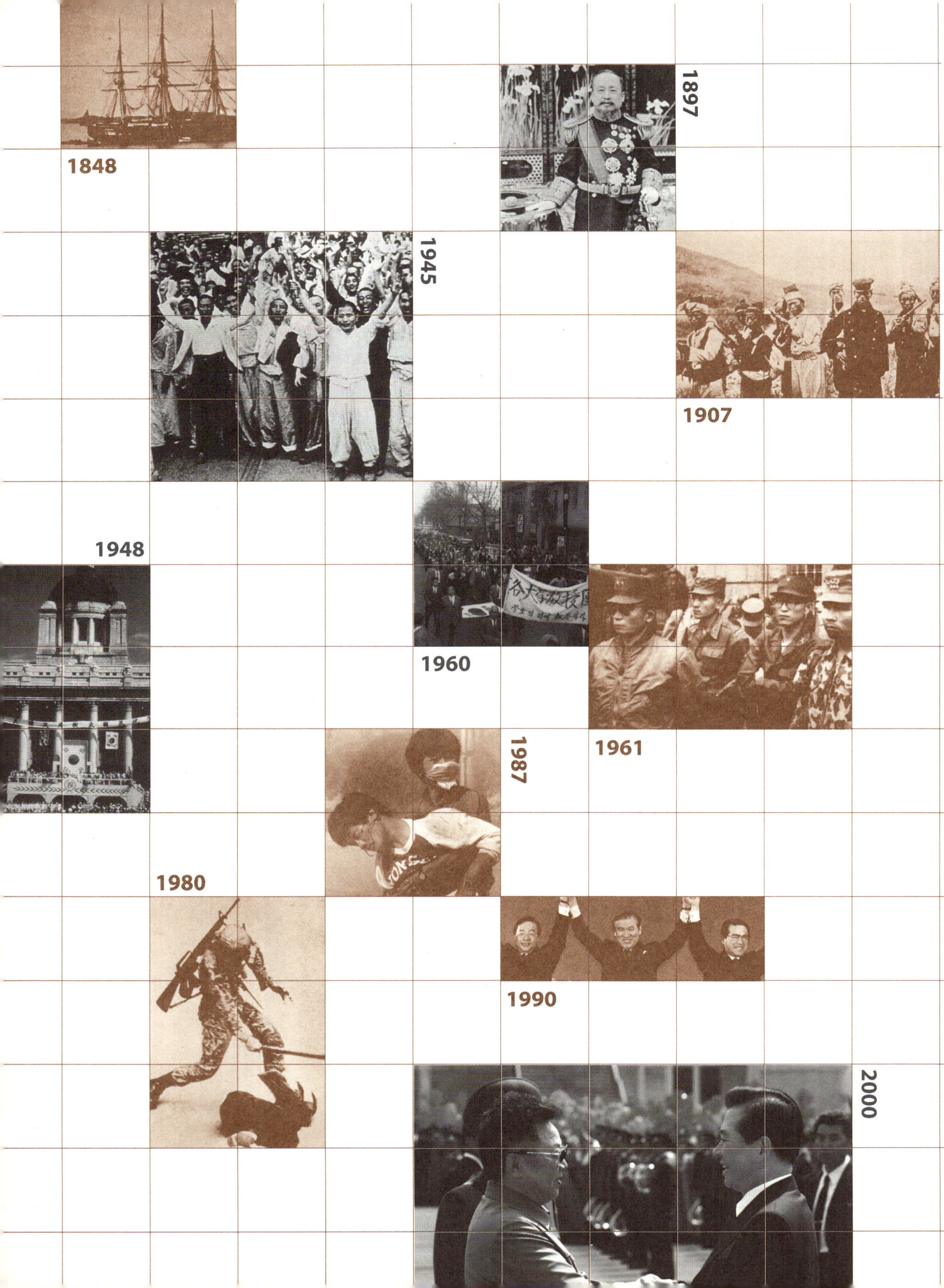

1848
1897
1945
1907
1948
1960
1961
1987
1980
1990
2000

정치사

백성
국민
그리고
시민

1800
1884

01

조선
격랑에 길을 잃다

꿈틀거리는 조선 · **조선사 1800~1863**

밀려드는 서양 열강 · **세계사 1800~1863**

대원군의 개혁과 서양과의 충돌 · **대원군 집권 1864~1873**

첫 단추를 잘못 끼운 개항 · **강화도조약 1876**

개화파와 척사파의 충돌 · **임오군란 1882**

못다 핀 3일의 꿈 · **갑신정변 1884**

1
꿈틀거리는 조선

양반과 상민 - 김득신
나귀를 탄 양반에게 상민이 허리를
숙여 인사하고 있다.

무너지는 신분제

조선은 양반과 상민의 차별이 뚜렷한
신분제와 지주가 소작인을 수탈하는 지
주제로 유지되는 사회였습니다. 조선 후
기가 되자 불평등한 봉건제를 무너뜨리
고 새로운 사회로 나아가려는 기운이
솟아났지요. 변화는 잡초가 적은 모내
기법이 보급되면서 일어났습니다. 모내
기법으로 김매기 일손이 줄자 한 명이 넓은 토지를 경작하는 광작이
퍼졌습니다. 광작으로 부농이 된 사람이 생겼고, 일거리가 없어 농토를
떠난 사람도 늘었습니다.

농업 생산량이 늘고 경제가 발달하면서 전통적인 신분제가 무너졌
습니다. 돈을 번 평민은 신분을 사거나 호적을 위조해 양반이 되었지
요. 노비도 신분을 사거나 군공을 세워 평민이 되었습니다. 양반도 관
직에 나간 소수를 제외하면 대부분 평민과 같은 생활을 했습니다. 여
기에 천주교와 동학의 평등사상이 퍼지며 신분 의식이 사라졌습니다.
그러나 지주가 소작인에게 수확의 반을 걷는 지주제가 확산되면서 농
민들의 시름은 깊어 갔습니다.

세도정치와 백성들의 저항

조선 후기 정치는 사회 변화를 따라가지 못했습니다. 1801년 순조
가 즉위하자 외척인 안동 김씨 가문이 주요 관직을 독점했습니다.
60여 년간 한 가문이 권력을 휘두르는 세도정치가 이어지자 부정
부패가 심해졌습니다.

탐관오리들은 세금 제도인 전정, 군역 제도인 군정, 그리고 곡식
을 빌려 주는 환곡을 마음대로 운영해 배를 채웠습니다. 전정에서
는 토지대장을 위조해 황무지나 있지도 않은 땅에서 세금을 걷었
지요. 군정에서는 어린아이나 죽은 사람에게까지 군포를 걷었습니
다. 환곡에서는 높은 이자를 받거나 겨를 섞어 빌려 주었습니다.

백성들은 부당한 수탈에 저항했습니다. 1811년, 평안도에서 홍경
래가 봉기를 일으켰습니다. 농민들은 점차 토지제도 개혁 등 근본적인
개혁을 요구했지요. 1862년에는 전국 곳곳에서 농민들의 저항이 일어
나 부패한 세도 정권을 위협했습니다. 신분제와 지주제로 유지되던 조
선의 봉건 체제는 변화를 외치는 백성들의 목소리 앞에 흔들렸습니다.

지주와 소작인 – 김홍도
지주의 명을 받은 마름이 벼 타작을
하는 농민들을 감시하고 있다.

• 민란과 농민 봉기

19세기는 민란의 시대라 불릴 정도로 농민들의 저항이 많았다. 아래 사료는 사람들이 보통 '진주민란'으로 부르는 사건에 대한 기록이다.

임술년(1862) 2월 19일, 진주 백성 수백 명이 머리에 흰 수건을 두르고 손에는 나무 몽둥이를 들고 무리를 지어 진주 읍내에 모여 서리들의 가옥 수십 호를 불사르고 부수어서, 그 움직임이 결코 가볍지 않았다. 진주병사 백낙신이 해산시키고자 장시에 나가니 흰 수건을 두른 백성들이 땅 위에서 그를 빙 둘러싸고 백성의 재물을 횡령한 조목, 아전들이 세금을 포탈하고 강제로 징수한 일들을 면전에서 여러 번 문책하는데, 그 능멸하고 핍박함이 조금도 거리낌이 없었다.

단순히 탐관오리와 지주의 입장에서 농민의 폭력만 문제 삼는다면 이 사건을 난이나 폭동으로 볼 수 있다. 그러나 다른 관점에서 보면 이 사건을 봉건사회의 기득권을 지키려는 지배층과 문제점을 해결하려는 농민의 대립으로 볼 수도 있다.

민란은 '민이 난을 일으킨다'라는 의미로 지배층의 입장에서 사용한 용어다. 지배층은 새로운 사회 세력의 움직임을 나라를 어지럽히는 난으로 보았지만, 사회 변화의 측면에서 본다면 진보를 위한 발걸음으로 이해할 수 있다. 그래서 최근 몇몇 학자들은 농민들이 지배층의 부정부패에 저항한 경우 대체로 '봉기'라고 부르기도 한다.

• 위의 사건을 민란으로 볼 것인지 봉기로 볼 것인지 토론하고 내 생각을 써 보자.

2
밀려드는 서양 열강

중국과 일본의 개항

19세기 서양 열강은 원자재와 상품 시장을 확보하려고 다른 나라를 침략하는 제국주의 정책을 추진했습니다. 영국은 청에서 차를 수입하면서 생기는 무역 적자를 줄이려고 아편을 수출했습니다. 청은 이를 막으려 전쟁을 벌였지만 패배하고, 난징조약(1842)을 맺어 5개 항구를 개항했지요.

서양 열강은 잇달아 아편 무역을 합법화한 톈진조약(1858)과 북경에 외교관을 두는 베이징조약(1860)을 맺었습니다. 청은 양무운동으로 서양식 부국강병을 추진했지만 체제 유지에 급급해 실패했습니다.

아시아의 개항

제국주의 국가들은 함포를 앞세워 불평등조약을 강요하였다. 중국과 일본은 난징조약과 미일화친조약으로 치외법권을 인정하고 관세 자주권을 상실하였다.

제국주의의 겉과 속

"영국 학교에서는 교실마다 커다란 세계 지도를 걸어 놓았다. 세계 육지의 1/4과 인구의 1/5이 우리가 사는 조그만 섬의 지배를 받았다. 그러나 어느 누구도 아프리카 다이아몬드 광산과 인도 면화 농장의 작업 조건, 그리고 유아 사망률과 평균수명에 대해 말하는 사람은 없었다."

– 페릭스 그린, 제국주의와 혁명

일본은 페리 함대에 굴복해 미일화친조약(1854)을 맺고 문호를 개방했지요. 일본은 천황 중심의 중앙집권 국가를 세우고 메이지유신(1868)으로 근대화에 성공한 뒤 제국주의 국가를 따라 침략에 나섰습니다.

위정척사냐 개화냐

조선 해안에 나타난 이양선은 처음에는 식수나 식량을 원하더니 차츰 통상을 요구했습니다. 1860년, 중국이 베이징조약으로 서양 세력에게 수도까지 개방하자 조선의 위기감은 높아졌습니다.

이항로, 기정진은 정학인 성리학을 지키고 사학인 천주교와 서양 문화를 배척하는 위정척사운동을 펼쳤습니다. 기정진은 "교활한 서양 오랑캐는 우리 강산을 저들의 재물로, 우리 백성을 금수로 만들려는 것뿐이다. 이러한 때일수록 천주교와 같은 사악한 종교를 몰아내고 정학을 바로 세우자."고 주장했지요. 이들은 서양 침략에 무력으로 맞서자며 대원군의 통상 거부 정책을 뒷받침했습니다.

변화하는 세계정세에 발맞추는 흐름도 생겼습니다. 박규수, 오경석, 유홍기, 최한기는 청을 오가며 서양 문물을 체험했습니다. 최한기는 "서양의 무력 침략을 막는 것도 중요하지만 우수한 문물까지 문을 잠글 필요는 없다. 성리학에서 말하는 정正이라는 것도 시대의 변화에 따라 달라진다."고 주장했지요. 이들은 상공업 진흥을 중시하는 북학파와 서양 근대사상의 영향을 받아 개화사상을 형성했습니다. 또한 조선에도 위기가 찾아올 것이라 예상하고 혁신을 준비했지요. 그리고 박규수의 집 사랑방에서 김옥균, 박영효, 김홍집 등을 가르쳐 개화 세력을 길렀습니다.

이양선의 출현

올해 여름부터 이양선이 나타났다. 쫓아가려고 해도 따라갈 수 없었다. 어떤 배는 뭍에 올라 물을 길어 가기도 하고, 고래를 잡아먹기도 하였다. 그 숫자를 헤아릴 수가 없었다.

– 〈헌종실록〉, 1848년

베이징조약 뒤 조선의 민심

전국으로 번진 공포를 다 설명하기는 불가능한 일이다. 높은 관직에 있는 관리들이 천주교 신자들에게 보호를 부탁하고 위험한 날에 대비하여 종교 서적이나 예수의 고행상을 장만하려고 교섭을 벌였다.

– 달레, 〈한국천주교회사〉(1860)

• 근대화를 향한 중국과 일본의 선택

근대화란 18~19세기 유럽과 미국에서 전개된 사회 변화를 말한다. 일반적으로 정치는 민주주의 발전, 경제는 자본주의 발전, 사회는 평등한 사회체제 수립, 문화는 과학의 발달 등을 가리킨다. 중국과 일본은 근대화를 향해 다른 길을 걸었다.

중국은 동양의 제도를 유지하면서 서양의 기술을 받아들이자는 동도서기론을 선택했다. 이는 청의 관리인 이홍장의 상소문에 잘 드러난다.

"서양의 기계가 농경, 기계, 인쇄, 도공 등의 용구를 모두 제조할 수 있고 민생의 일상생활에 이익이 되는 것이지, 오로지 군사 무기만을 만드는 것은 아닙니다."

일본은 서양의 과학기술뿐만 아니라 정치제도와 사상까지도 받아들이는 문명개화론을 선택했다. 이는 후쿠자와 유키치의 〈문명론의 개략〉(1857)에 잘 드러난다.

"문명에는 밖으로 드러나는 사물과 안에 담긴 정신의 구별이 있는데, 밖으로 드러나는 문명은 취하기가 쉽고, 그 안에 담긴 문명은 찾기 어렵다. 나라의 문명화를 꾀함에 있어서는 어려운 쪽을 먼저 하고 쉬운 쪽을 나중에 해야 한다."

근대화 방법의 차이는 두 나라의 운명을 갈라놓았다. 일본은 근대화에 성공해 자본주의 경제성장을 이루고 제국주의 국가로 탈바꿈했다. 중국은 제국주의 열강에게 영토를 빼앗기고 반식민지 상태에 빠졌다. 중국과 일본의 개화론은 조선에도 영향을 주었다. 동도서기론은 온건 개화파의 정책 결정의 기초가 되었고, 문명개화론은 급진 개화파에게 영향을 주었다.

• 이 무렵 조선에 바람직한 근대화 방법은 무엇이었는지 내 생각을 써 보자.

3
대원군의 개혁과 서양과의 충돌

대원군의 내정 개혁

1862년 전국에서 일어난 농민 봉기로 세도 정권이 위기에 빠지자 기회를 엿보던 흥선대원군이 권력을 잡았습니다. 대원군이 집권하면서 조선 왕실은 되살아났고 서양의 침략에 무력으로 맞서자는 위정척사파의 주장이 힘을 얻었습니다.

대원군은 서양과 통상을 거부하고 내정 개혁을 추진했습니다. 그는 세도 가문의 본거지인 비변사를 폐지하고, 의정부와 삼군부를 부활시켜 왕권을 강화했습니다. 또한 법전인 대전회통을 편찬하고 인재를 고르게 등용했지요. 붕당의 거점이던 6백여 개의 서원도 47개로 줄이는 개혁을 단행했습니다.

대원군은 농민 봉기의 원인인 삼정의 폐단을 개혁하고 국가재정을 회복하려고 노력했습니다. 전정은 지주들이 숨긴 땅을 찾아 세금을 부과했습니다. 군정은 군포를 두 필에서 한 필로 줄이는 대신 양반도 내는 호포법을 실시했지요. 백성들의 원성이 높았던 환곡도 사창제를 실시해 농민 생활을 안정시키려 했습니다.

그러나 봉건 체제를 강화하려는 개혁은 한계가 있었습니다. 왕실의 권위를 세우려는 경복궁 사업은 무리한 인력 동원과 재정 투자로 농민들의 불만이 높아졌습니다. 또한 무리한 서원 철폐로 유생들의 반발이 심해져 대원군이 실각하는 원인이 되었습니다.

흥선대원군
어린 고종을 대신해 1864년부터
1873년까지 집권하였다.

병인양요와 신미양요

1866년 10월, 프랑스는 대원군이 프랑스 선교사들을 처형한 병인박해 (1866.1)를 구실로 병인양요를 일으켰습니다. 프랑스군은 한 달여 동안 강화도를 점령하고 외규장각을 약탈했습니다. 고전하던 조선군은 제주목사 양헌수 부대의 활약으로 정족산성에서 프랑스군을 물리쳤습니다.

1868년에는 독일 상인 오페르트가 대원군 아버지 남연군의 유골을 도굴해 통상을 요구하려다 실패했지요. 이 사건 뒤 대원군은 더욱 강력한 통상 거부 정책을 펼쳤습니다.

1866년 7월, 미국 상선 제너럴셔먼호가 대동강까지 들어와 횡포를 부리자, 평양 관민들이 힘을 모아 배를 불태웠습니다. 미국은 배상금 지불과 통상 조약을 요구했지만 거부당하자 신미양요(1871)를 일으켰습니다. 미군은 초지진과 덕진진을 점령했지만, 어재연 부대가 광성진에서 이들을 격퇴했지요.

그 뒤 대원군은 척화비를 세워 서양 열강의 침략을 경고했습니다. 대원군은 서양의 침략을 일시적으로 막았지만 변화하는 세계에 능동적으로 대응하지 못하고 봉건 체제를 고수했다는 한계를 남기고 있습니다.

척화비

'서양 오랑캐가 침입하여 싸우지 않으면 화친하는 것이요, 화친을 주장하는 것은 나라를 팔아먹는 것이다' 라는 내용이 적혀 있다.

프랑스군의 외규장각 약탈

1782년에 강화도에 세워진 외규장각은 왕실 물품과 서적들을 보관했다. 외구장각에 보관된 도서는 1007종 총 5607책이었으나 프랑스군이 약탈한 359점을 빼고는 모두 불타 버렸다. 1993년, 경부 고속 전철 사업에 프랑스의 TGV가 참여하면서 미테랑 대통령은 외규장각의 고서 반환을 약속했다. 그러나 파리 국립도서관과 프랑스 언론의 반발로 반환을 미루고 있다.

• 대원군을 어떻게 볼 것인가?

대원군은 오늘날까지 상반된 평가를 받고 있다. 먼저 그를 긍정적으로 보는 입장이다. 김동인은 그의 소설 〈운현궁의 봄〉에서 "조선 근대의 괴걸이요, 유사 이래 어떤 제왕도 잡아 보지 못했던 절대적 권리를 손에 잡고 이 팔도 삼백여 주를 호령하였다. 밖으로는 불란서, 미국, 청국을 내리누르고 안으로는 자기 백성의 복지를 위해 일생을 바쳤다."고 했다. 이러한 관점에서 보면 대원군은 당파를 초월해 인재를 등용하고, 서원을 철폐해 재정 낭비를 줄인 능력 있는 통치자였다. 또한 양반에게 세금을 징수해 국가재정을 확보하고 농민 생활을 안정시키려 했다. 대외적으로도 프랑스와 미국의 침략에 맞서 국가를 지킨 능력 있는 민족주의자로 볼 수 있다.

다음은 그를 부정적으로 보는 입장이다. 박은식은 〈한국통사〉에서 "대원군이 혼자서 총명한 체하여 권력을 마음대로 휘두르고 어진 사람을 얻어 더불어 일하는 것을 숭고하게 여기지 않았다. 정권을 잡은 초기부터 토목공사를 급히 하여 마음대로 조세를 거두어들였고, 벌주고 죽이는 것을 남용하여 도道를 살리지 않고 백성을 죽였다."고 했다. 이러한 관점에서 보면 대원군은 평등을 주장하던 동학교도와 천주교도를 봉건 체제를 어지럽힌다는 이유로 처형한 독재자였다. 또한 무리한 경복궁 중건으로 원납전을 발행해 백성들의 생활을 어렵게 했다. 대외 정책 역시 서양의 침략을 일시적으로 막았지만, 우물 안 개구리로 시간을 낭비한 시대착오적 정치가로 볼 수 있다.

• 대원군을 어떻게 볼지 토론해 보고 내 생각을 써 보자.

첫 단추를 잘못 끼운 개항

일본 군함 조선을 넘보다

1873년 대원군이 농민과 유생의 반발로 물러나자, 고
종의 부인인 민비의 친족이 권력을 잡았습니다. 민씨
정권은 경복궁 공사를 중단하고 서원을 늘려 농민과
유생의 불만을 달랬지만, 재정은 악화되고 매관매직
이 성행했지요. 민씨 정권이 집권하자 서구 열강에게
문호를 개방해야 한다는 개화파의 주장이 힘을 얻었
습니다.

일본 군함 운요호

1875년 9월 일본은 군함 운요호를
조선에 보내 연안을 정탐하다 조선군
과 충돌하였다. 그리고 사건의 책임
을 조선 정부에게 덮어씌우며 개항을
강요하였다.

　메이지유신 뒤 빠르게 근대화를 추진하던 일본은
자원과 상품 시장을 마련하려고 조선에 통상을 요구했습니다. 민씨 정
권도 청과 전통적인 관계를 유지하면서 일본과 수교를 맺으려 했지요.
그러나 최익현은 "저들이 비록 왜인倭人이라고 하나 실은 양적洋賊입니
다. 강화가 이루어지면 사학邪學의 서적과 천주의 초상화가 들어올 것
입니다."라는 왜양일체론을 내세워 수교를 반대했습니다.

　조선의 개방이 지연되자 일본에서는 조선 정벌을 통해 국력을 키우
자는 정한론이 고개 들었습니다. 1875년 일본 군함 운요호가 강화도 주
변을 정탐하자 조선군은 경고 사격을 했습니다. 일본군은 기다렸다는
듯이 반격을 하고 병력을 상륙시켜 전투를 벌였지요. 운요호 사건으로
조선군의 피해가 훨씬 컸지만 일본은 책임을 조선에게 돌렸습니다.

강요된 불평등조약

일본은 운요호 사건 뒤 대규모 병력과 전권대사 구로 다를 강화도로 보내 개항을 강요했습니다. 민씨 정권은 중추부판사 신헌을 보내 협상했습니다. 일본은 조약을 맺지 않으면 전쟁도 불사하겠다고 위협했지요. 마침내 조선은 일본의 강압에 못 이겨 불평등조약인 '조일수호조규'를 맺었습니다.

강화도조약은 조선이 외국과 체결한 최초의 근대 조약이었습니다. 그러나 치외법권과 해안 측량권을 인정하고 일본 상품을 무관세로 수입하는 등 일본의 특권만을 일방적으로 보장했지요. 서양 열강은 강화도조약을 구실로 불평등조약을 강요했습니다. 미국은 조미수호통상조약(1882)에 치외법권을 포함시켰고, 최혜국 조항까지 넣어 일본과 같은 지위를 요구했지요. 첫 단추를 잘못 낀 강화도조약 때문에 조선은 잇달아 불평등조약을 맺었고, 한반도는 열강의 각축장이 되었습니다.

강화도조약(1876)

1876년 2월 11일부터 2월 26일까지 강화부 서문안의 진무영에서 계속된 조선과 일본 양측 대표의 회담 그림이다.

5
개화파와 척사파의 충돌

민씨 정권 개화를 추진하다

수신사로 일본에 다녀온 김기수와 김홍집은 통리기무아문(1880)을 만들어 개화를 추진했습니다. 5군영을 2군영으로 줄이고, 신식 군대인 별기군을 만들었지요. 별기군은 일본인 교관을 채용해 근대적인 군사 훈련을 했습니다. 또한 일본에 신사유람단을 파견해 근대적인 실무를 배우고, 청나라에는 학생과 기술자를 보내 무기 제조법을 익혀 기기창을 설치했습니다.

1880년 김홍집은 일본에서 청나라 외교관 황쭌셴이 쓴 〈조선책략〉을 가져왔지요. 내용은 조선이 러시아의 침략을 막으려면 미국과 수교해야 한다는 것이었습니다. 〈조선책략〉이 유포되자 영남 유생들은 이를 비판하는 영남 만인소를 올렸지요. 그러나 민씨 정권은 1882년 미국과 수교한 데 이어 영국(1883), 독일(1883), 러시아

미국에 파견된 해외 사절(1883)

1882년 5월 조미수호통상조약을 체결한 조선은 1883년 7월 8일, 전권 대신 민영익(1860~1914) 일행을 도미 사절로 파견하였다.

황쭌셴, 〈조선책략〉	영남 만인소, 일성록
오늘날 조선이 세워야 할 책략으로 러시아를 막는 것보다 더 급한 일이 없다. 러시아를 막는 책략은 무엇인가? 중국과 친하고, 일본과 맺고, 미국과 이어짐으로써 자강을 도모할 뿐이다.	미국은 우리가 모르던 나라입니다. 황쭌셴의 종용을 받고 끌어들였다가 갇당하지 못할 수 있습니다. 러시아는 우리와 나쁜 감정이 없는 나라입니다. 남의 말만 듣고 틈이 생겨 침략하면 어떻게 막습니까?

(1884), 프랑스(1886) 등과 차례로 수호통상조약을 맺었습니다.

구식 군인들의 저항

구식 군인들의 저항(1882)
일본기를 들고 인천으로 도주하는 일본 공사관원들과 이를 쫓는 군인들 모습이다.

민씨 정권은 신식 군대인 별기군을 우대하고 구식 군대는 차별했습니다. 구식 군인들은 밀린 급료로 받은 쌀에서 겨와 모래가 나오자 민씨 정권 고관의 집을 습격하고, 일본인 교관을 살해했지요. 봉기는 이태원과 왕십리에 거주하던 빈민들이 참여하면서 반일 운동으로 번졌습니다. 민씨 정권이 물러나자 재집권한 대원군은 개화 정책을 중단하고 민심을 달랬습니다. 민씨 정권은 청나라 군대의 힘을 빌어 구식 군인들을 죽이고 대원군을 납치했습니다.

청나라는 마젠창과 묄렌도르프 등 30여 명의 외국인을 정치, 외교 고문으로 보내 내정을 간섭했습니다. 또한 조선에 대한 종주권을 확인하고, 청나라 상인의 내지통상권을 보장한 조청상민수륙무역장정을 맺었지요. 일본은 교관 살해와 공사관이 불탄 책임을 물어 제물포조약을 체결해 막대한 배상금을 얻었습니다. 또한 공사관 보호를 구실로 무장 경비병 2백여 명을 주둔시켜 침략의 발판을 놓았습니다.

6
못다 핀 3일의 꿈

개화파, 온건과 급진으로 나뉘다

임오군란 뒤 개화파는 개화 방법에 따라 나뉘었습니다. 김홍집, 김윤식, 어윤중 등의 온건 개화파는 청의 양무운동을 본받아 부국강병을 이루려 했지요. 이들은 동도서기론을 바탕으로 서양의 과학기술은 받아들이되, 법과 제도는 막아야 한다고 주장했습니다.

김옥균, 박영효, 홍영식 등의 급진 개화파는 일본의 메이지유신을 본받아 근대국가를 세우려 했지요. 이들은 문명개화론을 바탕으로 서양의 과학기술은 물론 법과 종교까지 수용할 것을 주장했습니다. 그리고 박문국을 설치해 한성순보를 발행하고 우정국을 설치해 근대적 우편 사업을 추진했습니다.

김옥균은 개화 정책에 필요한 자금을 마련하려고 일본에 차관을 부탁했지만 실패했고, 민씨 정권의 견제를 받아 위기에 빠졌습니다. 마침내 급진 개화파는 일본의 군사적 지원을 약속받고 정변을 일으켰습니다.

갑신정변의 주역들
왼쪽부터 박영효, 서광범, 서재필, 김옥균이다. 이들은 박규수 집 사랑방에 모여 개화사상을 함께 공부하였다.

온건 개화파 : 종교는 막아야	급진 개화파 : 종교 자유 보장
서양과 수교를 하면 장차 사교에 전염된다고 말하니, 이것은 진실로 사문(유교 문화)을 위하고 세상의 교화를 위해 깊이 생각한 것이다. 그러나 수호는 수호대로 행하고, 금교禁敎(종교를 막는 것)는 금교대로 할 수 있다. 　　　　－ 김윤식의 교서(1882), 고종실록	무릇 종교는 국민들이 자유롭게 믿게 하고 정부에서 간섭해서는 안 됩니다. 서양과 맞서려면 군권君權을 줄여 국민들에게 응분의 자유를 누리게 하고 보국의 책임을 다하게 해야 합니다. 　　　　－ 갑신정변 실패 뒤 박영효가 일본에서 고종에게 건의한 글

갑신정변(1884)

정변 첫째 날 급진 개화파는 수구파를 살해하고 고종을 납치했습니다. 둘째 날에는 급진 개화파가 중심이 된 새 내각을 발표했습니다. 셋째 날에는 청에 대한 사대 관계 폐지, 인민평등권, 지조법 개정, 재정 일원화, 입헌군주제 등의 내용이 담긴 14개조 정강을 발표했지요. 그러나 이날 오후 민씨 정권의 부탁으로 출병한 청나라 군대의 공격으로 홍영식은 죽고 김옥균과 박영효 등은 일본으로 망명했습니다.

정변이 실패하자 고종은 14개조 정강의 무효를 선언했고, 청은 진압의 대가로 조선에 대한 내정간섭을 강화했습니다. 일본은 일본군 피해에 대한 배상을 요구하며 한성조약을 맺었습니다. 청과 일본은 군대를 철수하되, 유사시 출병하는 텐진조약(1885)을 맺어 충돌 가능성이 높아졌지요. 조선에서 열강의 충돌을 우려한 독일인 부들러는 조선중립화론을 주장했습니다.

갑신정변은 일본의 지원만 믿고 성급히 추진되어 3일 만에 실패했습니다. 또한 토지제도 개혁이 빠져 농민의 지지를 받지 못했지요. 그러나 조선이 봉건 체제를 허물고 근대사회로 나아가려는 시도였다는 점에서 의의가 있습니다.

> **갑신정변 14개조 정강**
>
> 1. 대원군을 빨리 귀국시키고 청에 대한 조공 허례를 폐지한다.
> 2. 문벌을 폐지하고 인민평등권을 제정하고 재능으로 인재를 등용한다.
> 3. 지조권을 개혁하고 국가재정을 충실히 한다.
> 13. 대신(2품 이상의 관리)과 참찬(의정부 관리)은 의정소에서 회의하고 정령을 논의하고 공포한다.

• 김옥균

김옥균은 22세 때인 1872년 문과에 장원 급제해 젊은 인재로 이름을 날렸다. 김옥균은 1881년과 1882년 두 차례 일본을 방문했는데 이때 일본의 발달상을 보고 충격을 받았다. 그는 일본이 발전하게 된 열쇠가 위로부터의 정치 개혁인 메이지유신에 있다고 보았고, 문명개화론자인 후쿠자와 유키치의 영향을 받았다.

오늘날 재경부 차관에 해당하는 호조참판 김옥균은 개화 정책에 필요한 돈을 마련하려고 세 번째 일본을 방문했다. 그러나 차관 교섭은 실패로 돌아갔고 반대파의 정치 공세에 부딪쳤다. 마침내 김옥균은 1884년 10월 17일, 반대파들을 일거에 제거할 갑신정변을 일으켰다. 그러나 개화와 정치권력이라는 두 마리 토끼를 겨냥한 갑신정변은 3일 만에 끝났다.

김옥균은 정변이 실패한 뒤 일본으로 망명했지만 조선과 일본의 외교적 쟁점이 되었다. 일본 정부는 그를 소립원도에 억류했다가 2년 뒤 북해도로 강제 이주시켰다. 일본은 조선과의 협상에서 김옥균을 적절하게 활용할 계산이었다. 이를 눈치 챈 김옥균은 상해로 향하는 배에 몸을 실었다.

그러나 1894년 2월, 김옥균은 상해에서 조선 정부가 보낸 자객 홍종우의 총격에 쓰러졌다. 그의 죽음으로 조선은 개화를 추진할 유능한 젊은 인재 하나를 잃었다. 한편 일본에 남아 있던 박영효는 불과 몇 개월 뒤 조선에 친일적인 갑오 정권이 수립되자 사면 복권되어 다시 활동할 수 있었다.

• 급진 개화파 김옥균의 의의와 한계에 대해 써 보자.

1894
1910

02

무너진 꿈과
일본의 침략

일어서는 농민들 · **갑오농민전쟁 1894**

꼭두각시 정권의 개혁 · **갑오개혁 1894**

열강의 다툼 속에 왕비는 쓰러지고 · **을미사변 1895**

이름뿐인 황제와 빠져나가는 국부 · **대한제국 1897**

우리도 힘 있는 나라를 만들자 · **독립협회 1896**

일본 제국주의 조선을 삼키다 · **을사조약 1905**

나라를 지키려 총을 들다 · **의병 운동 1905 ~ 1910**

실력만이 살 길이다 · **계몽운동 1905 - 1910**

1
일어서는 농민들

백성들의 원성은 높아지고

동학 교조 최제우
동학을 창시한 최제우는 자신의 두 여종을 해방시켜 하나는 수양딸로 삼고, 하나는 며느리로 삼았다.

1860년 최제우는 사람이 곧 한울이라며 인간의 존엄과 평등을 강조한 동학을 창시했습니다. 그러나 대원군은 세상을 어지럽히고 백성을 속인다는 이유로 최제우를 처형(1864)하고 동학을 탄압했습니다. 개항 뒤 삼정이 문란한 가운데 일본 상인들이 횡포를 일삼자 부정부패를 없애고 나라를 지키자는 동학이 빠르게 퍼졌습니다.

1892년 공주와 삼례 집회에서는 동학 교조 최제우의 억울함을 풀어 달라는 교조신원 운동이 일어났지요. 1893년 보은 집회에서는 이전과 달리 일본과 서양을 반대하고, 탐관오리와 세도가의 처벌을 요구하는 농민들의 정치적 목소리가 높아졌습니다.

고부 농민 봉기

1892년 고부군수로 부임한 조병갑은 만석보 수리를 이유로 비싼 수세를 걷었습니다. 농민들은 여러 번 시정을 요구했지만 거부당하자 사발통문을 돌리며 봉기를 준비했지요. 1894년 1월, 전봉준과 천여 명의 농민군은 관아를 점령한 뒤 빼앗긴 양곡을 농민에게 돌려주고 원망의 대상인 만석보를 부수었습니다. 민씨 정권은 신임 군수를 파견해 농민군을 회유하고 10여 일 만에 해산시켰지요. 그러나 봉기를 수습하러 내

려온 안핵사 이용태가 봉기에 참여한 농민들을 처벌하자 민심은 다시
동요했습니다.

제1차 농민전쟁

1894년 3월 20일, 이용태의 만행에 분노한 농민들은 전봉준, 손화
중, 김개남 등과 함께 무장봉기했습니다. 전봉준은 백산에서 호남창
의소를 조직하고, 보국안민의 뜻이 담긴 격문을 내걸었지요. 민씨 정
권은 농민군을 토벌하려고 양호초토사 홍계훈과 8백 명의 경군을 보
냈습니다. 농민군은 황토현에서 전라감영군을, 장성 황룡촌에서 경군
을 물리쳤지요. 농민군은 관군을 따돌리고 전주성에 무혈 입성했습니
다.(1894.4.27) 봉기는 경상도와 충청도, 경기
도, 강원도, 황해도 지역으로 번졌습니다.

전주화약과 집강소

전주성이 함락되자 민씨 정권은 전라감사
김학진을 보내 농민군을 회유하는 동시에
청에 파병을 요청했습니다. 청군이 아산만에
상륙하자(1894.5.5) 일본군도 텐진조약을 구
실로 인천에 들어왔지요.(1894.5.6) 민씨 정권
과 농민군 지도부는 청군과 일본군의 충돌
을 우려했습니다. 전봉준은 폐정개혁을 실시
하고 농민군의 신변을 보장하면, 전주성에서

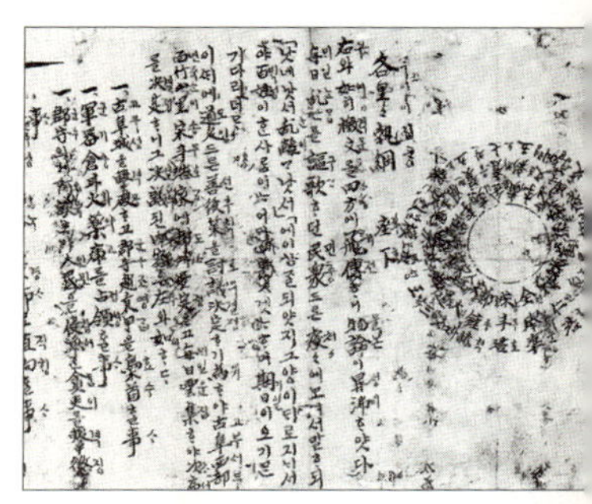

사발통문 네 가지 결의 사항

- 고부성을 격파하고
  조병갑을 효수할 것.
- 군기창과 화약고를 점령할 것.
- 탐리貪吏를 공격하여 징계할 것.
- 전주영을 함락하고 경사로 향할 것.

농민전쟁 양상

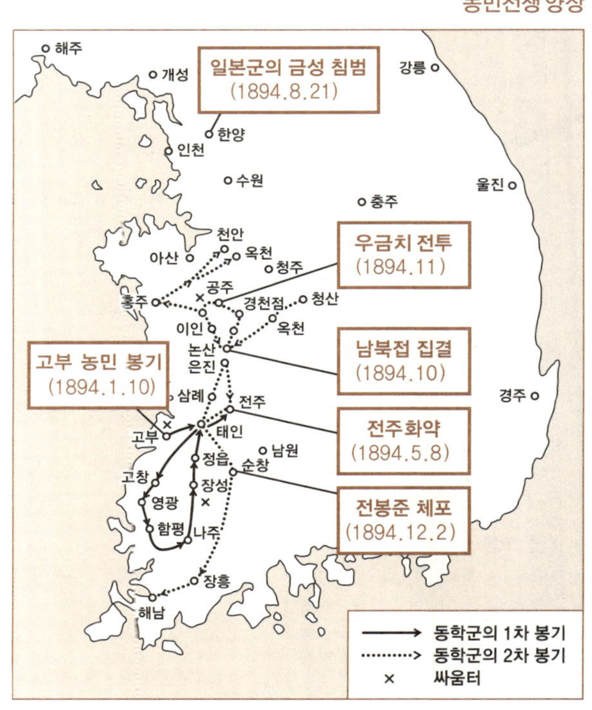

우리가 의를 들어 이에 이르렀음은 백성을 도탄에서 건지고 국가를 반석 위에 두자 함이라. 안으로는 탐학한 관리의 머리를 베고 밖으로는 횡포한 강적의 무리를 구축하고자 함이다.

철수한다는 전주화약을 김학진과 맺었지요.(1894.5.7) 민씨 정권은 교정청을 만들어 폐정개혁을 실시하려 했지만 일본군의 침략으로 물거품이 되었습니다. 1894년 6월, 일본군은 경복궁을 무력으로 점령하고 김홍집을 수반으로 하는 갑오 정권을 세웠습니다.

갑오 정권이 군국기무처를 통해 개혁을 추진하자 일본이 조선을 지배할 것이라는 위기감이 높아졌지요. 전봉준과 김학진은 관민이 힘을 모아 폐정개혁을 실시할 집강소 설치에 합의했습니다.(1894.7.6) 집강소는 치안을 유지하면서 횡포를 일삼는 부호를 벌주고, 토지제도를 개혁하는 등 급진적인 개혁을 실시했습니다. 그러나 개혁에 반대하는 유생들이 사병으로 민보군을 결성해 농민군을 공격하면서 갈등이 고조되었습니다.

제2차 농민전쟁

1894년 8월 17일, 일본군이 평양 전투에서 청군에게 대승을 거두고 내정간섭을 강화하자 다시 일어설 것을 요구하는 목소리가 높아졌습니다. 1894년 8월 26일, 남원의 김개남은 왜이축멸을 내걸고 5만여 명의 농민군을 일으켰고 전봉준과 손화중이 이끄는 농민군도 뒤를 따랐습니다.

갑오 정권은 급기야 일본군에게 농민군 토벌을 요청했지요. 전봉준은 농민전쟁에 참가하지 않던 동학 교주 최시형을 설득해 남북접 연합부대를 결성하고 한양으로 진격했습니다. 그러나 전봉준 부대는 우금치 전투(1894.11.9)에서 최신 무기로 무장한 일본군 앞에 처절하게 쓰러졌습니다. 이어 김개남 부대가 청주 전투(1894.11.10)에서 패배하면서 농민군은 각지로 흩어졌지요. 일본군, 관군, 민보군은 후퇴하는 농민군

농민군 그림

농민군은 황색, 청색, 흑색의 띠로 각기 부서의 구분을 두었으며, 의복은 진한 적색 마포로 해서 입었고, 등에는 화승총을, 허리에는 약통과 화승을 차고 다녔다.

을 철저히 진압했습니다. 마침내 전봉준, 김개남, 손화중이 체포되면서 농민전쟁은 막을 내렸습니다.

농민전쟁 무엇을 남겼나

농민들의 저항은 봉건 모순과 외세 침탈에 대한 불만이 원인이었습니다. 농민들은 신분제와 토지제도 개혁을 내세우며 반봉건 투쟁을 벌였고 일본의 침략에 대항해 반외세 투쟁을 벌였지요. 이 과정에서 동학 조직인 포접제는 산발적인 저항이 조직적인 농민전쟁으로 발전하는 데 도움이 되었습니다. 무엇보다 농민들이 주체가 되어 사회 개혁과 반외세 투쟁에 나섰다는 점에서 의의가 컸지요. 그러나 농민군 지도부가 봉건 체제를 극복할 수 있는 정치사상을 갖지 못한 것은 한계였습니다. 농민전쟁은 갑오개혁에 영향을 주었고, 구한말 농민 항쟁과 항일 의병 전쟁으로 계승되었습니다.

폐정개혁 12조

1조 동학도는 정부와의 원한을 씻고 서정에 협력한다.
2조 탐관오리는 그 죄상을 조사하여 엄징한다.
3조 횡포한 부호를 엄징한다.
4조 불량한 유림과 양반의 무리를 징벌한다.
5조 노비 문서를 소각한다.
6조 7종의 천인 차별을 개선하고 백정의 평량갓은 없앤다.
7조 청상과부의 개가를 허용한다.
8조 무명의 잡세는 일체 폐지한다.
9조 관리 채용에는 지벌을 타파하고 인재를 등용한다.
10조 왜와 통하는 자는 엄징한다.
11조 공사채를 물론하고 기왕의 것을 무효로 한다.
12조 토지는 평균하여 분작한다.

• 전봉준과 김개남

전봉준

김개남

1855년 고부의 당촌 마을에서 훈장 전창혁의 아들로 태어난 전봉준은 어려서 병서를 즐겨 읽고 개구쟁이로 소문났다. 그는 성인이 된 뒤 가족의 생계를 위해 훈장 노릇은 물론 풍수쟁이, 약장수 등의 직업을 갖기도 했다. 손화중과 접촉하면서 동학에 관심을 가졌고, 1892년에는 고부의 접주로 임명되었다. 그러나 동학 입교 시기가 늦고 포교 활동에 적극적이지 않아 손화중, 김개남 등과는 달리 대접주에는 오르지 못했다. 그는 1894년 고부 봉기를 주도하면서 농민군 지도자로 떠올랐다. 1차 농민전쟁을 승리로 이끌고 전주화약을 맺은 사실이나 2차 농민전쟁 때 동학 교주 최시형을 설득하여 함께 봉기한 것 등은 그가 정세를 신중히 판단하고 행동한 용의주도한 지도자였음을 보여 준다.

언제나 타협과 후퇴를 모르는 강경파, 봉건사회의 심장을 겨누는 '칼날' 바로 김개남을 두고 하는 말이다. 그는 1853년 전북 태인 출생으로 1890년 동학에 입교하여 1891년 접주가 되었다. 전주화약 뒤 집강소를 설치해 폐정개혁을 실시할 때, 남원 일대를 관할하는 김개남 부대에서는 봉건 지배층에 대한 '분풀이식' 행동이 일어나기도 했다. 이는 김개남 부대에 노비, 백정, 승려, 장인, 재인 등 천민들이 많았고, 전봉준이 지향하는 '관민화해'에도 불만이 있었기 때문이다. 흥선대원군의 밀사를 꽁꽁 묶어 죽이려 했던 사실이나 전라감사 김학진과의 대화에 응하지 않은 것, 일본군의 경복궁 쿠데타 사건 뒤 즉각 봉기를 주장했던 것은 그의 성향을 잘 보여 준다.

• 전봉준과 김개남의 리더십에 관해 토론하고, 농민전쟁이 성공하려면 어떠한 방법이 필요했을지 자신의 생각을 써 보자.

2
꼭두각시 정권의 개혁

갑오개혁

텐진조약을 구실로 출병한 일본은 경복궁을 점령하고 친일 인사를 중심으로 갑오 정권을 세웠습니다.(1894.6.21) 그리고 이틀 뒤에는 아산만에 정박한 청의 군함을 공격해 조선 지배의 야욕을 드러냈습니다. 갑오 정권에는 김홍집, 김윤식, 어윤중, 유길준 등이 참여했습니다. 그러나 일본의 무력 지원으로 집권해 자주성에는 커다란 손상을 입었습니다.

김홍집 내각은 군국기무처를 통해 1차 개혁(1894.7~1894.12)을 추진했습니다. 210개 개혁 법령에는 자주국 선언, 신분제 철폐, 과거 폐지 등의 근대적인 내용을 담았습니다. 이는 갑신정변 때 급진 개화파의 요구와 동학농민운동 때 농민 요구를 일부 받아들인 것이지요. 그러나 지주제의 모순을 해결할 토지제도 개혁안이 없어 농민의 지지를 받지 못했습니다.

2차 개혁(1894.12~1895.7) 때는 청일전쟁에서 승리한 일본이 각 부서에 일본인 고문을 앉혀 내정간섭을 강화했습니다. 갑신정변으로 망명한 박영효도 돌아와 내무대신이 되었지요. 김홍집, 박영효 내각은 군국기무처를 없애고, 중추원을 만들어 홍범 14조를 반포했습니다. 그러나 이는 1차 개혁 때 다룬 것이었습니다. 이 밖에 지방 제도와 군사, 사법 개혁은 재정 부족으로 실시되지 못했고, 교육은 고종의 의지로 소학교와 관립 학교가 설립되었습니다.

갑오개혁(1894)
군국기무처의 회의 장면. 가운데가 김홍집. 군국기무처는 6월 25일에서 10월 1일까지 3개월 동안 210건의 제도 개혁안 또는 정책 건의안을 의결하고 국왕의 재가를 얻어 공포하였다.

갑오개혁 무엇을 남겼나

갑오개혁은 봉건적 전통 질서를 타파하고 근대사회로 나아가려는 개혁이었습니다. 개혁안에는 급진 개화파가 요구한 갑신정변의 14개조 정강과 농민군이 요구한 폐정개혁안이 반영되었지요. 그러나 농민들이 요구한 지주제의 모순을 해결할 토지제도에 대한 근본적인 개혁은 없었습니다. 많은 법령이 발표되어 시행이 어려운 것도 문제점이었지요. 또한 일본의 간섭으로 부국강병 정책은 추진되지 못했습니다. 여기에 갑오 정권은 일본군과 함께 농민군을 철저히 진압해 백성들의 원성을 샀습니다.

1차 개혁 법령

1. 지금부터 국내외 공사 문서에 개국 기원을 사용할 것.
2. 문벌과 계급을 타파하여 인재를 뽑을 것.
4. 연좌율을 폐지할 것.
6. 남녀의 조혼을 엄금한다.
8. 공사 노비법을 혁파하고 인신 판매를 금할 것.
19. 과거제로 인재 뽑기 어려우니 따로 선용 조례를 제정할 것.
20. 각 도의 세금은 금납제로 대치하여 마련할 것.

2차 개혁 법령 (홍범 14조, 1894.12)

1. 청에 의존하는 생각을 버리고 자주독립의 기초를 세운다.
3. 임금은 각 대신과 의논하여 정사를 행하고, 종실, 외척의 내정간섭을 용납하지 않는다.
4. 왕실 사무와 국정 사무를 나누어 서로 혼동하지 않는다.
7. 조세의 징수와 경비 지출은 모두 탁지아문의 관할에 속한다.
12. 장교를 교육하고 징병을 실시하여 군제의 근본을 확립한다.
13. 민법, 형법을 제정하여 인민의 생명과 재산을 보전한다.
14. 문벌을 가리지 않고 인재 등용의 길을 넓힌다.

• 갑오개혁을 어떻게 볼 것인가?

갑오개혁은 대체로 군국기무처가 중심이 된 1차 개혁에 의미를 부여한다. 왜냐하면 2차 개혁은 일본의 보호국화 정책으로 보기 때문이다. 그러므로 평가의 쟁점은 1차 갑오개혁을 어떻게 볼 것인지로 모아진다.

갑오개혁을 보는 입장은 크게 두 가지가 있다.

먼저 개혁의 자율성을 강조하는 입장이다. 한국의 일부 역사학자들은 적어도 군국기무처 시기에는 일본인들이 개혁에 간여하지 않았기 때문에 자율적인 개혁이 이루어졌다고 본다. 실제로 우리나라 역사에서 그처럼 단기간에 넓은 부문에 걸쳐 개혁이 추진된 사례는 찾아보기 어렵다. 갑오개혁이 전근대와 근대를 구분 짓는 분기점인 것도 바로 그 때문이다. 특히 일본이 청나라와 전쟁을 치르던 시기에는 간여할 여유가 없었으므로 갑신정변과 동학농민운동 때 요구한 개혁 내용들이 반영되었다고 본다.

개혁의 타율성을 강조하는 입장도 만만치 않다. 일본 학자 다보하시는 1차 갑오개혁은 일본이 제시한 내정 개혁 강령을 토대로 진행된 개혁이었다고 주장한다. 일본은 식민지화의 기초 작업으로 조선의 내정을 일본이 운영하기에 편리하도록 바꾸길 원했고 갑오개혁을 이용했다. 실제로 일본의 무력에 의해 성립된 갑오 정권은 일본을 등에 업고 개혁을 추진했다. 갑오개혁은 당시 근대화를 위해 필요한 내용들을 담고 있었다. 그러나 철도 부설, 전신 가설, 목포 개항 등은 오히려 일본 침략에 발판을 놓아 준 것이 되었다. 이 때문에 갑오년에 봉기한 농민군은 개화파를 일본에 의존한 개화 간당으로 보았다.

• 갑오개혁을 어떻게 볼지 토론해 보고 내 생각을 써 보자.

3
열강의 다툼 속에 왕비는 쓰러지고

을미사변과 아관파천

청일전쟁에서 승리한 일본은 청과 시모노세키조약(1894.12)을 맺어 요동반도와 대만을 차지하고 조선 지배권을 확립했습니다. 그러자 일본의 중국 진출을 견제하던 러시아가 프랑스, 독일과 함께 일본에 압력을 넣어 요동반도를 청에게 반환시킨 삼국간섭을 일으켰습니다.(1895.4) 삼국간섭으로 일본의 지위가 흔들리자 민비는 친러 세력인 이범진, 이완용 등을 내각에 임명해 일본을 견제했습니다.

위기를 느낀 일본은 미우라 공사를 부임시켜 민비를 살해하는 만행을 저질렀습니다.(1895.10) 이 사건으로 조선의 반일 감정은 달아올랐지요. 일본은 반일 감정을 누르려면 공포 분위기를 조성할 수 있는 단발령이 효과적이라고 판단했지요. 그래서 김홍집, 유길준 내각에 압력을 넣어 단발령과 태양력 사용 등이 담긴 을미개혁을 실시했습니다.(1895.12) 그러나 개화에 대한 반감과 반일 의식은 높아져 을미의병이 일어났습니다.

1896년 2월, 일본의 침략에 위협을 느낀 고종은 러시아 공사관으로 거처를 옮겼습니다. 아관파천으로 조선의 정세는 급변해 친일 갑오 정권이 무너지고 친러 광무 정권이 등장했습니다. 갑오 정권의 책임자였던 김홍집과 어윤중은 쫓겨나 백성들에게 살해당했지요. 이는 갑오 정권 때 일어난 농민군 진압, 을미사변, 단발령 등에 대한 백성들의 원성이 높았기 때문입니다.

민비 시해 사건의 진상

"왕실의 중심인물인 민비를 제거함으로써 러시아와 조선의 결탁을 근본적으로 파괴하는 수밖에 다른 좋은 방법이 없었다."

– 고바야카와 히데오의 수기(1946)

민비를 시해한 범죄자들은 일본의 대륙 침략을 위해 뭉친 극우 분자들이었다. 일본 정부는 치외법권을 근거로 살해범으로 지목된 용의자 48명을 도쿄로 소환한다. 그러나 히로시마 재판소는 증거 불충분이라는 이유로 범죄자 전원을 석방했다. 이들은 석방된 뒤 구국의 영웅으로 일본 국민의 박수 갈채를 받았으며 일본에서 정치 요직에 앉거나 부와 명예를 얻었다.

을미의병

을미사변에 이어 단발령까지 실시되자 양반 유생들의 불만이 터져 나왔습니다. 1896년 1월, 이소응이 춘천에서 의병을 일으켰고, 유인석, 민용호 등의 유생 의병장들이 전국에서 일어났지요. 유인석은 "원통함을 어찌하리 국모의 원수를 생각하며 이를 갈았는데, 임금께서 머리를 깎으시는 지경에 이르렀다."며 친일 관료와 일본인들을 공격했습니다. 의병들은 고종이 아관파천 뒤 단발령을 철회하고 죄를 묻지 않겠다는 포고를 내리자 자진 해산했습니다.

을미의병은 양반 유생들이 중심이 되어 개화파의 개혁에 맞선 반일, 반근대화 운동이었습니다. 그러나 유생 의병장들은 신분 의식과 근왕勤王 의식을 가지고 있었지요. 유인석은 포수 출신 의병 김백선을 양반에게 불손하다는 이유로 처형했고, 고종의 명령에 따라 스스로 해산했습니다. 을미의병으로 반일 의식은 높아졌지만, 봉건 의식을 극복하지는 못했습니다.

유인석(1842~1915)
제천에서 의병을 일으켜. 충주부를 점거하고 관찰사 김규식을 살해했다.

• 아관파천, 왜 일어났을까?

러시아 공사관의 고종
고종이 러시아 공사관에서 밖을 보고 있다.

아관파천은 이범진, 이완용 등 친러파 정치인들과 베베르 러시아 공사가 조선에 대한 일본의 영향력을 제거하려고 꾸민 일이다. 그러나 무엇보다도 고종의 결심이 중요한 역할을 했는데 이는 고종이 러시아 공사에게 보낸 친서에 잘 드러나 있다.

지난해 9월부터 반역 도배들이 집요하게 나를 압박해 오고 있다. 최근에는 단발령으로 일어난 전국적 시위의 혼란을 틈타 나와 내 아들을 살해할지 모른다는 두려움에 떨고 있다. 나는 내 아들과 함께 이러한 위급한 상황에서 벗어나 러시아 공관에서 보호받기를 바란다. 나를 구출할 수 있는 다른 수단은 없다. 나는 두 공사가 나에게 피신처를 마련해 줄 것을 간곡히 당부한다.

– 러시아 공사관 이동을 요청하는 고종 친서

고종은 을미사변으로 왕후가 시해당한 것에 충격을 받아 극도의 불안감 속에서 지냈다. 국왕 처소는 밤에도 불을 밝혔고, 침소 옆방에는 외국 무관들이 항시 대기했다. 고종은 명목상의 국가수반일 뿐 실제는 일신의 안위를 걱정하는 비참한 처지에 빠졌다. 이러한 상황에서 고종은 을미의병이 일어나 일본군이 의병을 진압하러 지방으로 내려가 치안력의 공백이 생기자 친러 세력과 함께 아관파천을 단행했다.

• **아관파천 뒤 조선의 국제정치와 국내 정치의 변화는 무엇인지 써 보자.**

4
이름뿐인 황제와 빠져나가는 국부

대한제국

러시아 공사관에 머물던 고종은 열강의 간섭이 심해지고 환궁을 요구하는 여론이 높아지자 1년 만에 경운궁으로 돌아왔습니다.(1897.2) 그리고 원구단에서 황제 즉위식을 갖고 연호를 광무, 국호를 대한제국이라 선포했지요.

고종은 갑오개혁을 비판하고, "옛것을 근본으로 삼고 새것을 참고한다."는 구본신참舊本新參을 내걸고 광무개혁을 추진했습니다. 광무개혁은 근대국가 수립을 표방했지만 정치는 전제군주권 강화가 중심이었지요. 황제를 호위하는 친위대가 강화되고 황실 재정을 담당하는 내장원에 재정이 집중되었습니다. 광무 정권은 상공업을 진흥시켜 국가경제를 재건하려 했지만 금융과 유통 체계가 부족해 실패했습니다. 그러나 양전 사업을 실시하고 근대적 토지 문서인 지계를 발급해 국가재

고종황제(1897)

1897년 10월 12일, 고종은 황제로 즉위하였다. 그의 복장은 러시아 황제를 본뜬 것이었다.

대한국국제(광무 3년 8월 17일 교정소)

제 1조 대한국은 세계 만국의 공인된 자주독립한 제국이다.
제 3조 대한국 대황제는 무한한 군권을 누린다.
제 6조 대한국 대황제는 법률을 제정하고 반포와 집행을 명한다.
제 9조 대한국 대황제는 각 조약 체결 국가에 사신을 파견하고 선전,
　　　 강화 및 제반 조약을 체결한다.

1899년에 발표된 대한국국제에는 군권은 무한하다고 하여
모든 권한을 황제에게 집중시켰다.

정을 개선하려 노력했지요. 또한 각종 기술학교를 설립하고, 교통, 통신, 전기, 의료 등 근대 시설을 만들어 변화의 바람을 일으켰습니다.

열강의 이권 침탈

아관파천 뒤 러시아는 군사와 재정 고문을 보내 마산을 군사기지화하고 한러은행을 세웠습니다. 다른 열강들도 최혜국 조항을 근거로 기회 균등을 내세우며 주요 산업의 이권을 가져갔지요. 경제 침탈은 광산, 산림 등 자원과 철도, 해운, 전기, 전차 등 교통과 통신에 집중되었습니다.

　미국은 선교사 알렌의 활약으로 조선 금 생산량의 25%를 차지하는 평안북도 운산 금광을 비롯해 많은 이권을 차지했습니다. 일본은 경부선 부설권을 차지하고, 미국이 획득한 경인선 부설권을 사들였으며, 대한철도회사가 얻은 경의선 부설권을 빼앗았습니다. 이로써 조선의 모든 철도는 일본에게 넘어갔지요. 무역도 일본산 면제품이 수입의 대부분을 차지했고, 쌀과 콩 등을 일본으로 수출했습니다. 이처럼 조선은 일본의 원료 공급지와 상품 시장으로 바뀌어 갔습니다.

> **이권 침탈에 관한 조선인들의 인식**
>
> …듣자하니 서울 제물포 간의 철도만 하더라도 그 권리를 얻기 위해 미국인이 임금, 관계 대신에게 막대한 금액을 헌납했다는구려. 나라에서 철도를 부설하는 땅을 빌려 주었으면 정당한 임대료와 권리금을 떳떳하게 받아야 하거늘… 우리 땅에 우리 일꾼 부려서 공사를 해 놓고, 우리 백성들이 돈을 내어 기차라는 것을 탈 터인데, 그 돈이 모두 외인들 품속에 들어가고 세금 한 푼 내지 않게 되어 있다 하니… 농사꾼한테는 피가 나게 갈퀴질하여 세금을 거두어들이면서 말이오.
>
> — 박경리, 〈토지〉, 2권

5
우리도 힘 있는 나라를 만들자

독립협회

서재필, 이상재 등 근대 지식인과 개화파 관료들은 열강의 세력균형을 통해 독립을 유지하려고 독립협회를 만들었습니다.(1896.7) 독립협회는 정부의 재정 지원을 받아 독립신문을 발행했지요. 그리고 중국 사신을 맞이하던 영은문 대신 독립문을 세우고, 모화관을 독립관으로 고쳐 독립 의식을 고취했습니다.

독립협회는 러시아의 절영도 조차 요구, 프랑스와 독일의 광산 채굴권 요구를 막는 자주 국권 운동을 벌였지요. 또한 국민의 신체와 재산을 보호하고, 언론과 집회의 자유를 보장하는 자유 민권운동, 의회를 설립해 체제를 개혁하는 자강 개혁 운동을 벌였습니다.

독립협회는 광무 정권이 내건 서구식 근대화에 동의해 광무개혁에 실무진으로 참여했지요. 그러나 정치는 왕의 자문기관으로 의회를 두는 입헌군주제를 주장해 광무 정권과 부딪쳤습니다. 그리고 러시아의 이권 침탈에 대한 입장 차이로 갈등이 드러났지요. 마침내 이범진 등 친러파가 탈퇴하고, 친미, 친일 개화파만 남자 광무 정권의 탄압을 받고 해산되었습니다.

독립협회 활동은 근대적인 개혁 운동이었다는 점에서 의의가 있습니다. 그러나 백성을 어리석게 보는 우민관을 가진 점이나 러시아의 이

독립문

독립협회가 주관하여 1896년 11월 21일 영은문을 헐고 독립문을 기공하여 1897년 11월 20일 준공하였다. 1904년 당시의 모습이다.

권 침탈은 비판하면서 일본과 서구 열강의 침탈을 막지 못한 점은 한 계였습니다.

만민공동회

만민공동회

1898년 3월, 우리나라 최초의 근대 집회인 만민공동회가 종로에서 열려 백정 출신 박성춘이 개막 연설을 한 뒤, 가을까지 거의 매일 열강의 이권 침탈을 규탄했습니다. 만민공동회는 쌀 상인 현덕호가 회장이었고, 시전 상인들의 연합체인 황국중앙총상회(1898)를 비롯해 다양한 계층의 민중들이 참여했지요.

만민공동회는 독립협회와 함께 집회를 열어 러시아 군사교관과 재정 고문을 철수시켰습니다. 또한 독일의 금광 채굴권 요구와 일본의 경부선 부설권 요구를 반대하는 독자적인 집회도 열었지요. 만민공동회는 모든 제국주의 열강의 침탈에 반대했고, 지주 중심의 개혁이 아닌 민중들이 소생산자로 자립할 것을 주장했습니다.

1898년 8월, 독립협회는 친러 내각 퇴진과 자문기관인 의회를 설립하는 입헌군주제를 요구했습니다. 광무 정권은 관민공동회에 정부 대표를 참석시켜 헌의 6조에 합의했지요.(1898.10) 그러나 곧바로 독립협회가 공화정을 주장한다는 모함을 씌워 주요 간부를 체포했습니다. 이 무렵 수구 세력의 어용 단체로 보부상들이 중심이 된 황국협회가 만들어졌습니다.

이들은 독립협회와 만민공동회를 습격해 해산시켰지요. 만민공동회는 제국주의 열강의 침략성을 알리고 민중들이 직접 정치에 참여해 목소리를 내는 중요한 계기를 마련했습니다.

헌의 6조

1. 외국인에게 의지하지 말고, 관민이 합심하여 황제권을 튼튼히 할 것.
2. 대한제국의 이권에 대한 외국과의 계약은 대신이 혼자 처리하지 말 것.
3. 국가재정의 수입과 지출을 공정하게 하고, 예산을 국민에게 알릴 것.
4. 중대한 범죄는 공판을 하고, 언론, 집회의 자유를 보장할 것.
5. 칙임관을 임명할 때는 정부에 뜻을 물어 정할 것.
6. 장정(중추원 개조안)을 실천할 것.

• 독립협회의 겉과 속

우리는 독립협회가 민권 보장을 통해 근대 국민국가를 수립하려 했다고 알고 있다. 그러나 독립협회가 주장한 민권은 우리가 아는 시민 주권과는 다른 모습을 띠고 있다. 사료에서 알려 주듯이 독립협회를 이끈 개화 지식인들과 관료들은 백성들을 어리석게 보는 우민관을 가지고 있었다. 이러한 생각의 연장선에서 독립협회 인사들은 농민군과 의병을 폭도로 보기도 했다.

불란서에서 일어났던 혁명이 대한에 날까 궁금해하니⋯⋯ 불란서와 우리는 너무도 다르니, 우리는 무식하고 잔인하고 애국할 마음이 없어 어찌 불란서 사람이 하던 사업을 하리오.

- 독립신문, 1898.7.9, '민권이 무엇인지'

또한 우리는 독립협회가 제국주의 열강에 반대해 조선의 독립을 지킨 것으로 알고 있다. 그러나 독립협회는 동학을 진압한 일본군이나 당시 서울에 주둔한 러시아군의 존재를 긍정하면서 외세에 의존한 한계를 드러내기도 했다.

우리도 대한에 외국 군사가 하나라도 있는 것을 좋아 아니하나 지금 대한 인민의 학문 없는 것을 생각할진대 외국 군대(일본군과 러시아군)가 있는 것이 오히려 다행인지라. 만일 외국 군사가 없었다면 동학과 의병이 그동안 벌써 경성을 범하였을 터이요, 경성 안에서 무슨 요란한 일이 있었을는지 모를러라.

- 독립신문, 1898.4.14, 논설 중에서

• **독립협회의 의의와 한계에 대해 토론해 보고 내 생각을 써 보자.**

6

일본 제국주의 조선을 삼키다

러일전쟁

삼국간섭 뒤 러시아가 조선에서 세력을 넓히고 만주까지 진출하자 일본은 영일동맹(1902)을 맺어 러시아를 견제했습니다. 일본은 러시아에게 만주를 주고 한반도를 받는 만한교환론을 제안했지만 거부당했습니다.

1904년 2월, 일본군은 여순항에 있는 러시아 함대를 기습했습니다. 그리고 조선에서 군사작전에 필요한 토지를 마음껏 수용하는 한일의정서(1904.2)를 체결했지요. 1904년 8월에는 1차 한일협약을 맺고 외교 고문 스티븐슨과 재정 고문 메가다를 임명해 내정을 간섭했습니다. 또한 러일전쟁 중에는 독도를 시마네 현에 편입시켜 분쟁의 불씨를 남겼습니다. 러일전쟁에서 승리한 일본은 열강들에게 조선 지배를 인정받으려고 미국과 가쓰라태프트밀약을, 영국과 2차 영일동맹을 맺었습니다. 또한 패전한 러시아와는 포츠머스강화조약을 맺어 일본의 조선 지배 인정, 남만주 진출, 사할린 섬 할양을 얻어 냈습니다.

을사조약에서 한일합병까지

열강들에게 조선 지배를 인정받은 일본은 군대를 동원해 경운궁을 포위하고 을사조약(1905.11)을 체결했습니다. 을사조약은 대한제국의 외교권을 빼앗는 것으로 주권을 심각하게 침해했지요. 을사조약은 강제로 체결되었고, 고종의 도장이나 서명이 없는 국제법상 무효였습니다.

을사조약 체결이 알려지자 사람들의 분노가 터져 나왔습니다. 장지연은 황성신문 사설에서 '이날을 목 놓아 우노라是日也放聲大哭'라는 글을 실어 을사오적과 일제를 규탄했습니다. 박은식도 대한매일신보 사설에서 조약 체결의 불법적 과정을 밝혔지요. 관료들과 유생들은 상소를 올리거나 자결로 항의했고, 상인들은 철시 투쟁으로 저항했습니다. 전명운과 장인환은 외교 고문이었던 친일 미국인 스티븐슨을, 안중근은 초대 통감 이토 히로부미를 암살했지요. 이재명은 을사오적의 우두머리 이완용을 암살하려다 실패했습니다.

고종은 만국평화회의에 이준 등 밀사를 파견하여 을사조약의 부당함을 알리려 했지만 제국주의 국가들의 반대로 실패했지요. 일본은 이를 빌미로 고종을 퇴위시켰고 한일신협약(1907)을 체결해 군대를 해산하고 각 부서의 차관을 일본인으로 임명했습니다.

을사조약으로 외교권을 빼앗은 일제는 만주의 안봉선 철도 부설권을 받아 내는 대가로 간도를 청의 영토로 인정하는 간도협약(1909)을 체결했습니다. 그리고 마침내 1910년 8월 29일, 일제는 한일합병을 선포해 대한제국의 국권을 강탈했습니다.

• 독도는 우리 땅

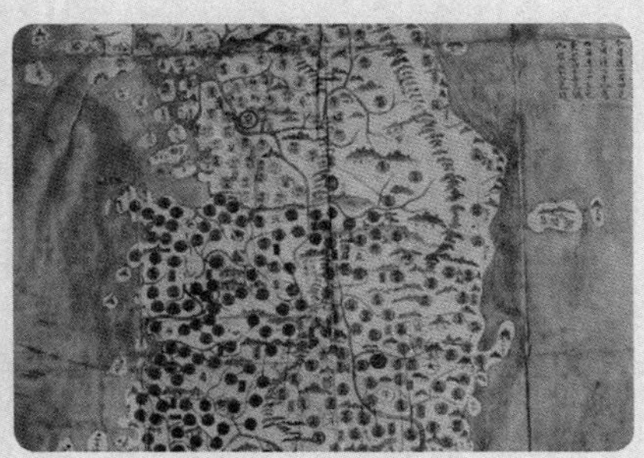

동국지도에 보이는 독도
18세기에 만들어진 동국지도에 울릉도와
독도(우산, 오른쪽 끝)가 선명하게 보인다.

독도는 한일 간의 첨예한 분쟁의 불씨로 남아 있다. 한국은 독도가 오래전부터 자국 영토였다고 주장한다. 서기 512년, 신라 장수 이사부異斯夫의 독도 정벌이 삼국사기에 기록되어 있고, 1696년에 영유권 분쟁 때 전권 대사 안용복이 일본 조정에게 '독도는 조선 땅'이라는 인정을 받아 낸 사실이 숙종실록에 있다. 일본이 독도를 다케시마로 부르며 시마네 현으로 편입(1905.2)한 것은 러일전쟁 중 독도의 군사적 가치에 주목한 일본의 불법적인 영토 강점이었다. 그러므로 2차 대전 전후 처리에 기준이 된 카이로선언의 '일본이 침략으로 빼앗은 영토는 돌려준다.'는 규정에 따라 당연히 독도를 한국에 반환해야 한다.

일본은 독도(다케시마)가 일본 영토라고 주장하고 있다. 일본은 예전부터 독도를 알고 있었으며 이러한 사실은 1779년에 만들어진 개정 일본여지노정전도를 비롯한 여러 문헌에 일본의 영토로 표기된 것을 근거로 내세운다. 1905년 2월 시마네 현 고지에 의해 다케시마를 편입한 것은 일본이 자신의 영토를 확인한 것이다. 그러므로 독도는 침략으로 빼앗은 영토가 아니므로 카이로선언(1943)의 적용을 받지 않는다고 주장한다.

• 독도 문제를 평화적으로 해결하는 방법을 토론해 보고 자신의 생각을 써 보자.

• 간도 문제 어떻게 풀어야 하나 ?

1712년 청나라와 조선 사이에 "서쪽은 압록으로, 동쪽은 토문으로西爲鴨綠, 東爲土門" 하는 백두산정계비가 세워졌다. 19세기 말 청나라는 토문강을 두만강이라 주장하며 간도를 개척하려 했다. 조선은 토문강이 송화강 지류이므로 간도가 조선 땅임을 주장해 영토 갈등이 깊어졌다. 이때까지 간도는 조선과 청나라의 분쟁 지역이었다. 그러나 을사조약으로 조선의 외교권을 빼앗은 일본은 청나라와 남만주 철도 부설권과 간도를 맞바꾸는 간도협약(1909)을 맺었다.

간도
중국과 우리나라의 경계를 토문강으로 할 것인지 두만강 상류인 석을수로 할 것인지에 따라 간도의 귀속 여부가 달라진다.

• 간도협약

1조 : 일, 청 두 나라 정부는 토문강을 청국과 한국의 국경으로 하고, 강 원천지에 있는 정계비를 기점으로 하여 석을수石乙水(두단강의 원류)를 두 나라의 경계로 한다.

그러나 간도협약은 국제법상 효력이 없는 을사조약에 근거해 일본이 청과 맺은 조약이므로 무효를 주장할 수 있다. 그러나 최근 한중 교역이 확대되고, 북한과 중국의 관계가 밀접해 영토 문제로 갈등을 일으키기에는 부담이 크다. 한편 최근 중국 정부는 동북공정과 백두산 공정을 통해 간도와 백두산에 대한 역사적이고 실질적인 지배를 강화하고 있다.

• 간도 문제를 평화적으로 해결하는 방법을 토론해 보고 자신의 생각을 써 보자.

7
나라를 지키려 총을 들다

의병의 모습
한일신협약(정미7조약)으로 군대가 해산한 뒤 친위대 장병들이 의병에 합류한 1907년 무렵의 모습이다.

을사의병(1905)과 정미의병(1907)

을사조약이 체결되자 전국에서 의병이 일어났습니다. 참가 계층도 농민, 소상인, 노동자, 학생 등으로 다양해졌고, 평민 의병장도 등장했지요. 참판을 지낸 민종식이 일으킨 의병은 충청도 홍주성을 점령했습니다. 전북 태인에서는 최익현이 의병을 일으켰지만 정부군이 출동하자 "왕이 보낸 친위대와 싸울 수 없다."며 스스로 부대를 해산하고 체포되었습니다. 최초의 평민 의병장 신돌석이 이끈 부대는 태백산맥과 동해안을 따라 맹활약했습니다.

1907년, 일본은 헤이그 밀사 사건을 구실로 고종을 강제 퇴위시키고 군대를 해산했습니다. 시위대장 박승환이 자결로 항의하자 해산된 군인들이 의병 부대에 합류하면서 조직력과 화력이 강해졌지요. 정미의병은 여러 계층의 민중들이 참여했고, 평민 의병장이 다수를 차지했습니다.

1909년 7월, 양반 의병장들은 13도 연합 의병 부대를 편성해 서울 진공 작전을 펼쳤습니다. 그러나 신돌석과 홍범도 부대는 평민 의병장이라는 이유로 제외되었지요. 또한 총대장 이인영은 작전 중에 부친이 사망하자 의병 해산을 명령하고 고향으로 돌아갔습니다. 이처럼 양반 의병장들의 봉건 의식은 의병 전쟁의 성장을 가로막았습니다.

끈질긴 저항

서울 진공 작전은 실패했지만 호남에서는 안규홍, 심남일 등 새로운 의병장이 등장했습니다. 이들은 척사 이념보다 국권 회복을 강조하고, 신분 차별을 없애는 등 양반 의병장들과는 다른 모습을 보였습니다. 호남 의병의 저항이 거세지자 일본은 조선을 병합하려면 의병을 완전히 토벌하는 것이 중요하다고 판단하고 대규모 토벌 작전을 계획합니다.

일본군은 1909년 9월부터 2개월 동안 남한 대토벌 작전을 벌여 호남 지방을 잿더미로 만들었습니다. 일제의 대토벌 작전 때문에 국내에서는 의병 전쟁을 계속하기 어려웠습니다. 의병들은 만주와 연해주로 옮겨 무장 항쟁을 계속했는데 홍범도와 이범윤 부대 등은 활발하게 국내 진공 작전을 펼쳤지요. 국내에 남은 의병들은 일제의 탄압을 피해 광산 노동자, 화전민, 농민으로 되돌아갔습니다.

일본은 1905년 러일전쟁에서 승리한 뒤 열강에게 조선 지배를 인정받았습니다. 그러나 의병들의 치열한 저항으로 국권 침탈을 5년이나 미뤄야 했지요. 의병 운동은 독립 전쟁으로 발전했고, 여기에 참여한 민중들의 경험은 독립운동의 밑거름이 되었습니다.

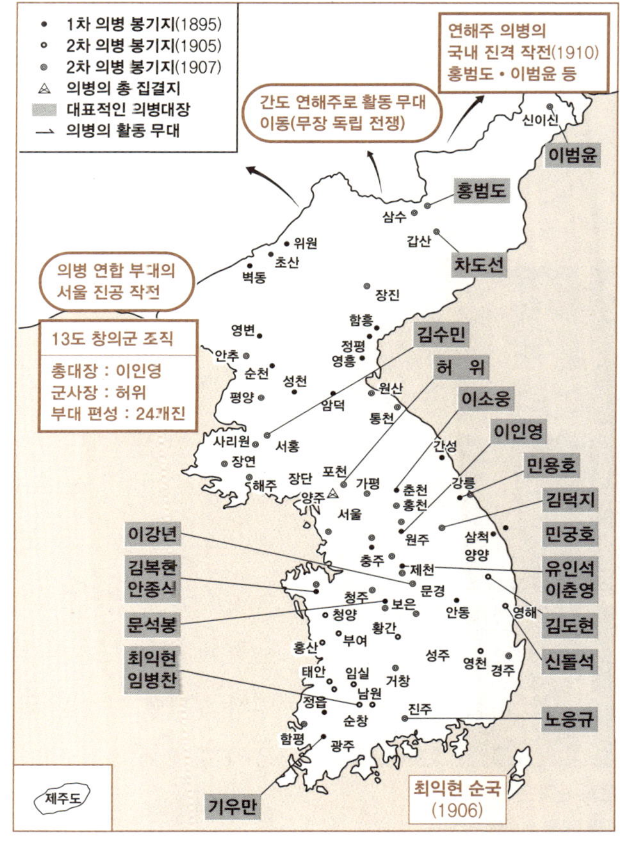

의병 봉기 지역

8
실력만이 살 길이다

계몽운동

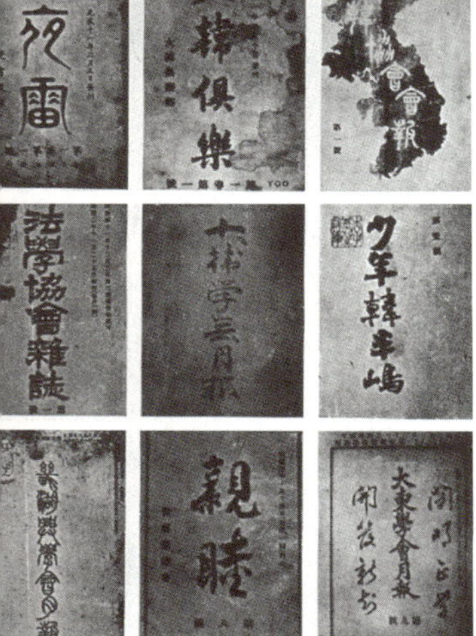

문화 계몽운동
각 학회의 회보

을사조약 뒤 의병 전쟁과 함께 계몽운동이 일어났습니다. 계몽운동은 교육과 산업의 실력을 키워 국권을 회복하려는 운동이었지요. 계몽운동은 황무지 개간권 반대 운동을 벌인 보안회(1904)에 이어 대한자강회(1906)와 대한협회(1907)로 이어졌습니다.

계몽운동가들은 합법적인 활동으로 실력을 양성할 수 있다고 생각했습니다. 이를 위해 학회나 사립학교를 세우고 신문, 잡지, 역사, 지리, 국어책 등을 편찬했습니다. 또한 농업 기술 교육을 실시하고 국채보상 운동을 펼쳤지요. 이들은 적자생존에 근거한 사회진화론을 받아들여 먼저 실력을 양성한 뒤 독립할 것을 주장했습니다. 그러나 이는 약소국이 강대국의 지배를 받는 것이 불가피하다는 제국주의 열강의 논리를 받아들인 것이었습니다. 또한 민중들을 계몽의 대상으로 생각했고, 의병을 폭도로 보기도 했습니다. 대한자강회의 회장을 맡았던 윤치호가 한일병합 뒤 친일파가 된 것은 이러한 논리의 결과였습니다.

계몽운동 탄압과 신민회

일본은 1907년 이후 보안법, 신문지법, 사립학교령 등을 만들어 합법적인 문화 운동까지 탄압했습니다. 대성학교, 오산학교, 안흥학교 등은 강제 폐교되었고, 나머지 학교들도 감시와 통제를 받았습니다. 교과서도 독립 의식을 고취하는 것은 금지되었고, 교사와 학성에 대한 감시도 강화되었지요. 신문지 14종과 서적 30여 종이 압수되어 태워졌고 자유로운 출판도 금지되었습니다.

1907년 2월에는 비밀결사인 신민회가 결성되었습니다. 신민회는 전국적으로 8백여 명의 회원이 있었고 대성학교, 자기회사, 태극서관 등을 통해 합법적으로 활동했습니다. 1909년 신민회에서는 실력양성론과 독립전쟁론 사이의 논쟁이 벌어졌는데, 독립전쟁론이 채택되어 독립군 기지 건설을 위한 활동을 했습니다. 그러나 일본은 신민회에서 총독 데라우치를 암살하려 했다는 '105인 사건'(1911)을 꾸며 신민회를 해체시켰습니다.

• 계몽운동과 의병 운동

계몽운동가들과 의병 운동가들은 서로 대립했다. 계몽운동가들은 의병 운동이 무모하며 열강의 침략을 부르는 구실만 주었다고 비판했다. 의병 운동가들은 계몽운동가들이 덮어놓고 서구 문명만 따르다 나라를 빼앗긴 원흉이라고 했다.

• 때와 힘을 헤아려야 한다

한국은 또다시 의병의 소동을 보게 되었으니 그 유래가 어찌 까닭이 없을 수 있겠는가? 을미(1895)의 거사는 나라의 원수를 갚아 의를 세우자는 것이었고 금년(1906)에 민종식이 의병을 일으킨 것은 나라의 권리를 회복하려는 것이었다.…… 그러나 국가의 관계란 개인의 일과는 다르니, 국가의 크나큰 원수에 있어서는 때와 힘을 헤아리고, 피차를 알아 해낼 만한 승산을 잡은 뒤에 도모하지 않으면 아니 된다.

대한매일신보, 1906.5.30

• 개화파는 나라를 망친 놈들이다

구법을 행하고 망국했다고 가정하더라도 어찌 개화에서 망국한 것만큼 심했겠는가? 비록 수구인을 나무라지만 국모를 시해하고 군부를 폐위하며 나라를 팔고 망친 것은 모두 개화인의 소행이었고 망국을 통분하여 순절하고 의병을 일으킨 것은 거개가 수구인이었다. 만일 나라 안의 모든 사람이 수구인의 마음과 같이 하였더라면 나라는 혹시 망하지 않았을지 모르고 또 망했다 하더라도 그렇게 빨리 망하지 않았을 것이다……

유인석, 〈우주문답〉, 1914

• 두 사료를 읽고 당시 바람직했던 독립운동 방법은 무엇이었는지 토론해 보고 내 생각을 써 보자.

03

일제의 노예로 산 35년

조선인은 굴복하거나 죽거나 · 무단통치 1910년대

친일파를 키운 문화정치 · 문화정치 1920년대

조선인을 일본인으로 만들라 · 민족 말살 통치 1930 ~ 1945

1
조선인은 굴복하거나 죽거나

초대 총독 데라우치 취임
그는 "조선인은 우리 법규에 복종하든지 아니면 죽음을 각오하든지 하나만 택해야 한다."고 말했다.

조선총독부와 중추원

일제는 대한제국의 국권을 빼앗고 '조선'이라는 이름을 붙였습니다. 그리고 식민 지배를 맡을 최고 통치자로 총독을 보냈습니다. 조선 총독은 육군이나 해군 대장을 임명했는데, 일본 의회와 정부로부터 독립해 일왕의 명령을 받았지요. 총독은 입법, 사법, 행정권 등 모든 권력을 휘두를 수 있어 전제군주와 다를 바 없었습니다.

일제는 의회를 만들지 않았지만, 조선인들의 의견을 받아들인다는 명분으로 자문 기구인 조선중추원을 만들었습니다. 그러나 중추원은 3.1운동이 일어날 때까지 회의가 한 번도 열리지 않은 이름뿐인 기구였습니다. 중추원의 고문과 참의는 친일 매국노인 이완용과 송병준 등이 임명되었지요. 이들은 식민 통치의 들러리 노릇을 하는 대가로 귀족 칭호와 은사금을 받으며 부귀영화를 누렸습니다.

일제는 군 단위 행정 체계를 면 단위로 바꾸었는데 이때 우리의 많은 고유 지명들이 바뀌거나 사라졌습니다. 또한 면장 아래 직원은 친일 조선인으로 채워 일제에 대한 반감을 줄이려 했지요. 이처럼 일제의 식민 통치는 겉으로는 조선인들의 참여를 선전하면서 실제로는 일본인 총독이 모든 권력을 휘두르는 두 얼굴을 갖고 있었습니다.

헌병 경찰제와 인권 탄압

일제는 군인인 헌병이 민간인들의 치안을 맡는 헌병 경찰제를 실시했습니다. 헌병 경찰은 치안 유지와 납세 등의 업무를 맡았지요. 이들은 즉결처분권으로 재판 없이 피의자를 연행해 벌금, 태형, 구류 등을 내릴 수 있었습니다. 이 가운데 가장 큰 고통을 준 것은 태형이었지요. 태형은 감옥 또는 관서에서 몰래 행하고 조선인에게만 적용되었습니다. 식민 통치에 불만이 있거나 세금을 내지 않으면 매질을 했는데 장애를 입거나 목숨을 잃는 경우도 있었습니다. 이 밖에 경찰범 처벌 규칙 같은 법들이 조선인들의 인권을 짓밟았습니다.

3.1운동 때 헌병 경찰의 검거 모습
엄마는 아이가 울면, "순사가 잡아간다. 뚝!" 하고 달랠 정도였다.

일제는 무단통치에 저항하는 여론을 막으려고 대한매일신보, 황성신문 등 모든 신문을 강제 폐간시키고 총독부 기관지인 매일신보만을 허용했습니다. 또한 관리와 교원들이 제복을 입고 칼을 차 공포 분위기를 만들었지요. 또한 종교만 빼고 모든 결사와 집회를 금지해 조선인들의 저항을 철저히 막았습니다. 이처럼 일제의 무단통치는 세계 어느 곳에도 유래가 없는 사람을 노예로 만드는 폭압 정치였습니다.

경찰범 처벌 규칙(1912)

- 여러 사람을 모아 관공서에 청원 또는 진정을 남용하는 사람
- 불온한 연설을 하거나 불온 문서, 책, 시가를 게시, 반포, 낭독하는 사람
- 돌 던지기 같은 위험한 놀이를 하거나 시키는 사람

이 법으로 식민 통치에 반대하거나 그럴 가능성이 있는 사람까지 손쉽게 처벌했다. 명절날 마을끼리 단결을 높이는 돌 던지기 놀이와 같은 풍습조차 금지당했다.

• 조선인은 맞아야 말을 듣는다?

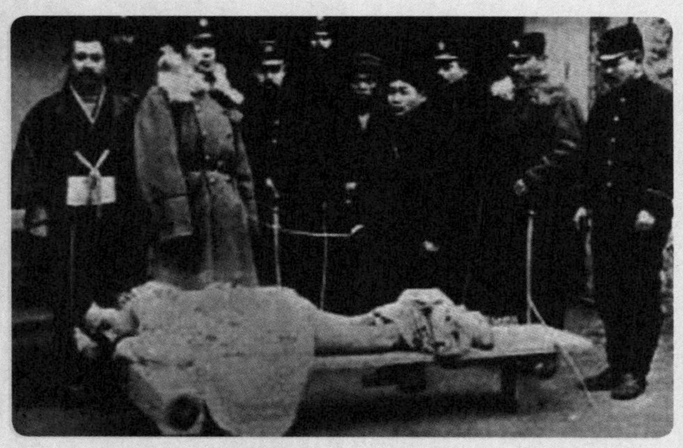

태형자를 앞에 놓고 사진 찍는 일본 경찰

일제는 매질을 법으로 정해 인간의 기본권인 신체의 자유를 빼앗았다. 죽음에 이르는 매질로 몸은 만신창이가 되었고, 수치심 때문에 생기는 정신적인 고통도 견디기 힘들었다. 이처럼 인간의 기본권을 짓밟고 정신을 황폐하게 만드는 식민 통치 방식은 일본 제국주의의 폭력성과 야만성을 잘 드러내고 있다.

태형을 받는 사람은 형판에 엎드려야 했다. 형판은 십자 모양인데, 음부가 닿는 곳은 구멍이 뚫려 있었다. 그곳에 몸을 붙여 엎드리면 양팔과 허리와 다리를 꼼짝 못하게 단단히 묶었다. 이때 사용한 매는 소의 음경으로 만든 채찍으로 끝에 납덩이를 달았다. 매질을 계속하면 납이 살 속으로 파고 들어가 살이 찢어져 피가 튀었다. 처음엔 보통 80대를 때렸는데, 맞다가 기절하면 3일 쉬었다가 다시 불러내 매질했다. 매를 맞은 날은 스스로 걸을 수 없어 다른 사람에게 업혀 나갔다. 매질을 견디지 못해 죽으면 친척에게 넘겨 묻게 하거나 행방불명된 경우도 있었다.

• 태형이 인권의 측면에서 어떠한 문제점이 있는지 써 보자.

친일파를 키운 문화정치

말뿐인 문화정치

3.1운동 뒤 일제는 무단통치 대신 문화정치를 폈습니다. 일제는 식민
통치를 부정하지 않는 범위 내에서 언론, 출판, 집회, 결사의 자유를 허
용했습니다. 이에 따라 조선일보와 동아일보가 창간되고 다양한 사회
단체들이 결성되었지요. 그러나 신채호는 "일제의 비위를 거스르지 않
는 언론은 도리어 조선의 불행이다."라고 우려했습니다.

일제는 문관 총독을 임명한다고 했지만 해방까지 모든 총독은 군인
출신이 맡았습니다. 군인과 경찰의 숫자 역시 무단통치 때보다 늘었습
니다. 관리와 교원은 제복을 벗었지만, 일본 역사와 지리 교육은 강화
되었습니다.

일제는 3.1운동 뒤 빠르게 성장한 사회주의 독립운동을 막기 위해
치안유지법(1925)을 공포했습니다. 이 법으로 고등경찰, 사복형사, 밀정
등을 동원한 감시 체제는 더욱 치밀해졌습니다. 특히 목적수행죄와 미
수죄 처벌 조항을 광범위하게 적용해 많은 독립운동가들을 가두었지
요. 일제는 위협이 되는 독립운동은 악법으로 탄압하고 개량적인 독립
운동은 합법적인 테두리에서 통제하려 했습니다.

치안유지법

제1조 : 국체를 변혁하는 것을 목
적으로 결사를 조직하는 자는 사
형, 무기 또는 5년 이상의 징역 또
는 금고에 처한다. 사정을 알고서
결사에 가입하거나 결사의 목적 수
행을 돕는 자는 2년 이상의 징역
또는 금고에 처한다. 전 2항의 미
수죄도 처벌한다.

친일파를 키워 조선인을 분열시켜라

일제는 친일파 육성 방침을 만들어 지주, 자본가, 지식인, 종교인 등 사회 지도층 인사들을 친일파로 만드는 정책을 추진했습니다.

일제는 지방자치를 한다면서 부, 면 협의회와 학교 평의회 같은 자문기관을 만들어 조선인을 참여시켰지요. 그러나 일정액 이상의 세금을 낸 사람만 선거권을 주어 돈 있는 친일 조선인만 협의회에 들어갔습니다. 적지 않은 사회 지도층 인사들이 눈앞의 이익에 빠져 친일의 길에 들어섰습니다.

3.1운동 때 민족 대표로 나선 최린과 민족주의 사학자 최남선도 일제와 타협했습니다. 임시정부에서 독립신문 주필을 맡았던 이광수는 조선 민족이 열등해 국권을 빼앗겼다는 민족개조론(1922)을 주장했습니다. 뿐만 아니라 동아일보에 민족적 경륜(1924)을 연재해 총독부 지배를 인정하고 협조하자는 자치론을 내놓아 충격을 주었지요. 이 밖에도 많은 인사들이 학교와 회사를 설립하는 특혜를 받고 친일 활동을 벌였습니다. 우후죽순처럼 늘어난 친일파들은 조선 독립에 커다란 걸림돌이 되었습니다.

총독 사이토 마코토의 친일파 육성 방침

1. 귀족, 양반, 유생, 부호 교육가, 종교가에 침투하여 계급과 사정을 참작하여 각종 친일 단체를 조직하게 할 것.
2. 종교적 사회 활동을 이용하기 위해 사찰령을 개정하고 불교 각 종파의 총 본산을 경성에 두고 이의 관장과 회장에 친일 분자를 두며, 기독교에도 상당한 편의와 원조를 제공할 것.
3. 친일 민간 유지들에게 편의와 도움를 주고 수재 교육의 이름 아래 우수한 조선 청년들을 친일 분자로 양성할 것.
4. 조선인을 일본인으로 만들라.

• 일제에 협조해야 산다?

춘원 이광수는 일본 유학 시절 최팔봉 등과 함께 2.8 독립선언서를 발표했고, 상해임시정부 기관지인 독립신문의 주필을 맡았다. 그런데 돌연 독립운동을 접고 귀국한 그는 일제의 식민 통치를 뒷받침하는 활동을 시작했다. 그는 최린이 펴낸 친일 천도교 잡지 〈개벽〉에 민족개조론을 실었다.

"민족성을 개조해야 한다. 왜냐하면 우리 민족이 피폐한 것은 민족성이 나태와 비겁과 불신으로 가득 차 있기 때문이다. 우리나라가 식민지가 된 것은 이런 점에서 필연적이다. 3.1운동도 무지몽매한 야만 인종의 맹목적 행동일 뿐이다. 독립은 일종의 법률상 수속이니 독립할 실력이 있을 때 국제법상 수속으로 되는 것이지 운동으로 되는 것은 아니다. …… 애국 명망가라고 하는 사람들은 감옥에나 들락거리는 것, 해외에 떠돌아다니는 것밖에 하는 일이 없다."

그는 여기서 그치지 않고 1924년에는 동아일보 신년 사설로 민족적 경륜을 내놓았다.

"조선 민족은 지금 정치 생활이 없다. …… 그러나 우리는 무슨 방법으로나 조선 안에서 전 민족적인 정치 운동을 하도록 새로운 국면을 타개할 필요가 있다. 조선 안에서 허락하는 범위 안에서 일대 정치결사를 조직해야 한다."

이광수는 민족개조론에서 나태한 조선을 일본이 지배하는 것은 당연한 것이라고 했다. 그리고 민족적 경륜에서는 적극적으로 일제의 지배에 협조하자고 했다. 그의 이러한 논리는 수많은 친일 행위를 합리화했고 해방 뒤 친일파가 우리 사회 곳곳에 뿌리내릴 수 있는 계기가 되었다.

• 민족개조론과 민족적 경륜의 논리를 반박하는 글을 써 보자.

3
조선인을 일본인으로 만들라

일제의 침략 전쟁

1929년 시작된 경제 대공황은 세계 자본주의 체제를 흔들었습니다. 수많은 공장이 문을 닫았고, 실직한 노동자들은 굶어 죽었지요. 미국은 공황에서 벗어나려고 경기 부양 정책을 썼지만 독일, 일본, 이탈리아는 전쟁을 택했습니다. 이들은 인종주의와 군국주의를 앞세워 다른 나라를 침략하고 경제를 수탈했습니다.

1931년 일본은 자본 투자와 상품 시장을 확보하려고 만주를 침략했지요. 1937년에는 중일전쟁을 일으켜, 상해와 난징 등 대도시를 점령했고 난징에서는 민간인 30여 만 명을 학살했습니다. 1941년에는 진주만을 기습하고 태평양전쟁을 일으켰습니다. 일제는 서양으로부터 아시아를 지킨다며 대동아공영권을 내걸었지만, 아시아의 민중들은 전쟁의 포화 속에서 삶과 죽음을 넘나드는 고통을 받았습니다.

일본은 만주를 침략한 뒤 조선과 일본이 화합해야 한다는 내선융화를 강조했습니다. 그리고 전국의 모든 읍과 면에 신사를 만들어 조선인들을 참배시켰지요.(1935) 또한 조선사상범 보호관찰령(1936)을 선포하고, 보호관찰소를 만들어 반일 사상을 뿌리 뽑으려 했습니다.

내선일체와 황국신민서사

일제는 중일전쟁을 일으킨 뒤에는 내선일체內鮮一體를 내걸었습니다. '내內'란 일본 본토를 '선鮮'이란 조선을 가리키는 말로 일본과 조선이 하나라는 뜻이지요. 이는 조선인을 대륙 침략에 이용하려는 선전 구호였습니다. 일제는 황국신민서사(1937)라는 천황에 대한 충성 맹세문을 만들어 외우게 했지요. 보통학교도 황국신민의 학교라는 뜻으로 국민학교(1940)로 이름을 바꾸었고 학생들은 일본어만을 써야 했습니다.

창씨개명(1939.11)
일제는 전 인구의 8할 이상을 창씨개명하게 했다. 사진은 창씨개명을 하기 위해 줄을 선 모습.

　1938년에는 국가총동원법을 선포해 침략 전쟁에 피요한 인적, 물적 수탈을 감행했습니다. 일제는 지원병제(1938)에 이어 징병제(1944)를 실시했습니다. 또한 여자 정신대근로령(1944)을 선포해 조선 여성들의 노동력과 성까지 빼앗아 갔습니다.

　일제는 조선의 민족성을 완전히 없애려고 이름까지도 일본어로 바꾸는 창씨개명을 실시했습니다. 일제의 정책에 협력하던 신군과 잡지도 조선말로 된 것은 대부분 강제 폐간되었습니다. 게다가 조선인과 일본인의 조상이 같다는 내선동조론內鮮同祖論을 꾸며 내 가정마다 일본 조상신 신위를 모시게 했지요. 이처럼 일제는 조선말을 없애고 역사를 왜곡해 민족의식을 말살하고 식민 지배에 이용하려 했습니다.

조선총독부의 창씨개명 강요 방침 (일부분)

1. 창씨를 안 한 자들의 자녀는 각급 학교에서 입학과 진학을 거부한다.
2. 창씨를 안 한 어린이들은 일본인 교사가 이유 없이 구타하고 질책한다. 그래서 어린이로 하여금 부모에게 애원하게 해 창씨시킨다.
5. 창씨를 안 한 자는 경찰 수첩에 적어 철저히 미행·사찰하고, 식량 및 기타 물품의 보급 대상서 제외한다.

황국신민서사 – 학생, 일반용

1. 우리는 황국신민이며 충성으로써 군국君國에 보답하자.
2. 우리 황국신민은 서로 신애협력信愛協力하여 단결을 굳게 하자.
3. 우리 황국신민은 인고 단련의 힘을 키워 황도皇道를 선양하자.

• 일본군 성 노예 황금주 할머니

다음은 일본군 위안부 출신 황금주 할머니의 증언이다.

어느 날 공장 직공을 모집한다는 말을 듣고 갔습니다. 저뿐만 아니라 모든 사람들이 단순히 공장에 일하러 간다고만 생각했고, 그래서 모인 대부분이 가난하고 어린 시골 처녀들이었습니다.

20~30명이 짐짝처럼 실려 '히노마루' 부대에 도착했습니다. 밤낮을 가리지 않고 하루에 20여 명 정도의 군인을 상대해야만 했습니다. 견딜 수가 없어 자살하는 처녀들도 많았습니다. 저는 매를 하도 맞아 그 후유증으로 지금도 고통받고 있습니다. 기다리던 해방이 되자 저는 두 달을 계속 걸어서 겨우 살아 돌아왔습니다. 부끄러워 가족에게는 가지 못했습니다. 아이를 낳을 수 없는 몸이 되었기 때문에 버려진 아이들 네 명을 데려다 키웠습니다. 일본인들이 우리들에게 한 일들은 너무나 지독했습니다. 시간이 흘러도 말로 다 할 수 없는 그 울분은 줄어들지 않습니다. 히로히토 천황에게 너무나 할 말이 많습니다. 일본군 부대에서 "천황의 명령이다."라는 말을 매일같이 들었기 때문입니다.

• **일본군 성 노예 문제의 현재에 대해 조사해 보고 해결 방안을 써 보자.**

04

빼앗긴 들에서
독립을 노래하다

어둠 속에서 새벽을 준비하다 · **비밀결사와 기지 건설 1910년대**

봇물 터진 독립 노래 · **3.1운동 1919**

조선을 대표할 정부를 세우다 · **대한민국임시정부 1919~1945**

먼저 민족의 실력을 키우자 · **민족주의 독립운동 1919~1945**

독립과 사회 개혁을 함께 이루자 · **사회주의 독립운동 1919~1945**

일어서는 노동자와 농민 · **노동자, 농민운동 1919~1945**

힘을 합쳐 독립을 이루자 · **좌우합작 운동 1919~1945**

파괴 대상 다섯, 암살 대상 일곱 · **암살 파괴 운동 1919~1945**

하늘을 찌르는 독립군의 기세 · **봉오동, 청산리 전투 1920**

시련을 딛고 새롭게 · **간도참변과 자유시사변 1920~1930**

다시 일어서는 독립군 · **만주의 독립군 1931~1945**

중국 대륙을 누비는 조선인 부대 · **중국의 독립군 1931~1945**

1
어둠 속에서 새벽을 준비하다

비밀결사를 만들다

조선총독부가 들어서자 은사금을 받으며 협력한 사람들도 있었지만 모든 것을 버리고 독립운동에 나선 사람들이 있었습니다. 국내의 민족 해방운동은 폭압적인 무단통치를 피해 비밀결사로 진행되었지요. 임병찬은 대한제국을 다시 세우겠다는 복벽주의 사상을 가지고 유생들을 모아 대한독립의군부(1912)를 조직했습니다. 이들은 일본이 조선에서 물러날 것을 요구하는 각서를 일본 정부에 보내고 무기와 군자금을 모았지만 조직이 드러나 실패했습니다.

박상진은 국권 회복과 공화제 수립을 목표로 대한광복회(1915)를 결성했습니다. 이들은 친일 부호를 죽이고 세금 운반차를 습격해 군자금을 모았지요. 그리고 중국과 러시아에서 무기를 수입해 무장 독립운동을 벌이려 했지만 주요 인물이 검거되면서 해체되었습니다.

교육과 계몽을 통해 실력을 키워 국권을 되찾자는 비밀결사도 생겼습니다. 평양 숭의여학교 교사와 학생들이 만든 송죽형제회는 여성 계몽운동을 벌였고, 군자금을 모아 독립운동 단체에 보냈지요. 경성고등보통학교의 교사와 학생들은 조선산직장려계를 결성해 조선인이 만든 옷을 입어 민족경제를 키우려 했습니다. 비밀결사 단체는 대중들이 참여하는 다양한 활동을 펼치기 어려웠습니다. 그러나 이들의 활동은 훗날 3.1운동이 전국으로 확대되는 밑거름이 되었습니다.

해외에 세운 독립군 기지

나라 안의 독립운동이 어려움에 부딪히자 간도와 연해주가 독립운동 기지로 떠올랐습니다. 이회영은 신민회의 독립군 기지 건설 계획에 따라 서간도에 신흥무관학교를 세웠지요. 간도에는 서전서숙이 명동학교로 발전해 교육과 군사훈련에 힘썼습니다. 밀산부 한흥동도 중요한 독립군 기지가 되었습니다.

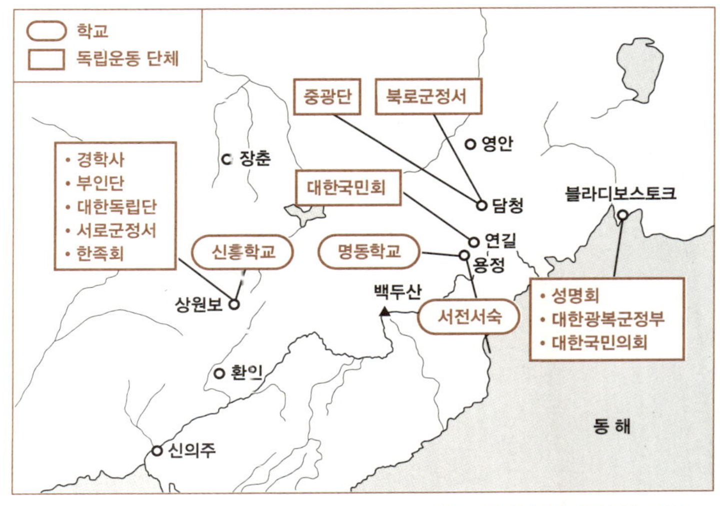

만주, 연해주의 독립운동 기지

연해주에서는 한일병합 전부터 전인석, 홍범도 등이 의병을 조직해 국내 진공 작전을 펼쳤습니다. 연해주의 조선인들은 권업회(1912)를 만들어 민족 교육과 계몽 활동을 벌였고, 대한광복군정부(1914)를 조직해 독립 전쟁을 준비했습니다. 대한광복군정부는 일본과 연결된 러시아 차르 정부의 탄압으로 해산되었지만, 러시아혁명(1917) 뒤 이동휘가 중심이 되어 대한국민의회(1919)를 세웠습니다.

미주에서는 하와이와 미국 교민들이 대한인국민회(1909)를 만들었습니다. 그러나 독립전쟁론을 펼친 박용만과 외교론을 주장한 이승만이 맞서며 분열되었지요. 실력양성론을 주장하던 안창호는 샌프란시스코에서 흥사단(1913)을 만들었습니다. 나라 밖에서 민족해방운동을 뒷받침한 사람들은 민족 차별을 받으며 힘들게 생활하는 농민과 노동자였지요. 이들은 어렵게 모은 돈으로 독립운동을 지원하고, 자녀들에게 한글을 가르치며 민족의식을 높였습니다.

간도

간도는 서간도와 동간도로 나누기도 하는데, 서간도는 압록강 상류와 백두산 일대를 말한다. 동간도는 두만강 이북과 송화강 동쪽 사이를 가리키는데 북간도라고도 한다. 대체로 독립군 기지가 건설되던 간도협약(1909) 뒤부터는 간도는 연변 일대를 지칭한다.

• 박상진과 이회영 형제들

박상진

이회영

박상진(1884~1921)은 1907년 고종 황제의 밀명으로 의병 활동을 한 허위의 제자로 평민 의병장 신돌석과 의형제를 맺었다. 그는 양정의숙을 졸업하고, 1910년 판사 임용 시험에 합격했으나 부임을 거부했다. 그리고, 자신의 논밭을 팔아 독립 자금을 마련하고 대한광복회를 조직해 총사령을 맡았다. 그는 독립군 기지를 건설하려고 부호들에게 군자금을 모았고, 반발하는 친일 부호는 처단했다. 그러나 1918년 어머니 장례식에 참석했다가 체포된 뒤, 1921년 서른여섯 젊은 나이에 사형으로 생을 마쳤다.

이회영은 을사조약이 체결되자 이상설, 이동녕과 함께 간도 용정에 서전서숙을 세웠다. 1907년에는 양기탁, 이동녕 등과 신민회를 만들어 활동했다. 일제에 국권이 넘어가자, 이회영의 여섯 형제는 전 재산인 40만 원(현재 가치 약 650억)을 처분하고, 60명 남짓한 가족들을 이끌고 서간도 삼원보에 경학사耕學社를 세웠다. 2년 뒤에는 경학사를 바탕으로 신흥무관학교를 세워 1930년 폐교될 때까지 모두 3500명 남짓의 인재를 길러 냈다. 그는 신채호와 깊은 인연을 맺었고 예순을 앞둔 나이에 아나키스트가 되었다. 그는 북경, 천진, 상해 등지에서 의열단 등을 도우며 활동하다 1932년 대련의 빈민가 뒷골목에서 쓸쓸히 숨을 거두었다. 이회영의 여섯 형제 가운데 해방 뒤 고국으로 돌아온 사람은 다섯째 이시영뿐이었다.

• 박상진과 이회영의 삶을 통해 얻을 수 있는 교훈을 써 보자.

2
붓물 터진 독립 노래

무르익는 독립 의지

1차 세계대전(1914~1918)과 러시아혁명 뒤 세계정세는 급변했습니다. 레닌은 제정러시아의 식민지였던 민족은 스스로 독립할 수 있다는 민족자결선언을 발표했지요. 미국 대통령 윌슨도 민족 스스로 자신의 운명을 결정해야 한다는 민족자결주의(1918)를 내걸었습니다. 그러나 윌슨의 주장은 1차 세계대전의 패전국인 오스트리아와 독일의 식민지에만 적용되었지요.

국제 정세가 변하자 해외에서 먼저 독립을 외치는 목소리가 나왔습니다. 상해의 신한청년단은 파리강화회의(1919)에 김규식을 파견해 조선 독립의 필요성을 알렸지요. 1919년 2월 8일, 일본 유학생들은 독립선언서를 발표했습니다. 국내에서도 천도교, 기독교, 불교계 지도자들이 학생 대표들과 고종의 장례 일을 맞아 독립을 선언하는 만세 시위를 계획했습니다. 그러나 독립선언서에 서명한 민족 대표 33명은 시위에 불참하고 순순히 연행되었지요. 이들의 투항은 3.1운동이 힘 있게

> **민족자결주의**
>
> 미국 대통령 윌슨은 1918년 1월, 민족 스스로 자신의 운명을 결정할 권리를 갖는다는 민족자결주의를 주장했다. 그러나 프랑스와 영국이 우려를 표시하자, 적용 범위를 1차 세계대전 패전국인 오스트리아와 독일이 지배하던 식민지로 제한했다. 실제로 3.1운동이 일어나자 미 국무부 대변인은 "윌슨 대통령의 선언은 일본제국 영토 내에는 적용되지 않는다."고 했다.

전개되는 데 걸림돌이 되었습니다.

3.1운동
기념비각의 군중들.

봇물 터진 독립 만세

종교계 지도자들은 약속을 어겼지만 학생 대표들과 민중들은 탑골공원에 모여 독립선언식을 갖고 만세 시위를 벌였습니다. 학생들은 시위가 주요 도시로 퍼지는 데 큰 활약을 했습니다. 노동자들도 제철소, 철도국, 광산의 열악한 노동조건과 민족 차별에 저항하는 파업과 시위를 이어 갔지요. 서울의 상인들도 철시 투쟁으로 일제의 식민 통치에 맞섰습니다.

4월이 되자 시위는 전국의 농촌으로 번졌습니다. 농민들은 토지조사사업으로 불만이 높았기 때문에 시위에 활발히 참여했지요. 농민들은 장날에 장터에 모여 시위를 벌였습니다. 당황한 일제는 육군과 해군을 동원해 잔인한 학살로 시위를 진압했지요. 민중들은 평화적인 시위의 한계를 깨닫고 무장하기 시작했습니다. 이들은 주재소에서 무기를 빼앗아 경찰서, 군청, 면사무소를 공격했습니다.

만세 시위가 알려지자 만주, 중국, 연해주, 미주 지역에서도 시위가 일어났고, 세계 언론도 주목했습니다. 그러나 일제의 폭력적인 진압과 학살로 4월 말부터 시위가 차츰 수그러들었습니다.

3.1운동 무엇을 남겼나?

3.1운동으로 조선인들은 전 세계에 독립 의지를 알렸습니다. 무단통치를 하던 일제는 큰 타격을 입고, 문화정치로 통치 정책을 바꾸었습니다. 그러나 정작 조선인들이 원했던 국제사회의 지원은 얻지 못했습니다. 3.1운동이 실패한 원인은 일제의 가혹한 탄압 때문이었지만 외교독립론에 따른 평화적인 시위와 지도부의 투항도 문제였지요. 사람들은 이를 극복하려고 무장 독립운동을 전개하고 대한민국임시정부를 수립했습니다. 또한 민족주의자들의 이론적인 한계가 드러나자 사회주의와 무정부주의가 민족해방운동의 중요한 이념으로 받아들여졌습니다.

민중들은 3.1운동을 통해 스스로가 민족해방운동의 주체라는 사실을 분명히 깨달았습니다. 이들은 사회주의사상을 받아들여 민족해방운동의 주요한 세력으로 성장했습니다. 3.1운동은 국제적으로 중국의 5.4운동과 인도의 비폭력 운동에 영향을 주었지요. 이처럼 3.1운동은 민족해방운동의 분수령이 된 동시에 수많은 독립운동가를 낳은 마르지 않는 저수지가 되었습니다.

일제의 제암리 학살 만행

1919년 4월 15일 일본군 중위 아리타 도시오가 제암리에 와서 "다섯 살 넘는 남자는 다 교회당에 모여라. 연설 한마디 하겠다."라고 말했다. 주민들이 모이자, 일본군은 교회당을 에워싸고 출입구와 창문을 모두 큰 못으로 막은 다음 집중 사격했다. 아비규환 속에서 오직 노경태 한 사람만이 탈출했고, 모두 24명이 죽었다. 일본군은 외딴집 두 채를 뺀 모든 집에 불을 질러 31채가 잿더미가 되었다.

• 33인은 민족 대표인가?

태화관 6호 별유천지 건물
1919년 3월 1일 오후 2시, 29명의 종교계 대표
가 독립선언식을 연 건물이다. 이곳은 과거 이완
용의 별장이었고, 이때는 고급 요릿집이었다.

요릿집 태화관은 이른바 민족 대표 33인이 독립선언서를 낭독한 장소로 널리 알려져 있다. 3월 1일 정오 29명의 민족 대표가 태화관에 모여 최남선이 지은 독립선언문을 낭독하려 했다. 그런데 사람들이 이미 본 선언서를 굳이 낭독할 필요가 없다고 해서 곧바로 기념 잔치를 벌였다. 그리고 오후 네 시쯤 헌병과 순사들에게 체포되어 순순히 잡혀갔다.

1919년 3월 1일, 많은 사람들이 손에 태극기를 들고 대한 독립 만세를 외치며 거리를 메웠다. 그러나 이는 독립선언을 계획한 민족 대표 33인의 생각이 아니었다. 이들은 인류 평등과 동양 평화를 위해 인도적인 입장에서 조선을 독립시켜 줄 것을 요청했다. 곧, 일제와 맞서 싸우는 것이 아니라, 강대국들의 양심에 호소해 독립을 얻어야 한다고 생각했다. 그래서 독립선언식이 시위로 번질 것을 우려해 장소를 탑골공원에서 태화관으로 바꾸었다. 이들이 기념 잔치를 벌일 때 학생들과 민중들은 헌병 경찰과 부딪쳤다. 실제로 33인의 대부분이 2~3년의 징역을 산 데 견주어, 시위 참가자들은 7500여 명이 죽고, 15년 넘게 감옥 생활을 한 사람도 많았다. 목숨을 걸고 독립을 외치다 이름도 남기지 못하고 숨진 사람들을 생각할 때 그들을 민족 대표라고 할 수 있을까?

• 33인의 행동이 갖는 의의와 한계를 토론해 보고 내 생각을 써 보자.

3
조선을 대표할 정부를 세우다

대한민국임시정부

3.1운동 뒤 독립운동을 책임 있게 전개할 지도부의 필요성이 높아졌습니다. 이러한 가운데 블라디보스토크, 상해, 한성에서 각각 정부 안이 발표되었지요. 이 과정에서 임시정부의 위치를 둘러싼 논쟁이 벌어졌습니다. 독립 전쟁을 주장한 사람들은 만주를, 외교 독립을 주장한 사람들은 상해를 주장했지요. 논란 끝에 임시정부 위치가 상해로 결정되자, 무장 독립운동 세력 가운데에서는 블라디보스토크의 이동휘 등 일부만 합류하고 나머지는 참여하지 않았습니다.

    상해임시정부는 공화주의와 삼권분립의 헌법을 발표하고 초대 대통령으로 이승만을 선출했지요.(1919) 임시정부는 자금 모집과 연락 업무를 위해 연통제를 실시하고, 기관지인 독립신문도 펴냈습니다. 무엇보다 외교에 힘을 쏟아 미국에 구미위원부를, 프랑스에 파리위원부를 두고 활동했지요. 그러나 열강들이 이미 조선 지배에 동의한 상태에서 외교 운동은 이렇다 할 성과가 없었지요. 이러한 가운데 러시아의 레닌이 조선 독립에 관심을 갖고 자금을 지원해 주어 국민 대표 대회를 열 수 있었습니다. 한편 이승만은 조선을 당분간 국제연맹의 통치 아래 두자는 청원을 해서 외교독립론에 대한 반발이 커졌습니다.

제6차 임시의정원 폐원식 기념 촬영(1919.9.7)

대한민국임시정부 헌장
(1919.4)

제1조 대한민국은 민주 공화제로 한다.
제3조 대한민국 인민은 남녀, 귀천, 빈부의 계급이 없고 일체 평등하다.
제4조 대한민국 인민은 종교, 언론, 저작, 출판, 결사, 집회, 통신, 주소 이전, 신체, 소유의 자유를 누린다.
제5조 대한민국 인민으로 공민 자격이 있는 자는 선거권과 피선거권을 가진다.

임시정부의 시련

1923년 임시정부의 활동이 부진하자 국내외 독립운동가들이 상해에 모여 국민 대표 대회를 열었습니다. 여기에는 신채호와 독립전쟁론 세력, 안창호와 실력양성론 세력, 이승만과 외교독립론 세력이 참가해 독립운동의 통일과 방향 전환이 논의되었지요. 신채호는 무장 독립운동을 전개할 새로운 임시정부를 만들자는 창조론을, 안창호와 이승만은 현재 노선을 유지하면서 조직만 바꾸자는 개조론을 주장했습니다.

그러나 대회는 결의안을 만들지 못한 채 결렬되었지요. 독립운동의 통일이 실패하자 많은 사람들이 임시정부를 떠났습니다. 임시정부는 위기를 수습하려고 국제연맹에 위임 통치를 주장한 이승만을 탄핵하고 대통령제를 없앴지요. 그러나 임시정부의 영향력은 급격히 떨어져 하나의 독립운동 단체가 되었습니다. 그 뒤 임시정부는 1930년대 중반까지 김구를 중심으로 하는 임정고수파에 의해 명맥만 유지했습니다.

국민 대표 대회 결렬 뒤 모습

3.1운동 뒤 상해로 모여든 독립운동가들은 천여 명에 달했지만 몇 년 지나지 않아 몇 십 명으로 줄었다. 이 때문에 처음 문지기를 바랐던 나는 주요 직책을 역임했다. 또 처음에는 더러 방문하던 양인들도 왜놈을 대동하고 사람을 잡으러 오거나 세금 독촉하는 불란서 경찰을 빼면 찾아오는 사람이 없었다.

〈백범일지〉에서

• 민족해방운동, 어떻게 할 것인가?

민족해방운동을 전개하기 위해 독립운동 진영은 외교독립론, 독립전쟁론, 실력양성론으로 나뉘어 서로 대립했다.

• 이승만의 외교독립론 VS 신채호의 비판

이승만 한국이 일본의 학정에서 벗어나려면 장래 완전한 독립을 보증하고 당분간 한국을 국제연맹 통치 아래 두면 장차 국가로 인정받게 될 것이다.

신채호 외국 도움으로 독립을 하더라도, 다시 그 나라의 노예가 될 것이다. 외교로 독립하자는 것은 지배 국가를 갑에서 을로 바꾼 것일 뿐이다.

• 신채호의 독립전쟁론 VS 안창호의 비판

신채호 강도 일본이 정치, 경제에서 구박을 주어 입고 먹을 방법도 단절된 때에 무엇으로 어떻게 실업을 발전하고 교육을 확장하며 군인을 양성하겠는가? 그러므로 우리는 외교, 준비 등의 미몽을 버리고 민중 직접 혁명의 수단을 취함을 선언하노라.

안창호 간도에서 활동하는 독립단은 우리 광복 사업에 도움이 전혀 안 된다. 오히려 그들 때문에 외국에 대한 조선 민족의 신용이 실추되고 있다. 우리 조선인은 아직 미개하며, 스스로 독립할 자격이 아직은 없다.

• 안창호의 실력양성론(준비론) VS 신채호의 비판

안창호 독립 전쟁을 하려면 철저한 준비가 필요하다. 먼저 군사 경험이나 지식이 있는 자들을 조직하고 훈련을 한 뒤 전쟁이 가능하다. 지금은 전투적 전쟁이 아니라 평화적 전쟁이 더 필요한 시점이다.

신채호 시베리아의 찬 바람에 배부르며, 미주나 하와이로 돌아가며 십여 년 내외 각지에서 준비, 준비를 외쳤지만 그 소득이 불과 몇 개 불완전한 학교와 실력 없는 모임뿐이었다.

• **당시 가장 적합한 독립운동 방법이 무엇일지 토론해 보고 내 생각을 써 보자.**

4
먼저 민족의 실력을 키우자

물산장려운동을 이용한
경성방직의 태극성 광목 광고

물산장려운동의 기본 실행 요강

첫째 – 의복은 남자는 무명 베 두
루마기를, 여자는 검정 물감을 들
인 무명 치마를 입는다.
둘째 – 설탕, 소금, 과일, 음료를
제외한 나머지 음식물은 모두 우리
것을 사 쓴다.
셋째 – 일상용품은 우리 토산품을
상용하되, 부득이한 경우 외국산
품을 사용하더라도 경제적 실용품
을 써서 가급적 절약을 한다.

우리가 만든 것 우리가 쓰자

일제가 문화정치를 펴자 많은 민족주의자들이 일제에 협
력하자는 자치론에 동조하며 민족개량주의자가 되었습니
다. 그러나 일부는 일제와 타협하지 않는 비타협 민족주의
자가 되었습니다.

민족개량주의자들이 사회 곳곳에서 목소리를 높이자 비
타협 민족주의자들은 실력 양성 운동에 나섰습니다. 조만
식이 중심이 된 평양의 조선물산장려회(1920)는 국산품을 애용하자는
물산장려운동을 벌였지요. 이들은 "조선 사람은 조선 사람이 지은 것
을 쓰고, 물건을 스스로 제작해 공급하기를 목적하노라."라고 주장해
사람들의 호응을 받았습니다. 그러나 국산품의 생산량이 적어 물가가
올랐고 자본가만 큰 이익을 얻었습니다. 또한 품질이 떨어지고 값도 비
싸 소비자에게는 손해였지요. 더욱이 이익을 내는 조선인 기업은 대부
분 일제의 식민 지배에 협력하고 있었습니다.

사회주의자들은 물산장려운동을 "자본가계급이 착취와 피착취를
숨기고 민족, 애국하는 감상적 미사 어구로 노동계급의 후원을 바란
다."고 비판했습니다. 여기에 일제의 분열 공작으로 민족개량주의자까
지 참여하자 민중들의 외면을 받고 실패했습니다.

조선인들도 대학을 세우자

일제는 교육을 철저하게 식민 지배를 위한 도구로 이용했
습니다. 민족개량주의자들은 일본의 지도로 근대화와 문명
개화를 이뤄야 한다는 말도 서슴지 않았지요. 이들에게 근
대 교육은 일제 침략의 앞잡이가 되는 것이었습니다.

비타협 민족주의자 이상재와 이승훈 등은 민족의 지식욕
을 충족시킬 대학을 세우려고 조선민립대학기성회(1923)를
조직했습니다. 이들은 "우리 조선인도 문화의 창조와 향상
을 기도하려면, 대학 설립을 빼고는 다른 길이 없다. 그러므
로 우리는 감히 만천하 동포에게 민립 대학의 설립을 제창하노라."고
했습니다.

경성제국대학
(서울대학교의 옛 이름)

민립 대학 설립 운동이 확산되자 일제는 경성제국대학의 설립을 서
두르고 민립대학기성회가 배일사상을 고취한다는 이유로 강연회를 중
지시켰습니다. 여기에 사회주의자들이 "식민지 아래서 노동자, 농민들
은 문맹 퇴치조차 어려운데, 대학 교육은 그야말로 그림의 떡이다. 성
금액 1천만 원으로 노동자들을 위한 강습소, 농촌에 야학과 간이 학
교, 고학생들을 위해 합숙소를 설립하자."고 주장하자 여론도 빠르게
바뀌었습니다. 이 무렵 대다수 민중들에게 대학은 환상에 불과했고
강습소와 야학 같은 대중 교육이 필요했지요. 이처럼 민립 대학 설립
운동은 상류층을 위한 교육이라는 비판을 받으며 수그러들었습니다.

• 총독부의 후원으로 생산한 경성방직

동아일보가 외친 물산장려운동은 각계각층의 커다란 호응을 얻었다. 경성방직도 덩달아 '조선인은 조선인의 광목으로'라는 광고를 내걸고, 효과를 더 높이려고 상표를 태극성이라 붙였다.

그러나, 엄밀히 말하면 경성방직이 짜 낸 광목은 생산지만 조선이었을 뿐이다. 김성수는 총독부의 후원과 일본계 은행들의 금융 지원을 받아서 도요다 방직기계를 들여와 광목을 짰다. 또한 광목의 원료인 무명실은 오사카의 야기상회에서 공급받았다. 경성방직 제품에는 오직 조선 사람의 노동력만 들어 있었다.

더욱이 경방 제품은 당시 시장을 주름잡던 일본의 도요방적 제품 'A'표, '계룡鷄龍'표 등에 밀려 고전했다. 지배인 이강현은 서울의 포목상들을 요정에 초대해 "저희 회사 제품은 다른 회사와 달리 직접 실을 뽑아 직조하지 못해 품질이 좋지 않습니다. 하오나 순전한 우리 자본과 우리 조선의 가냘픈 소녀들이 피땀으로 짜 내는 제품이오니 부디 외면 마소서."라며 울며 호소했다. 경성방직은 포목상에 대한 향응과 물산장려운동에 힘입어 일제강점기 대표적인 조선인 기업으로 성장했다.

그런데, 소설가 김동인이 〈개벽〉 지에 '한 문예가가 본 민간 신문의 죄악'이라는 글을 기고했다. 그는 동아일보 사주 김성수가 일본 최대의 공업도시 오사카 지방의 광고주들을 서울로 초청해 2만 엔의 거금을 들여 기생 관광을 시켰다고 폭로했다. 그리고 동아일보의 반민족적인 처사로 말미암아 조선의 부가 모두 일본으로 건너가 버리고, 가뜩이나 가난한 조선 사람의 살림이 더욱 빈약해진다고 개탄했다.

• 물산장려운동을 어떻게 볼 것인지 토론해 보고 내 생각을 써 보자.

5
독립과 사회 개혁을 함께 이루자

어둠을 밝힌 한 줄기 빛

소련이 식민지 민족해방운동을 지원하자 사회주의는 피억압 민족에게 큰 영향을 주었습니다. 일제는 사회주의를 3.1운동에서 실패한 조선인들에게 한 줄기 빛이라고 표현했지요. 많은 지식인, 학생, 노동자들이 서울청년회(1920), 화요회(1924) 같은 비밀단체를 만들었습니다. 사회주의자들은 독립과 함께 사회변혁을 위한 운동을 펼쳤습니다.

또한 노동자와 농민이 단결하면 착취당하지 않고, 세상의 주인이 될 수 있다는 계급의식을 높였습니다. 사회주의자들은 독립운동과 사회변혁 운동을 체계적으로 발전시키려고 비밀 조직인 조선공산당(1925)을 결성했습니다. 조선공산당 책임 비서는 김재봉이 맡았고 청년 조직

조선공산당의 검거와 재판을 다룬 신문기사로 조선공산당이 활발한 독립운동을 벌였음을 보여 준다.

> **조선공산당 선언** (불꽃 제7호, 1926.9.1)
>
> - 전 세계 무산자와 동방 피압박 민족은 단결하라.
> 1. 민주공화국을 건설하되 권력은 입법부에 있을 것.
> 2. 전 국민의 무장을 실시하고 국민 경찰을 조직할 것.
> 3. 일본의 군대, 헌병 및 경찰을 조선에서 철폐할 것.
>
> - 노동계급의 해방 투쟁 능력을 발전시키기 위하여
> 1. 무제한의 직업 조합의 조직 및 동맹파업의 자유를 가질 것.
> 2. 1일 8시간 이상의 노동을 하지 말 것.
>
> - 농민들을 지주와 대토지 소유자의 압박에서 해방하기 위하여
> 1. 대토지 소유자, 회사, 은행 토지를 몰수해 농민에게 교부할 것.
> 2. 소작료를 폐지할 것.

인 고려공산청년회는 박헌영이 맡았으며, 국제 공산당 조직인 코민테른의 지원을 받았습니다.

조선공산당이 결성되자 사회주의 독립운동은 체계적으로 발전했습니다. 조선공산당은 6.10만세운동(1926)을 이끌고, 민족통일전선운동을 벌여 신간회를 결성했습니다. 그러나 일제는 치안유지법으로 네 차례에 걸쳐 가혹하게 탄압했지요. 결국 1928년 12월, 조선공산당은 해산했지만, 문화정치의 본질을 드러내고 독립의식을 고취시켰습니다.

노동자 농민과 함께 당을 재건하자

조선공산당은 해산했지만 사회주의자들은 비밀 조직을 만들어 노동자, 농민과 함께 당을 재건하고, 독립을 쟁취하려는 활동을 펼쳐 나갔습니다. 이들은 '공장으로 광산으로 농촌으로'라는 구호를 내걸고 생산 현장에 들어가 적색 농민조합과 노동조합을 만들어 일제에 맞섰지요. 이 가운데 이재유, 김삼룡, 이현상이 동대문의 공장 지역에서 노동운동을 벌인 경성트로이카(1932~1934)의 활동이 두드러졌습니다.

이재유가 체포된 뒤 김삼룡과 이현상은 박헌영과 경성콤그룹(1939)을 조직해 경성에서 활동을 이어 나갔습니다. 김삼룡은 노동자 프린트를 만들어 노동자들의 의식을 높였지요. 이들의 활동 목표는 노동자 농민들과 함께 독립과 사회변혁 운동을 전개할 정당을 만드는 것이었지요. 그러나 일제의 탄압으로 활동이 어려워지자 박헌영 등은 지방의 벽돌 공장에서 일하며 버텼습니다. 이처럼 사회주의 활동가들은 모든 사회운동이 질식된 상태에서 끝까지 투쟁하였고, 해방 뒤 조선공산당을 만들어 대중들의 지지를 얻었습니다.

조선공산당 발기자 그룹(1934)

조선공산당은 조선의 완전한 독립을 획득하기 위한 유일한 길이 전 국민이 무장 폭동으로까지 나아가는 민중 혁명 투쟁의 길 이외에는 없다는 것을 선언한다.

1. 민족개량주의의 배반적 역할을 끊임없이 폭로하고, 혁명적 구호 아래 민중을 광범하게 진출시키는 동시에 동원할 수 있는 합법적, 비합법적 가능성을 결정적으로 이용할 것.

• 불행한 시대의 뜨거운 영혼들

이재유(1905~1944)는 18세 때 스스로 사회주의자라고 밝히고 막노동을 하면서 혁명운동을 시작했다. 일본에 가서는 사람의 마음을 움직이는 뛰어난 설득력과 문장력으로 재일 조선인 노동자들의 지도자가 되었다. 그는 일본에서 붙잡혀 서울로 압송될 때까지 무려 70번이나 경찰에 체포되었다.

1930~1940년대 공산주의자들
민족 말살 통치 아래서 끝까지 독립운동을 전개한 사람들. (맨 위 큰 사진부터 시계 방향으로 이재유, 박진홍, 이순금, 이효정, 이관술, 김삼룡, 이현상)

이재유는 서대문형무소에서 이현상(1906~1953)과 김삼룡(1910~1950)을 만났다. 1933년에 출옥한 세 사람은 경성트로이카를 만들어 노동운동의 불모지였던 서울과 인천에서 활약했다. 트로이카란 세 마리 말이 끄는 눈썰매를 뜻하는 러시아어 'troika'에서 따온 말이다. 트로이카를 조직 이름으로 삼은 까닭은 조직의 운영 원리에 있었다. 세 마리 말이 썰매를 끌려면 서로 발을 맞추듯 토론과 합의를 운영 원칙으로 삼았다. 이들은 현장을 알지 못한 채 지시를 내리기만 하는 조직은 옳지 못하다고 생각했다. 경성트로이카는 운동의 추진력은 현장에, 바탕은 노동 대중에 뿌리를 두었다.

경성트로이카는 1934년 지도부가 검거되면서 무너졌다. 그러나 이재유는 두 번이나 탈출해 2기, 3기 트로이카를 잇달아 만들었다. 그러나 이마저도 1936년 겨울 이재유가 검거되면서 무너졌다. 트로이카 구성원이던 이관술과 이현상 등은 1939년 경성콤그룹을 만들었다. 경성콤그룹은 국내파 사회주의자들을 모아 1942년 무너질 때까지 끝까지 일제에 저항했다. 이재유는 1944년 감옥에서 숨을 거두었다.

• **이재유의 독립운동을 어떻게 볼 것인지 자신의 생각을 써 보자.**

6

일어서는 노동자와 농민

조선노농총동맹 창립(1924.4)

농민과 노동자들의 투쟁

토지조사사업으로 경작권을 잃은 농민들은 만주나 연해주로 떠나야 했죠. 많은 농민들이 높은 소작료와 공과금을 내리고, 소작권 이전을 반대하는 소작쟁의를 벌였습니다.

1920년 회사령이 철폐되고 일본 기업이 들어오자 노동자들도 늘었습니다. 조선노동공제회는 사회주의 사상을 바탕으로 계급의식을 높였고, 조선노동연맹회는 최초로 메이데이 행사(1923.5.1)를 열었습니다. 농민과 노동자들은 농민해방, 노동해방, 신사회 건설을 내걸고 조선노농총동맹(1924)을 결성했습니다. 조선노농총동맹은 전남 신안군 암태도에서 일어난 소작쟁의(1924)를 지원해 승리를 이끌었습니다.

조선노농총동맹은 조직이 커지자 조선노동총동맹과 조선농민총동맹으로 나뉘어 발전했습니다. 조선농민총동맹은 소작쟁의를 지원하고, 수리 조합 반대 투쟁을 활발하게 벌였지요. 노동운동은 원산 총파업(1929)에서 절정을 이뤘습니다. 원산 총파업은 노동자들이 생존권 투쟁을 넘어 식민지 공업 정책과 친일 자본가들에 맞서 싸운 독립운동의 빛나는 이정표가 되었지요. 농민과 노동자들은 일본 경찰, 지주, 자본가의 탄압에 맞서 계급의식과 민족의식을 높여 나갔습니다.

적색 농민조합, 적색 노동조합 운동

1929년 세계 대공황 뒤 농민들의 생활은 더욱 어려워졌습니다. 이들은 소작료에 덧붙여 비료대, 종자대까지 수확량의 2/3 이상을 지주에게 바쳤지요. 농민들은 풀뿌리로 죽을 끓이고, 거름으로 쓰는 콩깻묵까지 먹었습니다.

농민들과 사회주의자들은 비밀 조직인 적색 농민조합을 만들어 일제의 수탈에 맞섰습니다. 이들은 소작료 인하, 공과금 납부 거부 등을 주장했지요. 소작쟁의는 주로 일본인 대농장에서 일어나 면사무소, 주재소, 수리 조합에 대한 공격으로 이어졌습니다.

일제는 1930년대 병참기지화 정책을 펼치면서 노동자들을 수탈했습니다. 노동자들과 사회주의자들은 공업지대를 중심으로 비밀 조직인 적색 노동조합을 만들어 일제와 자본가들에 맞섰지요. 이들은 임금 인상과 8시간 노동제 확립 등을 걸고 싸웠습니다. 그 가운데 서울과 인천 지역의 여러 공장에 적색 노동조합을 만든 이재유 그룹의 활동이 뛰어났습니다. 부산 조선방직과 진남제련소 노동자들도 임금 인상, 8시간 노동제 확립, 조선인 차별 대우 폐지 등을 내걸고 파업을 벌였습니다.

일제는 1935년까지 적색 농민조합과 적색 노동조합에 대한 대대적인 탄압을 벌였습니다. 그러나 민중들과 사회주의자들이 손을 잡고 전시체제에 저항한 두 운동은 생존권 투쟁과 독립운동을 결합한 민족해방운동의 소중한 열매였습니다.

**적색 농민조합과
노동조합 운동의 구호**

조선의 당면 과제는 봉건 잔재의 파괴, 농업 제관계의 근본적인 변혁, 토지혁명을 목표로 한 부르주아 민주주의 혁명이다. 노동자 농민 계급을 해방하고 완전한 신사회를 건설한다. 자본가계급과 철저히 투쟁한다.

• 일제강점기 여성 노동자로 산다는 것

광목천으로 줄을 만들어 누각에 걸쳤다. 그리고 12미터 높이의 을밀대 지붕 위로 올라가 농성을 시작했다. 9시간 반 동안 고공 농성하는 강주룡의 사진.

1901년 평북 강계에서 태어난 강주룡은 스무 살 때 열다섯 살인 남편과 혼인했다. 남편을 따라 항일 무장 단체에서 활동했으나 남편은 스물두 살 때 전사했고, 남편 가족들은 그를 '남편 죽인 년'이라며 시집에서 쫓아냈다. 스물넷에 친정에 돌아온 그는 부모와 동생을 위해 평양 평원 고무 공장에서 일을 시작했다.

1931년 5월 16일, 회사 쪽의 일방적인 임금 인하 통고에 격분한 평양 평원 고무 공장의 노동자들이 공장을 점거하고 파업을 시작했다. 5월 28일부터는 단식투쟁까지 펼쳤지만, 기업주가 불러들인 일본 경찰의 폭력 진압으로 공장 밖으로 쫓겨났다. 강주룡은 대동강 기슭에 있는 12미터 높이의 을밀대 지붕 위에서 고공 농성을 9시간 반 동안이나 계속하며 외쳤다.

"우리 49명은 이번 우리들에 대한 임금 감하가 나중에는 평양의 2300명 고무 직공 전체로 나갈 것이므로 죽기로써 반대합니다. …… 내가 아는 가장 큰 지식은 대중을 위해 자신을 희생하는 것이 명예스러운 일이라는 것입니다."

이때 모인 많은 사람들은 손을 흔들고 박수를 치며 강주룡을 격려했다. 이후 검거와 병보석을 되풀이한 강주룡은 1932년 동료 노동자 백여 명이 지켜보는 가운데 평양 서성리 빈민굴에서 마지막 숨을 거두었다. 이때 그의 나이는 서른하나였다.

• 강주룡의 삶을 통해 당시 여성 노동자가 처한 사회 모순은 무엇이었는지 토론해 보고 내 생각을 써 보자.

7
힘을 합쳐 독립을 이루자

무르익는 좌우합작과 6.10만세운동

문화정치 아래서 일제와 타협하는 민족개량주의자들의 자치론이 거세지자 사회주의자들과 비타협 민족주의자들은 민족통일전선의 필요성을 느꼈습니다. 이 무렵 국제 공산당 조직인 코민테른도 증국공산당과 국민당이 일제 침략에 맞서 힘을 모은 1차 국공합작(1924~27)을 본보기로 들며 조선에도 민족통일전선이 필요함을 권고했지요

1926년 사회주의진영은 비타협 민족주의자와 단결해 정치투쟁을 벌이자는 정우회 선언을 발표했습니다. 민족통일전선에 대한 나라 안팎의 분위기가 무르익을 무렵 대한제국의 마지막 황제 순종이 사망했습니다. 일제는 3.1운동과 같은 대규모 운동을 막으려고 군대를 서울로 집결시키고, 부산과 인천에 함대를 대기시켰습니다.

1926년 6월 10일, 조선공산당과 조선학생과학연구회가 중심이 되어 순종의 장례 일에 만세 시위를 벌였습니다. 학생들은 격문을 뿌리며 독립 만세를 외쳤고, 많은 사람들이 힘을 보탰습니다. 6.10만세운동은 문화정치의 문제점을 지적하며 조선인들의 독립 의지를 높였지요. 또한 사회주의자들과 비타협적 민족주의자들은 6.10만세운동의 격문을 함께 만들며 민족통일전선을 다져 나갔습니다.

> **6.10만세운동의 격문**
>
> 1. 조선 독립 만세
> 2. 조선은 조선인의 조선이다.
> 3. 횡포한 총독 정치를 구축하고 일제를 타도하라.
> 4. 학교의 용어는 조선어로
> 7. 조선의 대학, 전문학교는 조선인으로 하자.
> 11. 일본인 물품을 배격하자.
> 13. 공장의 노동자는 총파업하라.
> 18. 일본인 지주의 소작료는 주지 말자.
>
> 6.10만세운동의 격문은 민족주의 진영과 사회주의진영의 요구를 함께 담았다. 1, 2, 3, 4번은 공동의 요구였다. 7번은 민립 대학 설립 운동을 11번은 물산장려운동을 주장했던 민족주의 진영의 요구였다. 13번은 노동운동을 18번은 농민운동을 주장했던 사회주의진영의 요구였다.

독립운동의 새로운 줄기

6.10만세운동을 계기로 사회주의자들과 비타협 민족주의자들 사이에는 단결의 기운이 무르익어 신간회 창립으로 이어졌습니다.(1927) 이러한 분위기는 여성운동에도 영향을 주어 근우회가 창립되었지요. 기회주의자를 반대하는 신간회는 전국 백여 개 지회와 회원 수 4만 명에 이르는 국내 최대 단체가 되었습니다. 신간회는 본부와 지회가 있었고, 개인 가입만을 허용했지요. 본부는 민족주의자들이 많았는데, 합법적인 활동에만 치우쳐 회원들의 불만이 높았습니다. 이와 달리 사회주의 세력이 우세했던 지방 지회는 스스로 활동 방침을 정하고, 노동자, 농민운동을 이끌며 일제의 탄압과 수탈에 맞섰습니다.

신간회의 갈등은 광주학생운동(1929)이 일어나면서 표면화되었습니다. 신간회는 광주학생운동을 지원하려고 민중 대회를 계획했으나, 중앙 지도부의 소극적인 태도로 열지 못했지요. 신간회가 대중운동을 이끌지 못하는 가운데 민족개량주의자들이 손을 뻗지차, 사회주의자들은 신간회를 해소하고 노동운동과 농민운동을 강화할 것을 주장했습니다. 여기에는 1927년 중국의 국공합작이 깨지면서 민족통일전선 운동에 대한 비판이 높아진 것도 원인이 되었습니다.

1931년 신간회는 해소한 뒤 새로운 단체를 만들 것을 결정했지만, 조선총독부가 새로운 조직을 만들 집회를 허용하지 않아 사실상 해체되었습니다.(1931) 신간회 해소는 일제에 맞설 수 있는 합법 공간을 잃었다는 점에서 아쉬움을 남겼지요. 그러나 사회주의진영과 민족주의진영이 사상의 차이를 넘어 힘을 모아 독립운동을 벌인 소중한 경험을 남긴 점에서 의의가 컸습니다.

신간회 강령

1. 우리는 정치적, 경제적 각성을 촉구함.
2. 우리는 단결을 공고히 함.
3. 우리는 기회주의자를 일체 배격함.

신간회 행동 강령

1. 조선 농민의 교양에 적극적으로 노력.
2. 조선 농민의 경작권을 확보하고 일본인 이민을 방지.
3. 조선인 본위의 교육 확보.
4. 언론, 출판, 결사의 자유 확보.

• 신간회를 해소할 것인가 ?

1927년에 결성된 신간회는 사회주의자들과 비타협 민족주의자들이 힘을 합쳐 독립운동을 전개했다. 그러나 시간이 지나면서 민족개량주의자들이 신간회에 들어오고, 비타협 민족주의자들과 사회주의자들 사이에도 차이가 드러났다.

• 민족개량주의자들이 신간회에 손을 뻗치다

송진우, 김성수 등은 작년(1927) 겨울부터 각 방면의 유력자 또는 공직자 등을 신간회에 가입시켜 세력을 심었다. 송진우는 1928년 1월 9일, 신간회 경성 지회에 가입했다. (경기도 경찰국, 〈치안 개황〉, 1928)

• 해소론

– 신간회는 영도권이 소부르주아에게 있으니 소부르주아 집단이다.

– 프롤레타리아 투쟁 성장에 현재 신간회는 장애물이다.

– 노동자는 노동조합에, 농민은 농민조합에 돌아가 투정해야 한다.

〈삼천리〉, 1931. 4.)

• 해소 반대론

단결은 힘이다. 약자의 힘은 단결이다. 모든 역량을 집중해 단결을 굳건히 하자. 조선인 대중운동의 목표는 정면의 일정한 세력을 향해 집중해야 한다. 그러므로 민족운동과 계급 운동은 동지적 협동으로 병립 병진해야 한다.

(안재홍, 〈비판〉, 1931년 7·8월 호)

• 신간회를 해소하는 것이 좋은지 유지하는 것이 좋은지 토론해 보고 내 생각을 써 보자.

8
파괴 대상 다섯, 암살 대상 일곱

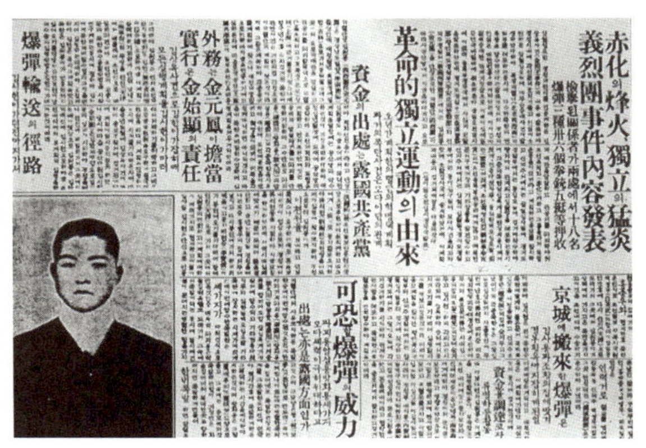

의열단 사건 기사와 김원봉
(1923.3)

무정부주의와 암살 파괴 운동

3.1운동 뒤 중국과 일본에서 활동하는 독립운동가, 유학생, 노동자들에게 무정부주의가 유행했습니다. 중국에서는 이회영, 신채호 등이 무정부주의와 민족해방운동을 결합시켰지요.

무정부주의는 인간을 억압하는 모든 권력을 반대하고, 평등한 사회를 만들자는 사상입니다. 무정부주의자들은 제국주의를 가장 나쁜 권력으로 보았지요. 그래서 이를 제거하려고 암살과 파괴를 투쟁 방법으로 삼았습니다. 무정부주의는 무계급 사회를 지향하는 점에서 사회주의와 비슷하지만 모든 권력을 반대하는 점에서 차이가 있습니다. 그러나 현실에서 모든 권력이 사라지기 어렵다는 점에서 한계가 있었지요.

3.1운동으로 평화 시위의 한계가 드러나자 암살 파괴 운동이 일어났습니다. 65세 노인 지사 강우규는 부임하는 사이토 총독에게 폭탄을 던져 총독부 요인들에게 부상을 입혔지요. 1919년 김원봉은 만주 길림에서 의열단을 조직했습니다. 김원봉은 민중들이 직접 혁명을 하자는 신채호의 조선혁명선언을 활동 지침으로 삼았지요. 의열단은 암살 파괴 운동을 가장 활발히 벌였기 때문에 암살 파괴 운동을 의열 투쟁이라 부르기도 합니다.

의열단과 한인애국단

의열단은 '5파괴 7가살'을 내걸었는데 파괴 대상은 조선총독부, 동양
척식주식회사, 매일신보사, 경찰서, 중요 기관이었고, 암살 대상은 조
선 총독과 고관, 일본군 간부, 대만 총독, 매국노, 친일파, 적탐, 친일 지
주였습니다. 이들은 일제의 통치기관을 파괴하고, 일본군 대장 다나카
저격 사건 등을 일으켰지요. 1920년대 중반 의열단은 대중운동이 어
려운 암살 파괴 운동을 극복하려고 새로운 길을 찾았습니다. 많은 의
열단원들이 사회주의사상을 받아들여 중국공산당에 들어가거나 국
내 노동운동에 참여했습니다.

　상해에서는 김구가 침체된 임시정부에 활력을 불어넣으려 한인애국
단을 조직했습니다. 1932년 1월, 한인애국단원 이봉창은 도쿄에서 일
왕에게 폭탄을 던져 일제의 간담을 서늘케 했지요. 1932년 4월에는
윤봉길이 상해 홍커우공원에서 열린 일본의 전승 기념식에서 폭탄을
던져 일본의 고위 관리들에게 타격을 입혔습니다. 윤봉길의 의거는 침
체된 독립운동에 활기를 불어넣었습니다. 중국 사람들도 수억의 중국
인들이 못한 일을 조선의 청년이 해냈다며 높이 평가했지요. 이 사건
뒤 중국 국민당 정부는 임시정부를 적극적으로 후원했습니다. 암살 파
괴 운동은 일제의 식민 통치에 경종을 울리고, 침체된 무장 독립운동
을 대신해 조선인들의 사기를 올리는 데 큰 영향을 주었습니다.

• 의열단원 어떻게 살았나?

조선 사람들은 점잖은 사람들이다. 그런데, 사회는 때때로 가장 온화한 사람들 가운데 자신을 희생하는 개인 영웅을 만들어 낸다. 그것이 변증법 과정인 것이다. 이들의 대담성과 희생정신 때문에 조선 사람은 극동 전역에서 가장 무시무시한 테러리스트로 알려져 있다. 이들은 1919년에서 1924년에 걸쳐 왜놈에 대한 테러를 국내에서만도 약 3백 건이나 해냈다. 대규모 계획은 실패했지만, 작은 계획은 때때로 성공했다. 그러자, 왜놈들은 1919년에서 1927년에 걸쳐서 의열단원만 3백 명이나 처형했다.

의열단원은 하나의 통일체이며, 모든 것을 엄격하게 비밀로 했다. 의열단원들은 마치 특별한 신도처럼 생활했고, 수영과 테니스 같은 운동을 통해 항상 최상의 컨디션을 유지하려 했다. 매일같이 저격 연습도 했다. 그리고 독서도 했으며, 특별 임무에 알맞은 심리 상태와 쾌활함을 유지하기 위해 오락도 했다.

그들의 생활은 명랑함과 심각함이 기묘하게 혼합된 것이었다. 언제나 죽음을 눈앞에 두고 있었으므로 생활이 지속되는 한 마음껏 생활했다. 그들은 기막히게 멋진 친구들이었다. 스포티한 멋진 양복을 입고, 머리를 잘 손질했다. 어떤 경우에는 결벽할 정도로 말쑥하게 차려입었다. 그들은 사진 찍기를 아주 좋아했는데, 언제나 이번이 죽기 전에 마지막으로 찍는 것이라 생각했다. 그러나 차츰 단원들의 희생만 늘어나자, 사기가 떨어졌다. 그러자, 그들은 공산주의자와 합류했으며 대중정치활동에 가담하기도 했다. 이때까지 살아남았던 의열단원 거의 전부는 1925년부터 1927년 사이에 중국 혁명을 위해 싸우다가 죽었다.

- 님 웨일스, 〈아리랑〉

• 의열단 독립운동의 의의와 한계에 대해 토론해 보고 내 생각을 써 보자.

9
하늘을 찌르는 독립군의 기세

봉오동 전투

3.1운동 뒤 외교나 평화 시위로는 독립할 수 없다는 믿음이 커졌습니다. 많은 청년들이 독립군이 되려고 만주로 모였고, 군자금을 내는 사람도 늘었습니다. 평민 의병장 출신 홍범도가 이끈 대한독립군은 연해주의 대한국민의회와 관계를 맺었습니다. 김좌진의 북로군정서는 대종교도가 중심이었지요. 지청천의 서로군정서는 신흥무관학교를 통해 2천여 명의 독립군을 양성했습니

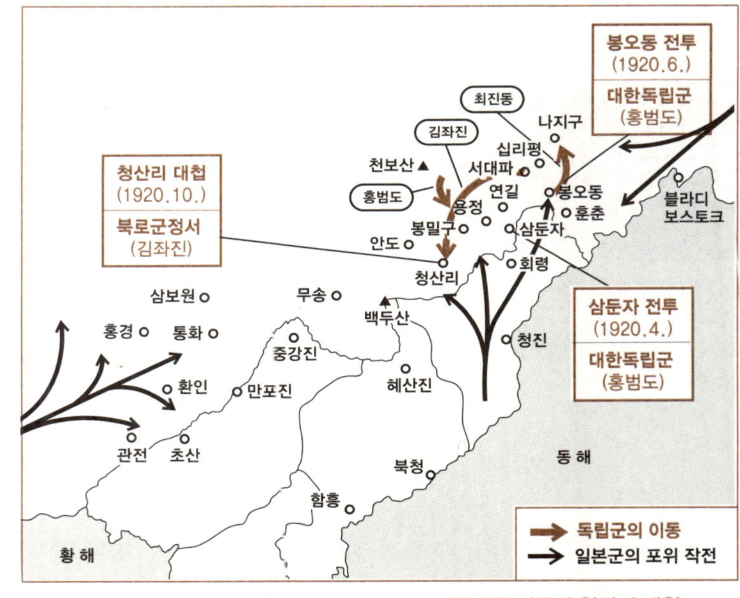

봉오동 전투와 청산리 대첩

다. 이 밖에도 많은 독립군 부대가 만주에서 독립 전쟁을 준비했습니다.

홍범도의 대한독립군은 일본군 국경 수비대, 주재소, 면사무소 등 식민 통치기관을 공격하는 국내 진공 전투를 주도했습니다. 일본군은 토벌 부대를 조직해 두만강 건너편에 있는 독립군을 공격했지요. 대한독립군은 일본군을 봉오동 골짜기로 유인해 크게 물리쳤습니다. (1920.6)

봉오동 전투에서 패한 일본은 독립군을 소탕하려고 만주에 대규모 부대를 출병시킬 구실을 찾았습니다. 일본은 마적단을 매수해 훈춘 주

재 일본 영사관을 습격하고, 책임을 조선 독립군에게 돌렸습니다. 훈춘사건(1920.10)은 조작이었지만, 대규모 일본군 부대가 중국으로 출병하는 구실이 되었습니다.

청산리 전투

훈춘사건 뒤 일본은 2만여 명의 병력을 간도로 보냈습니다. 이들의 목표는 간도에 있는 조선 독립군을 전멸시키는 것이었지요. 일본군 출병을 눈치챈 10여 개의 독립군 부대는 백두산 서쪽 청산리에 집결했지요. 이 지역은 울창한 산림지대로 대규모 부대와 맞서 싸우기에 유리했습니다.

일본군 5천여 명이 공격해 오자 김좌진이 이끈 연합 부대는 청산리 백운평 계곡으로 일본군을 유인해 무찔렀습니다.(1920.10.21) 홍범도가 이끈 연합 부대는 완루구 전투에서 승리한 뒤, 어랑촌에 포위된 김좌진 부대를 지원해 일본군을 물리쳤지요. 독립군은 이 일대에서 6일 동안 벌어진 10여 차례 전투에서 모두 승리했습니다. 마침내 일본군은 수천 명의 병력을 잃는 참패를 당하고 물러났지요. 청산리 전투는 3천여 명의 독립군이 일본군 2만여 명을 상대로 승리를 거둔 무장 독립운동에 빛나는 봉우리였습니다.

청산리 전투 승전 기념사진
(1920.10)
맨 앞에 앉은 사람을 김좌진 장군으로 설명하지만 고증이 필요하다.

• 홍범도와 김좌진과 청산리 전투

홍범도는 28세 때 을미의병에 뛰어들어 일본인과 일진회원 등 5백 명 남짓을 처단했다. 일본은 그를 '날아다니는 비적'이라고 불렀다. 봉오동과 청산리에서 활약한 홍범도는 자유시참변으로 독립군 부대가 흩어지자, 중앙아시아를 유랑하다 말년에는 극장 수위로 보냈다.

홍범도(1868~1943)

김좌진은 학교를 세우는 등 계몽운동에 힘썼고, 대한광복회에서 활동하다 간도로 망명했다. 청산리에서 활약한 김좌진은 자유시참변을 피했다. 그는 만주에 남아 별동대를 조직해 중국 군벌과 손잡고 사회주의 세력을 탄압하다가 1930년에 암살당했다.

청산리 전투를 얘기하면 김좌진을 떠올리지만 북간도 동포들은 다르게 말한다. 백운평 전투는 김좌진 부대의 승리였지만, 10여 차례 전투에서 홍범도 부대가 더 큰 공적을 올렸다.

김좌진(1889~1930)

"내 아주 어렸을 때 들었슴메. '나르는(나는) 홍범도, 뛰는 김좌진'이라고." 노인은 이렇게 말하고 손을 들어 척척 고지를 가리킨다. "저기가 김좌진 부대가 갇혔던 데고, 저기가 홍범도 장군이 왜놈들을 족친 데란 말이야."
  - 청산리 어랑촌 노인의 증언

청산리 전투가 사실과 다르게 알려진 까닭은 김좌진 부하 이범석이 회고록에서 청산리 전투를 북로군정서만의 전투라고 왜곡했기 때문이다. 여기에 홍범도가 사회주의사상을 가지고 활동했던 것도 한몫했다. 그동안 우리 사회는 반공 이데올로기에 갇혀 사회주의 독립운동가들의 공적을 감추어 왔기 때문이다.

• 홍범도와 김좌진의 독립운동의 공통점과 차이점을 써 보자.

시련을 딛고 새롭게

경신대참변과 자유시참변

청산리 전투에서 참패한 일본군은 간도에 사는 조선인들을 무자비하게 학살한 경신대참변을 일으켰습니다.(1920) 이들은 조선인 마을을 독립군 근거지로 보고 무자비한 살육과 방화를 저질러 수천 명을 죽였지요. 독립군은 일본군의 추격을 따돌리고 소련과 만주의 국경인 밀산에 모였습니다. 이들은 3500여 명의 병력으로 대한독립군단을 조직해 소련 땅 이만으로 이동했습니다. 내전 중이던 소련 적군은 독립군에게 항일 공동 전선을 제의했지요. 홍범도의 대한독립군, 이청천의 서로군정서 등은 제의를 받아들여 1900여 명의 병력을 이끌고 자유시로 갔습니다. 그러나 김좌진 등 민족주의자들은 대한독립군단의 방침에 반대하고 만주로 돌아갔지요.

자유시에 도착한 독립군은 소련 적군과 통합을 찬성하는 오하묵 부대와 이를 반대하는 박일리아 부대로 나뉘어 갈등했습니다. 마침내 소련 적군과 오하묵 부대는 통합을 반대하는 박일리아 부대를 공격해 무장을 해제시킨 자유시참변(1921)을 일으켰습니다. 이 사건으로 독립군 부대는 큰 타격을 입고 더 이상 항일운동을 벌이지 못했지요. 자유시참변은 독립군 내부의 파벌에 따른 입장 차이가 군사적인 충돌로 이어진 비극적인 사건이었습니다.

경신대참변

이른바 장교들이 병졸들을 거느리고 각처에 있는 마을의 민가, 교회당, 학교 및 곡식 수만 석을 불질러 잿더미로 만들었으며 남녀노소를 총으로 죽이고 밟아 죽이고 깔아 뭉갰으며 생매장하기도 하고 불에 태우기도 하고 솥에 삶기도 하고……인간이라면 차마 할 수 없는 짓들을 저네들은 오락으로 삼았다.
– 박은식, 〈한국독립운동지혈사〉

꺼지지 않는 불씨

자유시참변을 피한 민족주의 계열의 독립군들은 만주로 돌아가 참의부(1924), 정의부(1924), 신민부(1925)를 만들어 활동했습니다. 이 가운데 참의부는 광복군 사령부와 연결되었지요. 3부는 만주의 한인 사회를 바탕으로 입법, 사법, 행정 기능을 갖춘 자치 정부를 지향했습니다. 3부는 조선인들이 낸 세금으로 정부와 군대를 유지하고, 교육 사업과 산업 진흥 운동을 벌였지요. 그러나 만주

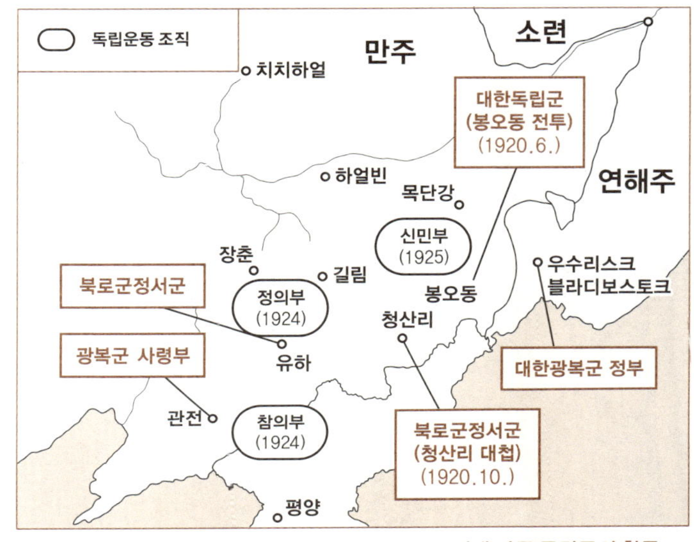

1920년대 만주 독립군의 활동

의 동포들은 중국인 관리와 3부에 이중으로 세금을 부담하는 어려움을 겪었습니다.

일제는 눈엣가시인 독립군을 토벌하려고 온갖 꾀를 내었습니다. 조선총독부 경무국장 미쓰야는 만주를 지배하던 장쒀린張作霖과 독립군을 잡아 오면 보상한다는 '미쓰야협정'(1925)을 맺었습니다.

이 때문에 수많은 독립운동가들이 만주 관료에게 붙들려 봉천 일본 영사관으로 넘겨졌습니다. 돈에 눈이 먼 만주 관료들이 죄 없는 조선 농민을 잡아 작두로 목을 자르고 독립군을 잡아 왔다며 보상금을 받아 가는 참극도 생겼지요. 미쓰야협정 때문에 만주의 무장 독립운동은 어려워졌습니다.

1920년대 중반에는 민족 유일당 운동의 영향으로 3부 통합 운동이 일어났지요. 그러나 주도권 다툼으로 통합에 실패하고 혁신의회(1928)와 국민부(1928)로 나뉘었습니다. 이처럼 민족주의 독립운동은 일제의

탄압과 내부 분열로 위기를 맞았지요.

1920년대 중반이 넘어서자 빈부 격차가 없는 평등한 사회를 만들자는 사회주의 독립운동가들의 활동이 두드러졌습니다. 이들은 남만, 동만, 북만 청년총동맹(1924~1926)을 만들었고 학생, 농민, 노동자 조직도 결성했습니다. 조봉암은 이러한 성과를 바탕으로 만주에서 조선공산당 만주 총국을 만들어 활발한 활동을 벌였습니다.(1926) 그러나 일제는 '간도 공산당 사건'을 일으켜 간부들을 체포하고 탄압했지요. 1930년 조선공산당 만주 총국은 해산되었지만 많은 조선인들은 중국공산당에 가입해 활동을 이어 갔습니다.

11
다시 일어서는 독립군

조선혁명군과 한국독립군

미쓰야협정 뒤 만주의 독립군은 일제의 탄압과 내부 분열로 힘을 잃었습니다. 그러나 1931년 일제가 만주사변을 일으키자 지청천은 한국독립군을, 양세봉은 조선혁명군을 결성해 중국군과 함께 일본군에 맞섰지요.

한국독립군은 중국 구국군과 연합해 쌍성보 전투(1932)와 대전자령 전투(1933) 등에서 큰 전과를 올렸습니다. 이들은 1933년까지 만주에서 싸우다가 일제의 침략이 거세지자 부대를 해산하고 중국 본토로 갔습니다. 만주를 떠나 중국으로 간 지청천은 1941년 한국광복군 창설에 중요한 역할을 했습니다.

조선혁명군은 중국 의용군과 함께 영릉가 전투(1932)와 흥경성 전투(1933)에서 일본군을 크게 무찔렀지요. 그러나 양세봉이 일제에 의해 살해당한 뒤 세력이 약화되었습니다. 이들 가운데 일부는 일본군의 토벌을 피해 중국 본토로 들어가 김원봉

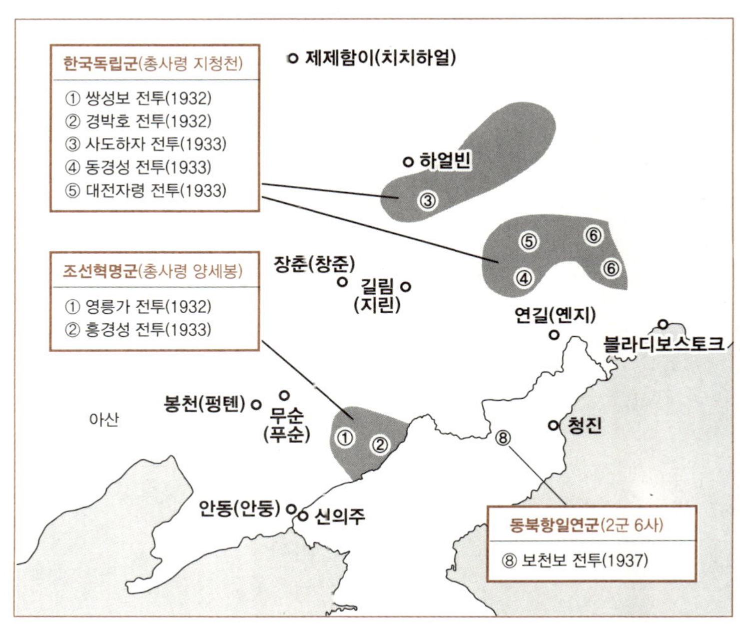

독립군 활동 지역

이 만든 민족혁명당(1935)에서 활동했습니다. 또한 일부는 동북항일연군에 들어가 유격대 활동을 벌이며 무장투쟁을 이어 갔습니다.

조선광복회의 지하 공작원들과 보천보 전투 호외

유격대에서 동북항일연군까지

일제가 만주를 침략하자 사회주의자들은 안도, 연길, 훈춘, 화룡 등에서 항일 유격대를 결성해 활동했습니다. 조선인 유격대는 중국공산당과 함께 항일 공동 전선을 맺고 동북인민혁명군으로 통합했지요.(1933) 동북인민혁명군은 해방구를 만들어 자치 정부를 세우고, 토지개혁을 실시했습니다. 그러나 일제는 친일 스파이 조직인 민생단을 만들어 중국인과 조선인을 이간질하고, 해방구를 침략해 곡식을 불태우고 노인과 부녀자, 아이들을 학살했습니다. 해방구를 잃은 동북인민혁명군은 근거지를 남만주와 북만주로 옮겼습니다.

중국공산당은 동북인민혁명군을 동북항일연군(1935)으로 개편했지요. 이 가운데 조선인이 많은 동북항일연군 제1군은 인민정부 수립을 목표로 재만한인조국광복회(1936)를 만들었습니다. 조국광복회는 모든 계층이 사상과 노선을 떠나 단결할 것을 주장하며 국내로 조직을 넓혔습니다. 조국광복회는 국내 진공 작전인 보천보 전투(1937)를 펼쳤습니다. 이때 국내 언론이 보천보 전투를 크게 보도하면서 전투를 이끈 김일성의 이름이 알려졌지요. 1941년 동북항일연군의 조선인 부대는 일제가 지배하는 만주에서의 무장투쟁이 어렵다고 판단해 소련으로 들어갔습니다. 이들은 군사와 정치 훈련을 하면서 조선 광복을 준비했습니다.

• 보천보 전투의 진실은?

백두산 일대와 국경 지역에서 항일 무장투쟁을 벌이던 동북항일연군 제1군 제6사는 조국광복회 회원들과 함께 압록강을 넘어 보천보를 습격했다. 보천보는 압록강 지류의 인구 1300여 명 되는 작은 시골 마을이었다. 김일성 부대는 경찰주재소, 면사무소, 우체국 등의 관공서와 산림보호구 등을 공격하고 '조선 민중에게 알린다, 조국광복회 10대 강령' 등의 포고문과 격문을 살포했다. 이때 일본 경찰 7명이 죽고 여러 명의 중상자가 발생했다. 일제 탄압이 극심하던 시기에 일어난 이 사건은 동아일보와 조선일보 등에 크게 보도되어 조선인의 사기를 높였고 김일성의 이름을 널리 알렸다.

역사적 사실은 하나이지만 보천보 전투와 김일성에 대한 평가는 남과 북에서 크게 다르다. 북한에서 보천보 전투는 북한 인민들이 꼭 학습해야 하는 항일 무장투쟁의 가장 큰 역사적 사실이 되었다. 북한은 1955년 보천보에 혁명 박물관을 세웠고, 1967년에는 보천보 전투 승리 기념탑을 세웠다. 또한 보천보 전투의 이름을 딴 문화 체육 행사를 진행하며 김일성 우상화를 뒷받침하고 있다.

반면에 남한에서는 보천보 전투를 이끈 김일성과 북한의 지도자 김일성이 다른 사람이라는 주장이 오랫동안 사실로 받아들여졌다. "백마를 타고 만주 벌판에서 일본군을 무찌르던 명장 김일성이 있었다. 북쪽 김일성은 그 이름을 가로챘다. 그는 방화, 약탈을 일삼은 공비다. 그리고 동북항일연군은 직업적인 비적 떼로 약탈, 방화, 살인, 납치를 일삼는 공비 부대다."(이명영) 남한의 지식인들이 김일성이 가짜라는 주장을 한 이유는 남북이 분단으로 대치된 상황에서 김일성 정권의 항일 무장투쟁 경력을 깎아내리려 했기 때문이다.

• 보천보 전투에 대한 남과 북의 해석이 다른 이유를 토론해 보고 이를 통해 얻을 수 있는 교훈을 써 보자.

12
중국 대륙을 누비는 조선인 부대

조선의용대

1939년 10월 10일, 중국 광서 장족 자치구(광서성) 계림에서 찍은 조선의용대 창립 한 돌 기념사진. 오른쪽 위는 조선의용대원의 이름표.

조선의용대와 조선의용군

1935년 김원봉은 중국에서 활동하는 모든 정당과 단체를 통합한 민족혁명당을 만들었습니다. 그러나 김구 등은 임시정부를 중심으로 활동할 것을 주장하며 합류를 거부했지요. 민족혁명당은 중일전쟁(1937) 뒤 더 많은 단체들과 조선민족전선연맹을 만들었습니다. 조선민족전선연맹은 '진정한 민주주의 독립국가 건설'을 내걸고, 중국 내 최초의 군사 조직인 조선의용대를 창설했습니다.(1938) 조선의용대는 의열단이 운영한 조선혁명간부학교 졸업생이 중심이었지요. 이들은 백 명으로 출발했으나, 1940년에는 3백여 명으로 늘었습니다.

1941년 화북 지역에서는 최창익, 허정숙 등의 사회주의자들이 중국 공산당에서 활동하던 무정과 함께 조선독립동맹을 결성하고 조선민주공화국 건설을 내세웠지요. 조선독립동맹은 일제와 싸울 전선을 찾아 화북으로 온 조선의용대원 240여 명과 함께 조선의용군을 창설했습니다. 조선의용군은 팔로군과 함께 호가장 전투(1941)에서 승리하는 등 많은 전투를 치렀습니다. 조선의용군은 일제가 패망한 뒤 중국 국공내전에 참전했고, 중국혁명 뒤인 1949년 북한으로 갔습니다. 중국공산당은 조선의용군이 반일 투쟁과 중국혁명에 크게 기여했다고 평가하고 있습니다.

임시정부와 한국광복군

김구와 임시정부 고수파는 좌우 통합을 내세운 민족혁명당의 주장을 반대하고 한국국민당(1935)을 결성했습니다. 그리고 중일전쟁 뒤에는 우익 단체들을 모아 한국독립당(1940)을 만들었습니다. 임시정부는 김구를 주석으로 뽑고 중국 국민당 정부가 임시 수도로 삼은 충칭을 근거지로 삼았습니다. 임시정부는 개인과 민족과 국가의 균등을 꾀하는 삼균주의를 바탕으로 건국 강령(1941)을 공포했습니다.

1940년 임시정부는 240여 명으로 한국광복군을 만들었습니다. 그리고 1942년에는 화북에 가지 않은 김원봉과 조선의용대원 40여 명과 통합했습니다. 그러나 임시정부는 국민당이 제시한 행동 준승을 수락해 지휘권이 없었고, 군복과 표지도 중국군의 것을 사용했지요. 한국광복군은 1943년 인도·버마 전선에 광복군 공작대 9명을 파견해 영국군 작전을 지원했습니다. 그리고 미군 전략 첩보 기구 OSS(CIA의 전신)로부터 국내 침투를 위한 특수 훈련을 받았지만 일본이 항복해서 전투를 펼치지 못했습니다.

김구와 한국광복군의 탄식

아! 왜적이 항복! 이것은 내게 기쁜 소식이라기보다는 하늘이 무너지는 듯한 일이었다. 훈련받은 우리 청년들에게 여러 비밀 무기를 주어 미국 잠수함에 태워 본국으로 들여보내 국내의 중요한 곳을 파괴하거나 점령한 뒤, 미국 비행기로 무기를 운반할 계획까지 미국 육군성과 약속했는데 한 번 해 보지도 못하고 왜적이 항복했으니……

1945
1949

05

해방과 분단의 먹구름

일본의 패망과 해방 · 8.15 해방 1945

우리 힘으로 나라를 세우자 · 건국준비위원회와 조선인민공화국 1945

미군정 현상을 유지하다 · 미군정과 남한 1945~1948

조선 독립을 위한 연합국의 약속 · 모스크바삼상회의 1945~1946

소군정 조선인에게 권력을 넘기다 · 소군정과 북한 1945~1948

연합국의 약속이 깨지다 · 미소공동위원회 1946~1947

쌀을 달라! 친일파를 처벌하라! · 9월 총파업과 10월 항쟁 1946

좌우합작 운동 · 좌우합작 운동 1945~1948

한반도에서 불붙은 냉전 · 미소 냉전과 단독정부 1947~1948

잠들지 않는 남도 · 제주 4.3항쟁 1945~1949

1
일본의 패망과 해방

미국에 항복하는 일본(위)
요코하마에 정박한 전함 미주리호에서 일본의 외무 장관이 항복 문서에 서명하고 있다. 그는 윤봉길 의사가 던진 폭탄에 왼쪽 다리를 잃었다. (1945.9.2)

소련에 항복하는 일본(아래)
소련은 태평양전쟁에서 미국과 함께 전승국이 되었다.

연합국의 승리로 해방을 맞이하다

만주사변과 중일전쟁에서 승리한 일본은 독일, 이탈리아와 군사동맹을 맺고 2차 세계대전에 침략국이 되었습니다. 미국, 소련, 영국 등은 연합국을 결성해 전체주의국가에 맞섰습니다.

일본은 태평양전쟁(1941.12.8)을 일으켜 동남아시아의 여러 국가를 점령했습니다. 미국은 격렬하게 저항하는 일본을 무너뜨리려고 히로시마(1945.8.6)와 나가사키(1945.8.9)에 원자탄을 떨어뜨렸습니다. 만주에서는 시베리아를 건너온 소련군이 일본군을 공격했지요. 마침내 일본 천황 히로히토는 무조건 항복을 선언했습니다.(1945.8.15)

연합국은 대서양헌장(1941)을 통해 침략국의 식민지를 주민에게 돌려주기로 합의했지요. 카이로선언(1943)에서는 조선 독립을 약속했습니다. 그러나 얄타회담(1945)에서 루스벨트가 스탈린에게 조선을 20~30년 정도 신탁통치하자는 제안을 하면서 상황이 바뀌었지요. 신탁통치는 국제연맹이 지정한 나라가 자치 능력이 없는 지역을 통치하는 것으로 여기에는 동양인을 열등하게 보는 의식과 친미 정권을 세우려는 의도가 숨어 있었습니다.

나라를 둘로 나눈 38선

태평양전쟁이 끝날 무렵의 전황과 미국과 소련의 체제 경쟁은 38선 분할 점령에 영향을 주었습니다.

　소련은 얄타회담의 결정에 따라 태평양전쟁에 참전했습니다.(1945.8.9) 소련군이 만주에 있던 일본군을 격파하고, 이틀 만에 한반도에 진입하자 오키나와에 있던 미군은 조선이 소련의 영향 아래 놓이는 것을 우려했지요. 다급해진 미국은 38선 분할 점령을 제안했습니다.(1945.8.13) 소련은 군사적으로 유리한 상황이었지만 미국의 38선 분할 점령 요구를 받아들였습니다. 이는 소련이 아시아에서 만주, 사할린, 쿠릴열도를 중요시했고, 유럽의 전후 처리에서 유리한 입장을 차지하려 했기 때문입니다.

　미국과 소련은 손을 잡고 대일전에서 승리했지만 자본주의국가인 미국과 사회주의국가인 소련의 체제 경쟁은 예고된 것이었지요. 이들은 조선에 자국의 이익을 최우선으로 보장하는 정부를 세우려 했습니다. 해방이 되자 나라 안팎에서 활동하던 독립운동가들은 하루빨리 친일 잔재를 청산하고 독립국가를 건설하려 노력했습니다. 그러나 38선을 경계로 미군과 소련군이 진주하면서 조선 사회는 친일 잔재 청산과 독립국가 건설에 미국과 소련의 영향을 받게 되었습니다.

38선이 그어진 지도
미군이 38선 획정을 건의할 때 참조한 지도.

38선 설정에 관한 진술
육군은 가능한 북쪽에서 항복 받기를 원하는 미국의 정치적 욕구와 미군이 멀리 떨어져 있는 점을 조화시킨 제안을 요청했다. 우리는 38도선을 권고했는데 이는 미군이 책임 지역 내에 한국 수도를 포함시키는 것이 중요하다고 생각했기 때문이다.
― 러스크, 미군 장교

• 국가 건설을 준비하는 독립운동가들

1. 건국준비위원회와 여운형

해방 직후 전국적으로 결성된 건준은 친일 잔재 청산과 독립국가 건설을 열망하는 민중들의 열렬한 지지를 받았다.

2. 조선공산당과 박헌영

일제강점기 노동운동과 농민운동을 벌이던 사회주의자들은 조선인민공화국 건설을 주장하였다.

3. 평안남도 건준 위원장 조만식

조만식은 일제강점기 민족 교육과 물산장려운동에 앞장섰고, 해방 뒤 평안남도 건국준비위원회 위원장으로 활동하였다.

4. 이승만

미국에서 외교 독립운동을 벌이던 이승만은 미군정과 친일 경력이 있던 한민당의 지지로 성장하였다.

5. 대한민국임시정부와 김구

중경에서 한국광복군을 결성하여 독립운동을 벌이던 이들은 임시정부를 계승한 국가 건설을 주장하였다.

6. 동북항일연군과 김일성

1930년대 만주에서 무장투쟁을 벌이던 이들은 1945년 9월에 귀국하여 북한 정권의 핵심 세력이 되었다.

7. 조선독립동맹과 김두봉

조선의용군을 결성하여 중국 화북 지역에서 활동한 김두봉은 북한으로 들어와 조선신민당을 창설하였다.

• 해방 뒤 38선을 경계로 미군과 소련군이 진주한 상황에서 독립운동가들에게 필요한 일은 무엇인지 토론하고 내 생각을 써 보자.

2
우리 힘으로 나라를 세우자

건국준비위원회

패전을 앞둔 조선총독부는 일본인들의 생명과 재산이 걱정
되었습니다. 총독부는 조선인들의 신망이 두터운 여운형을
만나 일본인들의 생명과 재산을 보호해 주면 행정권을 넘기
겠다고 제안했지요. 여운형은 '모든 정치, 경제범을 석방할
것, 3개월분의 식량을 확보할 것, 조선인들의 활동을 보장할
것.' 등의 조건을 붙여 제안을 받아들였습니다.

1945년 8월 15일, 조선 해방의 소식이 알려지면서 사람들
은 기쁨에 넘쳤지요. 서대문형무소의 문이 열리고 탄압을 이겨 낸 독
립운동가들이 환영하는 군중들과 만세를 외쳤습니다. 삼천리 곳곳에
서 해방을 경축하는 집회가 열렸고, 거리에는 기쁨을 알리는 벽보가
나붙었습니다.

여운형은 해방 이전에 조직한 비밀결사인 건국동맹을 바탕으로 건
국준비위원회(건준)를 발족시켰지요. 건준은 전국에 145개 지부를 건
설하여 행정권을 넘겨받고, 치안과 질서를 유지했습니다. 건준에는 친
일파를 제외한 민족주의자, 사회주의자, 언론인, 지식인뿐만 아니라 지
방 유지, 지주까지 참여했습니다. 노동자들은 공장을 관리하고 농민들
은 일본인이 소유한 토지를 관리했습니다. 이러한 활동은 생존권을 보
호하고 국가 건설의 바탕을 마련하는 것이었습니다.

출감하는 독립투사들
서대문형무소에서 풀려난 독립운동가
들이 만세를 외치고 있다.(1945.8.15)

건국준비위원회의 강령

• 우리는 완전한 자주 독립국가의
건설을 기함.
• 우리는 전 민족의 정치적, 경제
적, 사회적 기본 요구를 실현할 수
있는 민주주의 정권의 수립을 기
함.
• 우리는 일시적 과도기에 국가 질
서를 자주적으로 유지하며 대중
생활의 확보를 기함.

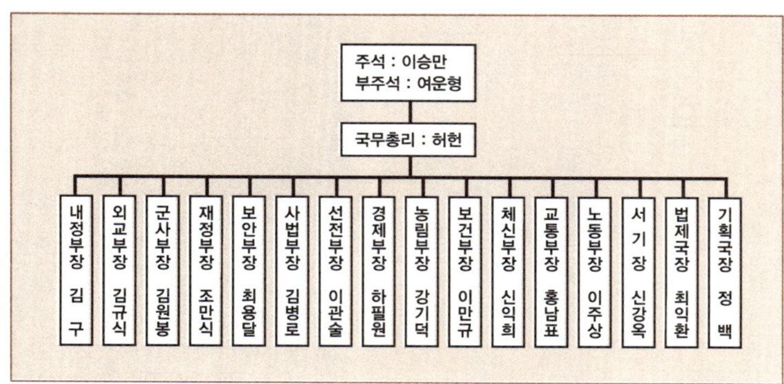

조선인민공화국 내각표
매일신보(1945.9.15)

인민위원회가 통치 기능을 행사한 지역

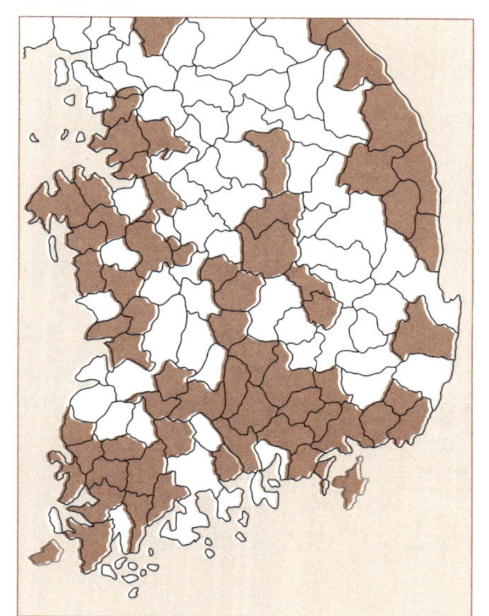

조선을 대표할 정부를 세우자

미군 진주를 앞둔 조선의 지도자들은 하루빨리 조선을 대표하는 정부를 수립하려 했습니다. 건준 지도부는 인민대표자대회를 열고, 조선인민공화국을 선포했지요.(1945.9.6) 그리고 국내외에 있는 좌우익 독립운동가를 골고루 참여시킨 각료 명단과 일제 잔재를 청산할 시정 방침을 발표했습니다. 그러나 해외에 있는 독립운동가들과 협의를 거치지 못했고 미군정이 인정하지 않아 활동이 어려웠습니다.

중경에 있던 대한민국임시정부도 친일 잔재 청산과 독립국가 건설을 위한 정책을 내놓았습니다.(1945.9.2) 그러나 임시정부는 국내에 토대가 없었고 해외 독립운동 세력의 구심도 되지 못했습니다.

조선인민공화국을 선포한 박헌영과 여운형은 해외에서 귀국한 이승만과 김구를 만나 통합을 제안했습니다. 그러나 이승만은 친일파 처벌을 반대했고, 김구는 대한민국임시정부를 중심으로 모일 것을 주장하며 외면했지요. 조선인민공화국은 무산되었지만 지방의 건준 지부는 인민위원회로 개편되었습니다. 인민위원회는 친일파를 제외한 신망 있는 인사들로 구성되었고, 일본인 재산의 몰수와 분배, 남녀평등 등을 내걸고 활동했습니다. 그러나 미군정은 지방을 장악하고 인민위원회의 권한을 빼앗았습니다. 이에 견주어 소군정 지역에서는 인민위원회가 행정권을 행사하며 친일 잔재 청산과 국가 건설을 추진했습니다.

• 하나의 정부를 세우려는 노력

해방 뒤 가장 중요한 과제는 조선을 대표하는 하나의 정부를 세우는 것이었다. 김구와 이승만은 대한민국임시정부를, 박헌영과 여운형은 조선인민공화국을 중심으로 나라를 세울 것을 주장했다. 양쪽은 모두 보통선거, 주요 산업 국유화, 무상교육, 친일파 청산 등을 내용으로 하는 민주국가를 지향한 점에서 공통점이 많았다. 하나의 정부를 수립하는 논의는 해외 독립운동가들이 귀국한 뒤 이루어졌다.

박헌영과 여운형은 1945년 10월 중순에 귀국한 이승만에게 "조선인민공화국의 주석을 맡아 달라."고 요청했다. 그러나 이승만은 "먼저 모든 세력이 참여하는 독립중앙협의회를 만들자."고 제안했다. 이게 박헌영과 여운형은 "친일파를 제외하면 가능하다."고 답했지만, 이승만이 "친일파 문제는 국가 건설 뒤에 다루자."고 해서 합의는 이루어지지 않았다.

박헌영과 여운형은 1945년 11월 말에 귀국한 김구에게 "친일파를 제외하고 대한민국임시정부와 조선인민공화국이 동수로 참여하는 조선 임시정부를 세우자."고 제안했다. 김구는 "조선의 법통을 계승한 대한민국임시정부가 일개 단체인 조선인민공화국과 대등하게 통합할 수 없다."고 대답하여 회담은 결렬되었다.

정치 지도자들의 입장 차이는 민족주의와 사회주의로 나뉜 독립운동의 이념 차이가 국가 건설의 주도권 다툼으로 이어진 데 있었다. 그러나 이들이 세우려 했던 대한민국이나 조선인민공화국 모두 다양한 이념이 공존하는 민주국가였다는 점에서 아쉬움을 남긴다. 정치 지도자들의 갈등은 분단과 전쟁으로 이어져 민중들은 큰 고통을 겪었다.

• 하나의 정부를 세우려는 노력이 실패한 원인에 대해 토론해 보고 이를 통해 얻을 수 있는 교훈을 써 보자.

3
미군정 현상을 유지하다

미군정은 조선을 어떻게 통치하였나?

1945년 9월 7일, 맥아더는 '조선 인민에게 고함'이라는 포고문을 선포했고, 이틀 뒤에는 하지 중장이 이끄는 미군이 서울로 들어와 군정을 실시했습니다.

미군정은 일제 잔재인 조선총독부의 지배 기구를 그대로 이용하는 현상 유지 정책을 폈습니다. 포고문 2조에 따라 친일 관리와 경찰들은 다시 일을 했고, 영어를 잘하는 보수적인 인사들이 미군정의 관리가 되었습니다. 미군정은 대한민국임시정부와 조선인민공화국을 모두 부인하고 자치 기구인 인민위원회를 해산시켰습니다. 미군정은 모스크바삼상회의 결정에 따른 국가 건설이 어려움에 부딪히자 한국 문제를 유엔으로 이관시켜 남한만의 단독정부 수립을 강행했습니다. 이 과정에서 단독정부에 반대하는 많은 민중들이 희생되었지요. 미군정은 조선에 있는 모든 일본인 재산을 군정청 소유로 삼고, 신한공사(1946.3)를 만들어 동양척식주식회사의 토지를 관리해 군정 경비로 사용했습니다.

일장기를 대신한 성조기
패전국의 식민지였던 조선은 독립을 얻지 못하고 연합국인 미군정의 관할 하에 놓였다.(1945.9.9)

미군정과 좌우익 정치 세력

일반적으로 좌익은 노동자와 농민의 입장에서 평등을 강조하는 사회주의적 경향을, 우익은 자본가와 지주의 입장에서 효율성을 강조하는 자본주의적 경향을 가진 정치 세력을 가리킵니다.

미군정은 친미 정부를 세우려고 우익을 지원했습니다. 친일 인사들이 모인 한국민주당은 미군정의 관료로 진출하면서 많은 혜택을 입었지요. 우익은 해외에 있던 이승만과 김구가 귀국하며 강화되었습니다. 미국에서 귀국한 이승만(1945.10.16)은 반공을 주장하여 미군정의 지지를 얻고, 친일파 처벌을 미루자고 해서 친일 세력의 지원을 받았습니다. 중국에서 귀국한 김구(1945.11.29)는 개인, 민족, 국가 간의 평등을 주장하는 삼균주의를 내세우며 임시정부를 중심으로 국가를 세울 것을 주장했지요. 그러나 남한만의 단독선거에 반대하면서 미군정과 대립했습니다.

해방 뒤 조선에서는 식민 지배를 겪은 다른 나라와 마찬가지로 좌익에 대한 지지가 높았습니다. 이는 대공황과 2차 세계대전이라는 자본주의 문제점을 경험한 데다, 일제의 탄압을 이겨 낸 사회주의 독립운동가들에 대한 평판이 좋았기 때문입니다.

좌익은 박헌영의 조선공산당(1945.9.11)이 중심이 되어 활동했습니다. 이들은 무상몰수, 무상분배의 토지개혁과 친일파 즉시 처벌 등을 주장해 민중들의 지지를 받았습니다. 좌익은 미소의 협조를 통해 정권을 세우려 노력했지만 미군정은 친미 정부 수립에 걸림돌이 되는 좌익을 탄압했습니다.

좌익은 다양한 대중조직과 결합해 활동했습니다. 노동자들은 조선노동조합전국평의회(전평)를 결성하고 최저임금제와 8시간 노동제를 주장했지요. 농민들은 전국농민조합총연맹(전농)을 결성하고 일제 및

이승만, 김구, 하지
이승만과 김구는 귀국 후 미군정의 지원을 받으며 정치 활동을 벌였다.

박헌영과 여운형
해방 후 좌익은 친일파 청산과 토지개혁을 주장하여 민중의 지지를 받았다. 그러나 미군정의 탄압으로 성장하지 못했다.

민족 반역자의 토지 몰수와 분배, 소작료의 3:7제(지주3, 소작인7) 실시 등을 주장했습니다.

중도 세력은 이념의 차이를 극복하고 하나의 정부를 세우자는 좌우 합작 운동을 벌이며 성장했습니다. 중도 좌익은 여운형이, 중도 우익은 김규식이 중심이 되어 활동했습니다.

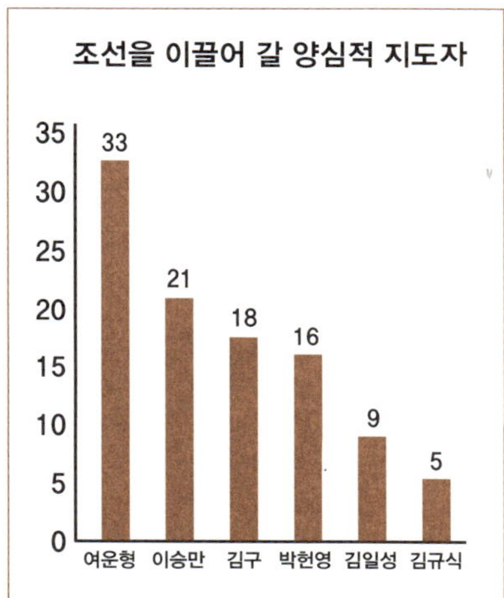

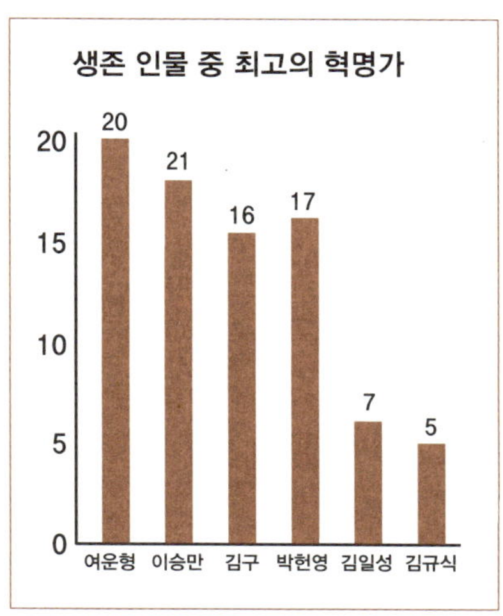

(출처: 〈선구〉, 1945년 11월)

해방 뒤 미군정 공보부가 실사한 미래 한국 통치 구조에 관한 여론조사

	자본주의	사회주의	공산주의	모름
농민	13%	28%	23%	6%
상인	18%	69%	7%	6%
전문직	15%	69%	8%	8%
노동자	10%	73%	10%	7%
학생	21%	56%	20%	3%
전체	13%	70%	10%	7%

(출처: 신복룡 편, 〈한국 분단 자료집〉)

• 미군정 친일파를 등용해 현상을 유지하다

해방 뒤 경찰은 민중들을 탄압한 민족 반역자라는 원성을 들으며 대부분 도주하였다. 이러한 현상은 지방에서 더욱 뚜렷했는데 지방의 인민위원회, 보안대, 기타 치안 단체들이 경찰서를 접수하고 운영했다. 그러나 친일 경찰들은 미군 진주와 함께 '계속 근무'라는 포고문이 있자 복귀하여 미군정에 가장 충실한 협조자가 되었다.

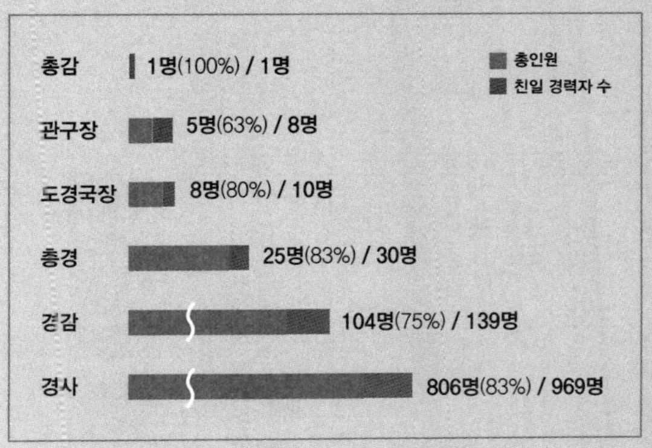

 미군정은 인민위원회 활동을 막고 군정 정책을 펼치기 위해 한국인 관료를 조속히 충원할 필요를 느꼈다. 미군정 기록에 의하면 1945년에만 7만 5천 명가량의 한국인이 유임되거나 충원되었다. 한민당은 일반 행정 관료로 진출하면서 미군정의 최대 수혜자가 되었다. 이들은 대부분의 핵심 직책을 독점해 미군정의 예산을 자기들에게 유리하게 배정했다. 또한 배급표를 불법으로 우익 청년 단체 등에 유출시켜 각종 폭력 테러를 지원했다.

 1946년 1월 15일, 미군정은 모든 군사 단체를 해산하고 남조선 국방경비대를 발족시켰다. 당시 국방경비대는 출신 경력에 따라 광복군계, 일본군계, 만주군계, 학병 및 좌익계로 나뉘었다. 이들 중 광복군계는 일본군 출신과 함께 일할 수 없다며 간부를 양성하는 군사영어학교 입교를 거부했다. 그러나 만주군계와 일본군계는 원용덕(만주군 중좌 출신)과 이응준(일본 육사 출신)의 추천으로 많은 수가 입교해 정부 수립 후 고위 간부가 되었다. 한편 6만의 대원을 포섭해 강력한 조직력을 보이던 좌익계의 국군준비대는 미군 헌병대와 우익 청년단에 의해 강제해산되었다.

• 미군정이 친일파를 등용한 이유와 이 때문에 생긴 결과는 무엇인지 써 보자.

4
조선 독립을 위한 연합국의 약속

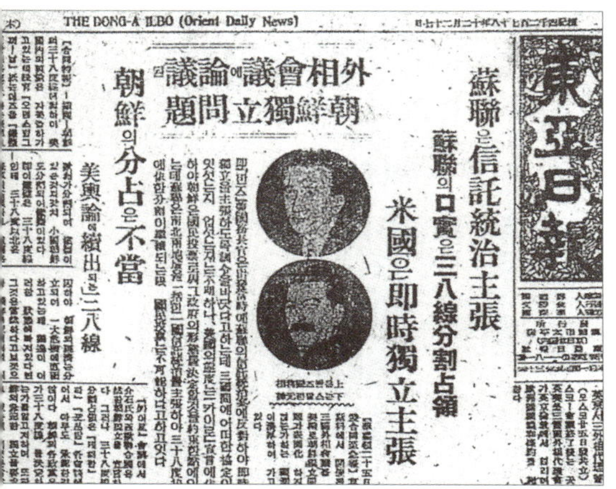

모스크바삼상회의의 왜곡 보도

동아일보 제호 옆으로 "소련은 신탁통치 주장, 소련의 구실은 38선 분할 점령, 미국은 즉시 독립 주장"이라는 글자가 보인다. 이는 우리 현대사 최대의 왜곡 보도였다.(1945.12.27)

모스크바협정과 동아일보의 왜곡 보도

연합국은 전시 회담에서 조선의 구체적인 전후 처리를 합의하지 못했습니다. 미국, 영국, 소련은 이를 해결하기 위해 모스크바에서 3국 외상 회의를 열었지요.(1945.12.16) 이 자리에서 미국은 "미, 영, 중, 소 대표들이 모든 권한을 행사하고 1회 연장이 가능한 5년간의 신탁통치를 실시하자."고 제안했습니다. 소련은 "조선임시민주정부를 수립하고, 신탁통치도 이 정부와 협의하여 결정하자."고 했습니다. 논란 끝에 미국과 소련은 결정안을 확정했습니다.(1945.12.27)

모스크바삼상회의의 중요한 결정 사항은 미소공동위원회를 열어 조선임시민주정부를 수립하는 것이었습니다. 그러나 동아일보는 협정안

> **모스크바협정 (1945.12.28)**
>
> 1. 조선을 독립국으로 재건하고 민주주의를 발전시키며 일본 통치의 잔재를 청산하기 위해 조선임시민주정부를 창건한다. (하략)
> 2. 조선임시민주정부를 구성하기 위해 남조선 미군 사령부 대표들과 북조선 소련군 사령부 대표들이 공동위원회를 설치한다. (하략)
> 3. 미소공동위원회는 조선의 민주주의 발전과 독립국가 수립을 원조할 방안을 조선임시민주정부와 민주주의 단체의 참여하에 작성한다. 공동위원회의 제안은 최고 5년 이내의 4개국 신탁통치 협약을 작성하는 것이다. 공동위원회는 이 협약을 조선임시민주정부와 협의한 후 미, 영, 중, 소 4국 정부가 참조할 수 있도록 제출한다.

이 들어오기 전인 12월 27일, 1면 머리기사에서 '소련은 신탁통치 주장, 미국은 즉시 독립 주장'이라는 왜곡 보도를 했지요. 하지만 실제로는 미국이 신탁통치를 주장했고 소련은 즉시 독립을 주장했습니다.

독립국가를 염원하던 대중들은 신탁통치를 식민 통치의 연장으로 이해했기 때문에 반대했고 반소 분위기가 확산되었지요. 한민당의 김성수가 사장인 동아일보가 왜곡

우익 – 신탁통치 반대
서울운동장에서 열린 우익의 신탁통치를 반대하는 집회.(1945.12.31)

좌익 – 모스크바협정 지지
서울운동장에서 열린 좌익의 모스크바협정을 지지하는 집회.(1946.1.3)

보도를 한 이유는 친일파 처벌을 주장하는 좌익을 견제하기 위해서였지요.

모스크바협정은 연합국이 조선에 독립국가를 세우겠다는 약속이었습니다. 문제가 되었던 신탁통치 조항도 조선임시민주정부와 논의하여 실시 여부를 결정할 수 있었지요. 그러나 동아일보의 왜곡 보도는 대중들의 민족 감정을 자극해 모스크바협정에 대한 올바른 이해를 가로막았습니다. 이 때문에 신탁통치 반대 운동과 반소, 반공 운동이 급속히 확산되었습니다.

신탁통치 분쟁을 계기로 해방 정국의 대립 구도는 근본적으로 바뀌었습니다. 그동안 민족 세력과 반민족 세력의 대결은 이제 신탁통치를 반대하는 우익과 모스크바협정을 지지하는 좌익의 대립으로 전환되었습니다.

불붙은 신탁통치 논쟁

전찻길 하나를 두고 좌우 대립
신탁통치 뒤 좌우 대립은 굳어졌다.
1947년 3.1절 기념 행사를 다른 곳
에서 연 좌익과 우익이 남대문 부근
을 엇갈려 지나고 있다. 이날 좌우의
충돌로 38명이 사망하였다.

김구와 대한민국임시정부는 신탁통치 반대 운동에 앞장섰습니다. 이들은 어렵게 독립한 마당에 다시 강대국의 신탁통치를 받는 것은 새로운 식민지가 되는 것이라고 주장했지요. 이승만도 조선공산당이 삼상회의 협정을 지지하자 신탁통치 반대를 명확히 했습니다. 송진우가 수석 총무였던 한민당도 신탁통치를 반대했지요. 그러나 송진우는 신탁통치에 대해 신중하게 판단하자는 의견을 낸 직후 암살당했습니다.(1945.12.30) 김구와 이승만은 신탁통치 반대 운동을 통해 성장한 우익 세력을 결집해 비상국민회의(1946.2.1)를 결성했습니다.

조선공산당은 동아일보의 왜곡 보도를 보고 삼상회의 결정안을 확인해야 한다는 신중한 태도를 보였으나 신탁통치에는 반대했습니다. 그러나 며칠 뒤 모스크바협정이 조선임시민주정부 수립에 있다는 것을 확인하고 지지로 돌아섰습니다.(1946.1.2) 이들은 모스크바협정은 조선 독립을 지원하려는 연합국의 약속이며 독립과 신탁통치는 대립되는 것이 아니라고 주장했지요. 그러나 동아일보의 왜곡 보도로 기울어진 민심을 바로잡기는 어려웠습니다. 좌익은 모스크바협정을 지지하는 세력을 모아 민주주의민족전선을 결성했습니다.(1946.2.15) 이처럼 모스크바협정을 둘러싼 좌우 대립이 대중들에게까지 확산되면서 한반도에는 분단의 그림자가 짙어졌습니다.

• 좌우 분열로 분단의 먹구름이 몰려오다

신탁통치 실시가 알려진 직후 조선공산당은 반대 의사를 표명했다. 그러나 조선공산당 대표인 박헌영이 모스크바협정의 결과와 배경을 알기 위해 평양을 다녀온 후 입장을 바꾸었다. 공산당은 모스크바협정의 주된 내용은 조선임시민주정부의 수립이고 연합국이 한반도에 통일 정부를 세우는 데 도움을 주기 위한 것이라는 소련의 설득을 받아들였다. 그러나 아무리 공산당이 모스크바협정의 내용을 설명해도 대중들은 받아들이지 않았다. 오히려 공산당이 소련의 앞잡이가 되어 나라를 팔아먹으려 한다는 임시정부와 한민당의 주장이 훨씬 설득력이 있었다. 이들은 찬탁을 주장하는 소련과 공산당은 매국노이며, 반탁을 주장하는 자신들이 애국자라고 주장했다.

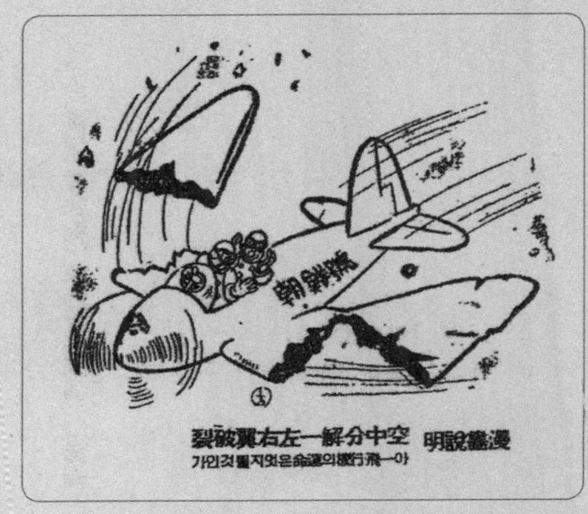

좌우 분열을 풍자한 시사만화(서울신문, 1946.1.27)
공중분해 – '좌우익 파열, 아 비행기의 운명은 어찌될 것인가?'라는 설명문이 당시의 정치 상황을 보여 준다.

 사태가 이렇게 전개되자 소련은 타스통신을 통해 삼상회의에서 신탁통치를 제안한 나라는 미국이라는 사실을 공개했다.(1946.1.24) 미군정은 이러한 기사가 나가는 것을 막기 위해 즉시 언론을 통제했다. 그러자 소련은 미, 소 양군 대표자 회의에 참석하러 서울에 온 소련 대표 스티코프에게 기자회견을 열어 타스통신 보도 전문을 발표하게 했다.(1946.1.26) 타스통신 보도로 미국은 심각한 정치적, 도덕적 타격을 입었다. 타스통신이 삼상회의 협상 과정을 공개하면서 신탁통치 파동은 일단락되었다. 그러나 이를 둘러싸고 벌어진 갈등은 한반도의 정치 지형을 좌우 대립으로 변화시키며 강력한 영향력을 행사했다.

• **삼상회의 결정에 대한 오해는 무엇이며 이것이 미친 영향은 무엇인지 써 보자.**

5

소군정 조선인에게 권력을 넘기다

소련군 인민위원회에 행정권을 넘기다

얄타회담에서 대일전 참전을 약속한 소련은 태평양전쟁의 종전을 불과 일주일 앞두고 일본에게 선전포고를 했습니다. 1945년 8월 9일 새벽, 소련군 60개 사단은 국경을 넘어 만주의 일본군을 공격했지요. 소련군은 웅기와 원산을 거쳐 평양에 들어왔고, 8월 말에는 북한 전역을 점령했습니다.

소련군은 인민위원회의 성격이 소군정의 정책과 맞아떨어지자 행정권을 넘겨주었습니다. 이에 따라 지방 인민위원회가 행정권을 장악하고 공공기관과 산업 시설을 운영했지요. 소련은 사회주의자들이 주도하고 민족주의자들이 참여하는 정권이 수립되도록 지원했습니다.

1945년 10월, 평양에서는 민족주의자인 조만식이 북조선 5도 인민위원회 대표자 대회를 열어 5도 행정국을 만들었습니다. 5도 행정국 지도 아래 면, 군, 시, 도의 인민위원회를 만들어 북한 곳곳을 통치했습니다.

평양시 소련군 환영 대회
조만식(오른쪽 두 번째)과 스티코프 소련군 사령관(오른쪽 세 번째), 김일성(오른쪽 네 번째)이 앉아 있다.(1945.10)

치스차코프 대장의 포고문 (1945.8.26)

조선 인민들이여! 붉은 군대와 연합국 군대들은 조선에서 일본 약탈자들을 쫓아내었다. 조선 사람들이여! 기억하라. 행복은 여러분들 수중에 있다. 여러분들은 자유와 독립을 찾았다. 이제는 모든 것이 여러분에게 달렸다. … 해방된 조선 인민 만세!

사회 개혁과 김일성의 성장

만주에서 무장 독립운동을 벌이다 소련으로 이동한 동북항일연군의 조선인들은 김일성을 중심으로 해방을 준비했습니다. 이들은 해방 뒤 국내로 들어와 소군정의 지원으로 빠르게 성장했지요. 김일성은 서울에 있는 조선공산당의 견제에서 벗어나 독자적으로 사회 개혁을 추진했습니다. 원산, 함흥 등 공단 지역을 중심으로 노동운동을 벌이던 국내 사회주의자들은 건준 지부와 인민위원

북조선 임시인민위원회는 20개조 정강을 내걸고 사회 개혁을 추진하였다.(1946.2)

회에서 활동했습니다. 중국 화북 지역에서 조선의용군을 결성해 활약하던 김두봉 등은 중국에 공산 정권이 수립(1949.10.1)된 뒤 북한으로 들어왔습니다. 우익은 조만식과 기독교 세력이 평안북도 인민위원회를 중심으로 활동했습니다. 그러나 신의주 학생 사건(1945.11.23)으로 좌익과 충돌했고, 신탁통치 반대 운동으로 소군정의 탄압을 받고 급속히 약해졌습니다.

　1946년 2월 8일, 김일성을 위원장으로 하는 북조선 임시인민위원회가 결성되었습니다. 북조선 임시인민위원회는 조만식 등 민족주의 세력이 제외되고 김일성과 공산당이 중심이 되었지요. 북조선 임시인민위원회는 일제 잔재 청산, 토지개혁, 8시간 노동제, 주요 산업 국유화 등 20개 정강을 발표하고 사회 개혁을 추진했습니다. 개혁이 성공하자 김일성은 북조선 인민위원회를 구성해 안정적인 정치 기반을 마련했습니다.(1947.2.20)

신의주 학생 사건

북한의 우익은 소련의 경제 수탈을 공산당이 감싼다며 좌익을 비판했다. 1945년 11월 16일, 용암포에서 열린 기독교사회민주당 지방 대회에서 좌우익이 충돌해 용암포 교회의 홍석황 목사가 타살되었다. 용암포와 신의주의 우익 학생들은 11월 23일, 인민위원회와 보안서 등을 습격했다. 공산당이 이를 진압하는 과정에서 수십여 명의 학생들이 사망하고 많은 사람이 부상을 당했다.

• 북한의 토지개혁과 사회 개혁

북한 토지개혁 포스터
북한은 토지개혁을 통해 농민들의 강력한 지지를 받았다.

1946년 3월 5일, 북조선 임시인민위원회는 북조선 토지개혁에 관한 법령을 발표하고 토지개혁을 단행했다. 해방 직후 북조선 인구의 74%가 농민이었지만 4%의 지주가 총 경지 면적의 58%를 차지하고 있었다. 또한 농가의 약 70%는 순 소작농 또는 반소작농이었고 자작농은 25%에 지나지 않았다. 토지개혁은 '토지는 밭갈이하는 농민에게'라는 구호를 내걸고 무상몰수, 무상분배의 원칙 아래 이루어졌다. 토지개혁의 결과 지주 계급은 사라졌고, 소농과 중농이 농민의 대다수를 차지했다.

• 북조선 토지개혁에 대한 법령 (1946. 3. 5)

제1조 북조선 토지개혁은 역사적 또는 경제적 필연성으로 된다.

제2조 몰수되어 농민 소유지로 넘어가는 토지들은 아래와 같음.

　　a. 일본 국가, 일본인급 일본인 단체의 소유지.

　　b. 조선 민중의 반역자, 조선 민중의 이익에 손해를 주며 일본 제국주의자의 정권 기관에 적극 협력한 자의 소유지와 일제 압박 밑에서 조선이 해방될 때에 자기 지방에서 도주한 자들의 소유지.

제3조 몰수하여 무상으로 농민에게 소유로 분여하는 토지는 아래와 같음.

　　a. 농호에 5정보 이상 소유한 조선인 지주의 소유지. (중략)

제5조 제2조, 제3조에 의하여 몰수한 토지 전부는 농민에게 무상으로 영원한 소유로 양여함. (하략)

• **북한의 토지개혁이 남한에 미친 영향은 무엇인지 써 보자.**

6
연합국의 약속이 깨지다

미소공동위원회의 결렬과 정읍 발언

신탁통치 문제로 좌우 대립이 심화되는 가운데 서울에서 1차 미소공동위원회가 열렸습니다.(1946.3.20) 그러나 회의는 위원회에 참여할 정당과 사회단체를 선정하는 문제로 어려움을 겪었습니다. 소련은 반탁 운동을 벌여 온 정당과 단체는 삼상회의 결정에 반대하는 것이므로 참가 자격이 없다고 주장했지요. 미국은 표현의 자유가 있으므로 이들도 참여할 수 있다고 맞섰습니다.

1946년 4월 18일, 미국과 소련은 어렵게 공동성명 5호에 합의했습니다. 내용은 지금부터라도 삼상회의 결정을 지지하는 단체는 협의 대상으로 받아들이는 것이었습니다. 그러나 이승만과 김구는 계속해서 반탁을 주장했지요. 미국은 반탁을 고집하는 우익 세력을 참여시키려 했지만 소련은 반대했습니다. 또한 미국은 우익 단체를, 소련은 좌익 단체를 많이 참여시키려 하다가 결렬되었습니다.(1946.5.6)

미소공위가 결렬되자 이승만은 정읍에서 남한만이라도 단독정부를 수립하자고 주장했지요.(1946.6.3) 이 발언에 대해 좌익은 물톤 한독당도 반대 성명을 냈습니다. 미소공동위원회가 결렬되고 단독정부 수립 발언이 나오면서 통일 국가 수립은 위기에 빠졌습니다.

미소공동위원회 (1946.3~1946.5)
모스크바삼상회의 결정에 따라 '미소 공위' 절차를 토의하는 미 측의 하지 중장(왼쪽)과 소 측의 스티코프 중장(오른쪽).

공동성명 5호 (1946.4.18)
공동위원회는 목적과 방법이 민주주의적이며, 아래의 선언서를 시인하는 조선 민주주의 제 정당 및 사회단체들과 협의하기로 한다. 우리는 모스크바삼상회의 결의문의 목적을 지지하기로 선언한다. (하략)
– 미국 육군 소장 A.V 아놀드, 소련 육군 중장 T.F 스티코프

미군정의 좌익 탄압

미소공동위원회가 결렬되자 남한에서는 이를 소련과 공산당의 탓으로 돌리는 분위기가 번졌습니다. 이러한 가운데 조선공산당 기관지인 해방일보를 찍어 내는 정판사에서 위조지폐를 만들었다는 정판사 위조지폐 사건(1946.5.15)이 일어났습니다. 처음부터 조작 의혹이 제기된 이 사건으로 공산당 간부들이 구속되고 해방일보 발행이 금지되었습니다.

미군정은 이 사건을 빌미로 전농 사무실과 전평 서울 본부를 수색하고 회원 명부와 문서들을 압수했습니다. 9월 초에는 하지 사령관이 조선공산당 간부인 박헌영 등에 대한 체포령을 내렸지요. 이들의 죄목은 '미군의 안전보장을 위태롭게 한 것'이었습니다. 이와 함께 미군정에 대해 비판적이던 조선인민보, 중앙신문, 현대일보에 대한 정간 처분을 내려 언론의 자유를 제한했습니다.

조선공산당은 미군정에 협조하던 기존 노선을 바꾸어 '정당방위의 역공세'라는 구호 아래 신전술을 채택했습니다.(1946.7.26) 신전술은 대중운동을 통해 미군정을 압박하여 미소공위를 다시 열겠다는 것이지요. 그러나 미군정은 9월 총파업과 10월 민중 항쟁 같은 대중운동을 강력히 탄압했고 좌익은 급속히 약화되었습니다.

미군정은 좌익을 탄압하는 동시에 좌우합작 운동을 통해 중도 좌익을 포섭하려 했습니다. 좌익은 이에 맞서 박헌영의 공산당, 여운형의 인민당, 백남운의 신민당이 합당해 남조선노동당(1946.12.23)을 결성했지만 미군정의 탄압으로 활동이 어려웠습니다.

박헌영의 이른바 신전술
(1946.7.26)

(가) 이제 작년 8.15 이후 전개하였던 협조 합작 노선을 근본적으로 변환시킬 것이다.
(다) 미 제국주의 정책의 구체적 내용을 폭로하고 대중의 강력한 투쟁을 전개할 것이다.
(사) 남한의 모든 파탄은 군정과 군정하에 있는 친일 민족 반역자에게 있으니 '정권을 군정으로부터 인민위원회에 넘기라'는 운동을 전개할 것이다.

• 정판사 위조지폐 사건

미군정 공보국은 조선공산당이 활동 자금을 마련하려고 위조지폐를 만들었다고 발표했다.(1946.5.15) 발표에 따르면 조선공산당 재정부장 이관술과 해방일보 사장인 권오직이 같은 건물 내의 인쇄소인 조선 정판사 직원 김창선에게 위조지폐를 만들라는 지령을 내렸다는 것이다. 그리고 김창선은 총 1200만 원을 위조하여 이관술에게 제공하고 공산당은 이를 활동비로 사용했다는 것이다. 그러나 조선공산당은 미군정 공보부의 발표를 전면 부정하고 이는 단순한 위조지폐 사건을 좌익 세력의 탄압을 위해 조작한 것이라고 발표했다.(1946.5.16) 또한 박헌영이 직접 미 군정청을 방문하여 러치 장관에게 항의했다. 그러나 러치 군정 장관은 조선공산당 기관지인 해방일보를 폐간시키고 간부들을 구속했다.

조선 정판사 위조지폐 사건
재판정에 선 사람은 조선공산당 총무부장 겸 재정부장 이관술이다.

이 사건의 중요한 증거는 피고인들의 자백이었는데, 이들은 경찰과 검찰에서의 진술이 고문 때문이었다며 재판 과정에서 피의 사실을 번복했다. 이외에 유일한 증거로 확보된 것은 만 원권 위조지폐 두 장이었다. 그러나 당시에는 위조지폐 사건이 많아서 이를 증거로 하기에는 부족했고, 당시 조선공산당이 돈이 궁핍했다는 자료도 없었다. 또한 온건 노선을 걷고 있던 좌익 진영이 위조지폐를 찍어 사회 혼란을 조장하려 했다는 주장도 설득력이 적었다. 그러나 선고 공판(1946.11.23)에서 유죄가 인정되었고 이관술은 종신형을 받았다. 이 사건을 둘러싼 의혹은 이후 조선공산당의 활동이 사실상 불법화되면서 더 이상 풀리지 않았다.

• **이 사건이 한국 민주주의에 미친 영향은 무엇인지 토론해 보자.**

7

쌀을 달라! 친일파를 처벌하라!

9월 총파업

해방 뒤 일본 자본과 기술자들이 빠져나가자 조선 경제
는 생산이 현저히 줄었습니다. 여기에 매점매석과 해외
동포의 귀환으로 심한 인플레가 발생했습니다. 미군정은
토지개혁 등 근본적인 문제 해결은 미룬 채 미곡 수집령
을 발표했지요.(1946.1.25) 그러나 시세에 훨씬 못 미치는
가격으로 양곡을 강제 수집해 농민들의 불만이 높았습니
다. 미군정은 친일 경찰과 관료로 구성된 탈취대를 만들
어 보리까지 강제로 거두어 갔습니다.

쌀 공출

1946년 12월, 전남 담양에서 미곡을 수집하는 광경. 미곡 수집에 대한 불만은 9월 총파업과 10월 항쟁의 원인이 되었다.

노동자들은 미군정의 경제 실정으로 식량 사정이 급속히 악화되자
전평을 중심으로 총파업에 나섰습니다. 1946년 9월 23일, 부산 철도
노동자들로부터 시작된 총파업은 며칠 사이에 출판, 교통, 체신, 식품,
전기 노조로 확산되어 30만의 노동자가 참여했습니다. 파업은 질서 있
게 진행되었지요. 노동자들은 쌀 배급 증가, 임금 인상, 노동법 제정, 권
력을 인민위원회로 넘길 것 등을 주장했습니다. 그러나 경찰과 우익 테
러단은 파업을 무자비하게 진압했습니다. 1945년 9월 30일 새벽, 무장
경관과 우익 테러단 3천여 명이 철도 파업의 본거지인 용산역을 공격
했습니다. 이들의 기습 테러로 많은 노동자들의 인명 피해가 생겼습니
다. 용산역의 파업 지도부가 진압되면서 총파업은 수그러들었습니다.

미군정에 대한 여론

1946년 8월 한국 여론 협회의 조사 결과에 따르면 미군정이 잘한 것은 위생 시설뿐이며 잘못되었다는 의견이 무려 98%였다. 그래서 항간에는 '그때보다 나아진 것은 DDT 뿌리는 것밖에 없다. 먹고살기는 그때보다 못하다.'는 소리가 나돌았다.

10월 민중 항쟁

경찰과 우익 테러단의 무자비한 파업 진압은 식량
난에 허덕이던 민중들을 자극해 10월 민중 항쟁으
로 발전했습니다. 봉기가 가장 먼저 일어난 곳은 대
구였습니다. 대구에서는 1946년 9월 24일부터 대구
철도노조의 파업을 시작으로 약 40개 공장에서 파
업이 진행되었지요. 10월 1일, 쌀을 달라는 시위대
와 경찰이 충돌해 2명의 사망자가 생겼습니다. 다
음 날 이에 항의하던 시위대에게 경찰이 발포하자

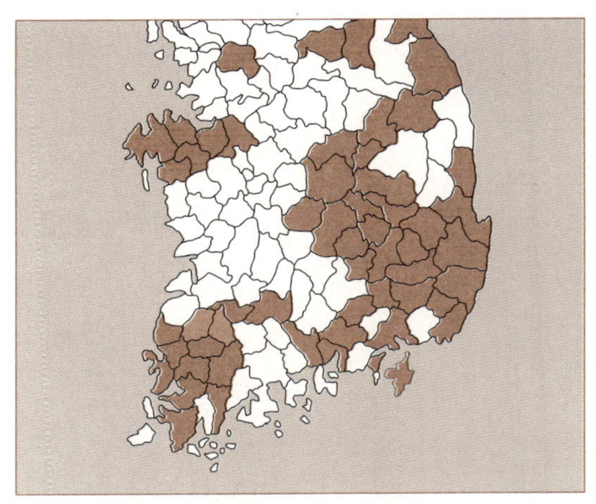

10월 민중 항쟁 발생 지역

시위대는 무기를 탈취하고 친일 경찰에게 보복했습니다. 미군정은 탱
크를 동원해 시위대를 해산시키고 계엄령을 선포했지요.

대구는 진압되었지만 봉기는 경북을 거쳐 전국으로 확대되었습니다.
민중들은 식량난 해결, 친일 경찰 처벌, 토지개혁 등을 요구하며 공출
을 담당하던 경찰서와 행정기관을 습격했지요. 50여 일 동안 백만여
명이 10월 민중 항쟁에 참가했습니다. 그러나 자연발생적으로 발생한
봉기는 대부분 경찰과 미군에 의해 며칠 내에 수습되었습니다.

미군정은 9월 총파업과 10월 민중 항쟁에 참여한 노동자들과 농민
들을 탄압했습니다. 이로써 미군정은 진주 1년 만에 남한 전역에 대한
실질적인 통치권을 행사하게 되었지요. 또한 지방에서 노동자와 농민
의 지지를 바탕으로 우세를 보이던 좌익은 힘을 잃었고, 우익은 조선민
족청년단, 대동청년단 등을 결성하며 성장했습니다.

경북 영천군의 10월 항쟁

1946년 10월 3일, 1만 명의 군중
들이 영천경찰서를 습격해 친일 관
리와 경찰 다수를 살해하고 경찰서
와 우체국을 불태웠다. 이들은 대
지주의 집도 습격했다. 그러나 미
군 전술 부대가 출동해 2,3일 만에
진압했고 영천의 남은 경찰과 우익
은 체포된 군중의 집을 약탈했다.
경북 영천군에서 일어난 봉기의 모
습은 대체로 다른 지역에서도 비슷
하게 반복되었다.

• 김두한과 대한민청

김두한

김두한이 이끈 청년 단체 대한민청(대한민주청년동맹)은, '경찰에 걸리면 살아도 청년단에 걸리면 죽는다.'는 말이 있을 만큼 좌익 활동가들에게 공포의 대상이었다. 대한민청의 활약은 전평이 주도한 9월 총파업에서 두드러졌다. 당시 김두한은 실습용 총과 수류탄, 죽창으로 무장한 돌격대원 3천 명과 함께 파업 지도부가 있던 용산역을 덮쳐 핵심 간부 8명을 살해했다.

김두한은 공산당 간부나 노조 핵심 요원들을 몰래 납치해 살해한 뒤 열차가 철교 위를 달릴 때 이들의 시체를 버리는 수법도 즐겨 썼다. 그는 회고록에서 이렇게 해치운 '인간 화물'이 72구에 달했다고 적었다. 수표교 아래서 거지 생활을 할 때부터 죽마고우였던 정진영을 납치해 살해한 것도 이즈음이었다. 당시 정진영은 김두한이 전향한 뒤 공산당에 남아 '좌익 주먹'을 이끌고 있었다. 그는 여러 테러 사건에 연루된 혐의로 미군정 재판부에 회부되어 사형을 선고받기도 했다. 대한민국이 건국되면서 김두한은 이승만으로부터 특별 사면을 받았지만, "여보게, 사람 좀 그만 죽이게."라는 핀잔을 들었다고 한다. 그러나 그를 백색 테러의 선봉장으로 만든 배후 인물 중 하나가 바로 이승만이었다. 당시 대한민청은 이승만 및 한민당의 친위대로 필요하다면 테러와 폭력을 서슴지 않았다. 김두한은 회고록에서 미군정과 경찰이 방관만 하고 있어 자신이 나설 수밖에 없었다고 한다. 그러나 이는 당시의 정치 사회적 역학 관계를 고려할 때 믿기 어려운 주장이다.

• 김두한의 실제 모습과 영화나 텔레비전 드라마에 나타나는 김두한의 모습이 차이가 나는 이유를 토론해 보고 내 생각을 써 보자.

8
좌우합작 운동

좌우합작 운동

삼상회의 결정을 둘러싼 갈등이 심해지자 여운형은 한국민주당, 국민당, 조선공산당, 인민당이 참여한 4당 성명을 성사시켜 통일 정부 수립의 희망을 주었습니다.(1946.1.7) 4당 성명은 모스크바협정을 존중하고, 신탁통치는 장래 수립될 우리 정부가 자주적으로 해결한다는 내용이었지요. 그러나 한민당의 반발로 하루 만에 무효화되었습니다.

미군정은 우익이 결집한 비상국민회의를 중심으로 남조선 민주의원을 만들어(1946.2.14) 군정 사령관의 자문기관으로 삼았습니다. 그러나 의장인 이승만과 부의장인 김구가 신탁통치를 반대해 소련과의 협상에서 어려움을 겪었지요. 미군정은 이승만과 김구를 여전히 신뢰했지만, 소련과의 협상을 유리하게 이끌기 위해 새로운 인물이 필요했습니다.

미군정은 중도 좌익 여운형과 중도 우익 김규식을 중심으로 좌우합작위원회를 만들고(1946.7.25) 이를 바탕으로 입법 기구를 세우려 했습

미군정과 좌우합작 운동

미군정은 부득이 해방 후 귀국한 정치 지도자(이승만, 김구)들의 자발적인 정계 은퇴를 유도하고 가급적 일본 통치 기간 중 한국에 남은 사람 가운데 새로운 지도자(여운형, 김규식)를 선택해야 한다. 그들이 정계에 남아 있으면 소련과의 합의가 점점 어려워질 것이다.
– 미 국무성 관리 힐드링(1946.6.6)

	삼상회의	친일파 문제	토지거혁
좌익 5원칙	삼상회의 지지	친일파 즉각 처벌	무상 몰수, 무상 분배
우익 8원칙	신탁통치 반대	정부 구성 후 처벌	유상 매수, 우상 분배
합작 7원칙	삼상회의 지지	처벌 조례 제정	유상 매수, 두상 분배
입법의원 결정	신탁통치 반대	조례 제정, 미군정 거부	

니다. 여운형과 김규식은 조선임시민주정부 수립을 위해 미군정이 제
안한 좌우합작위원회에 적극적으로 참여했습니다. 그러나 이승만, 김
구, 박헌영 등이 빠져 실질적인 좌우합작을 기대하기 어려웠습니다.

좌우합작 7원칙

좌우합작위원회가 활동을 시작하자 좌익은 5원칙을, 우익은 8원칙을
내세웠습니다. 그러나 양측 모두 타협할 생각은 없었지요. 우여곡절 끝
에 좌우합작위원회는 좌우합작 7원칙을 발표했습니다.(1946.10.7) 중도
세력은 7원칙을 지지했지만 좌우익의 핵심 세력은 이를 무시했습니다.
좌우합작위원회는 10월 민중 항쟁의 원인인 친일 경찰 처벌을 요구했
지만 미군정은 이를 거부했습니다. 여운형이 여기에 항의하며 위원회
를 탈퇴하자 우익만 남게 되었습니다.

　미군정은 10월 민중 항쟁 직후 좌익이 불참한 가운데 남조선 과도
입법 의원 선거를 강행했습니다.(1946.12.12) 민선 의원 45명은 제주도
의 2명을 제외하면 모두 친일파, 지주, 부패 정치인이 당선되었지요. 관
선 의원 45명은 좌우합작위원회에 남은 우익이 차지했습니다. 한민당
과 이승만계가 다수를 차지한 과도 입법 의원에서는 신탁통치 반대를
결의했지요.(1947.1.20) 또한 친일파 처벌 조례를 만들었지만 미군정이
거부권을 행사해 무산되었습니다. 1947년 2월에는 안재홍을 군정 장
관으로 하는 남조선 과도정부(1947.2.5)가 출범해 군정 정책을 뒷받침했
습니다. 이처럼 좌우합작 위원회는 미군정과 우익의 지배를 합리화하
는 데 이용되었습니다. 그러나 좌우합작 운동은 당시 우리 사회가 부
딪힌 중요한 쟁점에 대해, 개인이나 정파의 이해를 넘어 바람직한 방향
을 제시했다는 점에서 큰 의의가 있습니다.

• 분단을 피한 오스트리아

2차 대전의 패전국으로 분단을 피하기 어려웠던 오스트리아가 통일을 이룬 까닭은 오스트리아의 좌익과 우익이 통일 국가를 세우려고 공존의 지혜를 모았기 때문이다.

1945년 4월, 소련군이 오스트리아로 진격해 왔을 때 국민당, 사회당, 공산당은 이념을 초월하여 독립선언을 발표하고, 좌우가 함께 임시정부를 구성했다. 1945년 7월, 오스트리아는 연합국의 결정에 따라 미국, 영국, 프랑스, 소련에 의해 국토가 4분할되었지만, 국토가 분단된 속에서도 모든 정당이 참여한 전국적 총선거를 실시했다.(1945.11) 국회 총 의석 165

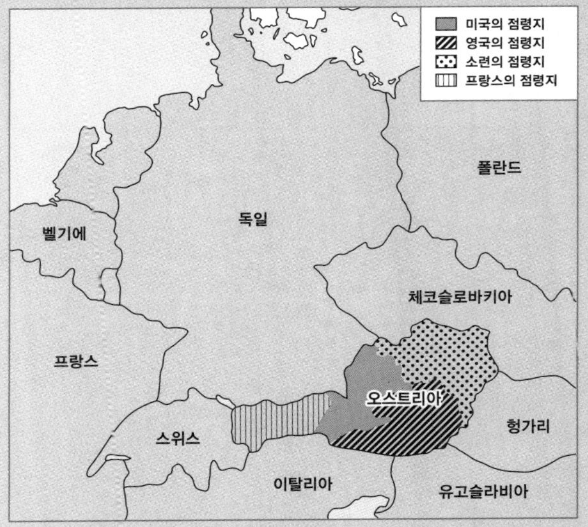

오스트리아
2차 대전 후 4개국으로 분할 점령된 오스트리아는 1955년 하나의 국가를 세웠다.

석 중 국민당이 85석, 사회당이 76석, 공산당이 4석을 차지했다. 오스트리아 국민당과 사회당은 중립화 통일 방안을 정치 강령으로 채택하고 연립 내각을 구성했다. 그러나 차츰 미소의 냉전이 격화되며 통일을 어둡게 했다.

1946년 2월, 오스트리아 독립을 위한 점령국들의 외상 회담이 시작되었다. 이 협상은 미, 소 간의 입장 차이로 무려 3백여 차례나 공전했지만 오스트리아의 끈질긴 노력으로 결실을 맺었다. 1955년 5월 '독립적이고 민주적인 오스트리아의 재건을 위한 조약'이 체결되었고, 10월에는 점령군이 모두 철수했다. 이로써 오스트리아는 통일된 독립국가로 탄생했다.

• **오스트리아 통일을 통해 얻을 수 있는 교훈을 써 보자.**

한반도에서 불붙은 냉전

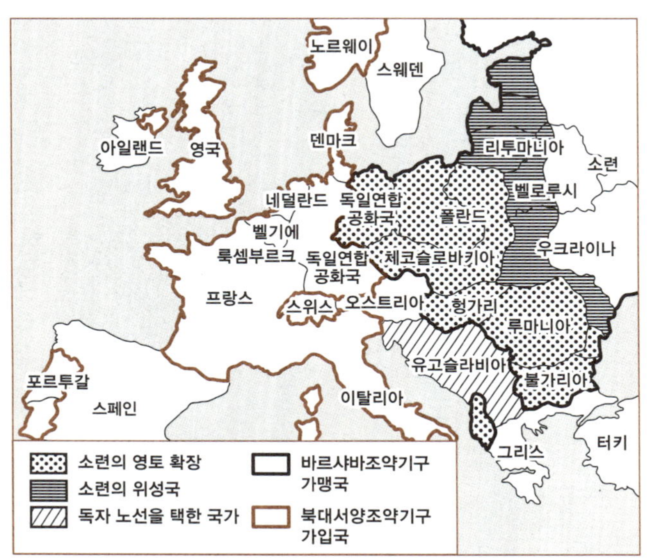

유럽의 냉전
처칠은 "발트해의 슈테틴에서 아드리아해의 트리에스테까지 철의 장막이 쳐 있다."고 하였다.

냉전과 한국 문제 유엔 이관

2차 세계대전 뒤 소련군의 진주로 해방된 유고슬라비아, 헝가리, 폴란드 등에서 공산 정권이 수립되자 미국 대통령 트루먼은 공산주의의 확장을 막겠다는 트루먼선언(독트린)을 발표했습니다.(1947.3.12)

냉전의 바람이 불어오는 가운데 열린 2차 미소공동위원회(1947.5)는 별다른 진전 없이 결렬되었습니다. 이 무렵 미소공위의 성공을 위해 노력하던 여운형이 단독정부를 지지하는 우익 청년의 총에 맞아 운명했습니다.(1947.7.19) 그의 죽음으로 좌우 대립을 극복하고 통일 정부를 세우려 했던 중도 세력은 설 자리를 잃었습니다.

미국과 이승만은 공개적으로 단독정부 수립을 추진했지요. 소련은 모스크바협정에 따라 한국 문제를 해결할 것을 주장했지만, 미국은 자국의 영향력이 강한 유엔에 한국 문제를 이관했습니다.(1947.9.17) 유엔 총회는 미국의 제안대로 남북한 총선거와 이를 감시할 유엔한국임시위원단을 구성했습니다. 이에 따라 유엔한국임시위원단이 남한에 들어왔지만 소련과 북한은 유엔 총회의 권한이 조사, 토론 및 건의에 한

트루먼선언

트루먼은 의회에서 "전체주의 제도를 강요하는 침략 활동으로부터 자유로운 제도와 민족적 통일을 유지해 가는 것을 돕는다."는 연설을 하고, 의회로부터 4억 달러의 원조를 승인받아 그리스와 터키의 공산 혁명을 막는 데 지원했다.

정되어 있다며 입국을 거부했지요. 마침내 유엔 소총회는 남한만의 단
독선거를 결정했습니다.(1948.2.26)

단정 수립 추진과 단정 반대 운동

유엔 총회의 결정(1947.11.14)이 사실상 분단을 의미하자 국
내 정치 세력은 동요했습니다. 이승만과 한민당을 제외한
모든 정치 세력들이 남한만의 단독선거에 반대했지요.

냉전과 한반도
미소의 냉전은 우리에게 분단의 아
픔을 가져왔다.

　　좌익은 유엔한국임시위원단의 입국과 단독선거를 결
사반대했습니다. 이들은 미소 양군을 철수시키고 우리
민족의 힘으로 독립국가를 건설할 것을 주장하며 2.7 구
국 투쟁을 전개했지요.(1948.2.7) 전평 노동자들은 통신
망 파괴, 전기 송전 중단, 철도 운행을 중단하는 2.7 총파업을 벌였습니
다. 일부 농민들은 야산대를 조직하여 악질적인 경찰과 관료를 공격했
지요. 단독선거를 반대하는 민중들의 투쟁은 제주도에서 4.3항쟁으로
타올랐습니다.

　　김구와 김규식은 단독선거를 막으려고 남북 협상을 제안했습니다.
1948년 4월 19일, 이승만과 한민당을 제외한 모든 정치 세력이 참가
한 남북연석회의가 평양에서 열렸지요. 김구, 김규식, 조소앙, 김일성,
박헌영, 홍명희 등 남북의 56개 정당과 사회단체 대표 659명은 단독선
거 반대와 미소 양군 철수에 합의했습니다. 남북연석회의에서 돌아온
김구와 김규식은 합의 사항을 발표하고 5.10 선거에 참여하지 않았습
니다. 그러나 김구의 이러한 노력은 그가 모스크바협정을 반대해 한국
문제가 유엔으로 이관되는 데 영향을 주었다는 점에서 아쉬움을 남기
고 있습니다.

• 남북연석회의

연석회의에서 연설하는 김구
연석회의 3일째인 1948년 4월 22일 김구는 통일과 독립에 방해
가 되는 단독선거에는 절대로 참여하지않겠다는 인사말을 하였다.

남북연석회의는 단독정부 수립 반대와 평화 통일의 가능성을 열어 놓았다는 평가와 함께 5.10 선거를 반대한 북한에게 이용되었다는 평가가 엇갈리고 있다. 연석회의가 결정한 국가 수립 방법은 외국 군대 철수 뒤 내전을 막고, 임시정부를 세워 입법기관을 선거한 뒤, 헌법을 제정해 통일 정부를 수립하는 것으로 오늘날까지 시사하는 바가 크다.

• 남북 조선 제 정당 사회단체 연석회의 (1948.4.23)

1. 소련이 제의한 바와 같이 우리 강토에서 외국 군대가 즉시 철수하는 것은 …… 조선 문제를 해결하는 가장 정당하고 유일한 방법이다…….

2. 남북 정당, 사회단체 지도자들은 우리 강토에서 외국 군대가 철퇴한 후에 내전이 발생할 수 없다는 것을 확인하며…….

3. 외국 군대가 철퇴한 이후 아래의 제 정당 단체들은 공동 명의로써 전 조선 정치 회의를 소집하여 조선 인민의 각층 각계를 대표하는 민주주의 임시정부가 수립될 것이며…… 이 정부는 그 첫 과업으로 일반적, 직접적, 평등적 비밀투표로써 통일적 조선 입법기관을 선거할 것이며, 선거된 입법기관은 조선 헌법을 제정하여 통일적 민주 정부를 수립할 것이다.

4. 본 성명서에 서명한 제 정당, 사회단체들은 남조선 단독선거의 결과를 결코 인정하지 않으며 지지하지 않을 것이다.

• 남북연석회의의 의의와 한계는 무엇인지 써 보자.

10
잠들지 않는 남도

잠들지 않는 남도

해방 후 독립운동가들이 중심이 되어 결성한 제주
도 인민위원회는 주민들의 높은 지지를 받았습니
다. 그러나 미군이 들어와 친일 경찰을 등용하고
육지에서 온 서북청년단이 횡포를 부리자 민심은
흔들렸지요. 여기에 남한만의 단독정부 수립을 위
한 5.10 선거가 다가오자 도민들의 불만은 높아졌
습니다. 남로당 제주 지부는 이러한 민심에 부응해
단독선거를 막으려는 무장투쟁에 앞장섰습니다.

중산간 지대로 피신한 사람들
어린이와 부녀자들의 모습이 주로 보인다. (1948.5)

무장대의 공세 (1948.4.3~1948.10.16)

1948년 4월 3일 새벽, 총성과 함께 한라산 중허리 오름마다 봉화가 타
오르면서 4.3항쟁이 시작되었습니다. 350명의 좌익 무장대는 '단독선
거·단독정부 반대, 응원 경찰과 서북청년단 추방'을 내걸고, 11개 지서
와 우익 단체 요인의 집을 습격했습니다. 미군정은 국방경비대 9연대에
게 진압을 명령했지요. 9연대는 이 사건을 경찰 및 서북청년단의 횡포
로 발생한 것으로 판단하고 평화적인 해결책을 찾았습니다. 1948년 4
월 28일, 9연대장 김익렬 중령과 무장대장 김달삼이 만나, '2시간 안

무장대 선언문

단독선거를 추진하는 미군정을 죽
음으로써 반대한다. 민족주의자를
탄압하고 제주도민의 인권을 유린
하는 친일파와 민족 반역자를 처
단할 것이다. (1948.4.10)

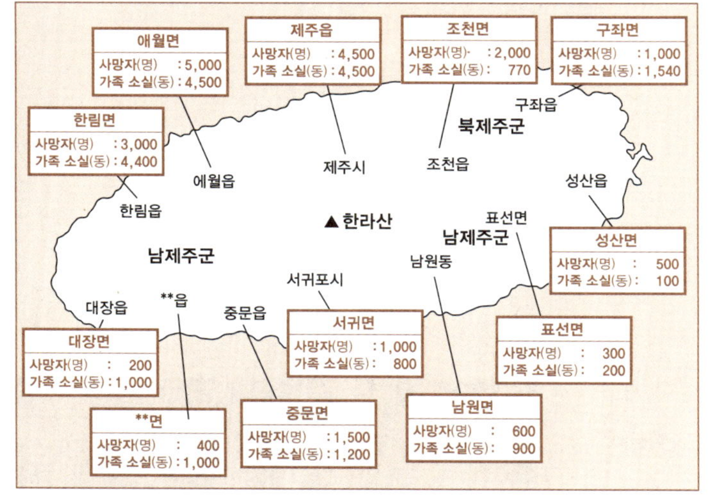

초토화작전

초토화작전으로 제주도에서 3만여 명의 민간인이 희생되었다.

의 전투 중지, 무장해제와 하산이 이루어지면 책임을 묻지 않는다.'는 평화협정을 맺었지요.

그러나 사흘째인 5월 1일, 미군정과 우익 청년단에 의한 오라리 방화 사건이 발생해 협정은 무산되고 교전이 다시 일어났습니다. 1948년 5월 10일, 제주도의 3개 선거구 가운데 2곳에서 투표가 무산되었습니다. 미군정은 5.10 선거가 저지되자 군 병력과 경찰력을 더욱 강화하고 무장대 토벌에 나섰습니다. 그러나 이러한 강경책은 오히려 제주도민의 반발을 낳아 무장대를 따라 산으로 피하는 사람들은 늘어났습니다.

초토화작전과 민간인 희생 (1948.10.17~1949.6.)

1945년 8월, 정부를 수립한 이승만은 제주도에 군 병력을 대거 파견했습니다. 1948년 10월 17일, 송요찬 연대장은 '해안선으로부터 5킬로미터 이상 지역을 적성 지역으로 규정하고, 이 지역에 보이는 자는 폭도로 인정하여 무조건 총살시킨다.'는 명령을 내렸지요. 이때부터 약 5개월 동안, 3만 명으로 추정되는 제주 4.3항쟁 희생자의 80% 이상이 희생되었습니다. 백여 곳의 중산간 마을이 불에 타고, 즉결 처분, 대살代殺, 집단 학살이 자행되었지요. 초토화작전으로 무장대는 빠르게 약해졌습니다.

1949년 4월 9일 이승만이 제주를 방문했고, 5월 10일에는 무산된 2

가족이 없으면 대신 죽어야 한다

1948년 12월 22일, 토벌대는 표선면 가시리 주민들을 집결시킨 뒤 호적을 일일이 대조해 가족 중 한 사람이라도 없는 집을 가려내 도피자 가족이라고 몰아 76명을 학살했다. 가족 중에 한 명이라도 없으면 그 부모, 형제를 대신 학살해서 이를 대살이라고 불렀다.

개 선거구에서 재선거가 실시되었습니다. 6월 초에는 2대 무장대장 이덕구가 사살되면서 저항은 거의 사그러들었습니다.

4.3이 남긴 것

제주 4.3항쟁은 단독정부 수립 반대라는 봉기 목적에 드러나 있듯이 제주도 민중들이 분단을 막기 위해 벌인 운동이었습니다. 제주 민중들의 저항은 비록 분단을 막지 못했지만 통일 정부 수립을 위해 노력했다는 점에서 의미가 있었습니다.

제주 4.3항쟁은 반공 체제가 형성되는 과정에서 생긴 민간인 학살 사건이었습니다. 친미 반공 국가를 수립하려 했던 미군정과 이승만은 단독선거에 반대하는 제주도의 민중들을 좌익으로 몰아 희생양으로 삼았습니다. 제주 4.3항쟁은 국가 폭력에 의한 제주 민중들의 처절한 수난사였습니다. 미군정과 이승만은 과잉 진압을 벌여 수많은 민간인들을 희생시켰지요. 이는 공권력이 올바로 사용되지 않을 때 긴중들에게 얼마나 많은 고통을 가져다주는지 보여 주는 사건이었습니다.

제주 4.3항쟁과 인명 피해

제주 4.3항쟁의 인명 피해는 1948년 초부터 1949년 말까지 제주도의 인구 변화를 조사한 자료를 통해 2만 5천에서 3만 명으로 추정하고 있습니다. 추정 인구와 신고자 수가 차이 나는 이유는 피해자들이 신고할 사람이 없는 경우가 많기 때문입니다.

• 제주 4. 3항쟁을 말할 수 있기까지

오랫동안 제주 4. 3항쟁은 누구도 말해서는 안 되는 사건이었다. 유족들은 부모가 토벌대에게 총살당했다는 이유로 어려서부터 폭도 자식이라는 소리를 들었고, 연좌제의 사슬에 묶여 장래까지 막혔다. 제주에서 발생한 이 처절한 비극의 진실은 철저히 가려졌다. 교과서는 왜곡된 내용만을 전달했고 언론도 침묵을 지켰다.

1960년 4.19혁명으로 이승만 정권이 물러나자 싹트기 시작한 진상 규명 운동도 1961년 5.16군사정변으로 된서리를 맞았다. 진상 규명을 요구했던 사람들은 옥고를 치렀고, 진실을 담은 글들은 판금되거나 필화 사건으로 비화되었다. 박정희와 전두환으로 이어진 25년간의 군부독재 정권은 제주 4.3항쟁을 은폐하고 왜곡했다.

1987년 6월 항쟁으로 형성된 민주화 분위기 덕분에 진상 규명 운동이 다시 시작되었다. 1989년에는 제민일보가 4.3 사건을 연재하고, 제주 4.3 연구소가 발족되면서 조사 활동이 이루어졌다. 1993년에는 제주도 의회에 '4.3 특별 위원회'가 설치되어 피해자 신고 작업을 시작했다. 1997년에는 각계 인사들이 대거 참여한 가운데 '제주 4.3 사건 제 50주년 기념사업 추진 범국민위원회'가 출범했다. 그리고 2000년 1월 '4.3 사건 진상 규명 및 희생자 명예 회복에 관한 특별법'이 공포되면서, 제주 4.3항쟁의 진실이 제자리를 찾아가고 있다.

• 이승만 정권, 박정희 정권, 전두환 정권 시기에 제주 4.3항쟁의 진실이 가려진 이유를 토론해 보고 내 생각을 써 보자.

06

대한민국의 수립과 4월 혁명

대한민국이 수립되다 · 대한민국 수립과 여순사건 1948~1950

친일파 청산이 실패하다 · 반민특위 1948~1949

찢겨진 산하 · 한국전쟁 1950~1953

쓰러져 간 민중들 · 한국전쟁과 민간인 희생 1950~1953

반공을 내세운 독재 · 이승만의 반공 독재 1950년대

독재자를 몰아낸 4월 혁명 · 4.19혁명 1960

새로운 사회가 싹트다 · 4월 혁명과 열린 사회 1960~1961

1
대한민국이 수립되다

5.10 선거와 대한민국

대한민국 정부 수립(1948.8.15)

1948년 5월 10일, 미군정은 단독정부를 세우려는 초대 국회의원 선거를 실시했습니다. 선거에 참여하지 않으면 쌀 배급표를 주지 않는다는 협박에 대부분의 사람들이 투표장에 나갔습니다. 2백 개의 선거구 중에서 4. 3항쟁이 일어난 제주도의 두 곳을 제외한 198개 선거구에서 선거가 진행되었지요. 그러나 5.10 선거는 좌익과 중도 세력, 남북 협상 세력이 불참한 선거였습니다. 또한 주권을 행사하고 정부를 세우는 긍정적인 측면과 분단이 고정화되는 부정적인 측면이 동시에 있었습니다.

5.10 선거로 구성된 제헌국회는 삼권분립과 대통령제, 국회에 의한 대통령 선출 등을 규정한 헌법을 공포했습니다.(1948.7.17) 사흘 뒤 국회에서 실시한 정, 부통령 선거에서 이승만이 대통령에 당선되었지요. 그리고 해방 3주년을 맞아 대한민국이 건국되었습니다.(1948.8.15) 그러나 미군정과 이승만은 대한민국 수립 과정에서 통일 국가를 바라는 민중들을 철저히 탄압했습니다. 이는 4.3항쟁과 여순사건의 비극으로 이어져 분단의 상처는 깊어졌습니다.

이승만은 우익 성향을 가진 의원들을 끌어들여 국회를 장악했습니다. 그러나 일부 무소속 의원들은 소장파 그룹을 형성해 친일파 처벌, 농지개혁, 평화통일 등을 주장해 이승만 정권을 압박했습니다.

여순사건과 국가보안법

이승만은 5.10 선거가 무산된 제주도에 초토화작전을 수행하려고 여수 14연대 병력의 파견을 명령했습니다.

1948년 10월 19일, 여수 14연대 안의 남로당계 군인들은 제주도 진압 명령을 거부하고 봉기를 일으켰습니다. 이들은 순식간에 여수 시내를 장악했지요. 여기에 이승만 정권을 불신하던 좌익 세력이 호응하면서 사태는 걷잡을 수 없이 번졌습니다. 이들은 대한민국을 부정하고 인민위원회를 세워 친일파를 처벌했습니다.

봉기는 여수에 이어 순천을 휩쓸고 주변 군으로 확산되었지요. 이승만 정권은 육해공군 합동작전을 벌여 여수시를 잿더미로 만들고 일주일 만에 사태를 수습했습니다.(1949.10.27) 그리고 반란군 아러서 부역한 사람과 지역 주민들에게 무자비한 보복을 가했습니다. 여순사건에서 살아남은 사람들은 지리산 등으로 숨어들어 빨치산이 되었습니다. 이들이 남한의 주요 산악 지역에서 게릴라전을 전개하자, 이승만은 동계 대토벌 작전(1949.11~1950.3)을 벌였습니다. 이 과정에서 많은 민간인들이 빨갱이의 협조자란 이름으로 희생되었지요.

이승만 정권은 여순사건을 계기로 좌익을 제거하는 국가보안법(1948.12.1)을 만들어 반공 체제의 밑바탕을 만들었습니다. 또한 좌익 경력자를 보호하고 지도한다는 명목으로 국민보도연맹에 가입시켜 통제했습니다.

여순사건

여수를 탈환한 국군이 여수서국민학교에서 반란군에게 부역한 사람과 부역하지 않은 사람을 가려내고 있다. 오른쪽이 부역 혐의자로 이들 중 89명이 처형되었다.

우리는 제주도 출동 명령을 거부한다

우리는 제주도의 애국 인민을 무차별하게 학살하기 위해 우리를 제주도로 출동시키려는 명령에 대해, 조선 인민의 자식으로서의 사명하에 이것을 거부하고 사랑하는 동포를 위해 결연히 일어섰다.

– '제주도 출동 거부 병사 위원회 성명서'(여수신보, 1948. 10. 20)

• 남과 북을 가른 두 개의 선거

• 남쪽의 5.10 선거

1948년 5월 10일 남한에서는 국회의원 선거가 처음 실시되었다. 선거 광경을 목격한 UPI 통신사 특파원은 당시의 분위기를 다음과 같이 전했다. "미군 정찰기는 상공을 비행했으며, 선거장이 있는 곳은 야구용 타봉을 든 '향보단' 단원들에 의해 엄중히 경호되고 있었다. 민간 경비대원은 도끼 자루, 야구용 타봉, 곤봉 등을 휴대했고, 조선 경비대는 미제 카빈총으로 무장했다. 분위기는 마치 계엄하의 도시 같았다."

선거 결과 총 198명의 국회의원이 당선되었다. 그리고 선거를 치르지 못한 북한을 위해 백 석을 남겨 두었다. 5.10 선거는 미군정으로부터 주권을 회복하여 정부를 수립하게 되었다는 긍정적인 측면과, 외세에 의해 강요된 분단이 고정화되었다는 부정적인 측면이 동시에 있었다.

• 북쪽의 8.25 선거

북한 정권은 남쪽의 일부 정치 세력들과 함께 남북 총선거를 통해 남한 대의원 360명, 북한 대의원 212명으로 구성된 최고인민회의를 만들려 하였다. 그러나 이미 정부가 수립된 남한에서 선거를 치르는 것은 불가능했다. 그래서 남한에서는 비밀리에 1080명의 인민 대표를 뽑고 이들이 해주에 모여 360명의 대의원들을 뽑는 방식을 택했다. 인민 대표를 뽑는 지하 선거는 운동원들이 후보자의 이름이 적힌 종이를 들고 다니며, 찬성하는 사람들의 도장이나 손도장을 받았다. 하지만 분단이 현실화된 상황에서 지하 선거로 남한 민중들의 의사를 대변하는 것은 불가능했다.

• 해방 뒤 남과 북에서 각기 다른 선거를 하게 된 가장 큰 원인이 무엇인지 토론해 보자.

2
친일파 청산이 실패하다

반민법과 친일파의 저항

대한민국이 수립되자 친일파를 청산해야 한다는 여론이 높아졌습니다. 1948년 9월, 국회에서는 소장파 의원들이 '반민족행위처벌법'(반민법)을 만들어 호응을 받았습니다. 이승만은 반대했지만 민심을 의식해 어쩔 수 없이 반민법을 공포했지요.(1948.9.22) 친일파들은 "이런 민족 분열의 법을 만든 것은 국회 안에 있는 공산당 프락치의 소행이다."라며 공개적으로 반대했습니다.

반민법에 따라 국회는 '반민족 행위에 관한 특별조사위원회'(반민특위)를 구성했습니다. 반민특위는 반민족 행위자의 친일 행적을 조사하고 친일 기업가인 박흥식을 가장 먼저 잡아들였습니다.(1949.1.8) 한때 독립운동을 하다가 나라와 민족을 배반한 이광수, 최남선 등도 체포되었습니다. 일제의 고등계 형사로 일하며 가혹한 고문을 행한 노덕술과 김태석 등도 붙잡았지요. 위기를 느낀 친일 경찰들은 반민법을 파괴하려고 온갖 수단을 다 썼습니다. 이들은 심지어 반민특위 부위원장 등을 암살하려다 들통나기까지 했습니다.

> **반민법에 대한 경향신문의 보도**
>
> 이 땅이 해방된 지 3년이 지난 오늘날까지 왜정에 아부하여 조국을 팔아먹고 동포를 괴롭혔던 악질적 친일파들이 미군정 관리로 구석구석 파고들어 뻔뻔스럽게 활개치고 있지 않는가? 우리 손으로 뽑아 내세운 대변자 국회의원들이 문제를 들고 나선 것을 쌍수를 들어 환영하며 문서상의 처단 법에 그치지 말기를 부탁하는 바이다.

반민특위가 해체되다

이승만과 친일파는 정권 유지와 자신의 안위를 위해 수단과 방법을 가리지 않고 친일파 처벌을 방해했습니다. 이들은 친일파 처벌을 주장하는 세력을 공산당으로 모함해 살 길을 찾았습니다.

1949년 5월 17일, 반민특위 활동에 적극적이던 이문원 의원을 비롯한 세 의원이 보안법 위반 혐의로 구속되었습니다. 이 사건은 반민법 제정을 주도한 의원들이 남로당에 도움을 받았다는 국회 프락치 사건(1949.6.16)으로 번졌지요.

친일파는 중부경찰서 무장 대원들을 동원해 반민특위 사무실을 습격하고 특별경찰대원들을 빨갱이로 몰아 체포했습니다.(1949.6.6) 친일 경찰이 친일파를 잡는 특별경찰대원들을 습격한 이 사건으로 민심은 흔들렸지요. 이승만은 다음 날 AP통신과의 회견에서 "특경대 해산은 대통령인 내가 직접 경찰에 지시한 것."이라며 친일파를 옹호했습니다. 그는 좌익을 제거하려면 친일 경찰이 필요하다고 주장했습니다.

친일파 청산 활동을 공산당의 활동으로 몰아붙이는 가운데 반민법 공소 시효를 1949년 8월 31일로 줄인 개정안이 통과되었습니다. 이로써 친일파 처벌과 일제 잔재를 청산하는 길은 막혔습니다. 반민법이 무력화되자 친일파들이 사회 각 분야의 지도적인 위치를 버젓이 차지했지요. 이 때문에 우리 사회 곳곳에 일본 군국주의 잔재와 전체주의 사고방식이 그대로 남았습니다.

활동 마감 후 반민특위 조사부 위원들(1949.8.31)
반민특위는 이승만 정권의 고위 관직에 자리 잡은 친일파들에 의해 해체되었다.

국회 프락치 사건(1949.5.17)
이 사건은 친일파 청산에 적극적이던 소장파 의원 13명이 남로당의 간첩 활동을 했다는 것이다. 이 사건의 유일한 증거는 친일파 처벌, 토지개혁, 평화통일 등 남로당과 같은 주장을 했다는 것뿐이었다. 구속 의원들은 사건이 조작되었다고 했지만 3년에서 10년의 실형을 선고받았다. 이 때문에 친일파 청산 작업은 중단되었다.

• 나치 부역 언론 청산한 프랑스

몇 해 전부터 방응모 전 조선일보 사장이나 김성수 전 동아일보 사장 등 유명 언론인들의 친일 행위가 공개되고 있다. 이들을 옹호하는 사람들은 사실을 인정하지 않거나 공을 세운 것이 많고 과실은 적다는 '공과' 논란으로 문제를 덮으려 하고 있다. 프랑스는 나치에 부역한 언론을 어떻게 처리했는지 살펴보자.

나치의 손아귀에 든 프랑스에서는 1941년부터 허가된 신문만 발행되었고, 사형선고까지 가능한 칙령이 공포되었다. '르 마탱', '르 프티 파리지앵' 등 기존의 주요 신문들은 독일의 통제 아래 발행되었으나, 대부분의 신문은 스스로 정간을 선택했다. 그러나 지하의 인쇄기는 멈추지 않았다. 나치 치하 4년 동안 1억 부에 이르는 신문이 나치 사상의 문제점을 고발하고 궐기를 호소했다. 이에 따른 희생도 컸다. 1942년 지하 신문 '레지스탕스'의 창간자 보리스 빌데 등이 총살당하고 비밀리에 인쇄기를 돌린 노동자 1200여 명 가운데 4백여 명이 총살되거나 단두대에 올랐다.

1944년 9월, 나치에서 해방된 드골 정부는 나치에 순종한 언론사의 발행 금지, 신문 소유주나 사장에 대한 재판, 점령 기간 발행한 신문 제호의 사용 금지 등을 규정했다. 이에 따라 파리 해방 이후 9백여 개 신문, 잡지 가운데 649개가 폐간되거나 재산을 몰수당했다.

부역 신문의 사옥은 지하 신문들에게 주어졌고, 새 신문의 편집진은 대부분 레지스탕스 출신이 맡았다. 프랑스를 대표하는 신문인 '르 몽드' 역시 나치에 부역하다 폐간당한 '르 탕'의 사옥을 넘겨받아 해직 기자와 레지스탕스 출신 지식인들이 만든 신문이다. 나치에 저항한 한 언론인은 "해방 뒤 파리에서는 정기적으로 부역자 숙청이 이뤄졌는데, 이를 통해 새로운 공화국 정신과 민주주의가 태어날 수 있었다."고 회상했다.

• 프랑스의 나치 부역자 청산을 통해서 얻을 수 있는 교훈이 무엇인지 써 보자.

3
찢겨진 산하

전운이 감도는 한반도

두 개의 국가가 들어선 뒤 한반도는 자본주의진영과 사회주의진영이 경쟁하는 각축장이 되었습니다. 이승만은 '북한 동포들을 공산 괴뢰의 폭정에서 해방시켜야 한다.'고 했지요. 김일성은 '남한 동포들을 미 제국주의와 친일 민족 반역자들의 지배에서 해방시켜야 한다.'고 했습니다. 이 무렵 38선 부근에서는 남북한 사이의 무력 충돌이 계속되었습니다.

인민군의 진격

인민군의 공세(1950.6.25 ~1950. 9.14)

1950년 6월 25일, 북한군은 전면적인 공격을 시작해 3일 만에 서울을 점령했습니다. 유엔안전보장이사회는 북한군을 38선 이북으로 몰아내려고 한국에 유엔군 파병을 결의했습니다.

북한군은 한강을 넘어 파죽지세로 내려왔습니다. 당황한 이승만 정권은 예비 검속이라는 명분으로 국민보도연맹에 가입한 사람들을 집단 학살했습니다. 또한 국군의 작전권을 유엔군 사령관 맥아더에게 넘긴 대전협정(1950.7.12)을 맺었지요. 7월 말 북한군은 경상남북도를 제외한 전 지역을 장악했고 유엔군은 낙동강 방어선에서 힘겹게 저항했습니다. 남한의 90%를 차지한 북한은 인민위원회를 세우고 무상몰수, 무상분배의 토지개혁을 실시했지요. 그리고 인민재판을 열어 반혁명 세력을 처벌했습니다.

유엔군의 공세(1950.9.15 ~1950.10월 말)

유엔군은 인천상륙작전(1950.9.15)으로 전세를 역전시키고 서울을 탈환(1950.9.28)했습니다. 유엔 안보리의 결정은 군사 분계선을 회복하는 것이지만 이승만은 국군에게 북진 명령을 내렸지요. 1950년 10월 1일, 국군이 38선을 넘고 유엔군이 뒤따르자, 중국이 참전하면서 전쟁은 국제전으로 확대되었습니다. 유엔군은 평양을 점령(1950.10.19)하고, 10월 하순에는 청천강 이북까지 진격했습니다. 미국은 평양과 각 도에 군정 장관으로 미군 장교들을 배치하고 반공 단체를 조직해 인민위원회를 파괴하고 좌익 세력을 탄압했지요. 이 기간에 한국전쟁 최대의 민간인 학살 사건인 신천사건이 일어났습니다.

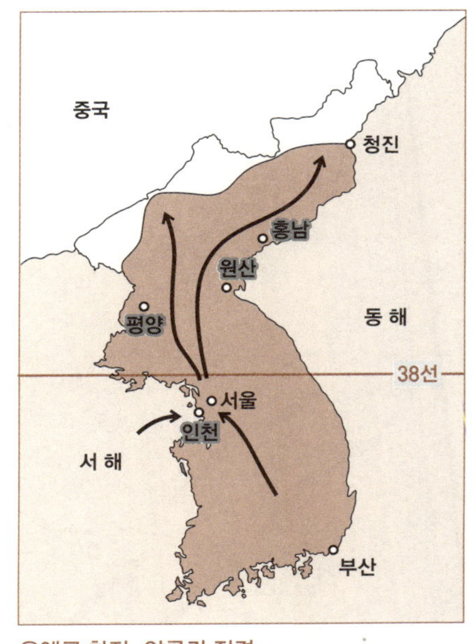

유엔군 참전, 압록강 진격

중국 참전과 유엔군 후퇴(1950.10월 말 ~1951.3.17)

중국은 미국에 대항하려면 조선을 도와야 한다는 '항미원조抗美援朝'의 기치 아래 압록강을 건넜습니다. 중국군은 대규모 병력을 동원한 기습 작전으로 유엔군을 밀어붙였습니다. 1951년 1월 4일에는 서울을 다시 북한군에게 내주고 오

중공군의 개입, 원점으로 돌아간 전선

산까지 밀렸습니다. 전세가 뒤바뀌자 이승만 정권은 병력을 보충하려
고 국민방위군을 조직해 부산으로 소집했습니다. 그러나 간부들이 군
자금을 횡령해 수많은 대원들이 굶거나 얼어 죽었습니다. 이 사건으로
국민방위군은 해체되고 주범 5명은 사형이 집행되었습니다.

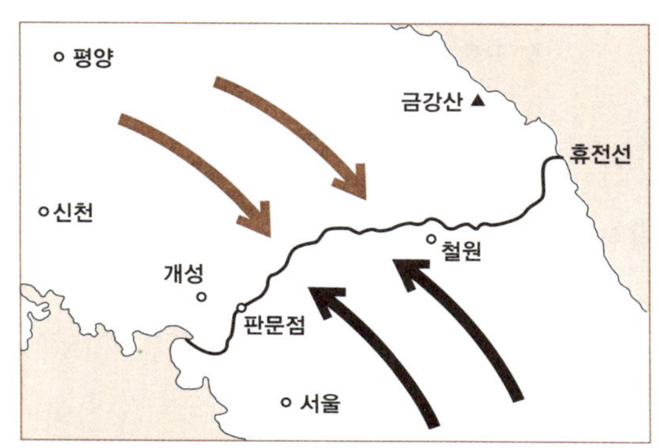

전선의 교착기

서울 재탈환과 정전(1951.3.18 ~1953.7.27)

1951년 3월 18일, 유엔군이 서울을 탈환하면서 전
선은 38선을 경계로 교착 상태에 빠졌습니다. 1951
년 7월 10일, 정전회담이 시작되었지요. 회담은 포
로 송환 문제로 2년을 끌었습니다. 마침내 송환 희망
자는 송환하고 송환을 바라지 않는 포로는 중립국
송환 위원회에 인계하는 것으로 합의했습니다. 그러나 이승만은 남한
체제의 우월함을 과시하려고 반공 포로 3만 7천여 명을 석방했습니
다.(1953.6.18) 북한은 포로 재수용을 요구했고 국제사회도 이승만을 비
판했습니다. 위기에 처한 정전회담은, 미국 대통령에 종전을 약속한 아
이젠하워가 당선되고, 스탈린이 사망하면서 급진전되었지요. 1953년 7

소년 학도병 이우근의 일기

1950년 8월 10일 목요일 쾌청
어머니 나는 사람을 죽였습니다. 그것도 돌담 하나를 사이에 두고 10여 명은 될 것입니다.
나는 4명의 특공대원과 함께 수류탄이라는 무서운 폭발 무기를 던져 일순간에 죽이고 말
았습니다. 아무리 적이지만 그들도 사람이라고 생각하니, 더욱이 같은 언어와 같은 피를
나눈 동족이라고 생각하니 가슴이 답답하고 무겁습니다. 어머니 전쟁은 왜 해야 하나요?

그는 국군 제3사단 학도병으로 1950년 8월 포항여중 앞 벌판에서 전사하였다. 이 일기는 그
의 주머니 속에서 발견되었다.

월 27일, 미국, 북한, 중국 사이에 정전협정이 체결되면서 3년 1개월간 이어진 포성은 멈추었습니다.

한국전쟁이 남긴 것

한국전쟁으로 남한과 북한에서 6백만 명에 이르는 인명 피해가 났고, 산업 기반은 완전히 파괴되었습니다. 미국은 '북한은 백 년이 걸려도 다시 일어나지 못한다.'고 했습니다. 임진강부터 고성까지 155마일 휴전선이 남북을 가르자 분단의 장벽은 더욱 높아졌습니다. 남한은 이승만 정권이 반공 독재를 펼쳤고, 북한은 김일성이 1인 독재를 굳혔습니다. 군사 경쟁도 고조되어 국군은 60만 명으로 북한군은 백만 명으로 늘어났습니다

전쟁 고아
집과 부모를 잃은 한 아이가 허기진 배를 쥐고 웅크려 앉아 있다.

　남북은 경제도 다른 길을 걸었습니다. 남한은 미국의 원조로 자본주의경제를 수립했고, 북한은 전후 복구를 거쳐 사회주의경제를 세웠습니다. 휴전선은 남북의 사상도 갈랐습니다. 남한은 반공 국가가 되었고 북한은 반미와 주체사상으로 무장했습니다. 대외 관계도 평행선을 달렸습니다. 남한은 미국과 한미상호방위조약을 맺고(1953.10.1) 자본주의국가들과 외교 관계를 맺었습니다. 북한은 소련과 중국을 비롯한 사회주의국가들과 외교 관계를 맺었습니다.

　전쟁은 국제 질서에도 영향을 주었습니다. 1949년 5월 미국이 만든 북대서양조약기구NATO에 대응해 사회주의진영이 바르샤바조약기구(1955.5)를 결성하자 냉전 체제는 전 세계로 확대되었습니다. 이러한 가운데 자본주의진영에서는 미국의 패권이 확고해졌고, 사회주의진영에서는 군사 능력을 보여 준 중국의 위상이 높아졌습니다.

• 6.25보다 7.27이다

북진 통일 데모
전쟁의 기억은 반공 독재를 합리화하는 중요한 근거가 되었다.

한국전쟁이 일어난 날을 물어보면 우리는 모두 1950년 6월 25일이라고 대답할 수 있다. 그러나 한국전쟁이 끝난 날을 1953년 7월 27일이라고 대답할 수 있는 사람은 매우 적다.

이는 그동안 우리가 전쟁이 일어난 날만 기념하는 사회에서 살아왔기 때문이다. 이승만 정권은 전쟁 기간인 1951년부터 6.25를 기념했고, 학교에서는 해마다 6월 25일이 되면 각종 반공 포스터, 글짓기 대회를 열었다. 지금도 언론을 비롯해 사회 전체가 6.25를 기념하는 각종 행사들이 진행된다.

그러나 7월 27일을 기억하는 행사는 거의 없다. 이는 대다수 나라가 전쟁이 끝난 것을 기념하는 것과 대조된다. 예를 들어 러시아, 프랑스, 영국, 독일을 비롯한 유럽 대부분의 나라들은 2차 대전이 끝난 날을 기념한다. 그렇다면 우리는 왜 비극의 시작인 개전일을 기억할까? 이는 그동안 독재 권력이 개전 일인 6월 25일 일요일 새벽 불의의 기습을 당했다는 점과 참혹한 피해 상황을 강조해서 반공 체제를 강화하는 데 활용해 왔기 때문이다. 앞으로 우리 사회는 개전 일보다 종전 일에 눈을 돌려야 할 것이다. 종전 일인 7.27을 기념해야 전쟁에서 희생된 수많은 넋들을 기억할 수 있을 것이다. 한국전쟁의 유일한 교훈은 평화의 소중함을 깨닫고 그 길을 찾아가는 것이 아닐까?

• 7월 27일을 기념하기 위해 할 수 있는 일은 무엇인지 써 보자.

4
쓰러져 간 민중들

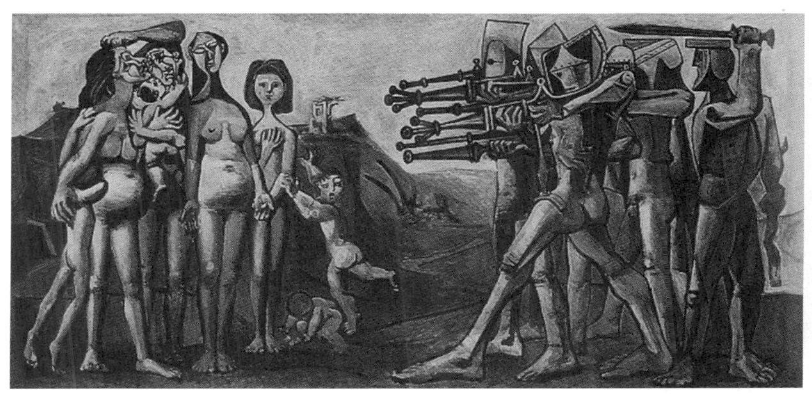

민간인 학살이란 비무장 민간인을 적 또는 잠재적인 적으로 보고 살해하는 것을 가리킵니다. 그러나 정치적인 입장이 다르다는 이유로 무장하지 않은 민간인을 희생시키는 것은 어떠한 이유로도 합리화할 수 없는 반인륜적인 범죄입니다.

한국전쟁은 민간인들에게 이승만 정권과 김일성 정권 가운데 하나를 지지하도록 강요했지요. 그 사이에서 중립을 지킨다는 것은 불가능했습니다. 북한군과 유엔군이 번갈아 점령한 곳에서는 이념을 앞세운 살해와 그에 대한 보복 살해가 잇달았습니다. 한국 정부는 전쟁 중 남한 민간인의 사망자는 99만여 명이고 이 가운데 12만 9천여 명이 북한군과 좌익에 의해 희생되었다고 발표했지요. 북한은 미군과 국군이 북한을 점령한 50여 일 동안 17만여 명의 민간인이 희생되었다고 주장합니다. 앞으로 남과 북이 한국전쟁 희생자에 대한 공동 조사와 유해 발굴을 통해 한반도 평화를 위한 교훈을 남겨야 할 것입니다.

전쟁 부역자

북한군에게 협력한 전쟁 부역자들은 처벌되었다. 이들은 전쟁 후에도 연좌제의 사슬에 묶여 사회생활이 어려웠다.

이승만 정권의 민간인 학살

이승만 정권에 의한 민간인 학살은 국군, 경찰, 우익 무장대에 의해 이루어졌습니다. 전쟁 초반 위기에 빠진 이승만 정권은 좌익 성향을 가진 사람들을 미리 제거하는 예비 검속을 실시해 형무소 수감자를 비롯한 좌익을 집단 학살했습니다.

여기에는 전쟁 전에 좌익을 보호하고 인도하려는 명목으로 조직한 국민보도연맹 가입자들이 포함되었습니다. 이 학살 때문에 한국전쟁은 민간인 희생의 악순환을 낳는 비참한 전쟁이 되었지요.

서울 수복 뒤에는 북한 정권에 부역한 사람들이 희생되었습니다. 제2전선으로 불리던 남한의 산악 지역과 부산, 함평, 거창 등에서는 유격대 토벌 등의 이유로 민간인이 희생되었습니다. 이처럼 군경이 자의적으로 학살을 저지른 근거는 이승만이 내린 특별조치령 때문이었습니다. 또한 미군이 북한을 점령한 시기에는 서북청년단을 비롯한 우익 무장대가 신천에서 많은 민간인을 희생시켰습니다.

특별조치령

이승만은 한국전쟁이 일어나자 비상사태하의 범죄 처벌에 관한 특별조치령과 계엄하 군사재판에 관한 특별조치령을 공포하고 시행하였다. 그러나 형무소에 갇혀 있던 죄수라는 이유로, 적에게 도움을 줄지도 모른다는 이유로 많은 민간인들이 명확한 증거와 물증도 없이 처형되었다.

김일성 정권의 민간인 학살

김일성 정권에 의한 민간인 학살은 점령 기구인 인민위원회, 좌익 유가족, 북한군, 좌익 무장대에 의해 이루어졌습니다. 김일성 정권이 점령 지역에 세운 인민위원회는 인민재판을 통해 북한이 규정한 사람들을 처형했습니다. 주요 희생자는 친일파, 친미파, 민족 반역자, 우익 단체 회원과 군경 가족이었습니다. 이 과정에서 형식적인 인민재판과 공개 처형이 이루어져 많은 사람들의 반감을 샀습니다.

보도연맹에 가입했다는 이유로 희생된 좌익 유가족들도 북한군이 진주한 직후 보복 학살에 가담했습니다. 북한군은 유엔군의 인천상륙작전으로 빠르게 후퇴하면서 형무소, 유치장 등에 수감된 우익을 집단 학살했습니다. 지리산을 비롯한 남한의 산악 지역에서 유격전을 벌이던 빨치산들도 토벌대에 협조하는 산간 마을 민간인들을 희생시켰습니다.

인민재판
소설가 김팔봉(양복)과 전재홍(모자)이 인민재판을 받고 있다.(1950.7.2)

북한이 규정한 숙청 세력

• 친미 분자 : 국회의원, 남한 정부 각료, 도지사, 경찰서장, 판검사.
• 민족 반역자 : 테러 단체의 장 및 악질 단원, 미국을 경제적으로 원조한 자.
• 친일 분자 : 일제 때 총독부 책임자, 시, 군급 책임자 및 판검사.

미군의 민간인 학살

한국전쟁이 일어나자 즉시 개입한 미국은 이리 철도역 오폭 사건 등 무차별 폭격으로 민간인들을 희생시켰습니다. 전쟁 초기 미 8군 사령관 워커는 "그대들 앞에 어린애나 노인이 있다고 할지라도 그대들의 손이 떨려서는 안 된다. 죽이라!"고 명령했습니다. 이 때문에 지상군의 작전 수행 과정에서도 노근리 사건과 같은 학살이 일어났습니다. 이처럼 피난민들을 대상으로 한 폭격이나 기총소사로 수많은 민간인들이 희생되었습니다.

북한은 미군의 폭격으로만 1백여 만 명 이상의 민간인이 희생되었다고 주장하고 있습니다. 또한 미군이 북한을 점령한 시기에는 한국전쟁 중 최대의 민간인 학살 사건인 신천사건이 발생했지요. 이 사건은 우익 무장대가 주도했지만 통치권을 가진 미국이 묵인하거나 지원했다는 점에서 책임을 피하기 어렵습니다.

• 끝나지 않은 전쟁, 잊혀진 죽음

한국전쟁 직후 이승만 정권은 민간인 피학살자들을 모두 좌익으로 분류
했다. 또한 유가족들을 부역자라 부르며 연좌제의 올가미를 씌웠다.

4.19혁명으로 이승만 정권이 무너지자 억울하게 희생된 피학살자 유가
족회가 조직되었다. 국회에서는 '양민학살조사특별위원회'가 구성되어 경
남 거창 등 42개 지역에서 8715명이 학살당했다는 조사 결과를 발표했다.
그러나 5.16군사정변으로 권력을 잡은 박정희는 유족회장을 빨갱이로 몰
아 사형시키고, 관련 자료를 없앴다.

1990년대 초, 30여 년에 걸친 군사독재가 끝나자, 유가족들은 민간인
학살 진상 규명을 위한 활동을 추진했다. 유가족들의 노력으로 2001년 9
월 '한국전쟁 전후 민간인 희생 사건 진상 규명 및 피해자 명예 회복 등
에 관한 법률안'이 제출되었다. 또한 여러 건의 민간인 학살 사건 진상 규
명을 위한 입법 청원이 접수되었고, 국방부에도 수십여 건의 민간인 학
살 피해 사례가 민원으로 접수되었다. 그러나 국회와 국방부는 뿌리 깊은
반공 논리로 이를 외면하고 있다. 현재 유가족과 시민들은 한국전쟁 전
후 민간인 학살 진상 규명과 명예 회복을 위한 범국민위원회(http://www.
genocide.or.kr)를 결성해 활동하고 있다.

"지난 반세기 동안 왜 미국에 의한 민간인 학살이 주목받지 못했는지 아
십니까? 한국전쟁 때 죄 없는 민간인을 조직적, 의도적으로 살육한 그들
이 역사를 쓰고, 교육을 하고, 미디어를 장악했기 때문입니다."

– 코리아 국제 전범 재판 수석 검사 램지 클라크 전 미국 법무 장관

• **민간인 학살 진상 규명을 위해 필요한 노력은 무엇인지 써 보자.**

5
반공을 내세운 독재

부산 정치 파동
국회의원을 태운 통근 버스가 끌려
가고 있다.(1952.5.26)

발췌 개헌과 사사오입 개헌

이승만은 한국전쟁 초기의 일방적인 후퇴와 국민방
위군 사건 등으로 국회의 신임을 잃었습니다. 2대 대
선을 앞둔 이승만은 국회에서 대통령을 뽑을 경우
당선 가능성이 적음을 예상하고 직선제 개헌안을
제출했습니다. 그러나 개헌안은 찬성 19, 반대 143으
로 부결되었지요.

이승만은 자신을 지지하는 의원들을 모아 자유당을 창당하고, 부결
된 개헌안의 일부 조항을 수정한 이른바 '발췌 개헌안'을 내놓았습니
다. 그리고 개헌안에 반대하는 의원들을 공산당으로 몰아붙이며 연행
한 '부산 정치 파동'을 일으켰지요.(1952.5.25) 이처럼 개헌을 반대하면
공산당으로 몰아붙이는 분위기 속에서 발췌 개헌안은 찬성 163명, 기
권 3명으로 통과되었습니다.(1952.7.4) 마침내 이승만은 전쟁 중에 실시
된 선거에서 반공과 북진통일론을 내세워 2대 대통령에 당선되었습니
다.(1952.8.5)

1954년 이승만은 장기 집권하려고 초대 대통령의 3선 제한을 철폐
하는 개헌안을 제출했습니다. 표결 결과 개헌에 필요한 136표에서 한
표가 모자랐지만 자유당은 이를 사사오입해 통과시켰지요.(1954.11) 사
사오입 개헌은 정족수에 미달했을 뿐 아니라, 1인의 종신 집권을 보장
했다는 점에서 우리 헌정 사상 치욕적인 개헌이었습니다.

사사오입 개헌

자유당은 성명을 통해 "어제 최 부
의장이 본회의에서 개헌안 투표가
부결임을 선포한 것은 착오 선포
된 것."이라고 지적하고 "재적 의
원 203명의 3분의 2는 정확하게
135.3333⋯⋯인데 자연인을 정
수가 아닌 소수점 이하까지 나눌 수
없으므로 사사오입의 수학적 원리
에 의해 가장 근사치의 정수인 135
명임이 의심할 바 없으므로 개헌안
은 가결된 것."이라고 발표했다. 그
러나 이는 민주주의의 기본인 다수
결의 원칙을 무시한 것이었다.

3대 대선과 진보당 사건

야당은 이승만에 반대하는 세력을 모아 호헌 동지회를 구성하고 이를 바탕으로 민주당을 창당했습니다. 3대 대선(1956.5.15)에서는 자유당의 이승만과 민주당의 신익희 그리고 조봉암이 대통령 후보로 출마했습니다. 그러나 선거를 5일 앞두고 민주당 후보 신익희가 심장마비로 사망하면서 정권 교체의 희망은 사그라졌지요. 부정선거로 얼룩진 3대 대선에서 이승만이 대통령에 당선되었습니다.

조봉암은 3대 대선에서 얻은 30%의 지지를 바탕으로 진보당을 창당했습니다.(1956.11.10) 진보당은 보수 진영인 자유당과 민주당을 비판하고 평화통일과 서민을 위한 정책을 내놓아 민중들의 지지를 받았지요. 그러나 이승만은 평화통일론이 국가 이념인 반공에 어긋난다며 진보당을 해산시키고 조봉암을 간첩 누명을 씌워 사형시켰습니다. 진보당이 해산되자 노동자와 농민은 다시 한 번 정치에서 소외되었습니다.

이승만은 원조 물자를 관료와 재벌들에게 배분해 경제를 운영했습니다. 그러나 1958년부터 미국의 원조가 줄자 경제 위기가 찾아와 불만이 높아졌지요. 4대 국회의원 선거(1958)에서 자유당 지지지율은 하락했습니다. 이승만은 위기를 극복하려고 개악된 보안법을 날치기 통과시킨 보안법 파동을 일으켰지요.(1958.12.24) 이 법으로 이승만과 자유당을 비판해 온 경향신문이 폐간되었습니다. 이처럼 이승만은 반공을 앞세워 정적을 제거하고 독재를 펼쳤습니다.

1956년 대선
민주당은 '못 살겠다 갈아 보자'는 구호로 사람들의 마음을 끌었다.

보안법 파동
개정안에는 '국가 기밀 폭로죄'와 '불경죄'가 있었다. 이에 따르면 자유당과 이승만에 대한 비판은 물론, 뇌물 수수, 테러 행위, 부정부패 등도 모두 국가 기밀에 해당되었다. 대통령, 국회의장, 대법원장을 비방한 자는 불경죄를 저지른 것이 되어 10년의 징역형을 선고받을 수 있었다. 또한 언론 제한과 헌법 기관의 명예 보호'라는 조항이 신설되어 언론의 자유를 제약했다.

• 진보당 사건과 조봉암의 죽음

조봉암
초대 내각에서 농림부 장관을 지낸 조봉암은 3대 대통령 선거에서 이승만의 강력한 라이벌로 떠올랐다.

1958년 1월 13일, 조봉암을 비롯한 진보당 간부들이 간첩죄와 국가보안법 위반 등으로 기소되었다. 그러나 1심 재판부는 조봉암에 대한 간첩죄는 말할 것도 없고 진보당의 평화통일 정책이나 국가 변란 혐의에 대해 무죄를 선고했다. 그리고 간첩 양명산에게 당원 명단을 준 사실만 유죄로 인정해 징역 5년을 선고했다.

그러나 판결 직후 반공 청년 단원들이 법원에 난입해 재판장 유병진 판사를 용공 판사로 매도하며 규탄했다. 이승만은 유병진 판사를 재임용에서 탈락시켰다. 새로 구성된 2심 재판부는 양명산이 간첩 혐의를 부인했음에도 불구하고 조봉암에게 사형을 선고했다. 대법원은 이들의 재심 청구를 기각했고, 1959년 7월 31일, 두 사람의 사형이 신속하게 집행되었다. 이 사건은 반공을 이용해 정적을 제거한 대표적인 '사법 살인' 사건이었다. 2011년 1월 20일, 대법원은 간첩죄로 사형당한 조봉암에 대한 재심에서 국가 변란과 간첩 혐의에 대해 무죄를 선고했다. 조봉암은 사형 집행 52년 만에 간첩 누명을 벗게 되었다.

이 박사는 소수가 잘 살기 위한 정치를 하였고, 나와 나의 동지들은 국민 대다수가 잘 살기 위한 민주주의 투쟁을 했소. 나에게 죄가 있다면 많은 사람이 고루 잘 살 수 있는 정치 운동을 한 것밖에 없을 것이오. 그런데 나는 이 박사와 싸우다가 졌으니 승자로부터 패자가 이렇게 죽음을 당하는 것은 흔히 있을 수 있는 일이오. 다만 죽음이 헛되지 않고 이 나라의 민주 발전에 도움이 되기를 바랄 뿐이오.

– 조봉암의 유언

• 이 사건의 진실이 52년 뒤에 밝혀지게 된 원인을 민주주의 측면에서 써 보자.

6
독재자를 몰아낸 4월 혁명

3.15 부정선거

이승만 정권은 4대 정, 부통령 선거(1960.3.15)를 앞두고 지방 관료들에게 미리 사표까지 받으며 불법 선거운동을 강요했습니다. 자유당은 4할 사전 투표, 3인조, 5인조 공개 투표 등 구체적인 부정선거 계획까지 마련했지요. 사람들은 민주당 대통령 후보 조병옥 씨가 정권 교체를 이룰 것으로 기대했지만 선거일을 한 갈 앞두고 심장마비로 사망하면서 희망은 꺾였습니다.

3.15 부정선거

3인조 또는 5인조로 편성된 유권자들이 투표장으로 가고 있다.

3.15 선거는 부통령 후보인 자유당 이기붕 후보와 민주당 장면 후보의 대결로 집중되었습니다. 자유당은 이기붕을 부통령에 당선시키려고 온갖 부정을 저질렀습니다. 대구에서는 학생들이 민주당 집회에 참여하지 못하도록 일요일에도 학교에 나오게 했습니다.(1960.2.28) 학생들은 학원을 정치도구로 만든 정권에 맞서 시위를 벌였습니다.

온갖 부정이 저질러진 가운데 3.15 선거가 진행되었습니다. 어떤 지역에서는 개표를 하니 무더기 투표, 사전 투표 등으로 자유당 표가 전체 유권자 수보다 많이 나왔지요. 이 때문에 선관위는 개표를 중단하고 이승만과 이기붕에 대한 지지율을 낮춰서 발표하는 소동까지 빚었습니다. 이날 오전 마산의 민주당은 선거 포기를 선언하고, 민중들과

3.15 부정선거 지시

비밀 지령

• 4할 사전 투표 : 투표 당일의 자연 기권표, 선거인 명부에 허위 기재한 유령 유권자표, 금전으로 매수한 기권표 등을 4할 정도 만들어, 미리 기표해 투표함에 넣을 것.

• 3인조, 5인조 공개 투표 : 자유당을 지지하는 유권자가 3인조 또는 5인조의 팀을 편성해, 조장이 조원의 기표 상황을 확인한 후 자유당 측 선거 운동원에게 제시하고 투표함에 넣을 것.

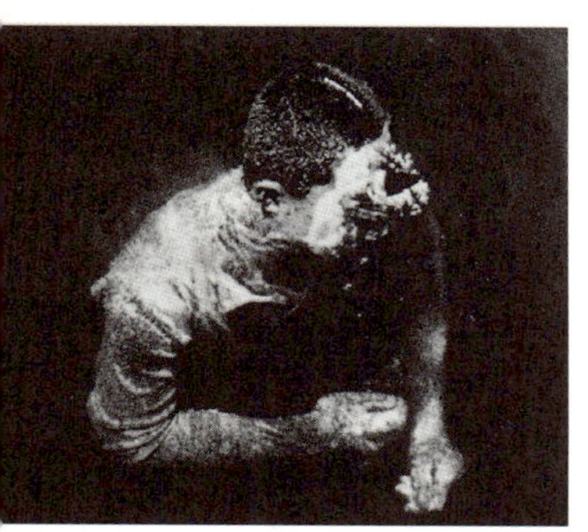

마산 앞바다에 떠오른 김주열 시신
그의 시신은 4월 혁명의 기폭제가 되었다.

대한반공청년단 고대생 피습
반공청년단이 휘두른 폭력에 학생들이 쓰러져 있다. 이 사진이 다음 날 조간신문에 보도되면서 4.19 시위가 불붙었다.(1960.4.18, 종로4가)

함께 부정선거 규탄 시위를 벌였습니다.(1960.3.15) 그러나 경찰의 강경 진압으로 7명이 사망했습니다.

4월 혁명으로 독재자를 쓰러뜨리다

부정선거에 대한 분노가 가라앉지 않은 가운데 3월 15일에 실종된 마산상고 학생 김주열의 시신이 처참한 모습으로 마산 앞바다에 떠올랐습니다.(1960.4.11) 민중들은 경찰의 만행과 부정선거를 강력히 규탄했습니다. 위기에 빠진 이승만은 정치 깡패를 동원해 평화 시위를 벌이던 고려대 학생들을 구타했습니다.(1960.4.18)

4월 19일 이 소식이 알려지자 전국에서 독재 정권의 폭력을 규탄하는 시위가 일어났습니다. 항쟁은 부정선거 반대를 넘어 이승만 퇴진 운동으로 발전했습니다. 민중들은 '역적을 몰아내자', '3.15 선거를 다시 하라' 등을 외치며 경무대(청와대)로 몰려갔습니다. 이날 경찰이 서울과 주요 도시에서 시위대에게 무차별 총격을 가해 많은 희생자가 생겼고, 계엄령이 선포되었습니다.

군대는 유혈 사태를 방지하면서 중립적인 태도를 보였습니다. 이승만은 국무위원 전원 사퇴, 이기붕 당선 취소 등의 조치로 사태를 매듭지으려 했지요.

한성여중 2학년생 진영숙 양의 편지

시간이 없는 관계로 어머님 뵙지 못하고 떠납니다. 어머님, 데모에 나간 저를 책하지 마시옵소서. 우리들이 아니면 누가 데모를 하겠습니까. 저는 아직 철없는 줄 압니다. 그러나 국가와 민족을 위하는 길이 어떻다는 것을 알고 있습니다. 어머님, 저를 사랑하시는 마음으로 무척 비통하게 생각하시겠지마는 온 겨레의 앞날과 민족의 해방을 위하여 기뻐해 주세요. (그는 총에 맞아 죽기 4시간 전에 어머니에게 이 편지를 썼다)

그러나 4월 25일, 교수들이 '쓰러진 학생의 피에 보답하라'며 시위를 벌이자 항쟁은 다시 불붙었습니다. 민중들은 물론 중학생과 초등학생까지 이승만의 퇴진을 요구했습니다. 여기에 미국마저 지지를 거두자 이승만은 대통령에서 물러났습니다.(1960.4. 26) 4월 혁명 기간에 모두 186명이 희생되었고, 부상자는 6천여 명이었지요. 4월 혁명은 민중들의 힘으로 독재 정권을 무너뜨린 민주주의의 승리였습니다. 민중들은 이를 바탕으로 민주 사회를 향한 힘찬 발걸음을 내딛었습니다.

교수 시위(1960.4.25)
'학생들의 피에 보답하라'는 서울 시내 각 대학교수들의 시위. 결정적으로 이승만의 하야를 가져왔다.

대학교수단 시국 선언문

1. 마산 서울, 기타 각지의 학생 데모는 주권을 빼앗긴 국민의 울분을 대신하여 궐기한 학생들의 순진한 정의감의 발로이며 부정과 불의에 항거하는 민족정기의 표현이다.
2. 이 데모를 공산당의 조정이나 야당의 사주로 보는 것은 고의의 왜곡이며 학생들의 정의감의 도독이다.
3. 평화적이요, 합법적인 학생 데모에 유혈 참극을 빚어낸 경찰은 '민주와 자유'를 기본으로 한 국립 경찰이 아니라 불법과 폭력으로 정권을 유지하려는 일부 정치 집단의 사병이다.
4. 누적된 부패와 부정과 횡포로써 민권을 유린한 정부와 집권당은 그 책임을 지고 속히 물러가라.
5. 3.15 선거는 불법 선거이다. 정, 부통령 선거를 다시 하라.

• 4월 혁명과 문학

4월 혁명은 문화적으로 많은 영향을 주었다. 4월 혁명을 계기로 참여문학론이 많은 문인들에게 영향을 주었고 이러한 문학 정신은 이후 독재 정권을 거치며 민족, 민중시로 발전했다. 4.19를 대표하는 문인은 무엇보다 김수영을 꼽을 수 있다. 그는 '푸른 하늘을'에서

　　푸른 하늘을 제압하는 노고지리가 자유로왔다고
　　부러워하던 어느 시인의 말은 수정되어야 한다.
　　자유를 위하여 비상하여 본 일이 있는 사람이면 알지
　　노고지리가 무엇을 보고 노래하는가를
　　어째서 자유에는 피의 냄새가 섞여 있는가를
　　혁명은 왜 고독한 것인가를

김수영은 노고지리의 암유를 통해서 자유는 수동적으로 얻어지는 것이 아니라 능동적으로 노력해서 얻어야 함을 이야기했다. 참된 자유는 압제에 저항하는 피의 냄새가 섞여 있는 혁명을 통해서 비로소 얻을 수 있다는 것이다. 이러한 김수영의 문학 정신은 신동엽에 의해 계승되었다. 신동엽은 '껍데기는 가라'에서 이렇게 노래했다.

　　껍데기는 가라 사월도 알맹이만 남고
　　껍데기는 가라…… 껍데기는 가라
　　한라에서 백두까지 향그러운 흙가슴만 남고
　　그 모든 껍데기는 가라

• 두 시를 읽고 각각 당시 사회의 어떠한 모습을 표현한 것인지 내 생각을 써 보자.

7
새로운 사회가 싹트다

과도정부와 장면 정권

이승만이 물러나자 수석 국무위원인 내무부 장관 허정이 과도정부를 이끌었습니다. 과도정부는 법과 질서를 회복하는 기본적인 활동을 벌였습니다. 민주당은 자유당과 협력해 내각책임제 개헌을 준비했지요. 학생들은 학도호국단을 해체하고 새롭게 학생회를 조직했습니다. 이들은 국산품 애용 등을 강조하는 국민 계몽운동을 벌였습니다. 조봉암의 평화통일 운동을 잇는 혁신 세력도 언론계와 정치계에서 활동을 재개했지요.

1960년 6월 15일, 내각책임제와 양원제 국회를 핵심으로 하는 헌법 개정이 이루어졌고, 7.29 총선이 실시되었습니다. 선거 결과 민주당이 자유당을 누르고 압승했지요. 혁신 세력은 사회대중당 등을 결성하고 선거에 참여했지만 좌익의 혐의를 쓰고 패배했습니다. 이처럼 반공을 이용한 정치 탄압은 여전히 건재했습니다.

바뀐 헌법에 따라 대통령에는 윤보선, 실권을 가진 국무총리에는 장면이 선출되었습니다.(1960.8.23) 그러나 장면 정권은 민중들의 개혁 요구를 수용하지 못하고 신파와 구파로 나뉘어 정치 싸움을 벌였습니다. 4월 혁명의 철저한 수행을 위해서는 이승만 정권 때 일어난 정책 오류를 극복하고 부정선거와 발포 책임자 처벌이 필요했습니다. 그러나 3선 개헌을 반대하며 모인 민주당도 친미, 반공 인사들이 모인 자유당과 크게 다르지 않았기 때문에 개혁을 완수하는 데 한계에 부딪혔습니다.

통일 운동

혁신 세력과 학생들이 남북 교류를 주장하고 있다.(1960.11)

교원노조 운동

1961년 1월 3일, 대구에서 전국 교원노조 대회가 열렸다.

2대 악법 반대 운동

장면 정권이 반공법과 데모 규제법을 만들려 하자 반대 운동이 일어났다.

열린 사회와 통일, 노동, 민주화운동의 고양

4월 혁명 뒤 혁신 세력과 학생들은 민주주의를 발전시키려면 반공을 이용한 정치 탄압을 없애야 한다고 생각했습니다. 그래서 남북 관계를 개선하는 평화통일 운동을 벌였습니다.

노동운동도 고양되었습니다. 노동자들은 무기력해진 대한노총을 견인해 노동운동의 민주화를 내건 한국노동조합총연맹(한국노련)을 결성했고, 교사들도 한국교원노동조합총연합회를 결성했습니다.

장면 정권은 미국의 힘을 빌어 경제를 안정시키려고 한미경제기술원조협정을 맺었습니다.(1961.2.8) 혁신 세력과 학생들은 한미경제기술원조협정을 제2의 을사조약이라며 강도 높게 비판했습니다. 장면 정권은 반공법과 데모 규제법을 만들어 민중 운동을 탄압하려 했지요. 민중들은 이를 2대 악법으로 규정하고 반대 운동을 벌여 무산시켰습니다. 그러나 1961년 5.16군사정변이 일어나면서 민주화와 평화통일의 길을 열었던 4월 혁명은 막을 내렸습니다.

한미경제기술원조협정

원조 업무에 관련된 미국인들의 치외법권을 인정하고, 원조 업무와 관련된 모든 물자에 대해 내국세와 관세를 면제하며, 미국이 원조를 임의로 중단할 수 있다는 내용이 포함되었다.

2대 악법

반공법 : 평화통일을 주장하는 정당 혹은 단체의 결성은 간첩 활동으로 간주해 사형에 처할 수 있다.

데모 규제법 : 공공 건물로부터 20m 이내의 집회와 시위는 물론 경찰의 허가나 지도가 없는 데모를 금지한 법률이다.

• 각계각층의 목소리와 미완의 혁명

4월 혁명 뒤 사회 구성원들은 목소리를 높이는 데 그치지 않고 스스로 문제를 해결하려고 노력했다. 학생들은 학생회를 조직했고, 노동자들은 민주적인 노동조합을 결성했다. 교사를 비롯한 사무직 노동자들도 노동조합을 조직하고, 한국전쟁 중에 희생된 피해자 가족들도 피학살자 유족회를 만들어 활동했다.

• 교원노조가 각 정당 대표에게 보내는 메시지(1960.7.3)
우리는 교원들의 경제적 사회적 지위 향상을 도도하는 동시에 학생들이 건전하게 성장할 수 있도록 교육의 자주성과 학원의 민주화를 기할 것입니다.

• 경북 지구 피학살자 위령제에서 나온 구호(1960.7.28)
무덤도 없는 원혼이여 천년을 두고 울어 주리라.
처형에 관련된 군경을 색출 처단하라.
유족에 대한 경찰의 정치적 감시를 해제하라.

• 경전(서울 전차)노동조합의 성명서(1960.8.20)
우리는 더 이상 지금과 같이 절박한 생활고를 참을 수는 없다. 우리는 5000 맹원의 강철같이 단결된 힘으로써 6개 항의 요구 조건을 회사 측에 촉구한다.

• 민족자주통일중앙협의회 강령(1961.1.15)
1. 우리는 민족 자주적이며 평화적인 국토 통일을 기한다.
2. 우리는 민족 자주 역량의 총 집결을 기한다.
3. 우리는 민족 자주의 처지에서 국제 우호의 돈독을 기한다.

• **4월 혁명 뒤 위와 같은 각계각층의 목소리가 나온 원인은 무엇인지 써 보자.**

1961
1979

07

총칼을 앞세운 독재

무력으로 정권을 잡은 군인들 · 5.16군사정변 1961

장기 집권을 꿈꾸는 박정희 · 박정희 정권 1960년대

3억 달러에 판 식민 지배의 고통 · 한일협정 1962~1965

베트남전쟁 무엇을 남겼나 · 베트남 파병 1965~1973

1인 독재를 만든 10월 유신 · 유신 체제 1972~1979

내 명령에 무조건 복종하라 · 긴급조치 1972~1979

유신의 심장을 쏘았다 · 10.26 사건 1979

무력으로 정권을 잡은 군인들

박정희와 쿠데타 세력
(1961.5.18)
만주군 출신의 박정희는 5.16군사정변으로 정권을 잡은 뒤 18년간 독재를 하였다.

혁명 공약 6개조

첫째, 반공을 국가 이념의 제일로 삼고…
둘째, 미국을 위시한 자유 우방과의 유대를 더욱 견고히 하고…
셋째, 모든 부패와 구악을 일소하고…
넷째, 경제 재건에 총력을 경주하고…
다섯째, 공산주의와 대결할 수 있는 실력 배양에 집중하고…
여섯째, 과업이 성취되면 정치인들에게 정권을 이양하고…
- 군사혁명위원회 성명(1961. 5. 16)

5.16군사정변

4월 혁명 뒤 민주화운동과 평화통일 운동이 힘을 얻자 반공 보수 세력은 위기를 느꼈습니다.

1961년 5월 16일 새벽, 만주군 출신 박정희 소장과 정치군인들이 군사 정변을 일으켰습니다. 이들은 탱크를 앞세우고 서울로 들어와 육군본부, 방송국, 정부 주요 관서 등을 장악하고, 반공, 친미, 부패 추방, 경제 재건, 군비 확장, 민정 이양 등을 내용으로 하는 이른바 '혁명 공약 6개조'를 발표했습니다.

군사 정변 세력은 사회 혼란과 정치 불안을 해소한다고 주장했지만 내부에는 진급 적체에 따른 인사 불만 등의 원인이 있었지요. 이들은 군사혁명위원회를 구성하고 정권 인수를 발표했습니다. 윤보선 대통령은 올 것이 왔다며 군사 정변을 인정했고, 수도원에 피신한 장면 총리도 미국의 지원을 얻지 못하자 내각 총사퇴를 결정했지요. 반공 보수 세력은 군부가 자신의 기득권을 지키는 데 적합하다고 보고 군사 정변을 지지했습니다. 미국도 박정희의 친미 반공 노선이 이득이 될 것으로 보고 막지 않았습니다.

5.16군사정변은 군부가 무력으로 권력을 빼앗은 쿠데타였습니다. 또한 4월 혁명의 정신인 민주주의와 평화통일을 거스르고, 독재와 남북 대결을 부른 반혁명이었습니다.

군정

군사혁명위원회는 국가재건최고회의로 이름을 바꾸고 군정을 실시했습니다. 국가재건최고회의는 입법, 사법, 행정권을 장악하고 김종필을 부장으로 하는 한국중앙정보부(KCIA)를 만들었지요. 중앙정보부는 박정희 집권 18년 동안 사회의 모든 분야를 감시하고 통제하는 권력의 총구 역할을 했습니다.

국가재건최고회의
국가재건최고회의 위원들과 군사 내각의 각료들, 앞줄 가운데 양복을 입은 사람을 제외하면 모두 군복을 입고 있다.

　군정은 민주주의를 철저히 무시하고 어떠한 비판도 용납하지 않았습니다. 2주일 동안 민주화, 통일, 노동운동을 벌이던 7만 6천여 명이 검거되고, 한 달 동안 1170 종류의 신문과 잡지가 폐간되었습니다. 1961년 7월에는 4월 혁명으로 완화된 국가보안법을 대신할 반공법을 만들었지요. 이 때문에 혁신계 신문인 민족일보 조용수 사장은 간첩 혐의를 쓰고 억울하게 사형당했습니다. 박정희는 군정 활동에 소극적인 장도영 육군참모총장을 비롯한 인물들을 숙청했습니다. 또한 국회를 해산하고 정치활동정화법을 발표해 정치인 4378명의 활동을 금지시켰습니다.

　군부는 언론인, 교수, 관리들을 끌어들여 민주공화당을 만들어 정권 연장을 준비했습니다. 중앙정보부는 공화당 창당 자금을 마련하려고 4대 의혹 사건과 삼분 폭리 사건을 일으켜 사람들의 지탄을 받았습니다. 이처럼 중앙정보부와 공화당은 박정희 정권의 장기 독재를 뒷받침하는 중요한 밑바탕이 되었습니다.

• 남산

박정희와 김종필은 간첩 침투를 막고 혁명 과업 수행을 위해 정보부를 만든다고 했다. 그러나 중앙정보부는 박정희 집권 18년 동안 수많은 정치인과 민주 인사들의 인권을 유린하며 정권 수호의 첨병이 되었다.

1970년대 들어 중앙정보부는 '남산'이라는 별칭으로 불리며 무소불위의 권력이 남용되는 장소로 악명을 떨쳤다. 1970년대 민청학련 사건과 인혁당 사건, 그리고 각종 의문사 사건의 진원지도 바로 이곳이었다. 중앙정보부는 1980년 국가안전기획부로 이름을 바꾸고 신군부인 전두환 정권과 노태우 정권을 위해 인권 탄압을 일삼았다. 1998년에 집권한 김대중 대통령은 국가정보원으로 개편하며 정치 사찰 중지를 선언했다. 그러나 이후에도 불법 도청 등의 의혹은 끊이지 않고 있다.

중앙정보부 남산 청사
1972년 세워져 고문과 인권 유린의 상징이었다. 지금은 없어지고 유스호스텔이 들어섰다.

• 남산의 고문

"온몸을 발가벗기고 눈을 가렸습니다. 발목과 무릎, 허벅지와 배, 가슴을 완전히 동여매고 그 밑에 담요를 깝니다. 머리와 가슴, 사타구니에는 전기 고문이 잘 되게 하려고 물을 뿌리고, 발에는 전원을 연결시켰습니다. 처음엔 약하고 짧게, 점차 강하고 길게, 강약을 번갈아 가며 전기 고문이 진행되는 동안 죽음의 그림자가 코앞에 다가와……. 그때마다 아우슈비츠 수용소를 연상하며 인간적인 절망에 몸서리쳤습니다." (김근태는 1983년 민청련 사건으로 안기부에 연행되었다.)

- 김근태 1차 공판 진술, 1985.12.19

• 인권의 측면에서 볼 때 중앙정보부를 비롯한 정보기관의 문제점은 무엇인지 내 생각을 써 보자.

2
장기 집권을 꿈꾸는 박정희

군복을 양복으로 갈아입은 독재자

1962년 12월, 군사정권이 내놓은 대통령중심제 헌법 개정안이 통과되자 긴정 이양에 대한 기대감이 높아졌습니다. 박정희는 군정을 연장하려 했으나 정치인들의 반대와 미국의 압력에 부딪혀 철회했습니다. 그는 민정 이양 뒤 군에 복귀하겠다는 약속을 어기고 공화당 후보로 대통령에 출마했습니다.

5대 대선에서 박정희는 윤보선을 15만 표의 근소한 차이로 제치고 대통령에 당선되었습니다.(1963.10.15) 선거 자금과 조직의 열세, 부정선거에도 불구하고 윤보선 후보가 선전한 이유는 사람들이 군정을 불신했기 때문이지요. 그러나 6대 총선(1963.11)에서는 야당 분열로 공화당이 압승했습니다. 이때 자유당 출신 정치인들이 공화당으로 당선되었습니다.

제3공화국(1963.12.17)이 출범하며 등장한 박정희 정권은 독재를 위해 민주주의를 짓밟고, 정권 유지를 위해 북한과의 체제 경쟁을 이용했습니다. 1차 경제개발(1962~1966) 기간 동안 한국 경제는 외자 도입과 경공업 제품 수출로 연평균 8.5%가 성장했습니다. 그러나 외자 도입은 일제에게 수탈당한 민중들의 고통과 베트남에서 희생된 젊은이들의 피의 대가로 얻어진 것이었지요. 또한 값싼 수출품을 만들려고 실시한 저임금 저곡가 정책으로 노동자와 농민의 삶은 어려워졌습니다.

군정 연장 반대 시위
야당과 재야 정치인들 중심으로 군정 연장 반대 데모가 일제히 벌어졌다.

3선 개헌과 장기 집권

막걸리 선거
1967년 국회의원 선거는 3선 개헌을 앞둔 공화당의 선거 부정이 유난히 심했다. 공화당원들이 유권자들에게 막걸리를 나눠 주고 있다.

박정희는 6대 대선(1967.5.11)에서 경제개발 성과를 선전하며 신민당 후보 윤보선을 눌렀습니다. 한 달 뒤 7대 총선(1967.6.8)에서 공화당은 국회의원 재적 수 2/3를 웃도는 의석을 확보했지요. 그러나 곳곳에서 부정선거가 행해져 막걸리 선거, 돈 선거라는 비난이 쏟아졌습니다.

1969년, 박정희 정권은 경제성장의 지속을 내세우며 세 번까지 대통령을 할 수 있다는 3선 개헌을 추진했습니다. 야당 의원들은 철야 농성을 벌였고, 학생들은 3선 개헌 반대 운동을 벌였지요. 그러나 공화당은 새벽을 틈타 개헌안을 통과시키고. 장기 독재의 발판을 마련했습니다.

7대 대선(1971.4.27)에서 박정희는 김대중에 대한 지지를 호남에 묶어 두려고 지역감정을 퍼뜨려 승리했습니다. 지역감정은 유권자들의 이성적인 정치의식을 마비시켜 정치 발전을 가로막았습니다. 8대 총선(1971.5.25)에서는 야당인 신민당의 성장이 두드러졌지요. 이는 박정희 정권의 경제성장 구호가 빈부 격차로 민심을 잃었기 때문입니다. 위기를 느낀 박정희는 종신 집권을 위한 독재를 계획했습니다.

• 7대 대선과 지역감정

7대 대선에서 가장 관심을 끈 것은 서울 장충단공원에서 벌어진 두 후보의 유세전이었다. 박정희 후보는 "다시는 국민에게 표를 찍어 달라고 나서지 않겠다."고 선언하고 공산주의, 가난과 빈곤, 부정부패의 3대 추방을 공약으로 내세웠다.

김대중 후보는 빈부 격차와 지역 불균형을 가져온 성장 위주의 경제개발을 비판하고 한반도의 평화를 위해 남북 교류와 미, 일, 중, 소 4대국 안전보장을 주장했다. 또한 "이번에 정권 교체를 이루지 못하면 박정희 후보가 종신 대통령을 위해 총통제를 실시할 것."이라고 간언했다.

그러나 사람들은 공약에 대한 판단보다는 자기 고향 출신을 찍는 행태를 보였다. 결과적으로 박정희 후보 진영이 퍼뜨린 지역감정 때문에 김대중은 호남과 수도권에서만 승리했고, 나머지 지역에서는 박정희 후보에게 패배했다.

• 7대 대선에서 지역감정이 반영된 말들
— 문둥이가 문둥이 안 찍으면 어쩔끼고.
— 때는 왔다. 전라도 사람은 뭉쳐라. (투표일 전 부산에 나돈 벽보)
— 야당 후보가 이번 선거를 백제와 신라의 싸움이라고 해서 전라도 사람들이 똘똘 뭉쳤으니 우리도 똘똘 뭉치자. 그러면 124만 표 이긴다. (당시 유권자 영남 460만여 명, 전라도가 301만여 명)
— 호남 사람이 받은 푸대접은 1200년 전부터이다. 서울 가면 구두닦이나 식모 모두 전라도 사람이며, 남산에서 던져 차가 맞으면 경상도요, 사람이 맞으면 전라도다.

• **지역감정이 민주주의 발전에 미친 문제점을 토론해 보고 내 생각을 써 보자.**

3
3억 달러에 판 식민 지배의 고통

김종필 오히라 비밀 회동

1962년 11월 12일 두 사람은 비밀 메모를 교환하여 한국 정부는 청구권을 요구하지 않고 일본 정부는 독립 축하금 명목으로 자금을 주기로 했다.

김종필 오히라 각서

A. 무상 원조에 대해 한국은 3억 5천만 달러, 일본은 2억 5천만 달러를 주장한 바 3억 달러를 10년에 걸쳐 공여하는 조건으로 양측 수뇌에게 건의함.

B. 유상 원조(해외경제협력기금)에 대해 한국은 2억 5천만 달러, 일본은 1억 달러를 주장한 바 2억 달러를 10년간에 걸쳐 제공하기로 양측 수뇌에게 건의함. (하략)

김종필, 오히라 비밀 합의

한일회담은 이승만 정권 때부터 진행되었습니다. 그러나 일본이 불법 식민 지배로 발생한 피해에 대해 한국의 대일 청구권을 인정하지 않아 결렬되었습니다.

박정희는 5.16군사정변의 정당성을 확보하려고 경제개발을 서둘렀지요. 그는 경제개발에 필요한 자금을 마련하려고 한일 국교 정상화를 비밀리에 추진했습니다. 여기에는 동아시아에서 한국, 미국, 일본의 삼각동맹을 구축하려는 미국의 외교정책이 맞물렸습니다. 미국은 한일 경제 교류가 활성화되어 한국 경제가 성장하면 미국의 방위비 지출을 줄일 수 있다고 보았지요. 때문에 라이샤워 주일 미국 대사는 박정희 의장과 이케다 총리의 회담을 주선했습니다.

1962년 11월, 김종필 중앙정보부장은 한일 국교 정상화의 대가로 일본이 무상 공여 3억 달러, 차관 2억 달러, 상업 차관 1억 달러를 제공한다는 비밀 메모를 오히라 일본 외무 장관과 교환했지요. 그러나 이 합의는 일본의 불법적인 식민 지배에 대해 한국이 모든 청구권을 포기하는 대가로 얻은 것이었습니다. 그리고 청구권 대신 '독립 축하금'이라는 이름으로 35년 식민 통치에 따른 모든 보상 문제를 마무리하는 굴욕적인 내용이었습니다.

6.3 시위와 한일협정

1964년 봄이 되자 박정희 정권은 한일협정 타결을 밀어붙였습니다. 그러나 사람들은 일제 식민 통치에 대한 사과와 배상이 없는 한일회담을 반대했습니다.

1964년 3월 말부터 서울 시내 각 대학에서 한일회담 반대 시위가 일어나 전국으로 확산되었지요. 6월 3일에는 대학생 시위대가 광화문까지 나가 정권 퇴진을 요구하자, 박정희 정권은 비상계엄을 선포하고 1200명을 체포했습니다.

1965년 6월 22일, 마침내 박정희 정권은 굴욕 외교를 반대하는 목소리를 누르고 한일 기본 조약과 부수 협정들을 조인했습니다. 한일협정의 국회 비준을 반대하는 시위도 위수령으로 진압하고 공화당 의원들만 참석해 통과시켰지요. 한일 국교 정상화는 일제 식민 지배를 청산하고 새로운 관계를 정립하는 것이었습니다. 이를 위해 과거 역사에 대한 청산은 꼭 필요했지요. 그러나 한일협정은 일본의 식민 지배에 대한 배상은 물론 사과 한마디 없이 체결되었습니다.

이 때문에 지금도 일본의 극우 인사들은 침략 행위를 미화하는 망언을 일삼고 있습니다. 아직도 풀리지 않은 일본군 위안부 문제와 독도 영유권 분쟁 역시 한일협정이 본래의 취지에서 얼마나 벗어났는지 보여 주고 있습니다.

박정희 정권은 일제 식민 지배의 피해자들이 받아야 할 보상금을 경제개발 자금으로 사용했습니다. 이 때문에 일본이 저지른 범죄의 피해를 입은 민중들의 고통은 오늘날까지 이어지고 있습니다.

청구권 문제의 해결

한국 정부는 일제강점기 강제 동원 피해자 103만여 명에 대해 총 3억 6400만 달러의 피해 보상을 요구했다. 일본은 한국인 희생자에게 직접 보상하겠다고 했지만 한국은 국가가 보상금을 받아 지불하는 방식을 요구했다. 박정희 정권은 한일협정으로 받은 5억 달러의 자금을 포항제철과 경부고속도로 건설 등에 투자했다. 박정희 정권이 피해자들에게 지급한 보상금은 25억 원가량이 전부였다.

한일협정의 문제점

한일협정의 가장 뼈아픈 결함은 '한일합방'이 원천 무효임을 명시하지 못해 일본이 식민 통치를 합법화할 수 있는 빌미를 준 점이다. 한일 기본 조약 제 2조에 담긴 '이미 무효'라는 조항은 일본이 한일합방과 식민 지배에 대한 사과와 배상을 할 필요가 없게 해 주었다. 식민 통치에 대한 사과조차 받지 못한 채 한일협정을 체결한 것은 바로 한일합방 자체가 불법이었음을 관철시키지 못한 결과였다. 박정희 정권은 대신 3조에서 대한민국 정부가 한반도에서 유일한 정부임을 확인 받았는데, 이는 한일 국교 정상화의 의제와는 동떨어진 것이었다. 한일협정은 일본군 위안부 문제와 원폭 피해자 문제는 다루지도 않았다. 여기에 독도 영유권 문제, 강제 이주한 사할린 동포 문제, 문화재 반환 문제, 재일교포 법적 지위 문제 등 오늘날까지 한일 과거사로 제기되는 문제들을 풀지 못했다.

• 한일 기본 조약(1965.6.22)

제1조 : 양 체약 당사국 간에 외교 및 영사 관계를 수립한다.

제2조 : 1910년 8월 22일 및 그 이전에 대한제국과 일본제국 간에 체결된 모든 조약 및 협정이 이미 무효임을 확인한다.

제3조 : 대한민국 정부가 국제연합 총합의 결의 제 195(III)호에 명시된 바와 같이 한반도에 있어서의 유일한 합법 정부임을 확인한다.

대한민국 : 이동원, 김동조

일 본 : 椎名悅三郎(시이나), 高杉晋一(다카스키)

이외의 4개의 부속 협정으로 재일교포의 법적 지위와 대우에 관한 협정, 한일 어업 협정, 한일 재산 및 청구권 해결과 경제협력에 관한 협정, 한일 문화재 및 문화 협력에 관한 협정 등이 있다.

• 한일협정의 문제점을 해결하려면 어떠한 노력이 필요한지 토론해 보고 내 생각을 써 보자.

4
베트남전쟁 무엇을 남겼나

베트남 파병

베트남전쟁은 미국이 2차 세계대전 뒤 프랑스에게 독립한 베트남을 지배하려는 침략 전쟁이었습니다. 미국의 베트남 침략에 대해 세계적인 반전시위가 일어났고 우방인 영국조차도 파병을 거부했습니다.

한국의 베트남 참전은 비전투병인 의무 부대와 공병 부대의 파병으로 시작되었지요. 그러나 미국의 요청으로 박정희 정권이 전투병 파병 동의안을 국회에 제출하면서 반대 여론이 높아졌습니다. 정부는 한국전쟁 때 도움을 받은 우리가 미국을 도와야 한다고 했지만 야당은 한반도 안보와 병사들의 희생을 우려해 반대했습니다. 결국 공화당 단독으로 파병을 결정(1965.8.13)해 2만 명 규모의 육군 맹호 부대와 해병 청룡 부대가 파병되었습니다.

1966년 3월, 주한 미국 대사 브라운은 추가 파병 조건으로 한국군 장비 현대화와 기술과 차관을 제공하겠다는 각서를 발표했지요. 이는 미국 안의 반전시위로 미군 동원이 힘들자 전력 보강을 위해 내려진 조치였습니다.

야당은 반대했지만 이번에도 공화당의 독주를 막지 못했습니다. 브라운 각서를 조건으로 2만 명 규모의 백마 부대가 추가 파병되었습니다. 이로써 한국군은 매년 약 4만에서 5만 명이 베트남에 상주하였고, 1973년 철수할 때까지 40여 만 명이 전쟁을 겪었습니다.

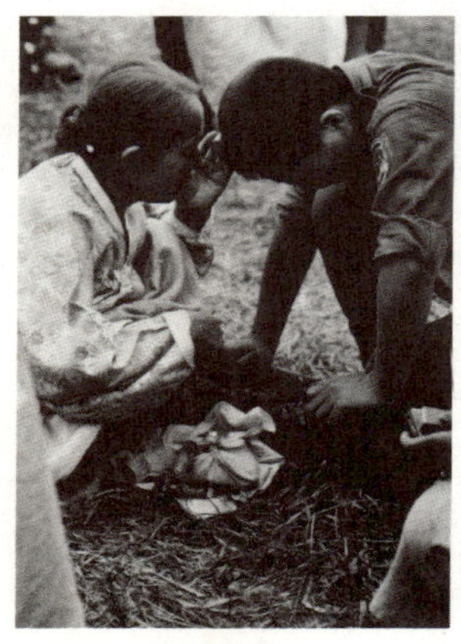

파병 용사와 어머니

브라운 각서

군사원조 : 한국군의 현대화 계획을 위해 수년 동안에 상당량의 장비를 제공한다. 월남에 파견되는 증파 병력에 필요한 장비와 추가 경비를 부담한다.
경제원조 : 주월 한국군에 소요되는 보급 물자, 용역 및 장비를 가능한 한국에서 구매한다. …… 한국에 대한 기술원조를 강화한다.

한국군 희생과 베트남 특수

한국군은 베트남전쟁에서 큰 전과를 올렸다고 내세웁니다. 그러나 한국군의 희생 또한 커서 5천여 명이 전사하고 많은 부상자가 생겼습니다.

베트남전쟁 동안 이른바 베트남 특수 현상이 있었지요. 대규모 전투 병력과 노동자, 기술자들이 베트남에 파견되어 파월 장병과 파월 기술자 송금, 군납 등으로 약 10억 달러의 외화를 획득했습니다.

이는 경제개발에 필요한 외자를 충당해 경제성장을 달성하는 데 도움이 되었지요. 그러나 참전하지 않고도 백억 달러를 번 일본과 소수 병력만 보내고 17억 달러를 벌어들인 대만에 견주어, 한국군 파병에 따른 경제적 이익이 큰 것인지 되돌아볼 필요가 있습니다.

베트남 파병은 UN 등 국제기구의 결정이 아닌 미국의 요청에 따른 파병이었습니다. 대부분의 나라는 파병을 거부했고 참전한 나라도 비전투 병력을 파병했지요. 이 때문에 4만 명이 넘는 전투병 파병은 공산국가뿐만이 아니라 다수의 서방국가들에게도 비난을 받았습니다. 미군 봉급의 3분의 1을 받는다고 해서 미국의 용병이라는 말까지 들었지요. 한국군은 전쟁 중에 적지 않은 민간인들을 희생시켰습니다. 또한 많은 참전 군인들이 고엽제와 전쟁 후유증으로 고통 받고 있으며 라이따이한 문제 등의 부작용을 남겼습니다.

전쟁의 공포

1972년 6월 8일, 미군 전투기가 베트남 사이공 근교 마을에 네이팜탄을 투하했다. 등과 목덜미, 왼팔에 3도 화상을 입은 9세 소녀의 이름은 판티 킴 푹이었다. 소녀는 17번에 걸친 피부 이식 수술 끝에 목숨을 건졌다.

고엽제

고엽제는 정글에 은신한 게릴라를 공격하려고 만든 수풀 제거용 약품으로 인간에게도 심각한 피해를 입혔다. 수많은 베트남 참전 군인들이 호흡 장애, 배우자의 기형아 출산 등 고엽제 후유증에 시달리고 있다.

라이따이한

라이따이한은 베트남 참전 장병이나 노동자들이 남긴 현지인 2세를 가리킨다.
'라이'란 베트남 말로 혼혈을 '따이한'은 한국을 뜻한다. 베트남 통일 후 라이따이한에게 돌아온 것은 가난과 사회적 냉대뿐이었다.

• 베트남전쟁과 한국군 파병

베트남전쟁은 베트남 공화국(남베트남)과 베트남 민주공화국(북베트남) 간의 내전에 미국이 개입하면서 확대되었다. 미국의 지원을 받은 남베트남 고딘디엠 정권은 제네바협정에 따라 1956년 예정된 남북 통일 선거를 실시하지 않고 독재정치를 펼쳤다. 고딘디엠 정권의 독재에 반대하는 세력은 남베트남민족해방전선을 결성해 게릴라 전술로 정부군을 공격했다. 미국의 존슨 대통령은 통킹만에 있던 미 구축함 매독스호가 북베트남의 공격을 받았다고 발표하고(1964.8.4) 베트남전쟁에 개입했다. 미국은 최고 54만의 미군을 투입하며 총력을 다했으나 승리하지 못했다. 1972년 미국 언론은 국방성 비밀문서를 인용해 통킹만 사건은 미군이 북베트남을 먼저 공격해서 생긴 것이라고 밝혔다. 반전운동과 달러 위기에 부딪친 미국은 종전을 서둘렀고, 1973년 1월 27일 정전협정이 조인되고 미군은 철수했다. 1975년 4월 30일, 남베트남 임시 혁명 정부가 사이공을 점령해 베트남을 통일하면서 전쟁은 끝났다.

• 베트남 파병에 대한 평가

파병은 잘한 일이다 : 정치적으로 사상 처음 해외에 군대를 보내 한국전쟁 때 미국에 진 빚을 갚은 점과 아시아 집단 안보에 동참한 점. 경제적으로 베트남 특수를 통해 고용 증대와 경제성장을 이루고 2차 경제개발계획을 초과 달성한 점. 군사적으로 국군 현대화와 전력 증강을 한 점이다.

파병은 잘못한 일이다 : 파병으로 한국 젊은이 5천여 명이 희생되었다. 또한 국제사회가 침략 전쟁으로 규정한 베트남전쟁에 대규모 전투병을 파견해서 국제적으로 고립되었다. 베트남 민간인 희생, 참전 군인들의 전쟁 후유증과 고엽제로 받은 고통, 라이따이한 문제 등도 생겼다.

• 한국군의 베트남 참전에 대해 토론해 보고 내 생각을 써 보자.

5
1인 독재를 만든 10월 유신

박정희 정권의 위기와 유신 선포

1969년 미국 대통령 닉슨은 냉전을 끝내고 동서 화해를 선언한 닉슨독트린을 발표했습니다. 미국은 베트남에서 철수하고 중국과 수교했으며 주한 미군 2만 명을 철수시켰지요. 박정희 정권은 김대중의 거센 도전과 경제 위기로 불안감이 커졌습니다. 박정희는 더 이상 반공을 내세우기 어렵게 되자 남북 관계를 이용해 지지를 회복하려 했지요. 1972년 7월 4일, 자주, 평화, 민족 대단결의 통일 원칙에 합의한 7.4 남북공동성명을 채택했습니다. 7.4 남북공동성명으로 박정희 정권의 인기는 올라갔지만, 남북 관계는 개선되지 않았습니다. 남북 관계를 이용해 위기를 극복한 박정희는 '10월 유신'을 발표했습니다.(1972.10.17)

계엄령과 유신 선포
(1972.10.17)
박정희는 나라 안팎이 어렵다며 계엄령을 선포하고 10월 유신을 발표하였다.

대통령 특별 선언, 10월 유신

1. 1972년 10월 17일 19시를 기해 국회를 해산하고, 정당 및 정치 활동을 금지하는 등 현행 헌법 일부 조항의 효력을 정지시킨다.
2. 일부 효력이 정지된 헌법 조항의 기능은 비상 국무회의에 의해 수행되며, 비상 국무회의의 기능은 현행 헌법의 국무회의가 수행한다.
3. 비상 국무회의는 1972년 10월 27일 조국의 평화통일을 지향하는 헌법 개정안을 공고하며, 이를 공고한 날로부터 1개월 이내에 국민투표에 붙여 확정시킨다.

– 1972.10.17. 대통령 박정희

1인 독재 유신 체제

유신의 의미는 낡은 제도나 체제를 개혁하는 것이지만, 10월 유신은 민주주의를 1인 독재로 바꾸는 것이었습니다. 박정희는 10월 유신이 '한국적 민주주의'와 평화통일을 위해 불가피한 조치라고 선전했습니다. 그가 주장한 한국적 민주주의는 한국은 서구식 민주주의가 어렵기 때문에 독재가 필요하다는 궤변에 지나지 않았습니다.

박정희는 국회를 해산하고 밀실에서 준비한 유신헌법안을 내놓았습니다. 이에 따르면 간접선거로 뽑는 임기 6년의 대통령이 국회 해산권과 긴급조치권을 가지며, 국회의원 3분의 1을 임명할 수 있었습니다. 유신 체제는 민주주의국가의 기본 원칙인 삼권분립이나 대의제조차도 철저히 부정한 독재 체제였지요. 박정희는 유신 체제의 정당성을 안보 강화와 산업화에 두었는데 이는 반공 보수 세력과 자본가의 이해를 대변한 것이었습니다.

유신헌법은 비상계엄 아래서 국민투표에 부쳐졌습니다.(1972.11.21) 계도 요원들이 유신헌법에 찬성할 것을 일방적으로 선전하는 가운데 91.5%의 찬성으로 통과되었습니다. 한 달 뒤에는 대통령 간접선거 기구인 통일주체국민회의가 박정희 후보를 압도적인 지지로 8대 대통령에 선출했지요.(1972.12.23) 이는 6년 뒤인 9대 대통령 선거에서도 마찬가지였습니다.

유신 포스터
경제성장을 위해서 유신헌법이 필요하다는 내용이다.

• 유신헌법

유신헌법은 대통령 임기를 4년에서 6년으로 연장하고 중임 제한 규정을 없애 영구 집권을 가능하게 했다. 대통령도 친여권 인물로 이루어진 통일주체국민회의에서 간접선거로 뽑았다. 또한 대통령은 국회의원 1/3에 해당하는 유신 정우회 의원을 추천했는데 이는 사실상 임명이었다.

국회의원 선거제도가 1개 선거구에서 2인을 뽑는 중선거구제로 바뀌면서 공화당은 민심을 잃은 지역에서도 2등으로 당선될 수 있었다. 박정희는 유신 정우회 의원과 공화당 의원을 합쳐 재적 의원 2/3에 이르는 국회의원을 거느렸다. 또한 대통령은 국회를 해산할 수 있었다.

유신헌법 53조에 규정된 긴급조치권은 단순한 행정명령 하나만으로 국민의 자유와 권리에 대해 무제한의 제약을 가할 수 있었다. 긴급조치권은 반유신 세력에 대한 탄압 도구로 악용되었다. 또한 유신 시대에는 구속적부심 제도의 폐지, 노동삼권 제약, 고문에 의한 자백의 처벌 불가 조항이 삭제되어 많은 사람들의 인권이 유린당했다.

• 유신헌법 (일부)

제39조 : 대통령은 통일주체국민회의에서 토론 없이 무기명 투표로 선거한다.

제40조 : 통일주체국민회의는 국회의원 정수의 1/3에 해당하는 수의 국회의원을 선거한다.

제53조 : 대통령은 천재지변 또는 중대한 재정 경제상의 위기에 처하거나, 국가의 안전보장 또는 공공의 안녕 질서가 중대한 위협을 받거나 받을 우려가 있어 신속한 조치를 할 필요가 있다고 판단할 때에는 내정, 외교, 국방, 경제, 재정, 사법 등 국정 전반에 걸쳐 필요한 긴급조치를 할 수 있다.

제59조 : 대통령은 국회를 해산할 수 있다.

• 위의 유신헌법의 각 조항이 민주주의의 어떤 내용에 위배되는지 써 보자.

6
내 명령에 무조건 복종하라

유신 반대 운동

유신이 선포되자 세상은 암흑으로 변했고 사회는 민주와 반민주의 대결 구도가 자리 잡았습니다. 정치인, 지식인, 종교인, 교수, 문인, 법조인, 언론인, 여성계로 이루어진 재야 세력과 학생들은 유신 반대 운동에 나섰습니다.

유신 반대 목소리가 처음 터져 나온 곳은 도쿄였습니다. 1972년 10월 18일, 신병을 치료하러 일본에 갔던 김대중은 도쿄에서 유신을 비판하는 성명서를 발표했습니다. 그는 일본과 미국을 오가며 유신 반대 운동을 벌이다 중앙정보부에 납치되어 죽을 고비에 처했지만 미국의 도움으로 겨우 목숨을 건졌습니다.

국내에서는 1년 만에 학생들에 의해 유신 반대의 목소리가 터져 나왔습니다. 서울대 문리대생의 시위(1973.10.2)를 시작으로 12월 초까지 전국의 모든 대학으로 시위가 확산되었습니다. 한국언론기자협회도 언론 자유 수호를 결의했고 숨 죽여 있던 재야도 움직이기 시작했습니다. 윤보선, 김수환 등 재야인사 11명은 선거에 의한 평화적 정권 고체의 보장을 결의했지요. 마침내 함석헌, 장준하를 비롯한 각계 인사 30여 명은 YMCA에서 개헌청원운동본부를 발족하고 '백만 인 서명 운동'에 돌입했습니다.(1973.12.24) 서명 운동은 열흘 만에 30만 명이 서명할 만큼 호응이 높았습니다.

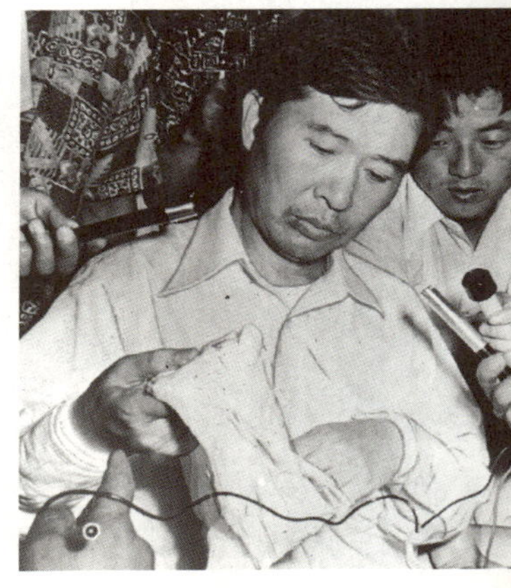

김대중 납치 사건

김대중은 1973년 8월 8일, 일본 도쿄에서 중앙정보부원들에게 납치되었다가 13일 밤 자택으로 돌아왔다.

백만 인 서명 운동 취지문

오늘의 모든 사태는 궁극적으로 민주주의를 완전히 회복하는 문제로 귀착된다. 경제의 파탄, 민심의 혼란, 남북 긴장의 재현이라는 상황 속에서 학원과 교회, 언론계와 가두에서 울부짖는 자유화의 요구 등 이 모든 것을 종합하면 오늘의 헌법하에서는 살 수가 없다는 것으로 요약된다.

긴급조치 9호(위)

긴급조치의 집대성인 9호의 선포를
보도한 신문.

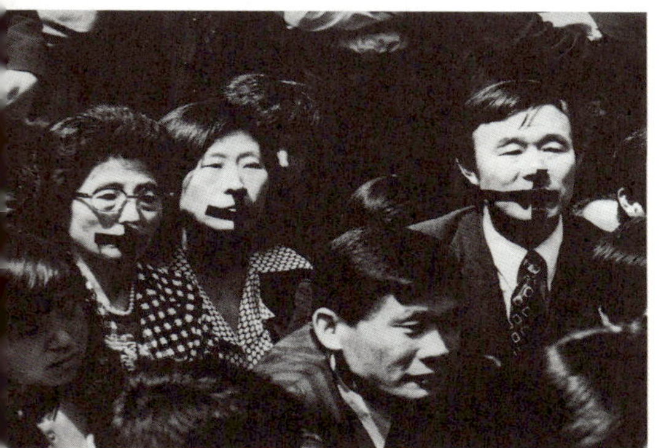

**민주구국선언문 관련 구속자
가족 시위** (1976년)(아래)

민주구국선언문에 서명한 재야인사
들이 구속되자 가족들이 항의 시위
를 벌이고 있다.

긴급조치와 민주화운동

개헌 서명 운동에 놀란 박정희는 유신헌법에 반대하는
행위를 금지하는 긴급조치 1호를 선포해(1974.1.8) 장준
하를 비롯한 재야인사들을 구속했습니다. 학생들은 전
국민주청년학생운동연합(민청학련)을 결성하고 민주화
운동을 벌였습니다. 그러자 박정희 정권은 긴급조치 4
호(1974.4.3)를 선포하고, 인민혁명당이 민청학련을 조종
해 국가를 전복하려 했다며 인혁당 사건 구속자 8명을
사형시켰습니다.

박정희 정권은 1975년 2월 12일, 유신헌법에 대한 비
판을 잠재우려고 찬반 국민투표를 실시했습니다. 결과
는 투표율 79.8%에 찬성률 73.1%로 가결되었습니다.
이는 강압적인 분위기 속에서 경제성장을 위해 독재가
필요하다는 논리를 일방적으로 강요한 결과였습니다.

1975년 4월 11일, 김상진 학생이 양심선언문을 낭독
하고 유신 체제에 자결로 항의하자 민주화운동이 고개를 들었습니다.
박정희 정권은 유신에 반대하는 모든 행위의 처벌이 가능한 긴급조
치 9호(1975.5.13)를 선포해 유신 체제의 방패로 삼았습니다. 엄혹한 탄
압 속에서도 재야인사들은 민주구국선언문(1976.3.1)과 민주구국헌장
(1977.3)으로 맞서며 민주주의의 불씨를 살려 나갔습니다.

• 인민혁명당 사건, 드러나는 진실

1974년 4월, 중앙정보부는 "도예종 씨 등 23명이 인민혁명당(인혁당) 재건 위원회를 결성, 북한의 지령을 받아 민청학련을 배후 조종하여 정부를 전복하고 공산주의 국가를 건설하려 했다."고 발표했다. 피의자들은 군사 법정에서 이 사건이 중앙정보부의 고문에 의한 조작이라고 주장했지만 8명이 사형을 선고받고, 15명은 무기징역 등 중형을 받았다. 그리고 1975년 4월 8일, 대법원도 피의자들의 상고를 기각하고 사형을 선고했다. 국제법학자협회는 이날을 '사법 사상 암흑의 날'로 선포했다. 또한 선고 후 20여 시간 만인 4월 9일, 사형이 집행되자 국내외에서 '사법 살인'이라는 비난을 받았다.

사건의 진실은 27년 만에 드러나기 시작했다. 2002년 의문사진상규명위원회는 이 사건이 중앙정보부의 주장을 입증할 만한 증거는 없으며 혐의는 모두 조작이라고 밝혔다.(2002.9) 또한 중앙정보부가 파견한 경찰관이 구타, 몽둥이 찜질, 물고문, 전기 고문 등을 했다고 밝혔다. 묻혀진 진실들이 드러나면서 '인혁당 진상 규명 및 명예 회복을 위한 대책위원회'는 2002년 12월 10일, 사형수 8인에 대한 재심을 청구하였고 3년이 지난 2005년 12월 27일에야 재심 결정이 내려졌다.

2007년 1월 23일, 사형 집행 32년 만에 재심 재판부가 "무죄"를 선고하자 법정은 울음바다가 되었다. 유족들은 "억울해.", "사필귀정 한마디로 정리하기엔 너무 서럽다."며 흐느꼈다. 숨진 김용원 씨의 부인 유승옥 씨(69)는 "학교(경기여고)로 출근하겠다며 나가던 남편의 뒷모습이 마지막이었다. 가슴속에 든 억울함이, 이 한이 어떻게 풀리겠느냐……."며 말을 잇지 못했다.

• 인혁당 사건이 인권을 어떻게 침해했는지 토론해 보고 자신의 생각을 써 보자.

7
유신의 심장을 쏘았다

YH무역 노동자들의 시위

YH무역 노동자들은 회사 측의 강제 폐업에 항의하기 위해 신민당사에서 시위를 벌였다.

YH무역 노동자의 호소문
(1979.8.10)

"……회장인 장용호 씨가 미국으로 건너가 15억 원이라는 어마어마한 돈을 외화 도피시킴으로써 일어난 문제를 어찌 불황이라고 하겠습니까? 저희 근로자들이 신민당에 올 수밖에 없었던 것은 회사, 노동청, 은행이 모두 문제를 해결할 수 없다기에 오갈 데 없었기 때문입니다."

유신 체제의 위기

1978년 9대 대선에서 박정희는 통일주체국민회의를 통해 5선 대통령에 당선되었지만, 사람들은 체육관 선거라며 손가락질했습니다. 유신 체제를 지탱해 온 경제성장도 세계경제 위기로 흔들리기 시작했지요. 1979년 세계경제는 2차 석유파동으로 물가가 상승하고 실업이 증가하는 스태그플레이션에 빠졌습니다. 수출에 매달려 온 한국 경제는 위기에 빠졌고 사람들은 정권에 대한 불만을 터뜨렸습니다.

10대 국회의원 선거(1978.12.12)에서는 야당인 신민당이 여당인 공화당보다 득표율에서 1.1% 앞섰습니다. 신민당은 여세를 몰아 '선명 야당'과 '민주 회복'을 내건 김영삼을 총재로 선출했지요. 재야인사들도 '민주주의와 민족 통일을 위한 국민 연합'을 만들고 유신 반대 운동을 벌였습니다.

유신 체제 몰락의 도화선은 경제성장의 희생양이던 여성 노동자들이 댕겼습니다. 1979년 8월, YH무역 노동자 172명은 생존권 보장을 위해 신민당사에서 농성을 벌였지요. 그런데 박정희 정권이 경찰을 동원해 이들을 강제해산시키는 과정에서 여성 노동자 김경숙이 사망했습니다. 이 사건은 신민당과 민주화운동 세력 그리고 노동자들이 손을 잡고 유신 반대 운동에 나서는 계기가 되었습니다.

부마항쟁과 독재 정권의 자중지란

YH 투쟁을 계기로 민주화 요구가 거세지자 전국의 여러 대학에서 시위가 이어졌습니다. 이러한 가운데 공화당과 유신정우회 의원들은 김영삼 총재가 뉴욕타임스와의 인터뷰에서 "미국이 박 대통령을 제어해 줄 것."을 요구한 발언이 사대적이라며 김영삼 총재를 제명시켰습니다.(1979.10.4) 신민당 의원 66명은 이에 항의해 전원 사퇴했지요.

이 사건 뒤 김영삼 총재의 지지 기반이던 경남 지역 민심은 들끓었습니다. 1979년 10월 16일과 17일 부산대생과 민중들은 유신 철폐, 야당 탄압 중지를 내걸고 격렬한 가두시위를 벌였습니다. 박정희 정권은 부산에 계엄령을 선포하고, 공수부대를 투입해 진압했습니다.

10월 18일, 시위는 마산으로 번졌습니다. 민중들은 공화당사, 파출소, 방송국을 공격하는 등 격렬한 시위를 벌였습니다. 10월 20일 박정희 정권은 마산과 창원에 위수령을 선포해 다시 한 번 무력으로 진압했습니다.

부마항쟁 뒤 민주화운동을 강경 진압하자는 경호실장 차지철과 온건하게 대응하자는 중앙정보부장 김재규의 갈등이 깊어졌습니다. 이러한 가운데 1979년 10월 26일, 중앙정보부장 김재규가 박정희와 차지철을 암살한 10.26 사건이 일어났지요. 유신 정권은 자중지란으로 무너졌지만, 민주화운동의 힘으로 이룬 것이 아니었기 때문에 유신 체제 청산은 어려움에 부딪혔습니다.

부산, 마산 항쟁
민중들의 민주화 열망은 부산과 마산에서 터져 나왔다.

10.26 사건의 현장
김재규 중앙정보부장이 박정희 대통령을 쏜 장면을 재연하고 있다. 총을 맞은 박 대통령(대역)이 왼쪽으로 쓰러지고 있다.

• 박정희 어떻게 볼 것인가

박정희 대통령만큼 상반된 평가를 받는 인물도 드물다. 먼저 그를 뛰어난 지도자로 보는 입장이다.

1961년 5월 16일 새벽, 헌병대의 총탄이 날아오는 한강 인도교를 건널 때 그는 이미 자기 운명의 찻잔을 마지막 한 숟가락까지 다 재고 있었다. 그는 전 국민의 반대를 무릅쓰고 경부고속도로를 놓았고, 전 세계의 반대를 무릅쓰고 포항제철을 세웠다. 유도탄을 개발하고 자주 국방을 주장할 때는 미국이 격분했고, 막대한 초기 투자가 필요한 중화학공업 육성으로 불황이 찾아왔을 때는 모두가 그의 죽음을 원했다. 그는 처절한 고독 속에서도 단 한 푼 개인적인 치부를 하지 않았고 자식과 친인척들에게 악랄했으며 자나깨나 나라만을 생각하고 바보처럼 나라만을 사랑하다가 자기 고집대로 죽어 갔다.

그에겐 오직 민족을 번영으로 이끌 절박한 시대적 과업만이 자기 구원에 이르는 길이었다. 모든 면에서 압도적인 우위를 자랑하던 북한의 전쟁 도발을 막으며 경제 발전을 이룩해야 한다는 국가 생존의 지상명령이 늙고 탈진해 쓰러질 때까지 그를 괴롭혔다.

- 이인화

다음은 그를 냉혹한 독재자로 보는 입장이다.

광주의 학살도 삼청교육대도 박정희 일인 독재 체제를 토대로 일어난 것이다. 삼풍이나 성수대교가 어제오늘 갑자기 시작된 것이 아니다. 계량적 실적 위주의 성장 철학이 빚은 IMF 사태도 박정희 시대의 개발독재와 정경유착에 뿌리를 두고 있다. 또한 오늘 한국 사회에 만연한 황금만능주의, 인명 경시 현상도 그 시대, 인권을 마음껏 우롱하며 침묵을 강요하면서 사회정의를 땅에 떨어뜨린 영향이다. 그뿐인가? 한국 민주주의의 걸림돌인 지역감정은 박정희의 의도적이며 철저한 선거 전략의 결과였다. 또한 국가보안법에, 안기부의 밀실에, 감옥에, 권력의 시녀가 된 언론에, 그리고 인권과 노동권, 시민 사회운동을 탄압하려는 각종 장치 속에 그의 독기는 여전히 살아 숨 쉬고 있다. 약자의 고통과 탄식에 연대하는 대신 그것들을 짓밟고 찬양가를 부를 수 있게 된 인간성의 실추, 그 뻔뻔스러움, 염치 없음 역시 박정희와 그 시대의 강자의 논리에서 비롯됐다는 것을.

- 홍세화

• 박정희 대통령을 어떻게 볼 것인지 토론해 보고 내 생각을 써 보자.

1979
2002

민주주의를 향한 몸부림

끝나지 않은 겨울 · 서울의 봄 1979~1980

아! 광주여 민주의 십자가여 · 광주민중항쟁 1980

유신 정권의 부활 · 전두환 정권 1980~1987

우리 손으로 대통령을 뽑자 · 6월 항쟁 1987

노동자도 인간이다 · 7, 8, 9 노동자 대투쟁 1987

신군부 보수 대연합으로 살길을 찾다 · 노태우 정권 1987~1992

역사를 거꾸로 세운 문민정부 · 김영삼 정권 1992~1997

선거 혁명과 진보의 새 물결 · 김대중 정권 1997~2002

1
끝나지 않은 겨울

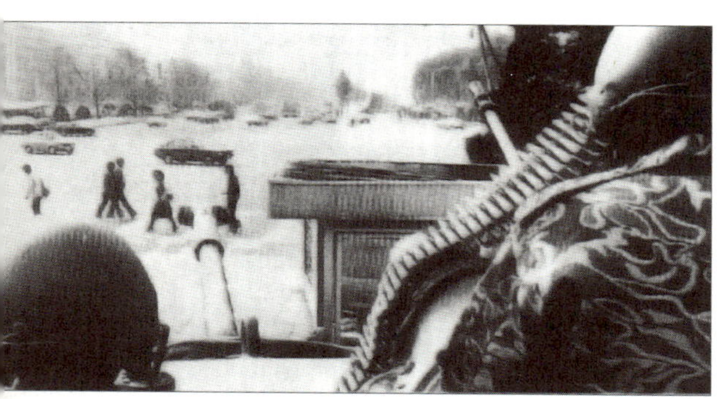

10.26과 계엄령
1980년 10월 26일 선포된 계엄령은 1980년 10월 27일 해제되었다. 신군부는 계엄령을 이용해 권력을 잡았다.

이원집정제
대통령은 외교와 안보를 담당하고 수상이 행정권을 행사한다. 대통령 선출 시 간접선거가 가능해 당시 사람들이 요구한 직선제 개헌과는 거리가 멀었다.

신군부와 12.12 군부 쿠데타

박정희 정권은 무너졌지만 군부에는 유신 체제 아래서 특권을 누려 온 정치 지향성이 강한 '신군부' 세력이 있었습니다. 이들은 10.26 사건 수사를 맡은 전두환 보안사령관을 중심으로 군부 독재를 연장하려 했습니다. 그러나 김영삼, 김대중 등 야당 지도자들은 정권을 잡을 기회가 왔다며 정세를 낙관했습니다. 민주화 세력 역시 유신 철폐, 계엄 해제 등을 주장했지만 신군부의 계획을 명확히 파악하지 못했습니다.

1979년 12월 6일, 최규하 국무총리가 통일주체국민회의에서 제10대 대통령에 당선되었습니다. 그는 신군부의 지지를 바탕으로 이원집정제 개헌을 발표했지요. 이원집정제는 대통령제와 내각제를 절충한 제도였지만, 여기에는 유신 체제를 연장하려는 신군부의 의도가 숨어 있었습니다.

1979년 12월 12일, 전두환 보안사령관은 기습적인 군부 쿠데타를 감행했습니다. 그는 헌법 개정과 민선 정부 수립을 지지하던 정승화 육군참모총장을 연행하고 군권을 장악했습니다. 미국도 12.12 군부 쿠데타를 묵인함으로써 전두환 중심의 새로운 지배 체제를 인정했습니다.

빼앗긴 서울의 봄

1980년 봄이 오자 공장과 학원에서는 민주화를 바라는 기운이 솟았습니다. 산업화 과정에서 희생된 노동자들은 임금 인상과 노동조건의 개선을 요구했지요. 노동운동은 사북 탄광 노동자들의 투쟁을 정점으로 봇물처럼 터져 나왔습니다. 학생들은 학생회를 만들어 힘을 결집했습니다. 재야인사 678명에 대한 사면 복권 조치가 내려지자 김대중, 김영삼, 김종필의 대권 경쟁도 불이 붙었습니다.

이러한 가운데 최규하 대통령이 공석 중인 중앙정보부장 서리에 전두환 보안사령관을 임명해 사람들을 놀라게 했습니다. 신군부는 언론 대책반을 만들어 전두환 장군만이 유일한 대안이라며 여론을 조작했지요. 최규하는 유신헌법을 대신할 민주 헌법의 제정을 차일피일 미루었습니다.

1980년 5월이 되자 학생들은 유신 잔당인 최규하 정권이 민주화 의지가 없다고 판단해 거리로 나섰습니다. 5월 15일에는 수십만 명의 학생들과 시민들이 유신 철폐와 계엄 해제를 요구했습니다. 사태가 악화되자 신현확 총리는 "국회와 협의해 모든 정치 일정을 최대한 앞당기겠다."는 담화를 발표했지요.(1980.5.15) 학생들은 기다려 보자며 학교로 돌아갔습니다.

그러나 신군부는 시위대가 해산되자 최규하 정권에 압력을 넣어 비상계엄을 전국으로 확대했지요.(1980.5.17.24시) 이제 서울의 봄은 신군부의 총칼 앞에 산산조각이 나고 말았습니다.

서울역 앞 시위 군중
1980년 5월 15일, 학생을 중심으로 한 시위대가 서울역 앞에서 '유신 철폐'와 '계엄 해제'를 요구하며 대규모 시위를 벌였다.

• 5.15 서울역 회군과 5.17 계엄 확대

1980년 5월이 되자 학생 시위는 학원 문제에서 정치 문제로 옮겨 가기 시작했다. 5월 13일 밤, 6개 대학의 학생들이 계엄 철폐를 요구하며 서울에서 가두시위를 벌였다. 5월 15일에는 학생들을 중심으로 하는 대규모 시위대가 계엄 철폐와 유신 잔당 퇴진을 요구하며 격렬한 시위를 벌였다. 그러나 계엄령 아래서 많은 사람들이 참여하기 어려운 데다 군대 이동설이 나돌자 학생 대표들은 위축되었다. 여기에 신현확 총리가 모든 정치 일정을 앞당기겠다고 발표하자 학생들은 학교로 돌아갈 것을 결정했다. 이를 이른바 '서울역 회군'이라고 부른다. 5월 16일, 전국대학총학생회장단은 17일부터 정상 수업을 받으며 시국을 관망하기로 결정했다.

그러나 신군부는 이를 기회로 삼았다. 1980년 5월 17일 오전 10시, 국방부 제 1회의실에서는 전군주요지휘관회의가 열렸다. 이들은 주영복 국방 장관이 내미는 백지가 무슨 내용인지도 모른 채 서명했다.

신군부인 전두환 중앙정보부장, 이희성 계엄사령관, 주영복 국방 장관은 전군 주요 지휘관의 연서명을 최규하 대통령에게 제출하고 계엄 확대, 국회 해산, 정치 활동 금지, 국보위 설치 등을 요구했다. 최규하 대통령은 헌정을 중단할 수 없다고 역설했고, 결국 비상계엄 확대만을 국무회의에서 결의하기로 결론을 보았다. 그날 저녁 중앙청 전체를 군 병력이 장악한 가운데 국무회의가 밤 9시부터 시작되었고 8분 만에 계엄 확대가 결정되었다. 그리고 밤 11시 40분 비상계엄이 전국으로 확대되었다. 다음 날 새벽부터 3김을 비롯한 정치 인사들이 체포되었고, 민주 인사들이 모두 구속되었다. 그리고 광주에서는 계엄군에 의해 학생들이 무차별 구타당하면서 광주민중항쟁이 시작되었다.

• 신군부의 계엄령 확대가 한국 민주주의에 어떠한 영향을 주었는지 토론해 보고 생각을 써 보자.

2
아! 광주여, 민주의 십자가여

고조되는 갈등

5.17 계엄 확대로 전국의 주요 거리와 대학에는 탱크와 구장한 군인들이 진주했습니다. 계엄령이 강요한 침묵을 깬 곳은 광주였습니다.

1980년 5월 18일, 전남대 정문 앞에서 2백여 명의 학생들이 공수부대원들과 충돌했습니다. 계엄군은 학생들을 무섭게 진압했지요. 학생들은 시내에서 '전두환이 반란을 일으켰다', '비상계엄 해제하라'며 시위를 벌였지요. 공수부대원들은 소총에 대검을 꽂고 길 가는 시민들을 무자비하게 구타했습니다.

5월 19일, 날이 밝자 광주는 술렁였습니다. 계엄군의 폭력을 목격한 사람들이 금남로로 쏟아져 나왔지요. 이제 항쟁의 주체는 학생들에서 민중들로 바뀌었습니다.

5월 20일에는 10만의 시위대가 계엄군과 도심 곳곳에서 백병전을 치렀습니다. 오후에는 수백 대의 차량이 금남로에서 차량 시위를 벌였지요. 이날 계엄군의 총격으로 사망자가 발생했습니다. 신군부는 모든 교통과 통신을 차단하고 광주시를 봉쇄했습니다.

5월 21일, 시위대는 금남로에서 연좌 농성을 벌이며 계엄령 해제와 전두환 사퇴를 주장했습니다. 시위대는 도지사와 협상을 요구했지만 신군부는 일제 사격으로 답했고, 항쟁 기간 중 가장 많은 희생자가 생겼습니다.

공수부대의 만행

1980년 5월 18일(일요일) 오후 3시경 광주 금남로 3가.

계엄군의 총격

1980년 5월 21일, 계엄군이 광주 도청 앞에서 사람들에게 총격을 가했다.

시민군의 항쟁

계엄군의 무차별 총격에 분노한 시위대는 이날 오후 경찰서, 파출소 등
에서 탈취한 소총으로 무장했습니다. 이들은 대부분 노동자, 넝마주
이, 학생들이었지요. 광주 사람들은 무장한 시위대를 시민군이라고 불
렀습니다. 시민군은 오후 5시경 계엄군 임시 본부인 전남도청을 공격
해 계엄군을 쫓아내고 광주를 해방시켰습니다. 이날 저녁 신군부는 광
주에서 불순분자와 간첩들이 파괴, 방화, 선동을 벌이고 있다는 담화
를 발표했습니다. 5월 22일부터 26일까지 닷새 동안 광주는 시민들의
품으로 돌아왔습니다. 시민들은 식량과 생필품을 나누어 쓰며 질서를
유지했습니다.

5월 22일에는 '5.18 시민학생수습위원회'가 구성되어 계엄군과 협상
에 나섰지만 계엄군은 무조건 무기 반납을 요구했지요. 수습위원회는
무기 반납을 결정했지만, 끝까지 싸울 것을 주장한 시민들은 무기를
가지고 도청 안으로 들어갔습니다.

5월 25일, 시민 궐기 대회에서는 김종배를 위원장으로 하는 새로운 항쟁 지도부를 구성했습니다. 이 무렵 신군부는 광주 봉쇄 작전을 완료하고 미국에게 광주 진압에 필요한 병력 사용을 승인받았습니다. 계엄군은 5월 26일 오후 6시까지 투항하라는 최후통첩을 보냈습니다. 그러나 항쟁 지도부는 최후까지 싸울 것을 결의했습니다.

5월 26일 자정, 탱크를 앞세운 계엄군이 도청 진입 작전을 시작했습니다. 시민군은 5월 27일 새벽까지 신군부에 맞서 저항했지만 당해 낼 수 없었습니다. 도청 진압 뒤 계엄군은 광주 전역에서 부녀자들은 물론 초등학생들까지 폭도로 몰며 연행했지요. 그러나 신군부의 서슬 퍼런 폭력 앞에서도 죽음을 무릅쓰고 저항한 시민군의 정신은 꺼지지 않는 민주주의의 불씨가 되었습니다.

결과와 의의

광주민중항쟁은 신군부의 폭력성을 드러냈습니다. 신군부는 광주민중항쟁을 무력으로 진압하고 정권을 잡았지만 도덕성과 정통성에 치명적인 오점을 남겼습니다.

광주민중항쟁은 독재 권력의 총칼에 맞서 죽음을 두려워하지 않고 싸우는 민중의 힘을 보여 주었습니다. 시민군은 1970년대 민주화운동을 벌여 왔던 학생, 정치인, 재야인사들이 아니라 보잘것없는 민중들이었지요. 이들은 끝까지 도청에 남아 저항함으로써 스스로 사회의 주인임을 보여 주었습니다. 이는 그동안 지식인과 학생 중심이었던 민주화운동에 대한 반성으로 이어져 한국 사회운동의 주체가 누구인가라는 논쟁이 시작되었습니다.

광주민중항쟁은 한국의 민주화보다 군부독재를 지원하는 미국의 실체를 드러냈습니다. 미국이 광주 진압에 투입할 한국군 병력 차출에 동의하고, 부산 앞바다에 항공모함을 배치해 신군부를 엄호한 사실은 반미 운동이 확산되는 계기가 되었지요. 이처럼 광주민중항쟁은 우리 사회에 민중과 미국이라는 문제를 제기하면서 민중운동의 질적인 발전을 불러왔습니다.

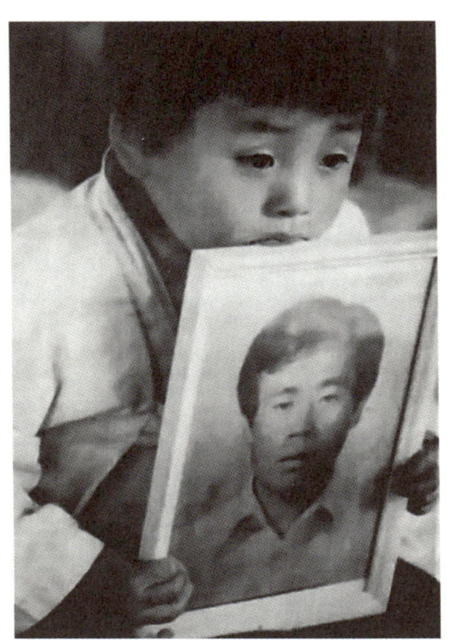

죽음으로 지킨 민주주의
민주주의를 위해 죽음을 무릅썼던 시민군의 정신은 사람들의 가슴속에 깊이 새겨졌다.

직업	숫자(명)
노동자	35
학생	31
무직	23
불명	17
사무직	13
자영업	12
운수업	12
서비스직	11
농업	4
공무원	2
방위병	2

광주민중항쟁 희생자 직업 분포표
노동자의 대부분은 일용직이었고 서비스직도 점원이나 행상 등이었다. 학생 사망자에는 초, 중, 고등학생과 재수생이 많았다.

• 내가 겪은 광주민중항쟁

대낮에 무장하지 않은 사람들이 행진하려는데 발포한 상황에서 내가 죽지 않으려면 총을 갖고 있어야 했다. 당시에 총을 든 것은 생존의 본능이었다.
김상집 (당시 시민군 참가자)

대한민국 군인은 우리 이웃, 내 형, 내 아들이라고 생각했는데 갑자기 시민들을 학살하러 나타나니까 두려웠지만 분노가 증폭되었다. 어떻게 대한민국 군대가 대한민국 국민을 죽일 수 있느냐?
 시민군이 치안을 유지한 22일부터 26일까지 광주 시내 금은방이 하나 털렸다든가 상점이 약탈당했다든가 수많은 은행 지점들이 금고가 털렸다든가 하는 사건이 하나도 없었다.
박남선 (시민군 상황실장)

누가 먼저 사과를 줬는지 음료수를 줬는지 그때 당시는 밥보다는 그런 것 주었다. 시민들이 많은 양의 김치나 생김치를 날라 주고 내일 먹을 것이 부족하다 싶으면 그 아줌마들이 리어카에다 많은 김밥을 말아서 양1동 아줌마들, 양2동 아줌마 일동 제공한다든지, 길거리에 가마솥을 걸어 놓고 불을 즉석에서 때면서 우리 시민군한테 밥을 해 먹였다.
정향자 (도청 취사 담당자)

그들은 전혀 죽을 이유가 없었다. 군은 무력으로 광주시를 점령할 필요가 없었다. 광주 시민들은 평화로운 해결을 원했다. 애당초 광주에서 항쟁이 일어난 이유는 5월 18일부터 시작된 군의 만행 때문이었다.
노먼 소프 (아시안 월스트리트 저널 기자)

• 위의 증언들을 토대로 광주민중항쟁을 어떻게 볼 것인지 내 생각을 써 보자.

3
유신 정권의 부활

신군부의 독재

국가보위비상대책위원회
(1980.5.31)
전두환 상임 위원장과 박충훈 국무 총리 서리가 현판식에서 악수를 나누고 있다.

김대중 내란 음모 사건
1980년 5월 17일 연행된 김대중은 광주민중항쟁을 배후 조종한 내란 혐의로 사형을 선고받았으나 미국의 도움으로 사형을 면했다.

광주민중항쟁을 진압한 신군부는 국가보위비상대책위원회를 설치해 입법, 사법, 행정의 3권을 장악했습니다. 국보위는 정치, 사회 정화를 명분으로 공무원 8500여 명과 언론인 7백여 명을 해직시키고 천여 명의 학생을 제적시켰지요. 김대중은 내란 음모 사건의 주모자로 구속되었고, 김종필은 부정 재산 축재자로, 김영삼은 강제로 정계에서 쫓겨났습니다. 또한 순화 교육이라는 이름으로 민주 노조 활동가를 비롯한 3만 9천여 명을 삼청교육대로 끌고 가 인권을 짓밟고 공포 분위기를 조성했습니다.

국보위는 5공화국 헌법을 마련하고 간접선거로 전두환을 임기 7년의 12대 대통령으로 선출했습니다.(1981.2.25) 유신 체제의 연장인 전두환 정권은 사회를 전면 통제하는 억압적 국가 체제를 만들었습니다. 전두환 정권은 '정치풍토쇄신특별조치법'으로 정치인과 재야인사들의 발을 묶고, '집회 및 시위에 관한 법률', '제3자개입금지법'으로 민중운동과 노동운동을 탄압했습니다. 또한 반공법을 개악해 현행 국가보안법을 만들고 유신 시대의 사회치안법을 유지시켜 반공 체제를 강화했습니다. 또한 전두환 자신이 총재인 민주정의당과 겉만 야당인 관제 야당 민주한국당을 만들어 독재를 펼쳤습니다.

유화 조치와 민주화운동

전두환 정권은 지지층을 넓혀 독재를 안정시키려고 유화
정책을 펼쳤습니다. 1983년 12월, 해직 교수들의 복직이 허
용되고 제적생들이 학교로 돌아왔지요.

1984년 2월에는 정치 활동 규제자 202명이 추가로 해제
되고, 학원에 상주한 경찰 병력이 철수했습니다. 그러나 유
화 조치 뒤 전두환 정권은 민중의 강력한 도전에 부딪혔지
요. 김영삼과 김대중은 민주화추진협의회를 결성해 대통령
직선제 개헌 활동을 벌였습니다.

민주화추진협의회
김영삼과 김대중은 민주화추진협의
회를 결성하여 민주화운동에 나섰
다.(1984.5.18)

12대 총선(1985.2.12)에서는 규제에서 풀려난 정치인들이 만든 신한
민주당이 관제 야당을 제치고 제 1야당이 되었습니다. 신민당은 재야,
민중운동 세력과 함께 대통령 직선제 개헌을 위한 천만 개헌 서명 운
동을 벌였지요. 그런데 신민당 총재 이민우가 전두환 정권이 제안한 이
원집정제 개헌을 받아들이려 하자 재야와 민중운동 세력은 이를 반대
하며 인천에서 격렬한 시위를 벌였습니다.(1986.5.3) 5.3 인천 시위는 민
중들의 직선제 개헌을 위한 열망을 보여 주었습니다. 또한 민중들이 보
수 야당인 신민당과는 다른 정치 세력임을 스스로 깨닫는 계기가 되
었습니다.

전두환 정권은 재야와 민중운동 세력을 용공으로 몰아 탄압했지만
민중들의 민주화 열망을 막기 어려웠습니다. 또한 이 과정에서 부천경
찰서 성 고문 사건이 일어나 도덕성의 심각한 타격을 입었습니다.

12대 총선(1985.2)

정당	당선자 수 (명)
민주정의당	148
신한민주당	67
민주한국당	35
한국국민당	20
기타	6
총계	276

• 부천경찰서 성 고문 사건

명동성당에서 거행된
성 고문 항의 미사(1986.7.21)

1986년 6월 권인숙은 노동 현장에서 노동운동을 하던 중 부천경찰서에 체포되었다. 담당 형사 문귀동은 '5.3 인천 시위' 관련 수배자 소재지를 파악한다는 이유로 권인숙에게 성 고문을 가했다. 감옥에 있던 권인숙은 자신이 성 고문을 당한 사실을 변호사를 통해 언론과 여성 단체에 알렸다. 당시에는 성폭력 피해 사실을 밝히기 꺼리던 사회 분위기였기 때문에 이러한 행동은 용기 있는 결단이 필요한 일이었다.

사건이 알려지자 여성 단체, 시민단체, 종교 단체 등은 '부천서 성 고문 사건 공동대책위원회'를 꾸려 운동을 펼쳐 나갔다. 그러나 경찰은 문귀동에 대한 처벌은커녕 피해자인 권인숙을 공문서위조죄로 체포했다. 문귀동 역시 가해 사실을 부인하고 권인숙을 명예훼손 및 무고 혐의로 맞고소했다. 성 고문 사건에 대한 분노는 많은 사람들에게 퍼져 나갔고, 거의 매일 규탄 대회가 열렸다. 변호사 166명이 변호인단으로 참석해 공개재판을 요구했고, 많은 여성들이 재판정으로 몰려들었다. 그 결과 피해자인 권인숙이 풀려나고, 대법원은 사건 발생 3년 만에 문귀동에게 징역 5년의 실형을 선고했다. 이 사건은 한 여성의 용기 있는 결단으로 성폭력의 실상을 사회적으로 알렸고, 동시에 공권력에 의한 여성 인권 유린을 처음으로 공론화시켰다. 이 사건으로 군사정권의 반인륜성이 백일하에 드러나 1987년 6월 항쟁의 밑거름이 되었다. 또한 일반 여성들의 폭넓은 지지와 공감을 얻어 여성운동사에도 큰 획을 그었다.

• 이 사건을 통해 드러난 당시 사회의 문제점에 대해 토론해 보고 자신의 생각을 써 보자.

4
우리 손으로 대통령을 뽑자

학생과 시민이 이끈 6월 항쟁

전두환 정권은 내각제 개헌으로 집권을 연장하려 했습니다. 신민당 총재 이민우도 이를 받아들이려 하자 반대의 목소리가 높아졌습니다.

1987년 1월 14일, 대학생 박종철이 물고문으로 사망하자 학생들과 시민들은 정권 퇴진과 직선제 개헌을 외쳤습니다. 전두환 정권은 내각제 논의를 접고 헌법 개정은 없다는 4.13 호헌 조치로 맞섰습니다. 다시 한 번 체육관에서 대통령을 뽑겠다는 말에 여론은 들끓었지요. 이 무렵 김대중과 김영삼은 군사정권과 타협하려는 신민당을 탈당해 통일민주당을 창당했습니다.(1987.5.1) 통일민주당과 재야는 각계각층을 대표하는 2200여 명의 발기인과 함께 '민주헌법쟁취국민운동본부'를 결성했지요.(1987.5.27) 국민운동본부는 민주화운동 세력을 결집해 직선제 개헌 운동을 준비했습니다. 1987년 6월 9일, 직선제를 요구하던 대학생 이한열이 최루탄에 맞아 의식 불명 상태라는 사실이 알려지자 분노는 커졌습니다.

1987년 6월 10일, 전두환 정권은 잠실체육관에서 노태우 민정당 대표를 차기 대통령 후보로 지명했습니다. 국민운동본부는 직선제 개헌 없이 권력을 승계하려는 전두환 정권에 맞서 전국 곳곳에서 '박종철 고문 치사 조작, 은폐 규탄과 호헌 철

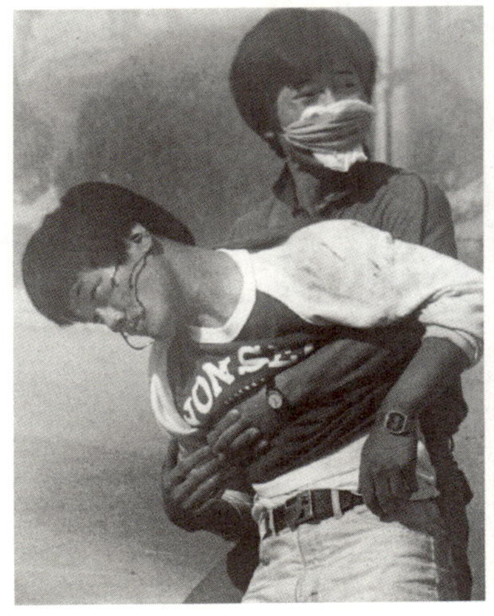

학우여!

1987년 6월 9일 오후 5시경, 연세대 정문 앞에서 연세대생 이한열이 최루탄에 맞아 쓰러졌다.

민정당 노태우 후보 지명

직선제 개헌이 없는 상황에서 진행된 노태우 후보의 지명은 신군부의 권력 승계를 의미하였다. (1987.6.10, 잠실체육관)

폐 국민대회'를 열었습니다.

국민대회는 전국에서 24만여 명이 참가했습니다. 6월 10일부터 6월 15일까지 진행된 명동성당 농성 투쟁에도 대학생들과 사무직 노동자들의 참여가 잇달았습니다. 6월 17일 고문 추방 대회, 6월 18일 최루탄 추방 대회, 6월 26일에는 백만여 명이 참가한 국민 평화 대행진이 이어졌습니다. 마침내 6월 29일 노태우 민정당 대표는 대통령 직선제 개헌, 김대중 씨의 사면 복권 등 민주화 선언 8개 항을 발표했습니다.

민주화의 물꼬를 트다

6월 항쟁으로 16년 만에 직선제 개헌이 이루어졌지만 그것이 민주화운동의 승리를 말하는 것은 아니었습니다. 6.29 선언으로 노

6월 항쟁
6월 10일 명동성당의 농성을 시작으로 20여 일간 직선제 개헌을 위한 운동이 전국적으로 일어났다.

내가 겪은 6월 항쟁

• 그때 누가 도시락을 걷어서 주자고 했는지는 모르겠지만 자연스러운 일이었어요. 왜 주느냐는 반응은 없었고 다 먹은 도시락을 학교 교문에 다시 갖다 주었는데 도시락 안에 "잘 먹었습니다. 고마워요." 하는 쪽지들이 들어 있었지요.(계성여고 학생들은 6월 항쟁 기간 동안 명동성당에서 농성중인 학생과 시민들에게 자신들의 도시락을 주었다)

                                                      – 김현숙 (계성여고 2학년)

• 우리 사회의 변화는 특정 운동하는 사람들만의 몫이 아니라 우리 같은 평범한 사람들도 자기 역할이 있구나 하는 느낌을 받았습니다. 현실 생활에 충실하면서 현상에 대한 의견을 많은 사람들이 공감을 하면 무언가 변화하게 되는구나 하는 자신감을 갖는 계기가 되었습니다.

                                                        – 이성일 (회사원)

• 장미꽃을 시민들에게 받았을 때 많이 부끄러웠죠. 아마 그 가시 바늘이 모든 전경의 마음에 찔리는 그런 느낌이었을 겁니다.(당시 시민들과 학생들은 전투경찰들에게 화해의 의미로 장미꽃을 달아 주었다)

                                                        – 노재학 (전투경찰)

태우 민정당 대표는 하루아침에 민주화를 이끈 지
도자로 탈바꿈했습니다. 노태우는 6.29 선언이 자
신의 고독한 결단에서 나왔다고 강조했습니다. 그
러나 여기에는 위기에 빠진 전두환 정권이 노태우
후보에게 힘을 실어 주고 선거를 통해 정권을 연장
하려는 치밀한 계산이 숨어 있었습니다.

6.29 선언으로 정치 상황은 급변했습니다. 야당
과 국민운동본부는 환영을 표시했고 사람들도 승
리감을 맛보았습니다. 그러나 민주화운동 세력은
정권 창출에 대한 명확한 전망을 갖지 못했지요.
오히려 김영삼과 김대중은 통일민주당과 평화민주
당으로 분열되어 대권 경쟁을 벌였습니다.

6월 항쟁을 이끌었던 민주화운동 세력은 김대중
에 대한 비판적 지지 세력, 김대중과 김영삼 후보
단일화 세력, 민중의 독자적인 후보 추대 세력으로
입장이 갈렸습니다. 이러한 차이는 당시에는 분열로 보이기도 했지만
민중들이 정치적으로 성장하는 계기가 되었습니다.

6월 항쟁은 단순히 정치제도의 민주화에서 끝나지 않고 경제와 사
회 전반에 민주화를 요구하는 운동으로 발전했습니다. 그리고 첫 함성
은 1987년 7, 8, 9 노동자 대투쟁으로 이어졌습니다.

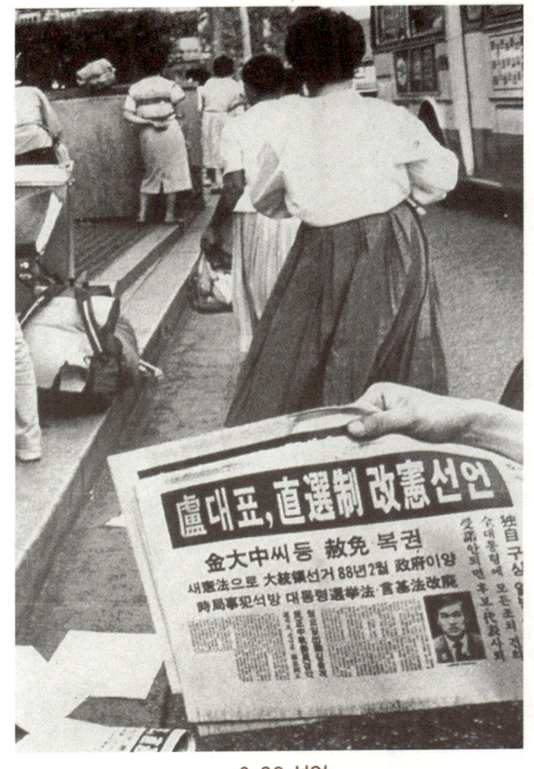

6.29 선언

1987년 6월 29일 오전 노태우 민정
당 대표의 직선제 수용 선언을 보도
한 신문 호외.

• 신의의 인간 박종철

1987년 1월 8일, 도피 생활을 하고 있던 선배 박종운이 박종철의 자취방을 찾아왔다. 종철은 누나가 짜 준 목도리와 빌린 돈 만 원을 선배에게 주었다. 그러나 둘의 만남은 이것이 마지막이 되었다. 1987년 1월 14일 새벽, 경찰이 들이닥쳐 그를 남영동 대공분실로 끌고 갔다.

"종운이 이놈 어디 있어?"
"모릅니다."
"안 되겠군, 어이 욕조에 물 받아!"
"넌 구속되면 끝이야. 네 신상에 이로울 것이 없으니 어서 불어!"

종철은 선배의 거처를 묻는 경찰의 질문에 불응하다 수사실에 딸린 욕조에서 오후 11시 20분경 숨졌다. 1월 15일 저녁 경찰은 공식 발표를 통해 '탁' 하고 책상을 쳤더니 '억' 하고 쓰러졌다며 종철의 사망 원인을 은폐하려 했다. 그러나 신체 건강한 이십 대의 젊은이가 그렇게 쉽게 죽었다는 것을 믿을 사람은 아무도 없었다. 결국 부검을 통해 물고문 혐의가 밝혀졌고 고문 경관 두 명이 구속되었다. 사람들의 기억이 희미해지던 1987년 5월 천주교정의구현사제단은 고문 경관이 세 명 더 있고 경찰이 이 사건을 축소했다는 사실을 발표했다. 박종철은 사람들의 마음속에 다시 한 번 되새겨지며 6월 항쟁의 밑거름이 되었다.

• 박종철 평전을 읽고 독후감을 써 보자.

노동자도 인간이다

7, 8, 9 노동자 대투쟁

6월 항쟁으로 군부 정권의 사회 통제가 허물어지자 산업 현장에서는 인간답게 살아 보자는 노동자들의 목소리가 터져 나왔습니다. 1987년 7월 5일, 울산 현대엔진 노동조합에 민주 노조가 결성되면서 7, 8, 9 노동자 대투쟁의 서막이 올랐습니다. 현대엔진 노조 결성으로 시작된 열기는 현대그룹 계열사 전체로 퍼져 나갔지요.

대기업 노동자들이 민주 노조를 결성했다는 소식은 다른 노동자들에게도 자신감을 주었습니다. 8월 초부터 노동자들의 투쟁은 전국적으로 확산되어 3300여 건의 쟁의가 발생했습니다. 노동자들은 주로 임금 인상, 근로 조건 개선, 직장 내 억압 철폐 등을 요구 조건으로 내걸었습니다.

전두환 정권은 "좌경 세력과 외부 세력이 불법 개입해 노동자를 부추기고 있다."며 탄압했습니다. 자본가들은 경찰과 폭력배를 동원해 노동조합 설립 신고서를 빼앗고 농성 노동자들을 해산시켰지요. 이 과정에서 평화적인 가두시위를 벌이던 옥포 대우조선 노동자 이석규 씨가 최루탄을 가슴에 맞고 사망했습니다.(1987.8.22)

거세게 타올랐던 노동자 대투쟁은 정부의 강경 탄압으로 9월 중순부터 수그러들었습니다. 그러나 70여 일간에 걸친 대투쟁은 전국 곳곳

7, 8, 9 노동자 대투쟁
길을 메운 현대 노동자들이 울산 시가지를 행진하고 있다.

에 1400여 개의 민주 노동조합을 탄생시키며 노동운동의 밑거름이 되었습니다.

노동자 대투쟁의 의의

1987년 7, 8, 9 노동자 대투쟁은 한국전쟁 이후 가장 규모가 큰 노동자들의 투쟁이었습니다. 종업원 천 명 이상인 대규모 사업장 76%에서 쟁의가 일어났습니다. 7, 8, 9 노동자 대투쟁은 대공장 남성 노동자들이 중심이 되었지요. 이들은 경제적인 요구를 얻어 내는 동시에 노동조합을 새롭게 조직하거나 어용 노조를 민주 노조로 만들었습니다. 이 같은 성과는 40여 년의 억압을 한 번에 뛰어넘는 노동운동의 도약이었지요. 그러나 기업별 노조를 연결하는 조직이 없었기 때문에 정부의 탄압에 쉽게 무너지는 한계가 있었습니다.

7, 8, 9 노동자 대투쟁은 6.29 선언의 허구성을 드러내고 노동자계급의 성장을 알리는 거대한 물결이었습니다. 6.29 선언을 통해 정치적 민주화를 충족시킨 중간층은 노동자 투쟁에 등을 돌렸습니다. 개헌과 선거에 치중했던 야당이나 국민운동본부도 한결같이 자본가들의 입장을 지지했지요. 이들은 한결같이 공권력의 폭력은 외면하고 평화적으로 문제를 해결할 것을 촉구하며 자본가들을 감쌌습니다.

노동자들은 민주화운동만으로는 노동자들의 생존권과 노동권을 보장하지 못한다는 것을 깨달았습니다. 이로써 6월 항쟁을 이끈 민주화운동은 차츰 지식인과 중산층을 중심으로 하는 시민운동과 노동자와 농민을 중심으로 하는 민중운동으로 나뉘어 발전했습니다.

• 재벌 왕국에서 지펴진 투쟁의 불씨

노조가 없고 군대식 경영으로 유명한 현대그룹에서 1987년 7월 5일, 현대엔진 노동조합이 최초로 결성되었다. 당시 현대의 정주영 회장은 삼성의 이병철 회장처럼 "내 눈에 흙이 들어가기 전에는 절대로 노조를 인정할 수 없다."고 이야기했지만 노조 결성을 막을 수 없었다. 현대중공업 노동자였던 정병모 씨의 이야기를 들어 보자.

문 노동자들이 내걸었던 요구는 무엇이었나?

답 가장 핵심적인 요구는 현대중공업 민주 노조를 인정하라는 것이었다. 그리고 노동자도 인간이다, 인간 대접해 달라, 임금 인상해 주라 이런 것 등이 있었다.

문 '노동자도 인간답게 살아 보자'라는 요구 중에 두발, 복장 자율화 같은 것이 있었다는데 왜 그러한 것들이 있었는가?

답 그 당시 현대 계열사에는 머리를 귀에서 약간 덮으면 정문에서 출근을 저지하거나 바리캉으로 깎았다. 또한 현대중공업 작업복을 입지 않으면 들어오지 못하게 했다. 머리를 마음대로 기르고 옷도 마음대로 입고 들어갈 수 있게 하자는 것이 노동자들의 소박한 요구였다.

문 내세웠던 요구 조건은 많이 관철이 되었는가?

답 현대중공업 민주 노조 인정하라는 것은 8월 18일 노동부 차관이 확답을 하면서 현대중공업 민주 노조 문제는 해결되었다.

문 7, 8, 9 노동자 대투쟁이 노동운동에 미친 영향은 ?

답 개별 노동자로 흩어진 노동자들이 노동자라는 것을 까닫게 된 계기였다. 또한 노동자의 힘을 확인할 수 있는 사건이었다.

• 민주 노조가 생긴 뒤 노동 현장에서 예상할 수 있는 변화는 무엇인지 써 보자.

6
신군부, 보수 대연합으로 살길을 찾다

노태우 정권과 5공 청문회

6월 항쟁 뒤 직선제 개헌안이 국민투표로 확정되고, 16년 만에 대통령 선거가 실시되었습니다.(1987.12.16) 노태우, 김영삼, 김대중 후보 등이 경쟁한 선거에서는 야당 분열로 36%를 얻은 노태우 후보가 당선되었지요. 이 때문에 6월 항쟁으로 달아올랐던 정권 교체의 희망은 꺾었습니다.

13대 총선(1988.4.26)에서는 야당인 김대중의 평화민주당, 김영삼의 통일민주당, 김종필의 신민주공화당이 여당인 민주정의당을 누르고 다수 의석을 차지했지요. 여당이 과반수 의석을 확보하지 못한 것은 의정 사상 처음이었습니다. 지역 구도도 뚜렷하게 나타났지요. 민정당은 대구와 경북을, 평민당은 호남을, 민주당은 부산과 경남을, 공화당은 충남을 휩쓸었지요. 지역감정은 사람들의 이성적인 판단을 마비시켜 정치 발전을 가로막았습니다.

노태우 정권은 북방 외교를 통해 정치의 주도권을 잡으려 했습니다. 그러나 여소야대 국면에 힘입은 야당은 5공 청문회 등을 통해 정권을 압박했지요. 청문회는 12.12 군부 쿠데타와 광주 학살 문제, 그리고 전두환 일가의 비리를 수사해 민주화에 공헌했습니다. 위기에 빠진 노태우 정권은 낮은 지지도의 돌파구를 보수 대연합에서 찾았습니다.

광주 진상 규명 요구
광주 학살 진상 규명을 요구하는 광주 시민 대토론회가 열리고 있다. (1988. 5)

북방 외교
노태우 정권은 헝가리와 수교를 시작으로 소련, 중국과 국교를 맺었다. 노태우 정권은 북한과도 관계 개선에 나섰다. 1991년 9월 18일, 제46차 유엔총회에서 남한과 북한이 동시에 유엔 회원국으로 가입했다. 이로써 남북한은 분단 46년 만에 각기 독립된 국가의 자격으로 유엔 회원국이 되었다.

3당 합당과 보수 대연합

1990년 1월, 여당인 노태우의 민정
당은 야당인 김영삼의 민주당, 김종
필의 공화당과 3당 합당을 선언하
고 민주자유당을 창당했습니다. 3
당 합당은 위기를 느낀 보수 세력이
기득권을 지키려고 민의를 왜곡한
보수 대연합이었습니다. 3당 합당으
로 민자당은 국회의원 총수의 2/3

3당 합당은 민의에 의해 형성된 정치
구도를 정치 지도자 몇 사람이 밀실
에서 뒤집은 야합이었다.

가 훨씬 넘는 221석의 거대 여당이 되었지요. 노태우 정권은 김영삼과
민주화운동 세력을 흡수하면서 정통성 시비에서 벗어났고, 광주 학살
을 일으킨 신군부의 생명은 연장되었지요. 정국은 하루아침에 바뀌고
민자당의 독주가 시작되었습니다.

  3당 합당에 대한 민중들의 분노는 1991년 4월 26일 명지대생 강경
대가 쇠파이프에 맞아 사망하면서 터져 나왔습니다. 1991년 5월에만
십여 명의 젊은이들이 목숨을 던져 민자당 해체와 노태우 정권 퇴진을
외쳤지요. 그러나 김기설 열사 유서 사건과 정원식 총리 내정자에 대
한 밀가루 투척 사건으로 민중운동은 도덕성 시비에 휘말리며 사그라
졌습니다.

  14대 총선(1992.3.24)에서는 보수 야당이 선전하며 민자당의 독주가
견제를 받았습니다. 정주영 현대그룹 회장은 계열사의 인력과 조직을
동원해 통일국민당을 만들고 원내에 진출했지요. 그러나 노동자와 농
민이 주체가 되는 진보 정당을 표방한 민중당은 지역감정과 보수 정치
에 밀려 한 석도 차지하지 못했습니다.

13대 총선 합계 비고

민주정의당 125석 (여당)
평화민주당 70석 (김대중)
통일민주당 59석 (김영삼)
신민주공화당 35석 (김종필)
기타 10석

3당 합당 후

민주자유당 221석
평화민주당 70석
기타 8석

• 권력은 유서의 주인도 바꾼다?

1991년 5월 8일, 전국민족민주운동연합(전민련) 사회부장 김기설이 노태우 정권 퇴진을 주장하는 내용의 유서 두 장을 남긴 채 분신자살했다. 그런데 검찰은 김기설의 유서를 동료 간부인 강기훈이 대신 썼다며 그를 구속했다. 언론은 연일 민중운동의 도덕성에 문제를 제기했다. 서강대 총장 박홍은 죽음의 배후에 검은 세력이 도사리고 있다며 마녀사냥을 부추겼다. 이 사건의 결정적인 증거는 김기설의 유서가 강기훈의 필체와 일치한다는 국립과학수사연구소의 필적감정 결과였다. 그런데 필적감정을 담당한 국립과학수사연구소의 문서분석실장은 허위 감정 경력이 있었다. 또한 일본의 필적감정 전문가가 보낸 김기설의 유서는 강기훈의 필적이 아니라는 의견도 무시되었다.

민중운동 세력은 혼신의 노력을 기울여 검찰의 허위를 증명하려 했지만 강기훈은 유죄를 선고받았다. 노태우 정권은 민중운동의 도덕성에 타격을 주고 위기를 벗어났다.

2007년 11월 13일, 진실화해위원회는 "분신자살한 김기설 씨의 필적이 담긴 '전대협 노트'와 '낙서장'을 새로 발견해, 검찰과 경찰청으로부터 제출받은 자료와 함께 국과수 및 7개 사설 감정 기관에 필적감정을 의뢰했다."며 "모든 기관에서 유서의 필적은 대필 혐의를 받았던 강기훈 씨의 필적과 다르고 김씨 본인의 필적이라는 감정 결과를 통보받았다."고 밝혔다. 진실화해위원회는 유서 대필 사건의 핵심 증거로 인용됐던 국과수 감정 결과가 달라진 점을 근거로 이 사건에 대한 진실 규명 결정을 내리고 국가의 사과와 재심을 권고했다. 2009년 9월 16일, 서울 고등법원은 재심을 결정했지만, 다음 날 검찰이 대법원에 재항고하면서 진실은 아직까지 밝혀지지 않고 있다.

• 우리 사회에서 이러한 사건이 일어나게 된 원인은 무엇인지 토론해 보고 생각을 써 보자.

7
역사를 거꾸로 세운 문민정부

문민정부의 개혁

1992년 12월, 대통령 선거에서 민자당 후보로 나선 김영삼이 제14대 대통령에 당선되었습니다. 이로써 5.16군사정변 이후 33년 만에 민간 정부인 '문민정부'가 들어섰지요. 문민정부 출범으로 민주와 반민주의 구도는 해체되고, 사회체제의 혁신을 추구하는 진보와 기득권을 지키려는 보수의 새로운 정치 구도가 생겼습니다.

김영삼 정권은 집권 첫해 공직자 재산 공개, 군내 하나회 제거, 금융실명제 실시 등 강도 높은 개혁으로 사람들의 지지를 받았습니다. 1994년에는 '공직자 선거 및 선거부정방지법'의 제정과 '정치자금법' 개정 등이 이루어졌습니다. 개혁을 통해 지식인과 중산층의 사회 활동이 활발해졌고, 국가권력을 견제할 수 있는 시민사회가 성장했지요. 또한 풀뿌리민주주의의 시작인 지방자치단체장 선거가 실시되어 민선 자치의 시대가 열렸습니다.(1995.6.27)

그러나 보수 대연합을 통해 권력을 잡은 김영삼 정권의 개혁은 한계에 부딪쳤습니다. 개혁은 군사정권의 유산인 노동 악법과 국가보안법의 개정, 독점재벌의 해체 등에는 이르지 못했습니다. 또한 세계화를 내세우며 우루과이협정을 타결(1993.12)해 농민들을 희생시켰지요. 김영삼 정권은 1996년 경제개발협력기구OECD에 가입한 뒤 노동자들에게 강력한 임금 억제 정책을 펼쳤습니다.

김영삼 대통령 당선

14대 대선에서 김영삼 후보가 당선되었다. 그러나 보수 대연합인 3당 합당에 참여했던 그의 경력은 개혁의 걸림돌이 되었다.

세계화 이데올로기

한국이 OECD에 가입하면서 무한 경쟁의 세계시장에서 이겨야 한다는 세계화 이데올로기가 자리 잡고 고임금 망국론이 노동자들의 생활을 옥죄어 올 것이다. 이에 대응하려면 노동자들이 자신을 대안적인 정치, 사회 세력으로 성장시켜야 할 것이다.

― 김세균

3김 정치의 부활과 외환 위기

IMF 구제금융 신청
고도의 경제성장을 누려 온 우리 경제가 IMF 관리 체제에 들어간 이날은 경제적 국치일이었다.

김영삼 정권은 12.12 군부 쿠데타와 5.18 광주 학살을 일으킨 신군부를 처벌하지 않고 역사의 심판에 맡긴다고 해서 비난을 샀습니다. 여론에 밀린 김영삼 정권은 역사 바로 세우기를 실시했지만 신군부에게 면죄부를 주는 것으로 끝났습니다. 또한 성수대교 붕괴(1994.10.21), 대구 지하철 공사장 가스 폭파(1995.4.28), 삼풍백화점 붕괴(1995.6.29) 등 잇따른 대형 사고와 정부의 위기관리 실패로 민심은 등을 돌렸습니다.

민자당이 김영삼을 중심으로 운영되자 불만을 품은 김종필은 탈당해 자유민주연합을 만들었습니다. 14대 대선에서 낙선하고 정계를 은퇴했던 김대중도 새정치국민회의를 창당하고 정계에 복귀했지요. 민자당도 새로운 인사들을 영입하고 신한국당으로 이름을 바꾸었지요. 이로써 지역주의에 기반한 세 김씨의 시대가 부활했습니다. 15대 총선에서는 지역주의와 북풍에 기댄 신한국당이 승리했습니다.(1996.4.11)

1997년에는 경제 위기가 찾아왔습니다. 한보그룹의 도산으로 시작된 대기업의 부도는 줄줄이 이어져 12개의 대기업이 무너졌습니다. 여기에 홍콩에서 시작된 동남아시아의 외환 위기가 한국으로 번져 왔지요. 마침내 김영삼 정권은 IMF에 자금 지원을 신청했고 경제 주권을 잃었습니다.(1997.12.3)

• 역사 바로 세우기

'12.12 사건'은 전 육군참모총장 정승화 등의 고소에 따라 수사가 시작되었다. 검찰은 12.12 사건이 명백한 군사 반란 행위였지만 관련자들을 기소할 경우 국력을 소모할 우려가 있어 기소를 유예한다고 발표했다.

전두환, 노태우 재판

12.12 군부 쿠데타와 5.18 광주 학살의 주범인 두 전직 대통령이 법정에 서 있다.

'5.18 사건'은 광주민중항쟁 희생자들의 고소 고발에 따라 수사가 시작되었다. 검찰은 5.18 사건에 대해 "성공한 쿠데타는 처벌할 수 없다."는 논리를 내세워 공소권이 없다는 결정을 내렸다. 검찰의 궁색한 논리와 정치적인 태도에 많은 사람들이 분노했다. 검찰의 배후에 있던 김영삼 대통령은 "역사의 심판에 맡기자."는 궤변을 늘어놓았다.

이러한 가운데 민주당 박계동 의원이 노태우 씨의 비자금 계좌를 폭로하면서 노태우 전 대통령이 구속되었다.(1995.11.16) 이와 함께 12.12 사건과 5.18 사건에 대한 법정 심판을 요구하는 여론이 들끓었다. 위기에 몰린 김영삼 정권은 오히려 5.18 특별법을 제정하고 역사 바로 세우기를 들고 나왔다. 재판 결과 1심에서 전두환은 사형, 노태우는 22년 6개월의 형이 선고되었다.(1996.8.26) 항소심에서는 전두환 무기징역, 노태우 17년이 선고되었고, 대법원의 최종 판결 역시 항소심과 같았다. 그러나 전두환과 노태우는 자신의 과오를 인정하거나 참회하는 말을 하지 않았다. 이들은 일관되게 자신의 행동이 정당한 것이라고 강변했다. 이들은 15대 대선이 끝난 직후 특별사면을 받아 풀려났다.(1997.12.12) 이는 김영삼 대통령과 김대중 당선자가 합의한 결과였다.

• **역사 바로 세우기를 어떻게 볼 것인지 내 생각을 써 보자.**

8
선거 혁명과 진보의 새 물결

정권 교체와 16대 총선

김대중 대통령 당선자와 IMF 캉드쉬 총재

김대중 대통령의 당선은 민주화운동의 승리였지만 IMF 위기를 극복해야 하는 과제를 안고 있었다.

낙천, 낙선 운동

낙천 운동은 부적격자가 후보가 못 되게 하는 운동이고, 낙선 운동은 부적격 후보가 당선되지 못하게 하는 운동이다. 2000년 4월 3일, 낙선 후보 명단을 밝힌 총선시민연대 회원들이 붉은 카드를 들고 부패 정치인들의 퇴장을 외치고 있다.

IMF 사태 한 달 뒤 치러진 15대 대선(1997.12.18)에서 김대중 후보가 대통령에 당선되며 최초로 정권 교체가 이루어졌습니다. 이로써 민주화 운동 세력은 5.16군사정변 뒤 36년 동안 군림해 온 반공 보수 세력을 밀어내고 집권했습니다. 김대중 정권은 국가권력의 민주화를 추진했습니다. 국가안전기획부가 국가정보원으로 바뀌며 정치 사찰 중지를 선언했고 사법부와 검찰의 독립도 강화되었지요. 보수 일색이던 사회와 언론에도 혁신을 요구하는 진보의 목소리가 자리 잡았습니다. 그러나 정치는 15대 대선 때 한나라당이 국세청을 통해 대선 자금을 모았다는 '세풍 사건', 김대중 정권의 검찰총장 부인이 고급 옷을 받았다는 '옷 로비 사건', 한나라당이 대선을 앞두고 북한에 총격을 요청했다는 '총풍 사건' 등으로 얼룩졌습니다.

16대 총선(2000.4.13)에서는 총선시민연대의 낙천, 낙선 운동이 전개되었습니다. 총선시민연대는 부패·무능 정치인 낙선 운동을 펼쳐 86명의 대상자 중 59명을 낙선시켰지요. 그러나 지역감정과 정치 불신이 겹쳐 한나라당이 제1당이 되었습니다. 한편 새로운 진보 정당 후보들이 나서 민중들이 정치의 주체가 될 수 있다는 가능성을 보여 주었습니다.

경제와 사회 개혁

김대중 정권은 재벌과 금융을 개혁하는 동시에 신
자유주의 경제정책을 추진해 IMF 경제 위기를 극복
했습니다. 그러나 재벌 개혁은 철저하지 못했고, 많
은 노동자들이 해고되거나 비정규직이 되어 고통 받
았습니다. 정부는 기업의 구조 조정을 원활히 한다
며 노사정위원회를 설치했지만 해고 노동자들에게
는 별다른 대책을 마련하지 못했지요. 실업률이 높

노사정위원회

노동자, 사용자(기업주), 정부가 외
환 위기 극복을 위해 합리적인 노사
관계를 세우려 했으나 결과적으로
노동자들이 경제 위기의 희생양이 되
었다.

아지고 노동자들의 임금 소득이 줄어들면서 신빈곤층이 늘어나 커다
란 사회문제가 되었습니다.

　김대중 정권은 언론 개혁을 추진했습니다. 광고 수입을 위해 발행
부수를 늘리고 편법으로 독자를 확보한 조선일보, 중앙일보, 동아일보
등의 불공정 거래 여부를 조사했지요. 언론과 보수 세력은 강하게 반
발했습니다. 그러나 이 과정에서 조선일보와 동아일보의 친일 행적과
군사독재를 미화한 경력이 드러나면서 반대 운동이 일어났습니다. 이
는 일제와 군사독재에 협조하면서 기득권을 유지해 온 보수 세력에 대
한 비판의 시작이었지요. 개혁의 바람은 교육계에도 불었습니다. 대학
입시 제도 개선, 보충수업 폐지 등이 추진되었지만 일관성을 갖지 못
하고 실패했습니다.

　김대중 정권은 북한을 개방으로 이끌려고 경제 지원과 교류를 추진
하는 햇볕정책을 펼쳤지요. 햇볕정책의 결과 남북정상회담이 이루어지
고 6.15 공동선언이 채택되면서 남북 간에는 화해와 공존의 시대가 열
리게 되었습니다.

신자유주의 경제정책

1980년대 영국과 미국은 기업의
이윤 추구를 최우선시하는 신자유
주의 경제정책을 실시했다. 기업이
노동자의 해고와 고용을 자유롭게
하면서 실업률은 높아졌고, 공공
예산이 감소되면서 사회복지 수준
도 떨어졌다. 최소한의 사회복지 제
도도 없는 한국에서 신자유주의 정
책이 실시되자 노동자들은 일상적
인 생존권 위협에 시달리게 되었다.

• 햇볕정책과 6.15 남북공동선언

남북정상회담
분단 후 처음으로 만난 남과 북의 정상이 평양 순안 비행장에서 악수를 나누고 있다.

김대중 정권은 남북의 적대감을 해소하고 화해와 협력의 길로 나아가려고 햇볕정책을 추진했다. 북한은 초기에 햇볕정책을 불신했지만 일관된 경제 지원과 교류가 이어지자 신뢰하기 시작했다. 1998년 11월에는 금강산 관광 사업이 시작되어 민간인도 북한 땅을 밟았다. 그리고 2000년 6월 13일, 김대중 대통령과 김정일 국방위원장은 역사적인 남북정상회담을 성사시켜 통일, 민족 화해, 남북 교류에 대한 합의를 담은 6.15 남북공동선언을 발표했다.

• 6.15 남북공동선언

1. 남과 북은 나라의 통일 문제를 그 주인인 우리 민족끼리 서로 힘을 합쳐 자주적으로 해결해 나가기로 하였다.

2. 남과 북은 나라의 통일을 위한 남측의 연합 제안과 북측의 낮은 단계의 연방제 안이 서로 공통성이 있다고 인정하고 앞으로 이 방향에서 통일을 지향시켜 나가기로 하였다.

3. 남과 북은 올해 8.15에 즈음하여 흩어진 가족, 친척 방문단을 교환하며 비전향 장기수 문제를 해결하는 등 인도적 문제를 풀어 나가기로 하였다.

2000년 6월 15일
대한민국 대통령 김대중 | 조선민주주의인민공화국 국방위원장 김정일

• 6.15 선언의 의미는 무엇인지 내 생각을 써 보자.

09

북한의 어제와 오늘

독재와 사회주의 · **북한의 수립 1948~1959**

모든 것을 수령 중심으로 · 1960~1970년대 북한

대를 이은 김정일 · 1980년대 북한

우리식 사회주의와 경제난 · 1990년 뒤 북한

1
독재와 사회주의

조선민주주의인민공화국과 김일성의 독재

북한은 1948년 8.25 선거를 통해 최고인민회의를 만들고 김일성을 초대 수상으로 선출했습니다. 1948년 9월 9일, 조선민주주의인민공화국이 수립되었습니다. 38선을 사이에 두고 공권력을 가진 두 개의 국가가 수립되자 분단의 장벽은 높아졌지요. 김일성은 중국, 소련과 공산주의 동맹을 강화하고 남조선 인민을 해방한다는 명분으로 한국전쟁을 일으켜 많은 사람들을 희생시켰습니다.

한국전쟁 뒤 김일성은 정적들에게 전쟁 책임을 돌렸습니다. 연안파인 무정은 평양을 내어 준 책임을 지고 물러났습니다. 소련파인 허가이는 농민들의 노동당 입당을 반대했다는 이유로 물러났지요. 남로당의 박헌영은 간첩죄와 내란음모죄로 숙청되었습니다. 정치 갈등은 경제 재건 과정에서도 드러났습니다. 소련파 최창익과 연안파 윤공흠은 인민들의 생활 향상을 위해 경공업 우선 발전을 주장했습니다. 그러나 김일성은 중공업 우선 성장을 고수했지요. 연안파 윤공흠이 김일성의 전후 복구와 독재를 비판하자 김일성은 윤공흠과 최창익 등을 종파로 몰아 제거한 '8월 종파 사건'(1956.8)을 일으켰습니다. 이 사건 뒤 북한 정권을 구성하던 다양한 정치 세력이 소멸되고 권력은 경직화되었습니다.

전쟁 전의 북한 지도부

한국전쟁 전 김일성, 박헌영, 허가이가 1948년 묘향산에서 찍은 사진이다.

공동 노동과 공동소유

북한은 자립적 민족경제 건설을 내걸고 사회주의 공
업화를 목표로 중공업을 우선 발전시켰습니다. 이를
위해 전후 복구 3개년 계획(1954~1956)과 경제개발 5
개년 계획(1957~1960)을 추진했지요. 또한 생산력을
높이고 사회주의경제를 건설하려고 천리마운동을
벌였습니다.(1956.12) 천리마운동은 경제개발에 필요
한 자본과 기술의 부족을 노동력 동원을 통해 극복
하려는 것이었습니다.

천리마운동 포스터

북한은 전후 복구 3개년 계획을 통해 전쟁 전 경
제 수준에 도달했고, 경제개발 5개년 계획은 목표를 1년 앞당겨 달성
했습니다. 북한이 빠른 경제성장을 이룬 이유는 사회주의국가들의 원
조와 노동력 동원에 성공했기 때문이었습니다.

북한은 1950년대 중반부터 농업집단화와 개인 상공업의 협동화 등
사회주의경제 제도를 도입했습니다. 1954년부터 시작된 농업집단화는
1958년 8월에 모든 농가를 협동조합에 가입시키며 완료되었지요. 개
인이 경영하던 소규모의 공장, 기업소와 상업도 협동화되었습니다. 이
를 통해 농업과 상공업의 개인소유가 폐지되고 공동소유가 자리 잡았
습니다. 1950년대 후반에는 사회주의경제의 관리 문제가 새롭게 제기
되었지요. 이를 해결하려고 농업에서는 청산리방법이, 공업에서는 대
안의 사업 체계가 도입되었습니다.

청산리방법

1960년 2월, 김일성이 평안남도
강서군 청산리를 지도하면서 만들
어졌다. "상부 기관이나 윗사람은
하부 기관이나 아랫사람을 도와주
고, 늘 현지에 내려가 실정을 깊이
파악하고 문제의 해결 방법을 세워
야 한다."

대안의 사업 체계

1961년 12월, 김일성이 평안남도
대안에 있는 전기 공장을 지도하면
서 고안한 것이다. 이는 지배인 관
리제 대신에 공장 당 위원회의 집
단적 지도를 내용으로 하는 관리
체계이다.

• 노력 영웅과 노동자

사회주의국가에서는 능력에 따라 일하고 필요에 따라 분배받는 것을 이상으로 한다. 그러나 일한 만큼 보상이 주어지지 않는 사회에서 모든 사람이 스스로 알아서 열심히 일하기를 기대하기는 어렵다. 그래서 북한을 비롯한 공산국가들에서 노동자들이 열심히 일하도록 자극하려고 만든 방법의 하나가 영웅 만들기였다. 이는 뛰어난 성과를 기록한 모범적인 노동자나 작업반에 '노력 영웅' 칭호를 주고 우대해 주는 방법이다. 북한은 이 같은 영웅 만들기를 통해 노동자들 간의 경쟁을 유발하고 생산성을 높이고 있다. 그러나 오늘날 노력 영웅이 아닌 일반 노동자가 이야기하는 현실은 다르다.

문: 북한의 직장 생활은 어떻습니까 ?

답: 특별히 능력을 인정받은 노동 영웅은 지배인이 됩니다. 그러나 직장 생활을 해도 월급도 제대로 못 받는 경우가 많습니다. 출근을 안 하면 강제 노동대를 가야 하니 일단은 무조건 하죠. 밥을 못 먹더라도 안 나갈 수는 없으니까요. 월급을 주든 안 주든 나가야 합니다. 월급도 못 받으면서 매일 출근을 하면 아이들은 뭐 먹고 삽니까? 그래서 퇴직하면 더 좋아합니다. 아예 장사 같은 돈벌이를 할 수 있으니까요.

– 대담 : 심주일, 〈북한 사람들에게 듣는 북한 이야기〉

• 노력 영웅 제도의 장점과 단점에 대해 토론해 보고 내 생각을 써 보자.

2
모든 것을 수령 중심으로

주체사상과 김일성 유일 체제의 확립

북한은 사회주의국가들 간의 국제분업을 통해 경제 발전을 해야 한다
는 소련의 주장을 반대하고 자립 경제 건설을 추진했습니다. 또한 쿠
바 미사일 위기가 일어나자 소련의 평화공존 정책을 비판하고 미국에
대한 강경 대응을 주장했지요.

북한은 1960년대 들어 자신들의 독자적인 정치, 외교, 경제 노선인
주체사상을 내세웠습니다. 김일성은 1965년 인도네시아에서 '사상에
서의 주체, 정치에서의 자주, 경제에서의 자립, 국방에서의 자위'가 주
체사상이라고 밝혔습니다. 그리고 소련과 중국의 영향력어서 벗어나려
고 제3세계 비동맹 국가들과 외교 관계를 강화했습니다.

북한은 주체사상을 확립하는 동시에 김일성 유일 지도 체제를 다져
나갔습니다. 이에 따라 주체사상은 김일성 유일 지도 체제를 뒷받침
하는 논리로 변질되었습니다. 김일성을 수령으로 불렀고 빨치산 활동
은 혁명 전통이 되어 모든 인민에게 교육되었습니다. 1967년 최고인민
회의는 주체사상이 당과 국가의 지도사상임을 선포했습니다. 그리고
1972년에는 주체사상이 반영된 사회주의 헌법을 제정했습니다. 새 헌
법에 따라 최고인민회의의 권한은 약화되고 주석의 권한이 강화되었
지요. 이처럼 주체사상은 수령의 유일 지도를 강조하면서 김일성의 절
대 권력을 뒷받침했습니다.

신격화되는 김일성
김일성의 항일 무장투쟁 경력은 그의
우상화의 중요한 근거가 되었다.

쿠바 미사일 위기

미국은 1959년 수립된 쿠바의 혁
명정부를 무너뜨리려고 군사적인
압력을 가했다. 쿠바는 소련의 미
사일을 도입하며 이에 맞섰다. 핵
전쟁 위기까지 치닫던 미국과 소련
의 대치는 미국이 쿠바를 침공하지
않는다는 조건으로 소련이 미사일
을 철수하면서 해소되었다.

국방 강화를 위해 희생된 경제

1960년대에는 쿠바 미사일 위기와 미국의 베트남전 개입 등으로 국제 정세가 불안했습니다. 여기에 5.16 군사정변으로 집권한 박정희 정권이 한일협정을 맺고 한국, 미국, 일본의 삼각동맹을 구축하자 남북 간의 긴장이 고조되었습니다. 이 무렵 북한은 소련, 중국과의 갈등으로 경제와 군사원조가 줄어들었습니다. 북한은 위기를 극복하려고 국방력 강화와 경제 발전을 동시에 추진하는 국방과 경제 병진 노선을 내세웠습니다. 이와 함께 4대 군사 노선인 '전 인민의 무장화, 전 국토의 요새화, 전 군의 간부화, 전 군의 현대화'를 채택했지요.(1962.12) 그러나 4대 군사 노선은 실제로는 "인민 경제 발전에 제약이 있더라도 우선 국방력을 강화해야 한다."는 노선이었습니다. 북한은 사회 곳곳에 전쟁 위기감을 고조시키고 국방력 강화에 전력을 기울였습니다.

이처럼 안보 논리가 경제 논리에 앞서면서 막대한 군비 지출이 이루어졌습니다. 1960년대 전반 북한의 국방 부문 예산은 20%를 밑돌았으나, 1967년부터 1969년까지 30% 이상을 차지했습니다. 이 때문에 북한의 경제성장은 크게 둔화되었습니다. 1961년부터 시작된 제1차 7개년 계획은 목표 달성에 차질을 빚어 3년 연장된 1970년에야 마무리되었지요. 이처럼 국방과 경제 병진 노선으로 국방력은 강화되었지만 경제 발전에는 실패했습니다.

우리 식대로 살아 나가자

1960년대 중반 이후 북한은 공산권의 분열로 고립무원의 상황에 처했고, 경제성장은 한계에 부딪혔다.

• 모든 것을 수령 중심으로

만경대 관람 행렬
김일성의 생가인 만경대는 성소로 격상되어 외빈이나 북한 인민들이 참관해야 할 곳이 되었다.

1950년대까지 북한은 마르크스레닌주의 원리에 따라 모든 일을 당(조선노동당) 중심으로 처리했다. 그러나 점차 김일성의 항일 무장투쟁 세력을 중심으로 권력을 강화하려는 움직임이 나타났다. 1959년에는 〈항일 빨치산 참가자들의 회상기〉라는 책이 널리 배포되고 이를 모든 인민이 학습했다. 1966년에 열린 조선노동당 2차 당 대표자 대회에서는 김일성이 최고 지도자임을 분명히 했다. 이 대회 이후 김일성에 대한 개인숭배가 높아졌다. 김일성 집안 전체를 혁명적인 가문으로 높이는 작업이 진행되었고 사상 학습도 김일성의 혁명 활동을 중심으로 재편되었다.

1968년부터 북한 전역의 당사 연구실들이 김일성동지혁명역사연구실로 이름을 바꾸었다. 김일성 석고상을 만들어 모든 학습 현장에 설치했고, 혁명 기념비를 북한 곳곳에 세웠다. 이러한 작업은 김정일이 주도했다. 이처럼 북한 사회는 주체사상과 수령의 지도 아래 획일화되었고, 김일성과 김정일의 권위는 신격화되었다.

• 수령화 작업을 어떻게 볼 것인지 토론해 보고 내 생각을 써 보자.

3
대를 이은 김정일

권력 핵심으로 부상한 김정일

1980년 10월, 김정일은 당 중앙위
원회 정치국 상무위원회 위원으로 추
대되었다.

3대 혁명 소조 운동과 3대 혁명 붉은 기 쟁취 운동

3대 혁명 소조는 당의 젊은 일꾼
들이 3대 혁명을 지도하려고 소조
로 조직된 것이다. 이들은 각지에
파견되어 대중들을 지도했다. 3대
혁명 붉은 기 쟁취 운동은 3대 혁
명을 실현하려고 대중들을 동원해
벌인 운동이다.

주체사상의 확산과 후계 체제의 수립

1970년대 들어 북한은 주체사상의 이론화 작업을
진행하여 이를 하나의 보편적인 원리로 제시했습니
다. 주체사상은 사상과 문화와 기술의 혁명을 뜻하
는 '대혁명 운동'을 통해 확산되었습니다. 사상 혁명
은 인민들을 혁명화, 노동계급화하는 것이고, 기술
혁명은 손노동의 기계화를 실현하는 것이며, 문화 혁
명은 사회주의적인 생활양식과 문화를 만드는 것이지요. 김정일은 '3
대 혁명 소조 운동'과 '대혁명 붉은 기 쟁취 운동'을 주도하며 지지 기
반을 넓혀 나갔습니다.

북한에서 후계 문제가 논의된 것은 조선노동당 제5차 대회부터였습
니다.(1970.11) 이때부터 공공연히 '대를 이은 혁명'과 '혁명 위업의 계승'
을 강조하면서 후계 체제 준비 작업이 추진되었습니다. 김정일은 1974
년 조선노동당 중앙위원이 되면서 실질적인 2인자가 되었습니다.

1980년 10월, 조선노동당 제6차 대회에서는 김정일을 '친애하는 지
도자'로 부르며 후계 체제를 공식화하고 당 지도부도 대대적인 세대교
체를 단행했습니다. 이를 통해 혁명 1세대 지도자들을 대신해 실무 역
량을 갖춘 혁명 2세대가 정치 무대에 등장했습니다. 이처럼 김일성의
절대 권력은 후계자인 김정일이 뒷받침하며 더욱 강화되었습니다.

경제 침체

1970년대 북한은 과도한 군사비 지출과 소련과 중국의 원조가 감소하면서 어려움을 겪었습니다. 북한은 인민경제 6개년 계획(1971~1976)과 제2차 7개년 계획(1978~1984)을 추진했지요. 6개년 계획은 비교적 성과가 있었지만, 7개년 계획은 목표를 달성하지 못해 2년의 조정 기간을 두었습니다.

1980년대 북한은 '80년대 속도 창조 운동' 등을 벌이며 생산성 향상을 위해 노력했습니다. 또한 인민 생활의 향상을 위한 경공업 혁명을 강조했지만 성과를 거두지 못했습니다. 북한은 1984년에는 합영법을 만들어 경제 개방과 무역 확대를 추진했지요. 이러한 시도는 선진 자본주의국가들과의 협력을 통해 경제성장을 추구한 것입니다. 그러나 미국이 주도하는 공산권수출통제위원회COCOM의 경제제재와 열악한 투자 환경 등으로 효과를 거두지 못했지요. 1949년 창립한 공산권수출통제위원회는 군사물자로 전용이 가능한 품목의 교역을 통제해 북한 경제의 발전을 가로막았습니다.

3차 7개년 계획(1987~1993)도 사회주의권이 몰락하는 세계사적인 대변화 속에서 소련, 동유럽 국가들과 교역이 끊기며 실패했습니다. 북한 경제의 침체는 내부적으로는 과도한 군사비 지출, 자본과 에너지의 부족, 기술 낙후와 산업 불균형 등이 원인이었지요. 또한 외부적으로는 미국의 대북 경제제재와 사회주의권의 몰락에 따른 교역 대상국 축소 등이 원인이었습니다.

• 집단주의 생활과 집단체조

소년단원 입단식
1946년에 창설된 소년단은 만 7세에서 13세까지 어린이는 의무적으로 가입해야 한다.

북한의 집단주의 생활양식은 생산수단의 개인소유가 철폐되고 생활필수품을 국가가 공급하는 배급제가 실시되면서 자리 잡았다.

북한 사람들은 보름마다 한 번씩 직장에서 받아 오는 식량 배급표로 배급소에서 쌀을 타 온다. 간장, 된장, 식용유, 소금 등은 1년에 한 번 지급되는 식료품 공급 카드를 가지고 상점에서 싼 가격에 산다. 속옷과 인민복도 국가에서 공급한다. 집은 주택 공급 제도에 따라 국가로부터 임대주택을 배정받는다. 그러나 최근 계속된 경제 위기로 이러한 배급 제도는 제대로 운영되지 못하고 있다.

집단주의는 교육과 조직 생활을 통해 습득되었다. 학교에서는 “우리는 일상생활에서 개인주의와 이기주의를 버리고 집단주의 원칙을 실천해야 한다.”고 가르친다. 어린이는 소년단에, 청년은 청년 동맹에 가입하고, 노동자들은 직업 총동맹에, 주부들은 여성 동맹에서 활동한다.

집단체조는 8.15 해방 뒤 중요한 기념일에 공연되어 왔다. 집단체조는 예술성과 사상성을 추구했는데 주민을 동원하여 국가의 정책을 알렸다. 1961년에 창작된 ‘노동당 시대’는 2만 7천여 명이 참가한 작품으로 집단체조의 원형으로 불린다. 이 같은 집단주의 생활과 문화를 통해 북한 사람들은 집단의 이익을 중요시하는 의식을 갖게 되었다.

• 집단주의 생활양식의 장점과 단점에 대해 토론해 보고 내 생각을 써 보자.

4
우리식 사회주의와 경제난

탈냉전과 김정일 체제

1990년대 들어 동구권과 소련이 붕괴하자 북한은 국제사회에서 살아 남으려 노력했습니다. 북한은 한국이 러시아, 중국과 수교하자 1991년 남북한 UN 동시 가입을 받아들였습니다. 그러나 1992년 미국이 북한 의 핵무기 개발 의혹을 제기하자 북한은 전쟁도 불사한다는 벼랑 끝 외교로 맞섰지요. 1994년 북한과 미국은 제네바 기본 합의서에 서명했 지만 핵무기를 둘러싼 갈등은 지금까지 이어지고 있습니다.

1994년 7월 8일, 반세기 동안 절대 권력을 유지해 오던 김일성이 사 망했습니다. 그의 죽음은 북한 사회에 큰 충격이었지만 김정일이 순조 롭게 권력을 이양받고 유훈 통치를 펼쳤습니다. 북한은 1995년과 1996 년 대홍수, 1997년 가뭄으로 심각한 경제난에 빠졌고 많은 인민들이 굶주림을 겪고 식량을 찾아 국경을 넘었지요. 북한은 이 시기를 고난 의 행군으로 선포하고 위기를 헤쳐 나가려 노력했지만 많은 인민들이 굶주림으로 희생되었습니다.

1997년 10월에는 김정일이 노동당 총비서로 추대되며 김정일 체제 의 서막이 올랐습니다. 김정일은 대내외적 위협에 대응하려고 군대를 강화하는 선군 정치를 추진했습니다. 그러나 북한은 경직된 정치, 비생 산적 경제, 대외 고립 등의 문제를 안고 있습니다. 오늘날 북한은 '우리 식 사회주의'를 주장하며 체제 유지에 온 힘을 기울이고 있습니다.

필사의 탈북

탈북한 북한 인민이 일본 총영사관 으로 망명을 시도하다가 중국 공안 에 의해 끌려나오고 있다.(중국 선양, 2002)

유훈 통치

김정일이 김일성의 유훈에 따라 통 치하는 것이다. 김정일은 김일성이 제시한 농업, 경공업, 무역 제일주 의라는 3대 원칙 등을 그대로 따랐 다.

배급을 받기 위해 줄을 선 사람들
북한의 인민들이 국제적십자사가 공급한 밀가루를 배급받고 있다.

바세나르협약

1995년 네덜란드 바세나르에서 세계 33개국이 협의한 조약이다. 이 협약은 '이중 용도' 즉 군사적으로 전용이 가능한 물자의 북한 수출을 금지하고 있다. 이 협약은 펜티엄급 이상 컴퓨터 등을 이중 용도 물자로 규정하고 있다. 이 때문에 남한의 기업들이 사업상 북한에 보내는 장비까지 금지시켜 남북 경제협력의 걸림돌이 되고 있다.

경제 위기의 심화

북한은 제3차 7개년 계획의 실패를 인정하고 1994년부터 3년간을 완충 기간으로 설정했습니다. 또한 경제정책을 농업, 경공업, 무역 제일주의로 전환하고 식, 의, 주 문제의 해결을 선언했지요. 그러나 곡물 수입 감소와 비료 부족, 잦은 수해와 가뭄으로 식량난이 심각해졌습니다.

북한은 사회주의권 시장 상실에 따른 충격을 극복하려고 자본주의 국가들과 교역을 추진했습니다. 그러나 대외 개방과 통상, 교역, 투자의 자유화는 어디까지나 사회주의 자립적 민족경제를 보완하는 것이었습니다.

북한은 외국인투자법 등을 만들고 나진, 선봉 자유경제 무역 지대를 경제특구로 지정했습니다. 그러나 이 사업은 북한의 핵 개발 의혹 등으로 미국과의 관계가 악화되면서 성과를 거두지 못했지요. 또한 미국 등 서방세계는 대 공산권수출통제위원회가 해산된 뒤에도 바세나르협약 등을 통해 여전히 북한에 경제제재를 가하고 있습니다.

오늘날 북한은 남한의 자본과 기술을 끌어들인 개성공단 사업 등을 추진하며 남북 경제협력을 활성화하고 있습니다. 또한 경제 위기를 타개하려고 대미 관계를 개선하려 노력하고 있습니다. 그러나 한편으로는 미사일 발사 실험과 핵무기 실험 등을 통해 미국과 남한을 군사적으로 압박하는 정책을 펼치고 있습니다.

10
가깝고도 먼 남과 북

높아지는 분단의 벽 · 1950~1960년대 남북 관계

겉과 속이 다른 독재자들의 약속 · 1970~1980년대 남북 관계

평화와 통일을 위한 발걸음 · 1990년 이후 남북 관계

1
높아지는 분단의 벽

전쟁 뒤 휴전선에
철조망이 쳐지고 있다

155마일 휴전선(1950년대)

한국전쟁이 끝나고 정전협정이 체결되었지만 (1953.7.27) 서로를 향한 적대감은 풀리지 않았습니다. 휴전협정 뒤 스위스 제네바에서 한국의 통일과 베트남 문제를 다룬 정치 회담이 열렸습니다.(1954.4) 서방 진영은 UN 감시하의 총선거를 주장했고, 공산 진영은 남북한이 총선거를 통해 통일을 이루자고 주장했지요. 그러나 냉전이 한창 달아오른 이 무렵 양 진영 사이의 합의점은 찾기 어려웠습니다.

남한의 이승만 정권과 북한의 김일성 정권은 남북 간의 갈등을 이용해 1인 독재를 강화했습니다. 이승만 정권은 김일성 정권과는 어떠한 대화도 무의미하다고 생각했지요. 이승만 정권이 내세운 북진 통일론은 통일 정책이라기보다는 반공을 내세워 독재를 강화하는 정치 구호에 지나지 않았습니다.

북한은 남북한 군사력 감축, 한반도 평화를 보장하기 위한 협상을 주장했습니다. 이는 북한의 전후 복구를 위해 정전 체제의 안정이 필요했기 때문이었지요. 이 시기 남과 북은 상대 진영에 많은 공작원을 파견하며 치열한 첩보전을 벌였습니다. 이처럼 전쟁은 끝났지만 보이지 않는 경쟁은 계속되었습니다.

북파 공작원과 남파 공작원

정전협정 뒤에도 남과 북의 군사적 대치는 계속되었다. 남한에서는 육군 첩보 부대(HID)가 창설(1952)되어 북파 공작원을 보냈고 북한도 많은 남파 공작원을 보냈다. 1968년 북한 특수부대가 청와대를 습격한 '1.21사건' 이후 북파 공작원들은 '번개 공작' 등의 이름으로 보복 작전을 수행하였다. 이 과정에서 남과 북의 많은 젊은 이들이 희생되었다.

북한의 군사 도발과 반공 독재(1960년대)

4월 혁명 뒤 등장한 장면 정권은 UN 감시하의 남북한 총선거를 주장
했습니다. 북한은 최고민족위원회를 구성해 통일 논의를 한 뒤 총선거
를 하자는 과도적 연방제를 제안했지요.(1960.8) 그러나 장면 정권은 통
일 운동을 탄압하고 남북 교류를 하지 않았습니다.

　5.16군사정변으로 집권한 박정희 정권이 반공을 국가 이념으로 내
걸자 남북 관계는 다시 얼어붙었습니다. 1960년대 중반 한국이 베트남
에 파병하자 북한은 군사 도발을 감행했지요. 이는 안보 불안을 일으
켜 베트남에 파병한 한국군의 철수를 유도한 것이었습니다.

　1968년 1월 21일, 북한의 특수부대원들이 청와대를 습격하려고 서
울 시내까지 침투해 치열한 교전이 벌어졌지요. 이 사건은 남북 관계
를 최악의 위기로 몰아넣었습니다. 공군에서는 북한의 김일성을 직접
공격하려고 특수부대를 만들었는데 이 부대는 영화 '실미도'를 통해
알려졌지요. 1968년 1월 23일, 북한은 미국 첩보함 푸에블로호를 나
포했습니다. 두 사건에 대해 박정희 정권은 전쟁도 불사한다고 했지만,
베트남전쟁에 집중하던 미국은 자제를 요청했습니다. 북한은 이에 그
치지 않고 울진, 삼척 무장 공비 침투 사건(1968.10.30)을 일으켰습니다.

　북한의 군사 도발은 미국과 한국의 군사력을 분산시켜 북베트남을
지원하는 것이었지만, 박정희 정권의 반공 독재를 강화하는 명분을 제
공했습니다. 또한 한국 사회에 반북 의식을 확산시켜 분단의 골은 더
욱 깊어졌습니다.

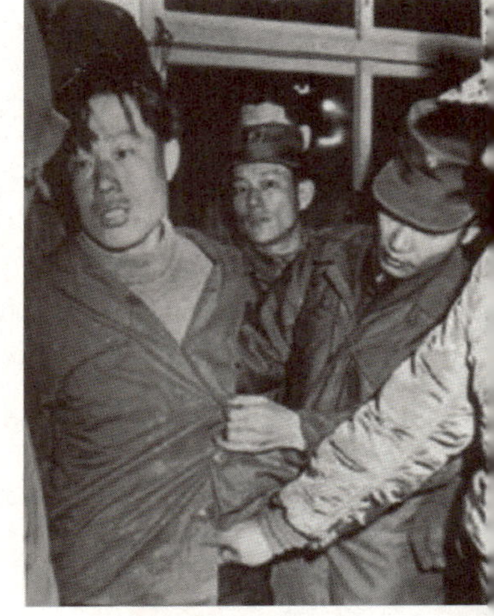

**1968년 1월 21일 생포된
북한 특수부대원 김신조**

푸에블로호 나포 사건

1968년 1월 23일, 북한 해안에서
미국 정보함 푸에블로호가 북한에
나포되었다. 미국은 북한이 첩보
활동을 했다는 증거들을 내놓자 북
한 영해 침범 사실을 인정하고 사
과 서한을 보냈다. 12월 23일 푸
에블로호 생존 승무원 82명과 시
신 1구가 귀환하였고, 선체와 장
비는 북한에 압류되었다.

• 북진 통일론과 평화통일론

이승만은 한국전쟁 전부터 북진 통일론을 주장했고, 전쟁 중에는 휴전을 반대하며 대대적인 북진 통일 궐기 캠페인을 전개했다. 그는 전쟁이 끝난 뒤에도 계속해서 같은 주장을 폈다. 그러나 미국이 한국의 작전권을 가지고 있고, 1953년에 체결된 한미상호방위조약에서 무력을 통한 한국 문제의 해결을 금하고 있기 때문에 북진 통일은 현실적으로 불가능했다. 이승만은 대중들을 동원한 각종 궐기 대회를 통해 북진 통일론을 확산시켜 반공 독재를 강화했다. 전쟁을 겪은 사람들은 이러한 행사를 통해 반공과 반북의 기억을 되새겼고 분단의 골은 깊어졌다.

북진 통일 운동은 1956년 3대 대통령 선거에서 조봉암의 평화통일론을 만나며 위력이 약해졌다. 조봉암은 한국전쟁과 같은 참혹한 동족상잔과 민간인 희생을 낳은 전쟁을 되풀이해서는 안 된다며 평화통일론을 주장했다. 또한 북진 통일론은 유엔과 미국이 반대하기 때문에 현실성이 없음을 지적했다. 1956년 3대 대통령 선거에서 평화통일을 내세운 조봉암은 약 216만 표를 얻어 504만 표를 얻은 이승만 정권을 위협하고 극우 세력을 긴장시켰다.

1958년 1월, 이승만 정권은 진보당이 북한 간첩에게 조종을 받아 평화 통일 방안을 추진했다는 이유로 조봉암을 사형시키고 진보당을 해산시켰다. 그러나 조봉암의 평화통일론은 4.19 혁명 뒤 평화통일 운동의 기폭제가 되었으며 오늘날 많은 사람들에게 받아들여지고 있다.

• 이 시기 북진 통일론이 평화통일론보다 사회적으로 더 많이 받아들여진 원인은 무엇인지 생각을 써 보자.

2
겉과 속이 다른 독재자들의 약속

7.4 남북공동성명과 두 개의 헌법(1970년대)

1969년 닉슨 독트린이 발표된 뒤 동서 화해의 분위기가 무르익자 박정희 정권은 남북 관계를 개선해 떨어진 지지도를 만회하려 했습니다. 북한도 지나친 국방비 지출을 줄이려고 남북대화에 나섰지요.

1970년 남북한 사이의 장벽을 없애자는 8.15 선언을 시작으로 남북 적십자 회담이 진행되었습니다. 그리고 1972년 7월 4일, 자주, 평화, 민족 대단결의 통일 원칙에 합의한 7.4 남북공동성명이 발표되었지요. 분단 뒤 처음으로 남과 북이 합의한 성명으로 온 나라는 감격의 도가니에 빠졌습니다. 그러나 합의에 따라 설치된 남북조절위원회는 의견 차이를 좁히지 못하고 결렬되었지요. 7.4 남북공동성명은 남북대화의 문을 열었다는 점에서 의의가 있지만 남북 화해를 위한 실질적인 조치는 없었습니다. 오히려 남한에서는 유신헌법이,(1972.12.17) 북한에서는 사회주의 헌법이(1972.12.27) 선포되며 체제 경쟁이 달아올랐지요. 이처럼 박정희 정권과 김일성 정권은 평화통일에 대한 민중들의 열망을 이용해 정권을 강화하는 데 급급했습니다. 그 뒤 육영수 여사 저격 사건(1974.8)과 8.18 사건(1976.8.18) 등이 일어나면서 남북 관계는 다시 평행선을 달렸습니다.

7.4 남북공동성명(위)

1972년 7월 4일, 중앙정보부장 이후락이 7.4 남북공동성명을 발표하고 있다.

8.18 사건(아래)

판문점 공동경비구역 내에서 미루나무 가지를 치던 미군을 북한군이 공격해 미군 장교 2명이 사망한 사건이다. 이 때문에 전쟁 위기가 고조되었으나 김일성이 유엔에 유감을 표명하면서 일단락되었다.

남북 이산가족 상봉

남북 교류와 북풍(1980년대)

1980년, 북한은 고려민주연방공화국이라는 새로운 통일 방안을 제안했습니다. 이는 서로 다른 사상과 제도를 가진 남과 북의 정부를 인정하고, 외교권과 군사권을 행사하는 중앙 정부를 만들자는 것이지요. 전두환 정권은 남북 교류에 중점을 둔 민족 화합 민주 통일 방안을 제시했습니다.(1982) 그러나 이러한 통일 방안은 자신의 체제를 정당화하는 구호에 그쳤습니다.

1980년대 남북 관계는 갈등과 화해가 반복되었습니다. 북한은 버마(미얀마)를 순방 중인 전두환 정권의 요인들에게 테러를 가해 국제적인 비난을 받았습니다.(1983.10) 1984년, 북한은 남한에 홍수가 나자 수재 물자를 지원해 남북 대화가 재개되고 이산가족 상봉이 이루어졌습니다. 그러나 1986년, 북한이 한국과 미국의 연합 작전인 팀스피리트 훈련의 중지를 요구해 교류가 중단되었지요. 불안한 남북 관계는 한국 정치에 큰 영향을 주었습니다. 전두환 정권은 북한이 수공 작전용으로 만든 금강산댐을 막아야 한다며 평화의 댐 건설 모금 운동을 대대적으로 벌였지요.(1986) 그러나 이는 안보 위기감을 조성해 독재를 연장하려는 거짓말로 드러났습니다.

12대 대통령 선거(1987)를 앞두고 대한항공 858기 폭파 사건이 일어나자 노태우 후보는 반공을 내세워 표를 모았습니다. 이처럼 한국의 반공 보수 세력은 남북 갈등을 이용해 정치적 입지를 강화하고 분단의 상처를 깊게 했습니다.

대한항공 858기 폭파 사건

1987년 11월 29일, 승객 119명을 태운 바그다드발 서울행 비행기가 버마(미얀마) 상공에서 폭발했다. 범인은 북한 공작원 김승일과 김현희로 밝혀졌고, 김승일은 자살하고 김현희는 체포되었다. 12월 15일, 서울로 압송된 김현희가 비행기에서 내리는 모습은 텔레비전을 통해 생중계되었고, 대통령 선거일인 12월 16일 일간지 1면을 채웠다. 이는 반공을 내세운 노태우 후보가 당선되는 데 영향을 주었다.

• 동상이몽 7.4 남북공동성명

1972년 7월 4일, 반공 체제의 수호자였던 이후락 중앙정보부장이 서울에서 7.4 남북공동성명을 발표하였다.

1. 쌍방은 다음과 같은 조국 통일 원칙들에 합의를 보았다.
첫째, 통일은 외세에 의존하거나 외세의 간섭을 받음이 없이 자주적으로 해결하여야 한다.
둘째, 통일은 서로 상대방을 반대하는 무력 행사에 의거하지 않고 평화적 방법으로 실현해야 한다.
셋째, 사상과 이념, 제도의 차이를 초월하여 우선 하나의 민족적 대단결을 도모하여야 한다. (이하 생략)

그러나 남과 북은 공동성명의 문안에 대해 처음부터 이견을 보였다. 북한은 주한 미군을 외세로 규정하고 "미국은 더 이상 우리나라 내정에 간섭하지 말고 물러가야 한다."고 주장했다. 그러나 이후락 중앙정보부장은 서울에서 기자회견을 열고 "유엔은 외세가 아니며 남북한 인구 비례에 따른 총선거라는 대한민국의 기본적인 통일 방안에 변화를 가져오는 것은 아니다."라고 했다. 1972년 11월 30일, 남북 정부 대표는 남북조절위원회를 열고 회담을 시작했다. 그리고 대남, 대북 비방 방송 중지, 삐라 및 전단 살포 중지 등에 합의했다. 그러나 주한 미군 문제, 군축 문제 등 본질적인 문제는 의견 접근을 보지 못한 채 무산되고 말았다. 이처럼 7.4 남북공동성명은 박정희 정권과 김정일 정권의 정치적 이해관계에서 출발했기 때문에 실질적인 남북 관계의 진전을 이뤄 내지 못했다.

• 박정희 정권과 김일성 정권이 7.4 남북공동성명에 합의한 이유에 대해 토론해 보고 내 생각을 써 보자.

3
평화와 통일을 위한 발걸음

베를린장벽의 붕괴
베를린장벽이 붕괴되자 북한은 체제를 지킬 수 있는 길을 찾아야 했다.

이인모 노인 송환
1993년 3월 19일, 비전향 장기수로서 43년 만에 송환된 이인모 노인이 가족 앞에서 오열하고 있다.

탈냉전과 북한 핵 문제(1990년대)

1980년대 말 소련과 동구권이 몰락하고 독일이 통일되는 세계사의 격변이 일어나자 북한은 서방과의 경제 교류가 절실해졌습니다. 북한은 미국, 일본과 수교하려면 남북 화해가 중요함을 깨닫고 대화에 나섰지요. 1990년 9월부터 총리를 대표로 하는 남북고위급회담이 열렸고, 남북한이 동시에 유엔에 가입했습니다.(1991.9.17) 이는 국제사회가 대한민국과 조선민주주의인민공화국을 인정한 것으로, 정통성 논쟁은 종지부를 찍었습니다. 그러나 정전 체제를 평화 체제로 바꾸고 상대방을 부정하는 실정법도 개정해야 하는 과제를 남겼습니다.

제5차 남북고위급회담에서는 남북 사이의 '화해와 불가침, 교류, 협력에 관한 합의서'가 채택되었습니다. 그러나 미국이 북한의 핵 개발 의혹을 제기하면서 대화는 중지되었지요. 1993년, 김영삼 정권은 인도주의에 따라 비전향 장기수 이인모 씨를 송환했습니다.(1993.3.19) 북한 핵 문제도 미국 대통령을 지낸 카터가 북한을 방문하면서 해결의 실마리가 잡혔지요. 그러나 김일성 주석이 사망하고(1994.7) 재야인사들과 학생들이 조의를 표한 조문 사건이 일어나자 남북 관계는 다시 어려움에 빠졌습니다.

화해와 공존을 위한 노력(1998년 이후)

1998년 출범한 김대중 정권은 대북 화해 정책인
햇볕정책을 추진했습니다. 1998년, 정주영 현대
그룹 회장은 5백 마리의 소 떼를 몰고 판문점을
거쳐 북한을 방북했습니다. 소 떼 방북 뒤 남북
화해의 분위기가 무르익으며 금강산 관광 사업을
비롯한 경제협력이 확대되었습니다.

6.15 남북공동선언
2000년 6월 13일, 남북의 두 정상
이 만나 6.15 남북공동선언에 합의
하였다.

2000년 6월 13일, 남한의 김대중 대통령과 북
한의 김정일 국방위원장이 만나 통일 문제와 남
북 관계의 기본 방침을 담은 6.15 남북공동선언에 합의했습니다. 정상
회담 뒤 장관급 회담이 잇달아 열려 이산가족의 상봉이 이루어졌지요.
그러나 2001년 미국의 보수 강경파인 부시 정권이 집권하면서 북한을
악의 축으로 지목하자 남북 관계는 악화되었습니다. 2003년 출범한 노
무현 정권은 김대중 정부의 햇볕정책을 이어받아 남북 경제협력과 교
류를 강화했지요. 특히 개성공단 사업은 남한의 자본과 기술이 북한
의 노동력과 만나 경제적인 상승 효과를 낳고 있습니다.

	남한	북한
노태우 정부	한민족 공동체 통일 방안 : 자주, 평화, 민주의 원칙.	고려민주연방공화국 – 남북의 사상과 제도를 긴정하고 같은 권한과 의무 갖는 연방 창립.
김영삼 정부	3단계 민족 공동체 통일 방안 화해 협력, 남북 연합, 통일.	
김대중 정부	6.15 남북공동선언 2조 – 남과 북은 남측의 연합 제안과 북측의 낮은 단계의 연방 제안이 서로 공통성이 있다그 인정하고 통일을 지향시켜 나가기로 하였다.	

• 북한 핵 문제

1990년대 초 사회주의국가들이 몰락하자 북한은 적극적인 대외 관계 개선에 나섰다. 미국은 핵 개발 의혹을 제기하며 북한을 고립시키려 했다. 이러한 가운데 국제원자력기구가 영변 핵 시설에 대한 사찰을 결의하자 북한은 핵확산금지조약NPT을 탈퇴했다.(1993.3) 북한 핵 위기는 미국 대통령을 지낸 카터가 북한을 방문하면서 풀리기 시작했다.(1994.6) 1994년 10월, 북한과 미국은 핵 개발 동결과 미국의 경수로 건설 제공을 내용으로 하는 제네바 기본 합의서를 채택했다. 그러나 미국이 북한을 불량 국가로 지목하며 합의를 이행하지 않았다.

김대중 정권이 햇볕정책을 펼치자 대북 강경책을 고수하던 미국의 태도에도 변화가 생겼다. 북한의 조명록 특사와 클린턴 정권의 올브라이트 국무 장관은 각각 워싱턴과 평양을 방문하여 북미 간의 화해 분위기를 만들었다.(2000.10) 그러나 대북 강경파인 부시 정권이 출범하면서 북미 관계는 얼어붙었다.(2001.1) 부시 대통령은 북한을 이라크, 이란과 함께 악의 축으로 지목하고 선제공격할 수 있다며 위협했다.(2002.1) 부시 정권이 핵 개발 의혹을 제기하며 중유 공급을 중단하자 북한은 NPT를 다시 탈퇴했다.(2003.1)

현재 북한은 대미 평화협정이 체결되면 핵을 포기할 수 있다는 입장을 갖고 있다. 미국은 북한이 핵을 포기하면 북미 관계를 정상화시킬 수 있다는 입장을 갖고 있다. 한편, 국제사회는 북한 핵 문제를 6자 회담을 통해 해결하려고 노력하고 있다.

• 북한 핵 문제를 해결하기 위해 어떠한 노력이 필요한지 토론해 보고 내 생각을 써 보자.

• 북한 인권 문제

북한은 사회주의혁명과 건설에 반대하는 적대 계층에게 독재를 실시해 왔다. 적대 계층은 해방 후 토지개혁에 반대한 지주들을 비롯해 사회주의 나 주체사상에 반대하는 사람들을 가리킨다. 이들에 대해서는 각종 규제 뿐만이 아니라 인권 탄압이 가해지고 있다.

국제사회는 북한의 인권 문제를 지적하며 개선을 요구하고 있다. 북한 의 중요한 인권 침해 사례로 지적되는 것은 개인적 자유와 권리의 제약을 비롯해 공개 처형, 정치범 수용, 성분 분류에 의한 인민들의 차별 대우 등 이 있다.

북한은 개인의 자유보다 물질적 보장이 중요하다는 '우리식 인권'을 내 세우고 있다. 즉 인권을 설명할 때 언론, 출판, 집회, 결사의 자유보다 완전 고용, 무상 치료, 무상교육, 무상 주택 등을 강조한다. 즉 인민의 물질적 기초를 보장하지 못하면서 개인의 권리와 자유를 인정하는 것은 무의미 하다는 것이다. 그러나 계속된 경제난으로 인해 인민 생활의 물질적 기초 가 흔들리면서 '우리식 인권'은 무너지고 있으며 북한 주민의 이탈은 늘어 나고 있다.

• 북한의 우리식 인권의 문제점은 무엇인지 토론해 보고 이를 개선하려면 어떠 한 노력이 필요한지 내 생각을 써 보자.

1912
1908
1970
1974
1971
1978
1997
1993

땀방울로 이룬 경제성장

1875
1910

01

제국주의 경제 침탈

빠져나가는 쌀과 밀려드는 옥양목 · **개항 뒤 경제 변화 1876~1896**

서양의 경제를 배우자 · **광무개혁의 실패 1896~1905**

일본의 경제 침탈과 저항운동 · **화폐 정리 사업과 국채보상운동 1904~1910**

1
빠져나가는 쌀과 밀려드는 옥양목

일본과 청의 상권 침탈

개항이 되자 조선 경제는 커다란 변화를 겪었습니다. 일본 상인들은 개항장에서 수출입 관세를 면제받으며 쌀을 사고 영국에서 수입한 광목을 팔았습니다. 많은 객주와 보부상들이 일본 상인과 거래를 하려고 개항장으로 몰렸지요. 사람들은 서양 광목이 옥처럼 곱다며 옥양목이라 불렀습니다. 그러나 옥양목이 수입되면서 면직물을 생산하던 농민들과 면화 재배 농가의 피해가 늘었습니다. 게다가 일본 상인들은 치외법권을 이용해 환율을 조작하거나 가격을 속여 파는 횡포를 부렸습니다.

1882년 임오군란 뒤 조청상민수륙무역장정이 체결되고 내지 통상권이 허용되자 청나라 상인들이 몰려왔습니다. 청나라 상인들은 내륙 통상이 허용되자 생산지나 포구에 와서 직접 거래했지요. 또한 도매상인 객주를 포섭해 농촌 소상인까지 장악했습니다. 1893년 무렵에는 청과 일본 상인이 조선 경제에서 차지하는 비중이 거의 비슷해졌지요.

1894년 청일전쟁 뒤에는 일본 상인이 다시 조선 시장을 지배했습니다. 일본은 공업화에 필요한 원료와 식량을 조선에서 값싸게 사들이고 공산품을 팔았습니다. 특히 조세 징수권과 해관세 수입을 담보로 차관을 제공해 조선을 재정적으로 지배하려 했지요. 또한 일본 대자본가들은 전주, 군산, 나주 등에 대규모 농장을 경영해 곡물을 대량으로 유출했습니다.

빠져나가는 쌀을 막으려 했지만

산업화를 추진하던 일본은 노동자의 저임금을 유지하려고 조선에서 쌀을 대량 수입했습니다. 일본은 1883년 조일통상장정을 수정해 쌀을 안정적으로 가져갔습니다. 쌀이 부족해지자 농민들은 보릿고개를 견디려고, 봄철에 자라는 벼를 미리 파는 입도선매를 했지요. 일본 상인들은 30%의 이자로 돈을 빌려 주고 여름에 벼를 예약했다가 가을에 가져갔습니다. 곡물이 유출되자 국내에서는 쌀값이 폭등하고 식량이 부족해졌습니다.

1889년 10월, 함경도 관찰사 조병식은 함경도 지역에서 쌀 수출을 금지하는 방곡령을 선포했습니다. 그러나 일본은 쌀 수출 금지 1개월 전에 알려야 한다는 조일통상장정을 들어 거액의 배상금을 요구했습니다. 결국 조선 정부는 배상금을 지불하고 방곡령을 해제했지요. 문호 개방 뒤 무기를 만드는 기기창(1883), 화폐를 제조하는 전환국(1883), 운송 회사인 대동상회(1894), 출판 회사인 광인사, 선박 회사인 기선회사(1889) 등 근대 회사가 생겼습니다. 그러나 규모가 작고 근대적인 경영이 뒷받침되지 않아 외국 회사와의 경쟁에서 밀렸습니다.

방곡령 선포 지역

일본이 조선의 쌀을 대량 수입해 식량난이 생기자 방곡령이 선포되었다.

조일통상장정(1883)

37조 : 만일 조선국에 가뭄, 수해, 병란 등의 일이 있어 국내 식량 결핍을 우려하여 쌀의 수출을 금지하고자 할 때는 반드시 1개월 전에 지방관이 일본 영사관에 통고해야 한다.

• 조일통상장정은 1876년 강화도조약 때 맺어졌다. 일본은 쌀을 안정적으로 확보하려고 1883년에 방곡령 조항을 추가했다.

• 밥, 커피, 자장면, 우동

우리 선조들은 오랫동안 밥, 김치, 국과 찌개를 기본으로 나물이나 생선 그리고 장아찌나 젓갈 같은 반찬을 곁들인 식사를 했다. 개항 뒤에도 이러한 식단은 크게 바뀌지 않았지만 도시 사람들은 시장과 상점을 다니면서 밀려오는 새로운 음식을 먹었다.

서양 음식은 개항 뒤 세워진 외국어학교를 통해 처음으로 소개되었다. 외국어학교에서는 양식 파티를 열어, 다른 학교 학생들을 초대하고 서양 요리를 대접했다. 유길준은 〈서유견문〉(1895)에서 "서양 사람들의 음식물은 빵, 버터, 생선, 고기류가 주식이고 차와 커피는 우리나라에서 숭늉 마시듯 한다."고 소개했다. 독일 여성 손탁은 고종에게서 하사받은 서울 정동 땅에 2층 양옥을 지어 객실, 식당, 연회장을 갖춘 손탁 호텔을 지었다. 이곳은 서양 요리를 먹을 수 있는 우리나라의 첫 레스토랑이었다.

개항 뒤 중국 음식점이 일본 음식점보다 먼저 조선에 생겼다. 1882년 임오군란 때 군인들과 함께 중국 상인들이 들어오면서 중국 음식점이 생겼다. 가장 인기를 끈 자장면은 1899년 무렵 인천의 차이나타운에서 만들어졌다. 중국 음식점은 중국인이 많이 사는 북창동 일대를 비롯해서 인천과 평양 같은 곳에 많이 생겼고, 일제 말기에는 중국 음식점이 3백여 개나 되었다. 개항 뒤 일본 사람들이 늘면서 일본 음식인 우동, 단팥죽, 일본 과자, 다꾸앙(단무지), 어묵, 초밥 등이 들어와 널리 퍼졌다. 일본 음식점은 1895년, 3백 명 남짓한 일본 사람이 살던 진고개(명동)에 처음 생겼다. 그 뒤 일제강점기를 거치면서 일본 음식은 차츰 조선 사람들에게 익숙해졌다.

• **외국 음식이 들어오면서 생긴 식생활의 변화는 무엇인지 써 보자.**

2
서양의 경제를 배우자

낯선 자본주의경제

개항 뒤 외국 자본 침투에 대항해 자본주의 근대 경제를 수립하려는 노력이 있었습니다. 경강상인들은 증기선을 구입했고, 개성상인들은 무역업까지 사업을 확장해 상권을 유지했습니다. 그러나 외국 상인의 내륙 침탈이 허용되면서 어려움을 겪었습니다. 서울의 시전 상인들은 황국중앙총상회(1898)를 조직해 상권 수호 운동을 벌였습니다.

대한제국의 상공업 진흥 정책에 따라 종로 직조사, 한성 제직 회사, 연초 공장, 사기 공장 등이 설립되었습니다. 상인들은 합자회사를 세웠고 지주나 관료들은 은행이나 기업에 투자했지요. 그러나 근대적인 유통 체계와 금융 제도가 미비해 어려움을 겪었고 을사조약 뒤 일본의 유통기구에 편입되었습니다.

대한제국 시기에는 철도, 의학 등의 기술학교가 설립되고 전기, 전차, 통신 등의 근대 시설이 만들어져 실생활이 변화되었습니다.

일본 금융기관이 침투하고 일본 상인의 고리대금업이 성행하자 내국인들도 은행을 설립했습니다. 최초의 은행인 조선은행은 관료 자본이 중심이 된 민간은행으로 국고 출납 업무를 대행했습니다. 이어서 한성은행, 천일은행 등의 민간은행이 설립되었지만 모두 자금 부족과 일본의 방해 공작으로 실패했습니다.

경제난과 활빈당

광무 정권은 근대적인 토지소유권을 확립하려고 양전 사업을 실시하고 근대적인 토지 문서인 지계를 발급했습니다. 그러나 지계 발급으로 지주의 소유권은 인정되었지만 소작인의 경작권이 무시되면서 농민들의 삶은 어려워졌지요.

농민들은 고율의 소작료, 고리대, 세금을 내지 못해 농업 노동자가 되거나 광산, 부두, 철도 등에서 품을 팔았습니다. 수공업자나 소상인들도 외국 상인의 내지 통상이 허용되고 일제의 조세 수탈이 강화되자 대부분 무너졌습니다. 노동자들은 임금 인상과 근로조건 개선 등 경제적인 요구를 했지만 외국 기업주들의 무력 진압과 조선 정부의 타협으로 좌절되었습니다.

동학농민운동 뒤에도 조세 수탈과 높은 소작료에 항의하는 농민 봉기는 계속되었습니다. 조선 후기에 발생한 활빈당은 양반 부호의 집이나 행상을 터는 도적이었지만 개항 뒤 사회 모순이 깊어지자 의적으로 변신했지요. 활빈당은 대한사민논설 13조목을 발표하고 양반 부호나 지방 관청, 일본 상인의 재물을 약탈해 빈민에게 나누어 주었습니다.(1900.4) 이들은 열강의 이권 침탈 반대, 방곡령 실시, 균전제 실시 등을 주장했지만 봉건사상을 벗어나지는 못했습니다. 활빈당은 1905년 을사조약 체결을 전후해 의병 전쟁에 주도적으로 참여했지요. 구한말 민중들의 저항은 항일 의병 전쟁의 밑거름이 되었습니다.

부두에서 일하는 노동자들

개항 뒤 부두, 광산, 철도 등 외국인의 경제 침탈이 있는 곳을 중심으로 노동자들이 늘어나기 시작했다.

대한 사민논설 13조

1. 요순의 법을 행할 것.
2. 선왕의 복제를 본받을 것.
5. 방곡을 실시하여 구민법을 채용할 것.
6. 시장에 외국 상인 출입을 엄금할 것.
8. 금광 채굴을 금할 것.
9. 사전을 혁파하고 균전법을 시행할 것.
10. 곡가를 낮추어 안정시킬 것.
13. 철도 부설권을 허락하지 말 것.

• 국내 회사와 외국 회사

대한제국 시기에는 근대적인 회사를 세우려는 노력이 전개되었다. 그러나 근대적인 금융과 유통 체계가 마련되지 않은 상태에서 근대적인 회사가 성장하는 데 어려움이 있었다.

대조선 저마(삼베의 한 종류) 제사(실을 만드는 산업) 회사는 상해에 있는 비단 제조소에 국내에서 생산되는 삼과 모시로 실을 만들어 수출할 목적으로 내외국인 합자로 1897년 설립되었다. 회사의 주식 공모를 위한 독립신문 1897년 6월 12일 자 논설을 보면 "만일 조선에서 삼과 모시를 많이 심어 이 법으로 실을 만들 것 같으면 금광보다도 백 배가 이득이 있고 이 회사에 자본을 내어 증서를 사 두는 것은 상등 논 사는 것에서 삼백 갑절이 이득이 있는 지라……." 이 회사는 수익성이 높은 것으로 평가되었으나 공장 건립을 보지 못하고 중단되었다.

이와 달리 외국 상인들은 풍부한 자본과 근대적인 경영 문화를 가지고 우리나라에서 기업을 일으켰다. 일본 상인들은 불평등조약으로 얻은 무관세 조항이나 치외법권 등의 특권을 가지고 조선에서 사업 분야를 확장시켜 나갔다.

고래라는 일본인은 1880년 부산에 건너와 잡화상을 운영했다. 1888년에는 영국제 모직 면사의 취급상으로 일본 오사카 상존과 제휴하여 영국제 모직을 수입하고 나가사키 홈링거 상회를 통해 맨체스터로부터 직수입하여 조선에 판매했다. 후에는 일본 면직물을 팔아 부산, 인천, 한성, 목포, 대구 등지에 지점을 가진 자산가로 성장, 후에 면화 밭을 매수하여 농장 경영을 시작하고, 1922년에는 경기도, 전라도, 경상도 등에 1300여 정보의 토지를 소유했다.

• 대한제국 시기 국내 회사가 실패한 이유는 무엇인지 써 보자.

3
일본의 경제 침탈과 저항운동

동양척식주식회사

동양척식주식회사는 1908년 12월 일본이 조선의 토지와 자원을 수탈하려고 설립하였다.

일제, 조선을 마음껏 수탈하다

러일전쟁에서 승리한 일본은 철도 부지와 군용지를 확보하려고 토지를 약탈했습니다. 토지 약탈은 조선을 식민지로 만들려는 기초 작업이었지요. 일본은 약탈한 토지를 동양척식주식회사와 여러 식민회사에 나누어 주고 일본에서 이주한 농민들에게 싼값에 팔았습니다.

1차 한일협약(1904) 뒤 재정 고문이 된 메가다는 화폐 정리 사업을 실시했습니다. 일본은 조선 화폐인 백동화의 품질에 따라 일본 화폐인 엔화를 교환해 주었지요. 이에 따라 상태가 좋은 갑종은 제값인 2전 5리를 받았지만, 보통인 을종은 1전, 나쁜 병종은 전혀 값을 받지 못했습니다. 이 때문에 많은 조선인들이 가진 백동화가 을종과 병종 판정을 받았고 사람들은 가만히 앉아서 재산을 잃었습니다. 화폐 정리 사업으로 교환된 백동화는 일본인이 455만 원, 조선인과 청국인이 합해 388만 원이었지요. 여기에 조선인들이 교환을 거부해 가진 화폐가 무효화되는 경우도 많았습니다.

일본은 식민지 경영비를 마련하려고 대한제국의 조세제도를 개편했습니다. 호구조사를 실시해 조세 징수 대상인 호수를 두 배로 늘렸고, 토지세를 늘리려고 기초 조사를 했지요. 이 밖에 가옥세, 연초세, 주세 등 세금 종류를 늘려 재원을 확보했습니다.

우리 재산을 지키자

일제는 황무지 개간을 이유로 토지를 약탈했습니다. 일제의 토지 침탈에 대해 보안회를 중심으로 황무지 개간권 반대 운동이 일어났지요.(1904) 보안회는 황무지를 우리 손으로 개간할 것을 주장해 일본의 요구를 1909년까지 지연시켰습니다. 또한 농광 회사를 만들어 황무지를 사들이고 개간하는 운동을 벌였습니다.

일본은 본격적인 차관 제공을 통해 조선 경제를 일본에 종속시키고 내정간섭을 강화했지요. 일제 차관에 의한 경제 예속을 막으려고 대구의 국채보상기성회를 중심으로 국채보상운동(1907)이 전개되었습니다. 1907년 2월 대구에서 시작된 국채보상운동은 대한매일신보 등의 신문을 통해 전국으로 확산되며 1년간 계속되었지요. 많은 사람들이 금연을 하며 모금 운동을 했고, 부녀자들과 어린이들까지 참여해 3개월 만에 230만여 원을 모았습니다. 그러나 일제는 국채보상운동의 지도 부인 배설과 양기탁 등이 성금을 횡령했다고 모함하고 투옥시켰습니다. 국채보상운동은 실패했지만 일제의 경제 지배를 막으려 노력했다는 의의와 함께 국권 회복과는 거리가 있었다는 한계가 있습니다.

농민들은 높은 소작료와 외국 상인들의 수탈을 피해 만주와 연해주로 이주했습니다. 이들은 주로 농업에 종사하면서 독립운동 자금을 모았고 이들이 터전을 닦은 곳은 후에 독립운동 기지가 되었습니다.

• 국채보상운동을 어떻게 볼 것인가?

국채보상운동은 일본에서 들여온 빚 1300만 원을 갚기 위해 1907년 2월 중순 대구에서 시작되어 1년 동안 계속되었다. 전국에서 20여 개 단체가 조직되었고, 국왕으로부터 전, 현직 고위 관리, 상인, 지식인, 부녀자 등 상층민과 노동자, 백정, 기생 등 하층민까지 골고루 참여해 군 단위의 모금 운동이 전개되었다. 사람들은 담배를 끊고 그 값을 보내거나 패물과 돈을 보냈다. 그 결과 1907년 5월 말까지 230만 원이 모금되었다. 그러나 일제의 탄압과 지도부의 분열 등으로 목적을 이루지 못했다. 국채보상운동은 국가의 위기 극복과 외채 상환이라는 점에서는 그럴듯해 보인다. 그래서 우리는 이 운동의 실패에 대해 아쉬움을 갖고 있는지도 모른다. 이러한 논리에 따르면 각계각층의 사람들이 자발적으로 돈을 모아 빚을 갚으려 했던 국채보상운동을 일제가 탄압해 실패하면서 빚을 갚지 못했고, 결국 일제의 식민지가 되었다는 것이다.

그러나 국채보상운동을 다르게 볼 수도 있다. 1905년 을사조약이 체결되고, 대한제국은 이른바 보호국이 되었다. 그런데 이러한 보호국화는 외채 도입과 직접 관련이 없다. 보상금 모금이 한창이던 1907년 7월 중순, 고종은 황제에서 쫓겨났고, 7월 24일에는 정미조약에 의해 정부 각부에 일본인 차관이 들어와 실권을 장악했다. 7월 31일에는 군대가 강제해산당했다. 이러한 상태였기 때문에 만약 1300만 원의 빚을 모두 갚는다고 하더라도 나라는 망할 수밖에 없었다. 이처럼 국채보상운동은 식민지화가 진행되는 상황을 잘못 이해한 상태에서 진행되었다고 볼 수 있다. 또한 부채 도입 책임자의 처벌과 부채 사용자의 상환이 당연한 것임에도 이에 대해서는 주목하지 못한 채 단순히 부채 상환이 국민의 의무라는 비약된 논리 아래 전개되었다.

• 국채보상운동을 어떻게 볼 것인지 토론해 보고 내 생각을 써 보자.

02

일제의 경제 지배

땅은 빼앗고 조선인 회사는 누르고 · **토지조사사업과 회사령 1910~1919**

빛 좋은 산미 증식과 회사령 폐지 · **산미 증식 계획 1920~1933**

모든 것을 전쟁에 동원하라 · **병참기지화 정책 1930~1945**

땅은 빼앗고 조선인 회사는 누르고

토지조사사업(1912~1918)
1910년 동양척식주식회사의 소유
지는 11036정보에서 토지조사사업
이 끝난 1919년에는 79631정보로
늘어났다.

꿩 먹고 알 먹는 토지조사사업

한일합병 뒤 일본은 조선을 부족한 쌀을 보충할 안정적인
식량 공급지로 만드는 정책을 추진했습니다.

일제는 토지조사사업을 실시해 과세 대상 토지를 80%
이상 늘렸고, 황실과 관공서가 소유한 국유지를 강제로
빼앗았습니다. 소유권이 불분명한 사유지도 일본인 소유
가 되었지요. 이 때문에 동양척식주식회사는 대지주가 되었고, 일본인
지주들이 늘어났습니다. 토지조사사업은 근대적인 토지 소유관계를
만들어 경제 발전의 틀을 놓았다는 의미가 있었습니다. 그러나 이 사
업은 일제의 원활한 식민지 경영을 위한 것이었습니다. 조선총독부는
안정적으로 지세를 거두려고 지주의 소유권을 강화했습니다. 이 때문
에 소작농들은 대대로 보장받던 경작권을 잃었지요. 조선인 지주들은
토지조사사업으로 권리가 강화되자 일제에 우호적으로 협조했습니다.
일제는 혜택을 입은 지주들을 포섭해 쌀의 안정적인 공급을 보장받고,
식민 지배에 충실한 협조자로 만들었습니다.

농지 면적 변화(단위 : 정, 1정은 약 10000㎡)

연도	1910.12	1918.12	증가 면적	증가율(%)
면적 추이	2,399,842.0	4,342,091.0	1,942,249.0	80.93

조선인 회사는 막고 자원은 가져가고

일제는 조선을 식민지로 만들자마자 회사령을 발표했습니다. 회사령에 따르면 조선 사람이 공장이나 회사를 세우려면 총독의 허가를 받아야 했지요. 게다가 총독은 사업 정지와 회사를 해산하는 권한까지 가졌습니다.

일본은 조선인 기업의 성장을 가로막아 조선인들의 경제 자립을 차단하려 했습니다. 또한 선진 자본주의국가들보다 부족한 자본축적을 조선에서 만회하려 했지요. 회사령 때문에 조선인 기업가들은 성장할 길이 막혔습니다. 그 대신 일본인 기업가들이 철도, 항만, 통신, 항공, 도로 등을 독점해 막대한 이익을 얻었지요. 여기에 조선총독부는 수익률이 높은 담배, 인삼, 소금 등을 전매품으로 만들어 막대한 재정수입을 올렸습니다.

일제는 조선의 자원을 마음껏 약탈했습니다. 일제는 삼림령(1911)과 임야 조사 사업(1916)으로 전체 삼림 가운데 60%를 국유림으로 만들어 차지했습니다. 또한 어업령(1911)을 선포해 수산자원을 빼앗고, 광업령(1915) 으로 광물자원을 가져갔습니다. 회사령과 자원 수탈로 조선은 일본의 상품 시장과 원료 공급지가 되었습니다.

회사령

제1조 : 회사의 설립은 조선 총독의 허가를 받아야 한다.
제2조 : 회사의 본령이나 혹 본령에 의거하여 발하는 명령과 허가 조건을 위반하거나 …… 조선 총독은 사업의 정지, 지점의 폐쇄 또는 회사의 해산을 명한다.

1910년대 회사 설립 상황 (조선총독부 통계 연보)

연도	조선인이 세운 회사		일본인이 세운 회사	
	회사 수(개)	자본금(단위:원)	회사 수	자본금
1910	27	2,742	158	78,363
1918	63	11,404	368	409,967

• 일제가 토지조사사업을 한 까닭은?

토지조사사업은 전국 농경지의 면적을 정확하게 파악하고 소유권자를 법적으로 확정하는 사업이었다. 일제는 토지조사사업을 통해 많은 것을 얻었다.

첫째, 일제는 식민 통치 비용을 식민지에서 마련했다. 이를 위해 과세 대상에서 빠진 토지를 찾아냈고, 토지세 부과 대상 면적이 80% 이상 늘어났다. 이 때문에 일제는 식민지 경영을 위한 안정적이고, 확실한 재정 수입원을 확보했다.

둘째, 일본인이 조선의 토지를 소유할 수 있게 했다. 일제는 근대적인 토지소유권을 확립하고 동양척식주식회사를 통해 매매하면서 일본인의 조선 토지 소유를 합법적으로 보장했다.

셋째, 대규모의 황실 소유지를 '국유지'로 만들고, 이를 일본인에게 매매하여 일본인 지주들을 늘렸다.

넷째, 토지에 대한 지주의 배타적인 권리를 인정했다. 토지조사사업 이전에도 토지는 매매, 상속, 증여의 대상이 될 정도로 사적 소유권이 발전해 있었다. 그러나 소작인의 경작권도 중요한 권리로 인정되었다. 이를테면 토지대장에 토지 소유주와 경작자를 같이 기재하기도 했다. 그래서 지주는 마음대로 소작인을 교체할 수 없었다. 일제는 소작농이 가진 쌀은 자신이 소비하지만, 지주가 소유한 쌀은 대부분 상품화되기 때문에 조선에서 반출할 수 있다고 보았다. 그래서 지주들의 이익을 적극 보호했다. 일제는 지주에게 낮은 지세율과 절대적인 지주권을 주어 이들을 일제에 타협하는 계층으로 육성해 조선 민중들을 통제하는 데 이용했다.

• 토지조사사업 뒤 조선 농촌의 변화를 써 보자.

2
빛 좋은 산미 증식과 회사령 폐지

먹는 쌀까지 일본으로

일제는 모자란 쌀을 조선에서 확보할 목적으로 산미 증식 계획
(1920~1933)을 추진했습니다. 산미 증식 계획은 지역마다 수리조합을
조직해 저수지를 만들고 논을 늘려 쌀 생산량을 늘리는 것이지요. 그
러나 농민들은 수리조합비, 비료 대금, 곡물 운반비까지 떠안고 고통에
시달렸습니다. 일제가 증산량보다 많은 쌀을 일본으로 가져가자 조선
인들은 보릿고개 넘기가 힘들었습니다. 일제는 만주에서 잡곡을 들여
왔지만 이조차 모자랐지요. 농민들은 농사를 포기하고 화전민으로 떠
돌거나 나라 밖으로 이주했습니다. 쌀 생산이 늘었지만 농민들의 생활
이 어려워지자 농민들의 저항이 거세게 일어났지요. 일제는 가난의 원
인을 농민의 게으름 탓으로 돌리는 농촌 진흥 운동(1932)을 벌여 위기
에서 벗어나려 했습니다.

일본으로 실려 가는 쌀 (군산항)

쌀 생산량과 수출량

연도	생산량	수출량	조선인 1인 소비량	일본인 1인 소비량
1920	12,708,000석	750,000석	0.63석	1.12석
1924	15,174,000석	4,722,000석	0.60석	1.12석
1928	17,298,000석	7,405,000석	0.54석	1.13석
1930	13,511,000석	5,426,000석	0.45석	1.08석

(출처: 안병태, 〈조선 사회의 구조와
일본 제국주의〉)

조선을 상품 시장과 원료 공급지로 만들다

일본 경제는 1차 세계대전 동안 전쟁 특수를 누리며 빠르게 성장했습니다. 일본은 넘치는 자본을 투자할 곳을 찾다가 조선으로 눈을 돌렸습니다. 총독부는 일본 기업이 자유롭게 조선으로 건너올 수 있도록 회사령을 폐지했습니다.(1920) 회사령이 폐지되자 김성수의 경성방직 등이 성장했지만, 조선인 회사의 대부분은 상업과 고리대, 부동산 등 비생산 분야를 맡았습니다. 이때 들어온 일본 질소, 일산, 미쓰이, 미쓰비시 등의 일본 재벌은 조선의 값싼 노동력을 이용해 제사, 면방직, 식료품 등 경공업 부문을 장악했습니다.

1923년, 조선과 일본 사이의 관세가 철폐되자 직물, 의류, 기계 공업이 물밀듯이 들어와 조선의 산업은 큰 타격을 입었습니다. 여기에 총독부는 신은행령(1927)을 발표해 조선인 은행을 강제 합병해 산업 지배를 강화했지요. 1920년대 자본의 민족별 구성을 보면 일본 자본이 대부분을 차지했습니다. 이처럼 일본은 자신의 입맛에 맞게 조선 산업을 지배했습니다.

민족별 자본 비교 (단위 1000원)

연도	조선인		일본인		공동 운영	
	원	%	원	%	원	%
1917	5,871	12.29	38,019	79.58	1,881	3.94
1929	19,878	6.40	193,736	62.37	45,785	30.8

(출처: 다카하시, 〈현대 조선 경제론〉)

3
모든 것을 전쟁에 동원하라

침략 전쟁을 위한 병참기지가 되다

1931년 만주를 침략한 일제는 조선을 병참기지로 만들려고 농업과 공업을 함께 발전시킨다는 '농공병진農工竝進'을 내세웠습니다. 일제는 수력발전소를 만들어 공업화를 추진하고, 남면북양南綿北羊 정책을 실시했습니다. 남면북양 정책은 남쪽 지방 농민은 면화 재바를 북쪽 지방 농민은 양을 기르는 것이지요. 이는 세계 경제공황 뒤 선진국의 보호 무역에 대비해 원료를 확보하려는 것이었습니다.

일제는 중일전쟁(1937) 뒤에는 군수산업에 특혜를 베풀고, 소비재 산업은 규제를 강화했습니다. 병참기지화 정책은 산업의 고른 발전이나 민중들의 생활 개선과는 거리가 멀었지요. 이 무렵 조선인 기업가 박흥식, 김연수, 한상룡 등은 일제의 도움으로 큰 재산을 모았습니다. 이들은 전투기를 비롯한 국방헌금을 냈습니다.

일제는 태평양전쟁 뒤에는 농기구와 가마솥, 놋그릇, 수저, 제기, 교회나 절의 종까지 징발해 무기를 만들었습니다. 뿐만 아니라 징병, 징용, 정신대 등으로 사람들까지 닥치는 대로 동원했지요. 일제의 물적 수탈과 인적 수탈 뒤에는 친일 민족 반역자들이 있었습니다. 이들은 국방헌금 모집과 인력 수탈에 협조해 민중들을 희생시켰습니다.

쇠붙이 공출
일제는 전쟁 말기에 놋그릇은 물론 모든 쇠붙이를 몽땅 빼앗아 갔다. 뒤에는 '국어상용'이란 표어.

농민 탓을 하더니, 쌀 공출까지

산미 증식 계획으로 쌀 생산량은 늘었지만 농민들의 생활은 어려워졌습니다. 농민들은 적색 농민조합을 만들어 소작료 인하와 공과금 거부 등을 내걸고 격렬하게 소작쟁의를 벌였습니다. 일제는 적색 농민조합 운동을 탄압하는 동시에 자립, 근검, 협동을 내걸고 노동력을 동원하는 농촌 진흥 운동을 벌였습니다.(1932) 일제는 농촌이 가난한 이유가 농민이 게으르고 여성이 일을 하지 않기 때문이라고 선전했지요. 그러나 증산된 쌀이 일본으로 흘러가는 상황에서 농민들이 노력하면 잘살 수 있다는 주장은 헛된 구호였습니다. 농촌 진흥 운동은 높은 소작료와 일제의 식량 수탈을 해결하지 못했기 때문에 실패했습니다.

1937년 중일전쟁 뒤, 일제는 군량미를 확보하려고 경찰력을 동원해 강제로 쌀을 거두는 미곡 공출제도를 실시했습니다.(1939) 일제는 쌀을 시장에서 사고팔 수 없게 한 뒤, 생산량의 40~60%나 되는 공출미를 헐값에 가져갔습니다. 농민들이 먹을 쌀까지 빼앗은 일제는 만주에서 들여온 잡곡과 콩깻묵을 배급했지요.

1941년 태평양전쟁 뒤에는 일제가 인력 수탈을 늘렸고 이에 농촌 인력이 부족해졌습니다. 그 결과 조선의 농업 생산도 큰 폭으로 줄었습니다. 이처럼 조선의 민중들은 일제의 침략 전쟁을 위해 굶주림에 허덕이며 비참한 삶을 살았습니다.

• 신고산 타령을 통해 본 전시체제 아래 조선인의 삶

신고산 타령은 일제가 중일전쟁과 태평양전쟁을 일으킨 뒤 민족 말살과 자원 수탈이 가장 심한 1940년대 무렵 만들어졌다. 곡명은 함경남도 안변군 고산에 경원선의 새 역이 생김에 따라 기존의 구고산과 구별하려고 신고산으로 부른 데서 유래되었다. '어랑어랑' 하는 후렴구를 따서 '어랑' 타령으로 부르기도 한다. 이 곡은 함경도 민요 특유의 빠르고 애절하면서도 거센 특징이 잘 나타나 있다. 가사 내용은 민족 말살 통치 아래서 고통 받는 식민지 민중의 삶을 변형된 메나리조로 구성지게 표현하고 있다.

• 신고산 타령

신고산이 우루루 화물차 가는 소리에
지원병 보낸 어머니 가슴만 쥐어뜯고요
어랑어랑 어허야 양곡 배급 적어서 콩깻묵만 먹고 사누나
신고산이 우루루 화물차 가는 소리에
정신대 보낸 어머니 딸이 가엾어 울고요
어랑어랑 어허야 풀만 씹는 어미 소 배가 고파서 우누나
신고산이 우루루 화물차 가는 소리에
금붙이 쇠붙이 밥그릇마저 모조리 긁어 갔고요
어랑어랑 어허야 이름 석자 잃고서 족보만 들고 우누나

• 신고산 타령의 각 장에 나타난 일제의 수탈 내용을 써 보자.

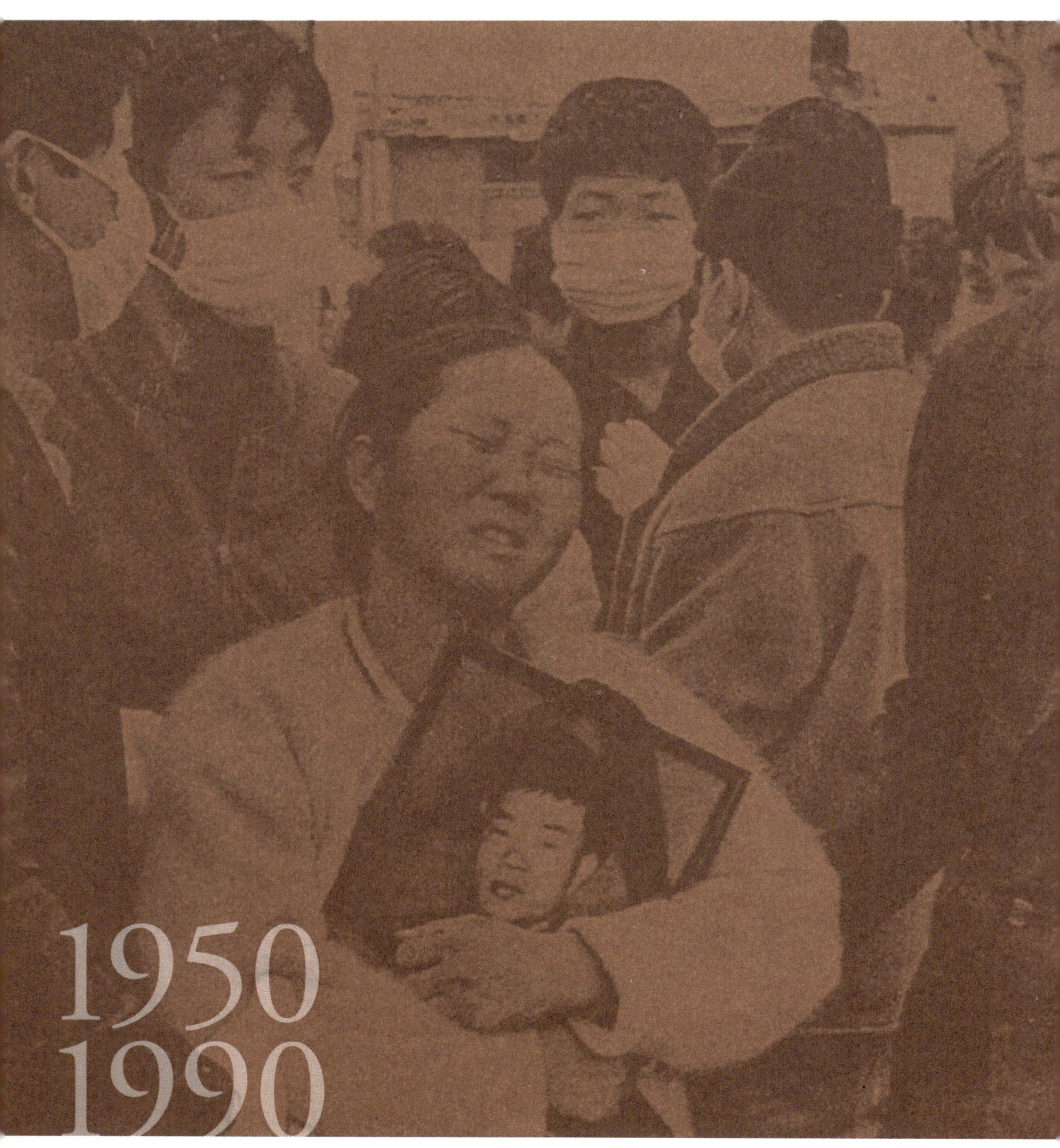

1950
1990

03

경제성장의 빛과 그림자

위대한 원조 · **1950**년대 경제

싸우면서 건설하자 · **1960**년대 경제

우리는 기계가 아니다 · **1960**년대 노동

기업 특혜와 중화학공업 · **1970**년대 경제

알몸과 똥물 · **1970**년대 노동

농산물 개방과 치솟는 부동산 · **1980**년대 경제

IMF 경제 위기와 노동자의 희생 · **1990**년 이후 경제

비정규직과 양극화의 시대 · **1990**년 이후 노동

1
위대한 원조

농지개혁과 귀속재산 매각

토지개혁은 해방 뒤 중요한 과제로 등장했습니다. 미군정은 5.10 선거를 앞두고 일본인 토지를 관리하던 신한공사 토지를 분배해 농민들의 선거 참여를 유도했지요. 이승만은 2대 총선(1950.5.30)을 앞두고 농민들의 지지를 얻으려고 유상 매수, 유상분배의 농지개혁을 실시했습니다. 정부는 3정보를 초과하는 농지를 매수하고, 농민에게는 평년작의 150%를 5년 동안 납부하는 조건으로 토지를 분배했습니다. 농지개혁으로 소작농이 사라지고 자작농이 늘었습니다. 그러나 개혁이 늦어져 소작지의 37.5%만 분배되었고, 많은 지주들이 명의를 이전하거나 용도를 변경해 땅을 유지했습니다. 분배 농지도 상환액과 세금이 높아 되파는 경우가 많았지요.

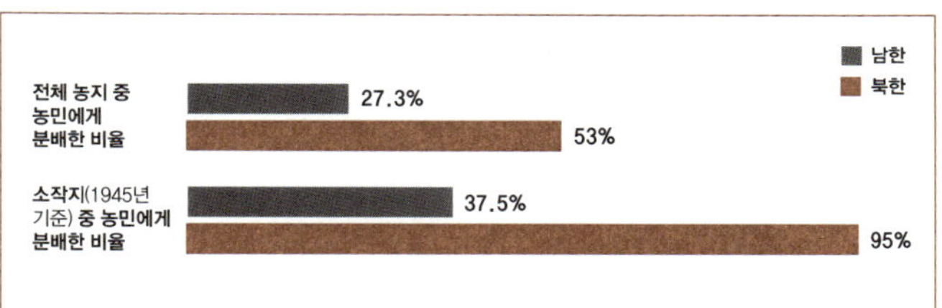

남북한 농지 분배 비교 (출처: 강만길 외, 〈한국사 21〉)

채만식, 〈논 이야기〉

"아니 글쎄 나라가 있으면 백성한테 무얼 좀 고마운 노릇을 해 주어야 백성두 나라를 믿고 나라다 마음을 붙이고 살지. 독립이 됐다면서 고작 그래 백성이 차지할 땅 뺏어서 팔아먹는 게 나라 명색이야?" 이 소설은 당시 토지개혁에 대한 농민들의 불만을 표현하고 있다.

일본인들이 소유한 귀속재산은 관료, 친일 자본가, 지주들에게 싼 가격으로 매각되었습니다. 당시 89개 대기업체 가운데 귀속 기업체는 36개나 되었지요. 이들은 원조 물자 독점 배당, 세금 감면 등의 특혜를 받고 막대한 정치자금을 바쳤습니다. 1958년 국회의원 선거에서 태창 방직은 1억 환을, 조선 방직은 1억 5천 환을 자유당 선거 자금으로 바쳤습니다. 이처럼 귀속재산이 일부에게 집중되면서 경제성장이 왜곡되고 정경 유착의 문제를 일으켰습니다.

원조 경제

한국전쟁으로 실업과 인플레가 극심한 가운데 미국
의 원조가 전후 복구를 도왔습니다. 미국은 원조를
통해 한국을 친미 정권을 유지하고 공산 진영을 방어
하는 기지로 만들었습니다. 한국 경제는 미국의 원조
농산물인 밀가루, 설탕, 면화를 원료로 하는 삼백 산
업을 중심으로 발전했지요. 소비재 산업이 성장하면
서 궁핍에서는 벗어났지만 공업 생산은 일제 말기의
절반 수준을 넘지 못했습니다. 특히 규모가 큰 수력발
전소가 모두 북한에 있어 중화학공업은 거의 발전하지 못했습니다.

원조 농산물 전달식
미국은 자국의 잉여농산물을 처리하
여 농업 공황을 타개하였다.

　미국은 자국 내 농업 생산과잉을 해결하려고 잉여농산물을 원조했
습니다. 이승만 정권이 정치자금을 챙기려고 필요 이상의 농산물을 수
입해 국내 곡물 값이 떨어지자 농민들의 피해가 컸습니다. 원조 물자
를 판매해서 얻은 수익금인 대충자금은 한미합동경제위원회의 통제를
거쳐 사용했지요. 정부 재정의 절반이 넘는 대충자금의 대부분은 주
한 미군 유지비와 미국 무기를 사는 데 사용했습니다. 이처럼 미국은
한국에 잉여농산물을 원조하는 동시에 한국을 무기 시장으로 만들었
습니다. 1950년대 후반 미국의 국제수지가 악화되어 무상 원조를 유
상 차관으로 바꾸자 한국 경제는 불황에 휩싸였습니다. 수많은 중소기
업들이 부도가 났고 노동자들은 일자리를 잃었지요. 이는 산업 건설보
다는 원조에 의존했던 이승만 정권의 경제정책 때문이었습니다.

• 원조는 누구에게

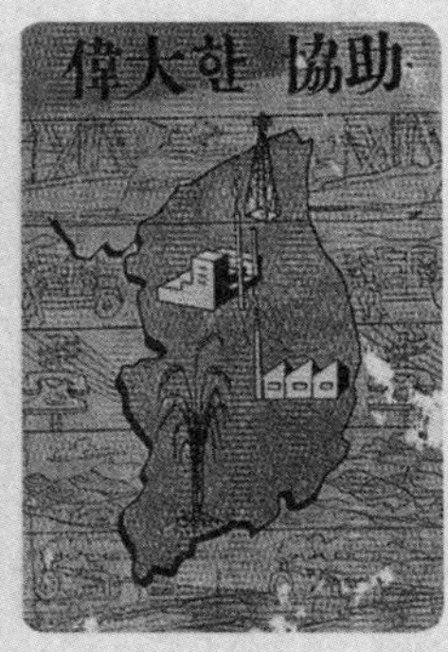

위대한 협조
미국의 원조를 홍보하기 위해 발행한 책자이다.

미국은 1945년에서 1961년까지 총 31억 달러 이상을 한국에 원조했다. 이 액수는 해당 기간 연평균 국민총생산의 12%, 연평균 총수입의 73%를 차지하는 막대한 자금이었다. 미군정 기간에는 경제 안정에 최우선을 둔 점령 지역 행정 구호 원조GARIOA가 주축을 이루어 식료품, 의복, 의료품 등 소비재가 중심이었다. 한국전쟁 때는 국제 연합을 통한 구호용 물자 원조CRIK와 한국 재건단 원조UNKRA가 이루어져 구호 활동과 생산 시설의 복구가 이루어졌다.

미국의 원조 가운데 총액의 55.6%를 차지하는 국제 협조처 원조ICA는 대소 방위 체제 구축을 목적으로 한 군사적 성격의 원조였다. 잉여농산물 원조PL480는 미국의 만성적인 농업 공황을 타개하기 위해 제공되었다.

한미 양국은 원조 물자를 원칙적으로 생산 시설을 보유한 자본가에게 배정했다. 이들은 이승만 정권과 결탁해 귀속재산을 분양받은 관료 자본가, 친일 자본가 등이었다. 정치권력과 유착한 이들은 연금리 3~8%로 대충자금까지 빌려 썼다. 이 무렵 사채 금리가 연 20~30%였고, 일반 금리가 18~25%였던 것에 견주면 커다란 특혜였다. 이 같은 특혜로 방적, 제당, 제분, 모방 등에서 재벌이 형성되었고 1950년대 후반부터 산업을 지배하기 시작했다.

• **미국이 원조를 한 목적은 무엇인지 써 보자.**

2
싸우면서 건설하자

1, 2차 경제개발

5.16군사정변으로 권력을 잡은 박정희 정권은 장면 정권이 세운 산업 개발 5개년 계획을 기초로 경제개발을 추진했습니다. 박정희 정권은 정부가 경제개발에 적극 개입해야 한다고 판단하여 경제기획원을 만들었고, 이는 예산 편성과 외자 도입 등 핵심적인 역할을 했습니다.

1차 경제개발 5개년 계획(1962~1966)은 기간산업 확충과 노동 집약적인 경공업 육성에 초점을 맞추었습니다. 당시에는 국내에서 자금을 모으기 어려웠기 때문에 외국 자본을 끌어들였지요. 1965년 한일 국교 정상화로 얻은 6억 달러와 베트남 파병 대가로 얻은 2억 달러의 유무상 차관은 경제 발전에 밑거름이 되었습니다. 그러나 외자 도입을 위해 무리하게 진행한 한일협정과 베트남 파병은 많은 부작용을 남겼습니다.

2차 경제개발 5개년 계획(1967~1971)은 산업구조 근대화, 식량 자급, 수출 증대 등에 주력했습니다. 1, 2차 경제개발 기간 동안 한국 경제의 평균 경제성장률은 9.2%에 이를 만큼 양적으로 성장했지요. 그러나 재벌 중심의 경제구조에서 오는 산업 불균형과 정경 유착 등의 문제점이 발생했습니다.

경공업 육성 정책

1차 경제개발 계획은 값싼 임금을 바탕으로 경공업을 육성하는 데 주안점을 두었다.

싸우면서 건설하는 해

베트남 파병이 한창이던 1960년대 후반부터는 '싸우면서 건설하자'는 구호가 나오기 시작했다. (1974년 대구 시내)

수출제일주의와 한국 경제의 위기

자본과 기술이 부족한 한국 경제는 저가의 상품을 외국시장에 파는 수출 지향적인 발전을 택했습니다. 정부 지원에 힘입어 수출은 1963년 8천만 달러에서 1971년 11억 3천만 달러로 14배가 늘었습니다. 그러나 생산 원료와 중간재를 외국에서 수입해 오히려 무역수지 적자는 커졌지요.

경제가 성장하면서 외자 도입과 금융 지원 등의 특혜를 받은 수출 기업들 가운데 재벌이 성장했습니다. 그러나 삼성이 사카린 원료 2400부대를 시멘트로 위장해 밀수입하는 등 정경 유착이 심화되고 기업 윤리는 땅에 떨어졌습니다.

1960년대 오르기만 하던 경제성장률은 1969년을 정점으로 꺾였습니다. 불황의 원인은 세계경제 침체로 주요 수출품이던 경공업 제품이 팔리지 않았기 때문이었지요. 정부는 환율 인상과 금리 인하 등의 조치를 내렸습니다. 그러나 무리한 외자도입과 경공업 집중 개발이라는 구조적인 문제점이 있었기 때문에 극복이 어려웠습니다.

1, 2차 경제개발과 경제성장

	1차 경제개발			2차 경제개발		
연도	1962	1964	1966	1967	1969	1971
1인당 GNP(불)	239	271	307	320	387	437
경제성장률(%)	4.1	8.9	11.9	6.6	13.8	9.4
수출 (만 불)	54.8	119.1	253.7	335	658	1,132
수입 (만 불)	421.8	405.0	673.0	909	1,650	2,178
무역수지	-67.0	-85.9	-19.3	-74	-92	-0.46

• 정경 유착과 재벌

제3공화국 말기의 재벌

재벌	주요 업종
삼성	식품, 석유, 전기
럭키	화학, 전기, 전자, 정유
한진	항공, 운수
신진	자동차, 기계
쌍용	시멘트
현대	건설, 자동차
한국화약	화약, 정유
극동	조선, 해운
대농	섬유, 양곡 수입업

기업의 흥망이 좋은 상품을 생산하느냐가 아니라 자본을 공급해 주고 경제정책을 결정하는 정권과 얼마나 친밀한가에 따라 결정되면서 정경 유착이 뿌리내렸다. 이 시기 기업 성장에 주요한 견인차가 되었던 것은 외자도입 과정에서 받은 특혜와 은행 융자였다. 당시 국내 은행 금리는 25~30%에 이르는 고금리였던 반면에 외국에서 도입한 차관의 금리는 5~6%였다. 그러므로 외자를 도입하거나 배분받을 수 있는 것 자체가 특혜였다. 이 시기에 도입된 차관의 대부분이 대기업이나 재벌들에게 편중되었다.

기업은 직접 차관을 끌어들여 공장을 지었다. 삼성은 일본의 미쓰이물산에서 4190만 달러의 차관을 얻어 한국비료를 착공하였고 쌍용시멘트는 일본 미쓰비시상사에서, 한일합섬은 이토상사에서 차관을 들여와 공장을 지었다. 이 때문에 겨우 몇 억 원의 자기 자본만을 가지고도 수백 억 원 짜리 공장을 가질 수 있었다. 이러한 가운데 삼백 산업으로 성장한 삼성, 럭키, 쌍용과 베트남전쟁으로 성장한 한진, 현대, 한국화학, 대농, 대우 등이 재벌의 주역으로 성장했다.

• 정경 유착의 문제점은 무엇인지 써 보자.

3
우리는 기계가 아니다

평화시장의 다락방 작업장
어린 소녀들이 열악한 환경에서 저임금, 장시간 노동을 하였다.

인구 센서스 결과

연도	1960	1970
자본가	0.5%	0.6%
중간층	4.3%	5.7%
자영업	10.5%	13.6%
농어민	65.2%	51.7%
노동자	11.8%	24.1%
무산자	7.7%	4.3%
합계	752만	1054만

저임금 저곡가 정책

1, 2차 경제개발을 통해 한국 경제는 한강의 기적이라는 말이 나올 만큼 성장했습니다. 그러나 높은 성장의 이면에는 노동자, 농민의 희생이라는 그늘이 있었지요. 정부는 기업에 대한 특혜와는 달리 노동자들에게 저임금을 강요했습니다. 국제시장에서 가격 경쟁력을 확보하기 위해 저임금을 견뎌야 한다는 논리는 노동자들을 빈곤으로 몰아넣었습니다. 1960년부터 1969년까지 임금은 경제성장률 9.5%의 절반에도 못 미치는 3.4%였고, 주당 노동시간은 세계 최고 수준이었지요. 자본가는 더 많은 이윤을 얻기 위해 공장을 밤낮으로 돌렸고 노동자는 졸음을 견디며 기계에 붙어 일해야 했습니다.

농민들은 저임금을 유지하려면 식량 가격이 싸야 한다는 명분으로 추진된 저곡가 정책으로 생계비조차 벌기 어려웠습니다. 1971년에는 전체 농가의 75.7%가 빚을 졌습니다. 먹고살기 어려운 농민들이 농사를 포기하면서 산업에서 농업이 차지하는 비중은 줄었지요. 농민들은 1960년대 말부터 1970년대 초까지 해마다 50만 명씩 대도시로 몰려들어 산업예비군과 도시 빈민이 되었습니다. 서울의 중랑천과 청계천에는 판잣집이 세워졌고 언덕에는 달동네가 빼곡하게 들어섰습니다.

민중의 저항

박정희 군사정권은 4월 혁명 뒤 만들어진 민주 노조인 한국노동조합총연합회(한국노련)를 불법화시키고, 어용 노조인 한국느동조합총연맹(한국노총)을 만들어 노동운동을 탄압했습니다. 1960년대에는 수출 업종인 섬유, 봉제, 신발 등 경공업의 여성 노동자 수가 크게 늘었지요. 이들은 저임금 장시간 노동과 성차별을 받으며 이중의 고통을 받았습니다. 또한 대부분의 노동자들이 기계처럼 일만 했습니다.

　1970년 11월 13일, 평화시장 재단사인 전태일은 "근로기준법을 준수하라.", "우리는 기계가 아니다."라고 외치며 분신했습니다. 전태일의 외침은 박정희 정권의 경제정책이 노동자들을 가난 속에서 고통스럽게 살게 한다는 것을 보여 주었지요. 또한 경제성장 논리에 묻혀 있던 우리 사회에 노동문제를 제기했습니다. 이 사건을 계기로 노동자들의 투쟁이 잇달았고 민중의 현실에 눈뜬 지식인들이 노동운동에 참여했습니다.

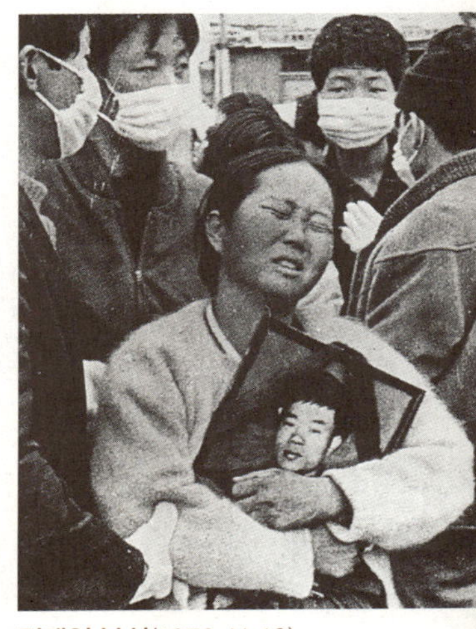

전태일 분신(1970.11.13)
장례식에서 아들의 영정을 껴안고 울부짖는 어머니 이소선 여사.

　도시 빈민들의 불만은 1971년 8월, 광주(성남)에서 터져 나왔습니다. 서울시의 판자촌 철거로 쫓겨난 5만여 명의 주민들은 광주에서 천막 생활을 했습니다. 그런데 서울시가 분양가보다 몇 배나 높은 땅값을 요구하자 철거민들은 격렬한 시위를 벌여 약속 이행을 얻어 냈지요. 이처럼 부동산 가격 상승의 이면에는 처절한 도시 빈민들의 삶이 있었습니다.

광주대단지 사건
서울시가 약속을 지키지 않자 철거민들이 서울시청으로 몰려가고 있다.

• 어느 청년 노동자의 삶과 죽음

전태일과 그의 동료들
한미사 재단사로 일하던 시절 전태일의 모습.
(오른쪽에서 첫 번째)

1948년 대구에서 태어난 전태일이 평화시장 노동자가 된 것은 1964년 봄이었다. 그는 열여섯 살 때, 14시간 일하고 커피 한 잔 값인 50원을 받는 시다가 되었다. 그는 노동자들의 딱한 사정을 어떻게 해결할 것인지 고민했다. 이때 발견한 책이 〈근로기준법〉이라는 책이었다. 태일은 밤마다 한자투성이 책을 넘기며 "어머니, 내게도 대학생 친구 하나 있었으면 원이 없겠는 데……." 하며 탄식했다고 한다. 그는 "이렇게 좋은 규정을 모르고 찍소리 못하고 살다니. 나는 참 바보였다."고 한탄하며 '바보회'라는 노동자 모임을 만들었다.(1969.9) 바보회는 평화 시장 일대 노동자들의 근로조건을 개선하는 데 힘썼다. 그러자 위험 인물로 찍혀 평화시장에서 해고되었고, 공사판에서 막노동을 했다.

태일은 용기를 내 평화시장으로 다시 돌아가 바보회를 '삼동친목회'로 바꾸고 활동했다. 그는 평화시장 노동자들의 열악한 현실을 조사해 노동청에 진정서를 내고, 언론을 통해 알렸다. 그러나 돌아온 것은 감시뿐이었다. 1970년 11월 13일, 태일은 삼동친목회의 시위가 저지당하자 자신의 몸을 살라 노동자들의 참담한 처지를 알렸다. 그는 "근로기준법을 준수하라!", "우리는 기계가 아니다!"라고 외치며 쓰러졌다. 태일은 병원에서 어머니 이소선 씨에게 "어머니, 내가 못다 이룬 일을 어머니가 꼭 이루어 주십시오."라고 부탁했다. 그리고 "배가 고프다……."는 마지막 말을 남기고 숨을 거두었다.

• 〈전태일 평전〉을 읽고 독후감을 써 보자.

4
기업 특혜와 중화학공업

8.3 조치와 3, 4차 경제개발

한국 경제는 1969년 말부터 세계경제 불황에 따른 수출 부진으로 위기에 빠졌습니다. 정부는 이를 극복하려고 '경제의 안정과 성장에 관한 긴급 명령'(1972.8.3~1981.7.20, 이하 8.3 조치)을 발표했습니다. 8.3 조치는 기업 사채 동결, 은행 금리 인하, 세금 감면 등을 내용으로 하는 기업에 대한 특혜 조치였습니다. 이 조치로 부실기업은 회복되었지만 부담은 국민들에게 돌아갔습니다. 이때부터 기업에게 준 조세특혜 때문에 가계의 조세 부담은 1973년 12.6%에서 1981년에는 18.2%로 늘었습니다.

제3차 경제개발 계획(1972~1976)은 중화학공업 육성을 통한 산업구조 고도화, 국제수지 개선, 식량 자급 등을 목표로 추진되었습니다. 이 기간 동안 중화학공업화가 이루어지면서 산업구조가 바뀌기 시작했지요. 1973년 1차 석유파동으로 잠시 흔들렸지만 3차 경제개발 기간 동안 높은 성장률과 수출 증대 등의 성과를 이루었습니다.

제4차 경제개발 계획(1977~1981)에서도 중화학공업이 계속 추진되었습니다. 4차 경제개발 초기에는 무역 신장, 중동 건설 경기 호황, 국내 수요 증가 등에 힘입어 높은 성장을 이루었지요. 그러나 1979년 제2차 석유파동으로 다시 위기를 맞았습니다.

1,2 차 석유파동

1973년 10월 16일, 중동 산유국들은 이스라엘과 전쟁 중인 중동 국가를 지원하려고 원유 가격을 인상했다. 이 때문에 선진국들은 경기가 침체한 상황에서 물가가 상승하는 스태그플레이션을 경험했다. 1978년 12월에 이슬람 혁명으로 호메이니가 집권한 이란이 석유 수출을 중단하자 한국 경제는 심각한 타격을 입었다.

중화학공업화의 득과 실

여천공단
한국 석유산업의 중심지이다.

1970년대 세계경제는 급변했습니다. 선진국은 첨단산업으로 옮겨 갔고, 개발도상국은 공해산업이나 조립 가공형 산업을 맡게 되었지요. 여기에 동남아시아와 중국이 추격해 오자 경공업만으로는 경제 발전이 어려워졌습니다.

　정부는 기업에게 재정, 금융, 조세상의 특혜를 주며 중화학공업을 육성했습니다. 이에 따라 철강(포항), 조선(옥포), 전자(구미), 석유화학(울산), 비철금속(온산), 기계(창원) 공업단지가 만들어지며 급속히 성장했지요. 그러나 한국의 중화학공업은 조선과 석유화학 등에 중복 투자되었습니다. 이는 원자재를 가공해 수출하는 데 치우쳤기 때문입니다. 산업의 근간이 되고 파급 효과가 높은 공작기계, 산업 기계, 철강, 비철제련, 기초 화학 등의 분야는 미약했지요. 이 때문에 공작기계와 산업기계의 수입은 늘었고, 기술 개발을 통한 산업구조의 고도화나 경제의 자립도는 높아지지 않았습니다.

　설비와 투자가 대규모로 필요한 중화학공업의 특성 때문에 개발은 철저하게 재벌 중심으로 이루어졌습니다. 현대, 삼성, 럭키, 대우 등 4대 재벌은 계열사에게 자본을 빌려 주는 상호 출자로 모든 업종에 문어발식으로 침투했지요. 한편 중화학공업화 과정에서 영남 지역에 공장이 편중되고, 영남과 호남의 소득 격차가 발생하면서 지역감정이 굳어지는 원인이 되었습니다.

중화학공업 비중 증가(%)

연도	생산액 기준	
	경공업	중공업
1962	73.2	26.8
1967	66.8	33.2
1972	62.9	37.1
1977	49.6	50.4

• 세계 산업구조 조정과 일본 자본의 침투

1960년대 말 1970년대 초에 세계경제의 가장 커다란 변화는 산업구조 조정이었다. 이러한 현상은 미국, 일본, 서독 등 선진국들이 산업의 중심을 중화학공업에서 고부가가치 산업인 첨단산업으로 옮기면서 시작되었다. 이에 따라 중화학공업 가운데 단순한 조립 가공형 산업이나 공해가 많이 발생하는 공해산업은 개발도상국이 맡게 되었다. 또한 첨단산업의 등장으로 선진국의 과학기술이 빠르게 발전하면서 기술 종속이 국제분업 체계에서 중요한 부분을 차지하게 되었다.

한국은 세계경제의 산업구조 조정 과정에서 일본의 넘치는 자본과 공해산업을 이주할 가장 좋은 곳이었다. 1970년 일본의 야쓰기는 한일경제협력위원회 2차 총회에서 일본 간사이 경제권과 한국 남해안 공업지대를 연결시켜 노동 집약적 공해산업을 한국에 옮긴다는 구도를 내놓았다. 이는 일본 자본과 기술을 한국의 값싼 노동력과 결합해 경쟁력을 확보하려는 것이었다. 포항제철 같은 주요 중화학공업은 일본의 차관으로 건설되었고 일본 기업들은 구미공단 등 수출자유지역에 적극 진출했다. 한국은 일본에서 반도체, 통신 장비, 기계와 같은 자본재, 내구소비재, 중간재를 수입하고 이를 텔레비전, 자동차, 철강재로 만들어 미국에 되팔았다. 이처럼 일본 자본이 침투하면서 한국의 대일 의존도는 깊어졌다.

• 1970년대 한국에서 중화학공업이 발전한 이유가 무엇인지 써 보자.

5

알몸과 똥물

산업화와 이촌 향도

1970년대에도 한국은 높은 경제성장률을 기록했습니다. 경제개발로 노동자의 수는 급격히 늘었지요. 1960년대에는 중소 사업장의 여성 노동자가 증가했고, 1970년대에는 중화학공업의 남성 노동자가 늘었습니다. 이들은 산업예비군의 존재로 늘 실업에 시달렸고, 최저생계비라는 개념도 없이 저임금 장시간 노동에 발이 묶였습니다. 정부와 기업은 일한 몫을 달라는 소리에 빨갱이라는 딱지를 붙였습니다.

산업화는 농민들의 삶에 큰 영향을 주었습니다. 1962년부터 1977년까지 약 750만 명의 농촌인구가 도시로 이주했지요. 이들의 5분의 1정도인 150만 명이 공장노동자가 되었고, 나머지는 도시 빈민이 되었습니다. 1970년대 중반 서울 인구의 3분의 1인 3백여 만 명이 판잣집에 살았습니다. 이들은 영세 사업장에서 저임금과 장시간 노동에 시달리거나 막노동이나 행상으로 연명했지요. 농촌에 남은 사람들도 열악하기는 마찬가지였습니다. 정부는 높은 가격에 곡식을 사서 낮은 가격에 파는 이중 곡가제로 농민과 도시 근로자의 생계를 보장한다고 했지만 정부 수매가는 생산비에 턱없이 모자랐습니다. 이처럼 한강의 기적 뒤에는 저임금 저곡가 정책으로 신음하는 노동자, 농민, 도시 빈민이 있었습니다.

**생산직 노동자의
주당 노동시간(단위:시간)**

연도	1975
한국	50.5
일본	38.8
독일	40.4
싱가포르	48.8

(출처: KLI 해외 노동 통계)

노동운동과 농민운동

박정희 정권은 여러 악법을 만들어 노동자들의 정당한 권리를 탄압했습니다. 한국노총은 "우리는 50만 조합원의 이름으로 박정희 대통령의 즉각적이고 결단력 있는 10월 유신 개혁의 선포를 지지한다."며 독재 정권과 자본가를 옹호하는 모습을 드러냈습니다.

1970년대 노동운동의 중심은 여성 노동자들이었습니다. 이들은 노동조합이 없는 곳은 노동조합을 만들고, 어용 노조가 있는 곳은 민주 노조를 만들었습니다. 이에 따라 청계피복을 비롯한 섬유, 금속, 화학 분야에서 2500여 개의 노동조합이 결성되었고, 원풍모방과 동일방직의 투쟁으로 많은 민주 노조가 생겼습니다. 도시산업선교회는 조합 간부들을 교육해 힘을 보탰고 지식인들의 참여도 늘었습니다.

농민운동은 가톨릭농민회(1972)와 기독교농민회(1977)가 만들어지며 활성화되었습니다. 1976년 함평 농민들은 고구마를 사겠다고 약속한 함평농협이 약속을 어기자 보상을 요구해 3년 만에 보상을 받았지요. 함평 농민들의 운동은 다른 계층과 연대해 대중적인 성공을 거둔 점에서 의의가 컸습니다. 동일방직 노동자들과 함평 농민들의 생존권 투쟁은 점차 반독재 민주화 투쟁으로 성장해 나갔습니다.

1970년대는 한국 자본주의가 발전하면서 노동자, 농민, 빈민 등 민중운동 역량이 본격적으로 성장하는 시기였지요. 그러나 노동자, 농민의 요구를 체계적이고 이념적인 수준에서 제시하지는 못했습니다.

함평 고구마 피해 보상 운동 (1976~1978)
농민들이 고구마 자루를 쌓아 놓고 보상을 요구했다.

국가 보위에 관한 특별 조치법 (1971)
제9조 : 근로자의 단체교섭권 또는 단체행동권의 행사는 미리 주무 관청에 조정을 신청하여야 하며 그 조정 결정에 따라야 한다.

• 동일방직 노동자 투쟁

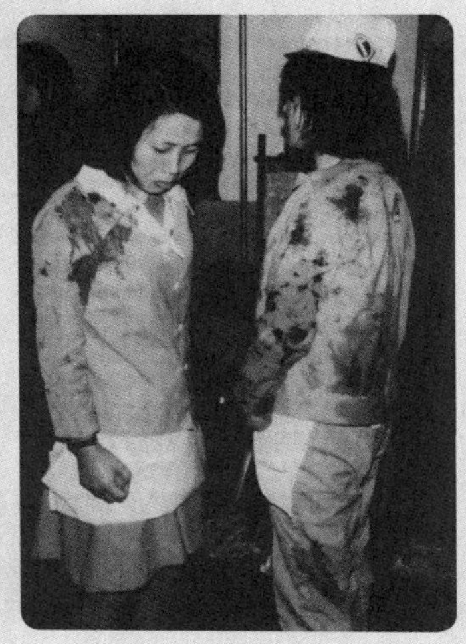

동일방직 노동조합 운동
1978년 2월 21일, 동일방직 노조원들이
똥물을 맞았다.

동일방직 인천 공장은 1972년 한국 최초로 여성 지부장인 주길자를 선출하며 민주 노조로 성장했다. 그런데 1977년 7월 23일, 노조 지부장 이영숙이 연행된 틈을 타 회사의 사주를 받은 고두영이 대의원들을 동원해 자신을 지부장으로 선출했다. 조합원들이 비열한 회사에 항의해 농성을 벌이자 7월 25일 경찰이 투입되었다.

"시퍼런 옷을 입고 야구방망이 같은 것을 꽁무니에 차고 왔다. 너무나 무서웠다. 전쟁터 같았다. 그때 누군가가 급박한 소리로 말했다. '옷을 벗은 여자 몸에는 그 누구라도 손을 못 댄대.' 공포에 떨고 있던 사람들은 서로 앞을 다투어 작업복을 벗어 들었다. 손에 작업복을 흔들며 부르는 노총가는 악에 받친 울먹임이었다. 우리는 회사 남자들의 도움을 받은 경찰들에 의하여 허물어지고 말았다."

— 동일방직 노조 조직부장

한편 동일방직수습대책회의의 합의에 따라 뽑힌 이총각 지부장은 1978년 2월 21일에 있는 대의원 선거를 준비했다. 그런데 선거 날 회사에 매수된 남성 노동자 40명이 투표장을 기습해 여성 노동자들에게 똥물을 퍼부었다. 경찰은 이를 방조했다. 어용 노조인 전국섬유노조는 이총각 지부장을 포함한 간부 4명을 제명하고 회사 측은 124명의 조합원을 무더기로 해고했다. '알몸'의 처절한 저항과 '똥물'의 극악한 탄압으로 세계의 이목을 집중시킨 이 사건은 1970년대 노동운동의 상징이었다.

• 동일방직 노동자들이 지키려 했던 것은 무엇인지 토론해 보고 자신의 생각을 써 보자.

6
농산물 개방과 치솟는 부동산

3저 호황

1970년대 후반이 되자 20년에 걸친 성장 위주 경제정책의 구조적 문제점이 심각하게 나타났습니다. 한국 경제는 2차 석유파동(1979)으로 위기에 빠졌지요. 이는 수출을 위해 중화학공업에 중복 투자한 구조적인 문제가 원인이었지요. 1980년 소매 물가가 29%나 가파르게 올랐고, 경제성장률은 마이너스 4.8%를 기록했습니다.

전두환 정권은 중복 투자로 부실해진 기업들을 정리하는 데 막대한 자금을 지원했습니다. 또한 노동운동을 강력히 탄압하고 실질 임금동결, 농산물 가격통제 등을 실시했지요. 이처럼 전두환 정권은 대기업을 지원하고 노동자와 농민들을 희생시켜 경제 위기를 극복했습니다. 그러나 이철희, 장영자 사건과 대통령 친인척 비리 사건들이 일어나 경제는 멍이 들었습니다.

제5차 경제 사회 발전 계획(1982~86) 기간 동안 물가가 안정되고 경상수지도 흑자를 냈습니다. 1986년에는 저금리, 저유가, 저달러의 3저 호황이 찾아와 자동차, 가전, 기계, 철강 등을 중심으로 3년 동안 12%의 높은 성장률을 기록했습니다. 그러나 재벌들이 호황으로 번 돈을 기술 개발에 투자하지 않고 부동산 투기에 쓰자 생산재 수입은 늘고 외채는 줄지 않았습니다. 1989년을 고비로 3저 호황이 사라지자 수출이 줄면서 경제가 침체되었습니다.

이철희, 장영자 사건

1982년 전두환 대통령의 친인척인 장영자와 중앙정보부 차장을 지낸 이철희 부부는 건설 업체에 자금을 대여해 주고 대여액의 2배에서 9배에 달하는 어음을 받았다. 그리고 어음을 사채 시장에서 할인해 6404억 원에 달하는 거액의 사기 행각을 벌였다.

산업합리화와 부동산 투기

1980년대 들어 선진국들은 보호무역을 강화하면서 개발도상국에는 개방 압력을 넣었습니다. 1986년 9월 우루과이에서 시작된 '다자간 무역 협상을 위한 각료 선언'은 본격적인 개방의 신호탄이었습니다. 한국도 농산물과 자본시장을 개방하면서 외국 농산물과 자본이 밀려와 농민들과 중소 상공인들이 위기에 빠졌습니다.

정부는 한국 경제의 구조적 문제점인 중화학공업의 중복 투자를 해결하려고 산업합리화 정책을 추진해 78개 부실기업을 정리했습니다. 이 과정에서 기업에게 주어진 금융과 세제상의 특혜는 19조 원에 이르렀습니다. 이 돈은 건실한 중소기업이나 서민들에게 돌아가야 할 몫이었지요. 1987년 농가 부채가 4조 2천억 원이었지만 정부 지원은 없었습니다. 또한 재벌 해체를 통해 자원 분배의 균형과 효율성을 높인 것이 아니라 오히려 재벌에게 경제력이 집중되었습니다. 정부는 쇠퇴 산업을 정리하는 동시에 첨단산업을 육성했습니다. 이 시기에 이루어진 반도체 분야의 투자는 이후 한국 경제가 성장하는 밑거름이 되었습니다.

한편 3저 호황이 부동산 투기로 이어져 땅값이 급속히 올랐습니다. 1989년 한 해 땅값이 올라 얻은 소득은 85조 원으로 임금 인상 총액의 9배가 넘었지요. 땅값 상승은 주거비와 물가 상승을 부추겨 서민들의 삶을 옥죄었습니다.

연구 개발 투자액의 국제 비교

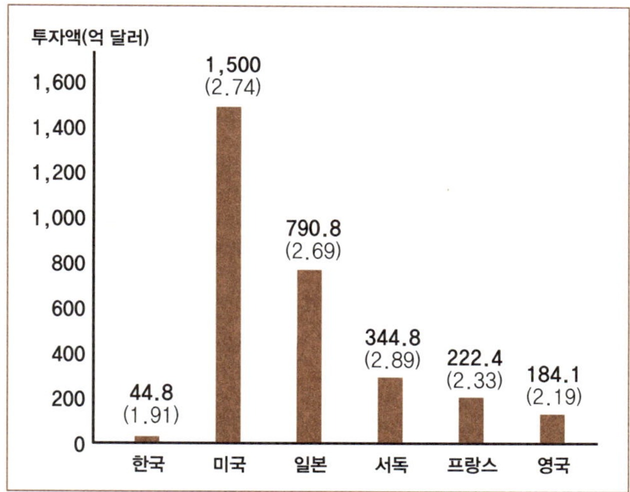

(출처: 김인걸 외 편, 〈한국 현대사 강의〉)

• 난장이가 쏘아 올린 작은 공

조세희의 소설 〈난장이가 쏘아 올린 작은 공〉은 은강그룹으로 대표되는 독점재벌과 난장이 가족으로 대표되는 노동자의 삶이 서로 교차하면서 1970년대 우리 노동 현실과 빈민 주거 현실의 한 단면을 보여 준다.

낙원구 행복동에서 철거를 당한 난장이 가족은 공업 도시인 은강시로 이사를 와 모두가 열심히 일하지만 열악한 노동 조건과 저임금 속에서 고통을 당한다. 난장이의 아들 영수는 이러한 현실을 개선해 보겠다고 공장 내 모임을 조직하려다 테러를 당한다. 이 모든 악의 뿌리가 그룹 회장에 있다고 생각한 영수는 회장을 죽이려다가 회장 동생을 죽이고 사형을 선고받는다. 난장이의 딸 영희는 빼앗긴 아파트 입주권을 찾으려고 몸을 팔지만 결국 난장이였던 아버지는 굴뚝에서 떨어져 죽고 만다.

줄거리는 간단하지만 작가 조세희는 화자를 바꾸어 가며 그들의 입장에서 사태를 바라보듯 그려 나간다. 독자는 사물을 빙 돌아가며 관찰하면서 난장이 가족에게 닥쳐온 현실의 깊이를 느끼게 된다. 1978년 조세희가 펴낸 이 소설은 당시 노동 현실을 제대로 다룬 볼만한 소설이 없었던 현실에서 큰 충격을 주었다. 이 때문에 1980년대 초반까지 금서가 되었지만 입소문을 타고 빠르게 퍼져 나갔다.

• 〈난장이가 쏘아 올린 작은 공〉을 읽고 독후감을 써 보자.

7

IMF 경제 위기와 노동자의 희생

농산물 수입 개방 반대(1993)
수만 명의 농민과 학생들이 서울에
모여 쌀과 기초 농산물 수입에 반대
하는 시위를 벌였다.

IMF

IMF는 1946년에 설립된 국제 금
융 기구로 외환 위기를 겪고 있는
회원국에 대한 자금 지원을 주요
업무로 한다. IMF는 한국에 금융
지원을 해 주면서 구조 조정을 요
구하였고, 대우자동차를 비롯한
국내의 건실한 기업들이 헐값으로
해외에 매각되었다.

김영삼 정권은 우루과이협정을 타결해 농수산물, 금
융, 서비스 시장을 개방했습니다.(1993.12.14) 이로써 국
제경쟁력이 약한 국내 산업은 위기에 처했지요. 김영
삼 정권은 투명한 경제를 만든다며 금융실명제를 실
시했지만 아들의 부정 비리, 중복 투자로 비판받은 삼
성의 자동차 사업 허용, PCS 사업자 선정 의혹 등으
로 신뢰가 떨어졌습니다.

1995년 1월 1일, 세계무역기구WTO가 출범하면서 세
계는 총성 없는 경제 전쟁의 시대로 들어섰습니다. 국내에서는 변화된
세계경제에 맞추어 재벌 개혁, 산업과 금융의 구조 조정 등을 요구하
는 목소리가 높았지요. 정부는 낙후된 분야의 경쟁력을 높이려고 세계
화 추진 위원회를 출범시켰습니다.(1995.1) 그리고 서방 선진국들의 경
제개발협력기구OECD에 가입했습니다.(1996.9.12) 그러나 한국 경제는 시
장 개방의 파고를 넘지 못하고 1996년을 기점으로 무역역조가 심화되
고 경제성장이 둔화되었습니다. 김영삼 정권은 다시 한 번 재벌에게 특
혜 지원을 했지만 구조적인 문제를 가진 재벌 기업들은 1997년 초 한
보그룹을 시작으로 줄줄이 무너졌습니다. 여기에 1997년 말에는 외환
위기까지 겹치자 국제통화기금IMF에 구제금융을 신청해야 했습니다.

IMF 극복과 노동자들의 희생

1997년 말에 닥친 경제 위기로 하루에 150개가 넘는 기업들이 도산하고 실업자가 1만 명씩 늘어났습니다. 김대중 정권은 외환 위기를 극복하려고 재벌 개혁을 추진해 30대 재벌 가운데 11개를 정리했지요. 이 과정에서 대우그룹이 몰락해 충격을 주었고 부실한 은행과 금융기관들도 퇴출되었습니다. 구조 조정으로 해고된 노동자들은 생존권에 위협을 받았습니다. 또한 같은 일을 하고도 절반의 임금만 받는 비정규직 노동자가 급속히 늘어났습니다.

　IMF 경제 위기를 극복하려고 많은 사람들이 금 모으기 운동에 동참했습니다. 금 모으기 운동은 경제 위기 극복을 위한 사람들의 의지를 보여 주었지만 경제 위기의 원인을 해결한 것은 아니었습니다. 경제 위기의 원인은 급속한 경제개발 과정에서 재벌이 특혜를 받아 중복 투자를 하고 문어발식 확장을 했기 때문이지요. 김대중 정권은 세금으로 156조의 공적 자금을 조성해 부실기업과 금융기관에 지원했습니다. 이 가운데 87조가 회수되었으나 나머지는 회수가 어려웠지요.

　재벌과 금융기관의 부실로 일어난 경제 위기는 국민들의 세금으로 극복되었습니다. 1998년 -5.5%를 기록한 경제성장률은 1999년 10.7%로 회복되었지요. 여기에 외환 보유고가 7백억 달러를 넘어서자 정부는 1년 6개월 만에 외환 위기의 극복을 선언했습니다. 그러나 경제 위기로 희생된 노동자들에게는 아무런 대책이 세워지지 않아 고통은 깊어 갔습니다.

재벌과 회장
대우그룹의 몰락은 재벌의 문제점을 드러낸 사건이었다.

경제 위기의 원인

IMF는 자금 지원 조건으로 재벌 개혁을 내세웠다.
IMF는 첫째 기업 경영의 투명성을 높이고, 둘째 상호 지급보증을 없애고, 셋째 재무구조를 개선하고, 넷째 주력 핵심 사업을 설정하고, 다섯째 주주 및 경영진의 책임성을 강화할 것을 요구했다. 그러나 재벌들은 경영을 투명화하고 계열사 수를 줄이기로 합의한 약속을 지키지 않았다.

• WTO 체제와 반세계화 운동

반세계화 운동
2003년 9월, 칸쿤에서 열린 세계무역기구 회의에서 사람들이 부시 미국 대통령, 고이즈미 일본 총리, 블레어 영국 총리 등 주요 8개국(G8) 정상의 가면을 쓰고 이들이 불공정 무역을 지적하는 목소리에 귀를 막고 있다는 퍼포먼스를 벌이고 있다.

1995년 1월 우루과이협정이 타결된 뒤 1년여 만에 세계무역기구WTO가 출범했다.

우리나라도 1994년 12월 16일, WTO 협정을 비준하면서 회원국이 되었다. WTO 체제의 출범으로 50년 가까이 세계무역 질서를 담당해 왔던 GATT(관세와 무역에 관한 일반 협정) 체제는 막을 내렸다. GATT 체제가 주로 공산품의 관세 인하에 역점을 두었다면, WTO 체제는 농산물과 서비스, 지적재산권까지 포괄하는 모든 상품의 관세 인하와 자유경쟁을 목표로 했다.

WTO 체제가 등장하면서 우리 농업은 심각한 타격을 받았다. 쇠고기, 돼지고기는 물론이고 유제품과 고추, 마늘, 양파, 참깨, 보리 등이 줄줄이 수입되면서 농민들은 지을 농사가 없게 되었다.

이처럼 세계화가 진행되면서 희생되는 민중들이 많아지자 '반세계화'를 외치는 사람들이 늘어나고 있다. 이들은 세계화가 부를 미국을 비롯한 강대국에게 집중시키고, 노동자와 농민들을 희생시킨다고 주장한다. 그리고 '또 다른 세계는 가능하다'는 인식을 확산시키려고 세계무역기구, 서방 8개국 정상회담G8, 아시아태평양경제협력체APEC 등의 회의가 열리는 곳에서 반세계화 운동을 벌이고 있다.

• 세계화의 문제점은 무엇인지 토론해 보고 이를 해결하려면 어떤 노력이 필요한지 써 보자.

8
비정규직과 양극화의 시대

민주노총과 1996~1997 총파업 투쟁

김영삼 정권이 들어선 뒤 노동자들과 농민들의 투쟁은 조직적으로 발전했습니다. 1995년 전국노동조합협의회, 현대 노조, 대우 노조, 사무직 노조가 통합해 전국민주노동조합총연맹을 창립했습니다. 민주노총은 우리 사회에서 소외된 노동자들이 정치, 사회적으로 성장하는 데 밑거름이 되었지요. 그러나 아직까지도 노동기본권을 보호받는 노동조합에 가입한 사람은 10%에 지나지 않습니다.

김영삼 정권은 강력한 임금 억제 정책을 추진하는 동시에 신자유주의 정책을 뒷받침할 노동 악법을 준비했습니다. 1996년 12월 26일, 신한국당 의원들은 야당의 반대를 피해 노동 악법을 날치기로 통과시켰지요. 여기에는 노동자를 마음대로 해고할 수 있는 정리해고법과 비정규직을 도입하는 내용 등이 담겨 있었습니다. 노동자들은 이 법안에 항의해 총파업을 벌였습니다.

1996~1997년 총파업 투쟁은 임금 문제가 아닌 노동자 전체의 위기를 해결하려는 총파업이었지요. 이 투쟁을 통해 10년 동안 불법이었던 전교조 합법화 등은 얻어 냈지만 정리해고와 비정규직 도입 등은 막아 내지 못했습니다. 이 때문에 노동자들은 일상적인 고용 불안에 시달리게 되었습니다.

노동법 날치기 규탄

민주노총 조합원 2만여 명이 1997년 1월 6일, 서울 종묘공원에서 노동법 날치기 통과에 항의하고 있다.

비정규직

비정규직 노동자는 보통 시급으로 임금을 받기 때문에 극심한 노동강도와 저임금, 장시간 노동에 시달린다. 또한 정규직 노동자들과 같은 일을 하면서도 임금은 50~60% 밖에 받지 못한다. 무엇보다도 이들은 1, 2년 단위로 재계약을 하기 때문에 노동삼권을 제대로 보장받지 못한다.

양극화와 민중운동의 위기

노동법이 개악된 지 1년이 못 되어 IMF 경제 위기가 찾아와 많은 노동자들이 정리해고를 당했습니다. 기업들이 언제든지 해고가 가능한 비정규직 고용을 늘리자 전체 노동자 가운데 비정규직 비율은 50%를 훌쩍 넘었습니다. 이 때문에 빈곤층이 늘어 상위 20%의 소득이 하위 20%의 5배가 넘는 양극화 현상이 심화되었습니다. 노동자들은 민주노총을 중심으로 IMF 이후 계속되는 정리해고에 맞서 투쟁했습니다. 그러나 정규직과 비정규직의 차별 극복, 미조직 노동자 조직 등 많은 과제를 안고 있지요. 여기에 일부 노동조합의 비리가 드러나면서 노동운동이 거듭나야 한다는 비판을 받고 있습니다.

농민들은 전농을 중심으로 농산물 수입 개방 반대, 농가 부채 탕감 등을 내걸고 투쟁하며 시장 개방에 맞서 살길을 찾고 있습니다. 빈민들은 전국빈민연합(전빈련)을 중심으로 노점상과 철거민의 생존권과 실업자 문제 등을 해결하려는 운동을 벌이고 있습니다. 대학생들은 한국대학생총연합회(한총련)를 만들었지만, 학생들의 관심이 멀어지면서 어려움을 겪고 있습니다.

• 어느 비정규직 노동자의 삶과 죽음

"하청 노동자도 인간이다. 사람답게 살고 싶다. 어차피 하청 비정규직 노동자일 수밖에 없는 나의 신분이 한 점 부끄럽지 않다. 노동자 신분에 보람과 긍지, 자부심도 있었다. 하지만 한 인간으로서 이 사회에서 또는 현대중공업 공장에서 하청 비정규직 노동자로 산다는 것은 인간임을 포기하고, 현대판 노예로, 기득권 가진 놈들의 배를 불려 주기 위한 재물로 살아가야 하는 것이다. 차별과 멸시, 박탈감, 착취에서 오는 분노. 나는 더 이상 참을 수 없다. 현대중공업 공장에서 벌어지는 부정과 부패, 착취, 비리, 직영 노동자들이 하청 비정규직 노동자에게 행하는 행패와 멸시, 고위 관리직 이사부터 하위 관리직 팀장 반장까지 안 썩은 곳이 없고 상납이라는 추악한 고

눈물을 짜는 비정규직

리와 향락 접대에 연결되어 있다. 윗물이 그러다 보니 협력업체 총무 경리까지 노동자 임금을 도둑질하기에 혈안이 되어 있다. 이런 현실의 피해자는 하청 노동자다.

직영 노동조합 단체협약을 보면 백 가지도 넘는 복지 혜택, 문화 의료 혜택, 자녀 교육 혜택, 주거 혜택, 헤아릴 수 없이 많지만 하청 비정규직 노동자는 정해진 시급, 일급 이외에는 아무것도 없다. 이토록 비인간적이고 불합리한 대우를 받고 있는 것이 현대중공업의 현실이다. 부디 하청 비정규직 노동자도 사람답게 살 수 있는 진실된 노동의 대가가 보장되는 일터가 되기를 간절히 소망한다."

박일수 씨는 비정규직 노동자들의 권리를 외치며 2004년 2월 14일 분신하였다.

• 비정규직의 문제점은 무엇인지 토론해 보고 이를 해소하려면 어떠한 노력이 필요한지 써 보자.

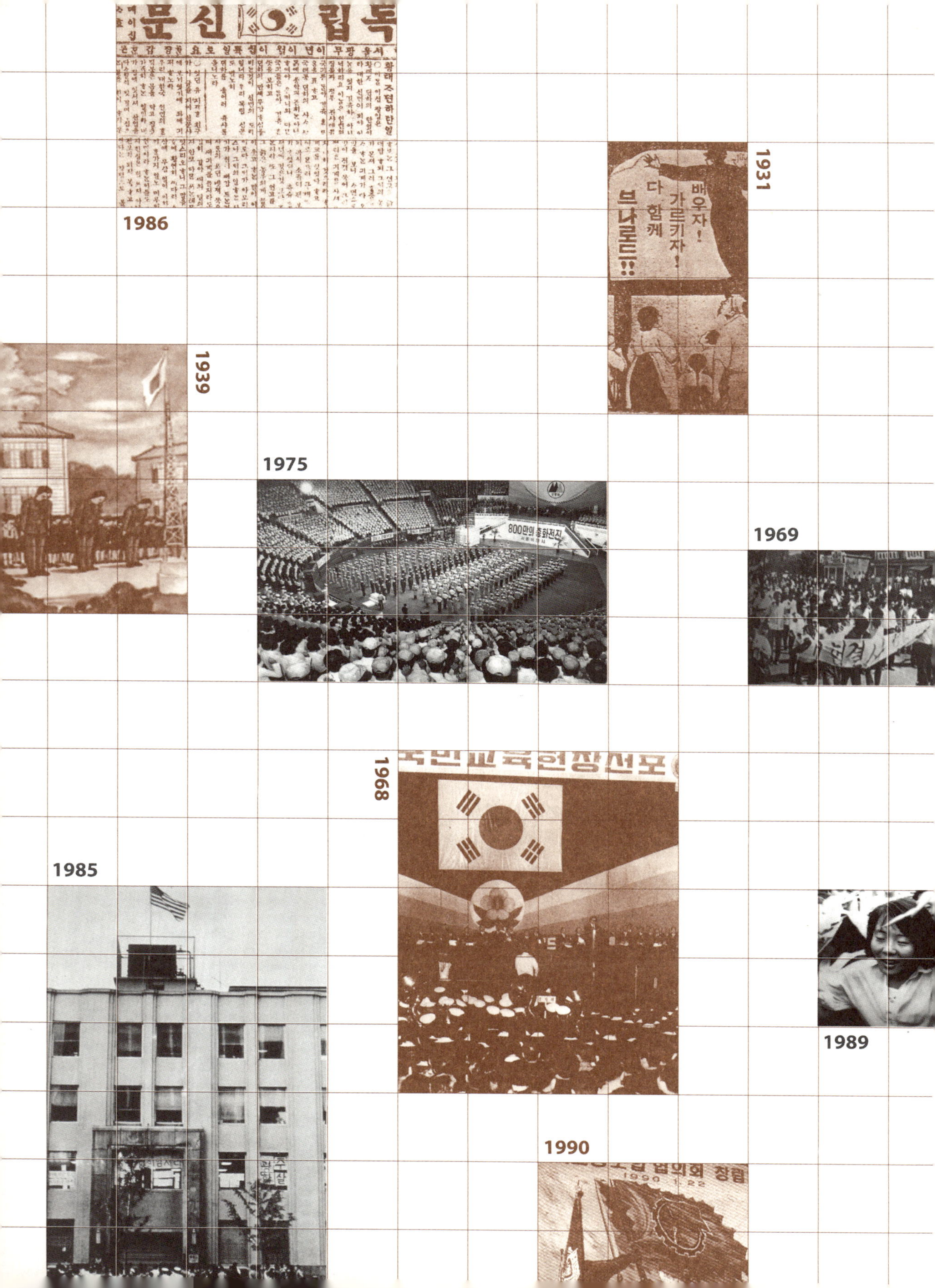

1986
1931
1939
1975
1969
1968
1985
1989
1990

사회사

닫힌 사회에서 열린 사회로

1876
1910

01
밀려드는 서양 문물

새 학교와 언론 · 개항기 교육과 언론 1876~1910

싹트는 근대 의식 · 개항기 사회 변화 1876~1910

1
새 학교와 언론

학도야, 학도야, 청년 학도야

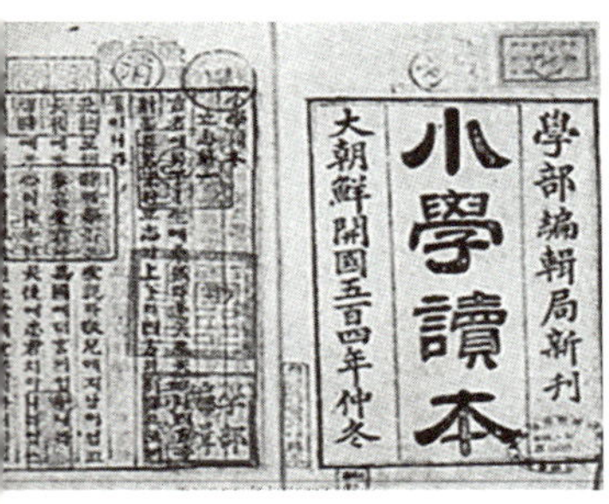

대한제국에서 펴낸 소학교용
교과서 〈소학독본〉

개항 뒤 함경도 덕원 주민들은 최초로 근대 학문을 가르치는 원산학
사를 설립했습니다. 정부에서도 동문학을 세워 영어를 가르치고, 상류
층 자제 교육을 위한 육영공원을 세웠지요. 포교의 자유를 얻은 기독
교는 1880년대부터 배재, 이화, 경신, 정신, 숭실 학교 등을 세웠습니다.

정부는 갑오개혁 때 근대 교육제도를 만들었습니다. 1895년 고종은
교육입국조서를 발표한 뒤 한성사범학교를 설립하고 주요 도시에 소학
교를 설립했지요. 또한 최초의 중등 교육기관인 한성중학교를 세우고
외국어학교, 법률 학교, 기술학교를 설립했습니다.

1905년 을사조약 뒤에는 계몽운동의 일환으로 학교 설립이 활기를
띠었습니다. 개화 지식인들은 대성, 오산, 보성, 숙명, 진명 등의 사립학
교를 세워 민족 교육을 실시했습니다. 일본은 1906년에는 보통 교육령
을 발표해 초등교육을 6년에서 4년으로 단축시키고 소학교를 폐지했
지요. 또한 보통학교를 신설해 일본어와 일본 역사를 가르치고 교사를
감시하는 교감을 두었습니다. 또한 사립학교령을 발표해 독립 의식을
고취하는 학교를 폐교시키고, 교과서 검정을 실시해 교육 내용의 검열
과 통제를 강화했습니다.

근대 언론의 탄생

1883년 개화파는 통리아문 산하에 박문국을 설치하고 최초의 근대 신문인 한성순보를 창간해 개화 소식을 전했습니다. 그러나 갑신정변 실패로 개화파가 몰락하자 발행이 중지되었다가 한성주보로 부활했지만 2년 만에 재정난으로 폐간(1888)되었습니다.

1896년 서재필은 자유주의와 민주주의 개혁 사상을 보급하고 독립국가를 수립하려는 목적으로 최초의 민간 신문인 독립신문을 창간했습니다. 독립신문은 한글 전용을 실시해 우리말 보급에 기여했고 영문판을 간행해 한국을 세계에 알렸지요. 1898년에는 우리나라 최초의 일간신문인 매일신문이 발행되었고, 같은 해 유학자 남궁억 등에 의해 국한문 혼용의 황성신문이 발간되었습니다.

을사조약 뒤 황성신문, 대한매일신보, 만세보 등은 일제의 침략상을 대중에게 알렸습니다. 을사조약이 체결되자 황성신문의 주필인 장지연은 '시일야방성대곡'을 써서 민족의식을 높였지요. 그러나 그는 식민 지배 직후부터 친일 행적을 남겨 오점을 남겼습니다. 대한매일신보는 영국인 베델과 양기탁이 합작으로 설립해 일제의 간섭에서 상대적으로 자유로워 국채보상운동에 앞장섰고 강경한 항일 논조를 펼쳤습니다. 천도교의 만세보도 여권신장과 민중 계몽에 힘썼습니다. 그러나 일제는 1907년 신문지법을 공포해 계몽 언론을 탄압했습니다.

1896년 서재필은 독립신문을 간행하였다. 독립신문은 격일간지로 출발해 일간지로 발전했다.

2
싹트는 근대 의식

근대 의식의 형성

갑오개혁 전후 경찰 사진
갑오개혁은 우리나라 역사에서 가장 큰 근대적이고 서구적인 개혁이었다.

조선 사회를 지탱해 온 신분제는 갑신정변과 동학농민운동으로 흔들리더니 갑오개혁으로 무너졌습니다. 특히 동학농민운동은 인간 평등의 동학사상과 결합해 신분제를 붕괴시키는 큰 역할을 했습니다. 갑오개혁은 양반 중심의 신분제도를 법률로 철폐하고 천민과 공사 노비를 없앴지요. 또한 과거제를 폐지하고 골고루 인재를 등용해 인민 평등권을 보장하고, 고문과 연좌제를 폐지해 인권 의식을 싹 틔웠습니다.

독립협회는 민권운동을 주도하며 근대 의식을 전파했습니다. 독립협회 활동으로 시전 상인이 만민공동회 회장에 선출되고 백정이 관민공동회 연사로 나서는 등 민주주의와 평등 의식이 확산되었지요. 독립협회의 자유민권운동은 계몽운동으로 계승되어 교육, 언론, 경제 등의 각 분야에서 근대 의식이 성장했습니다.

여성의 지위도 향상되었습니다. 개화파는 갑신정변 때 과부의 재가 허용, 축첩 및 조혼의 금지를 요구했고, 농민군도 폐정개혁안에서 과부의 재가 허용을 주장했지요. 이러한 주장은 갑오개혁을 통해 법제화되었습니다. 여성의 근대 교육과 사회 진출도 늘었지만 일상생활에서 가부장적인 가치관은 그대로 남아 여성 차별은 여전했습니다.

우리말과 역사를 배우자

실학자들의 국어에 대한 관심은 개화 지식인들에 의해 확대되었습니다. 갑오개혁 뒤 공사 문서에 국한문 사용이 제도화되고 독립신문과 매일신문, 제국신문이 한글로 간행되자 문체는 전통적인 한문체에서 벗어났지요. 주시경과 지석영은 국문연구소(1907)에서 국문의 정리와 체계화에 앞장섰습니다. 특히 주시경은 국어 문법을 저술해 국가의 독립과 발전을 유지하려 했습니다.

  일제의 침탈이 가속화되자 국사에 대한 관심도 높아졌습니다. 신채호와 박은식은 〈을지문덕전〉, 〈이순신전〉 등 국난을 극복한 영웅들의 전기를 써서 애국심과 민족의식을 불러일으켰지요. 또한 〈미국 독립사〉, 〈월남 망국사〉 등을 통해 국민들의 독립 의지와 역사의식을 높였습니다. 특히 신채호는 조선 침략을 정당화하려는 식민사학에 맞서 독사신론을 발표해 우리 민족을 주체로 한 역사 서술을 강조했지요. 유학자 황현도 〈매천야록〉을 써서 일제의 침략을 비판하고 조선 독립을 강조했습니다. 또한 최남선과 박은식은 조선광문회를 만들어 〈동사강목〉, 〈목민심서〉 등 실학자들의 저서를 정리하고 간행했습니다. 이처럼 대한제국 시기 국학 운동은 시대적 요청에 부응해 민족의식과 독립 의지를 키우는 데 기여했습니다.

• 여학교를 만들어 달라

혹자 신체와 수족과 이목이 남녀가 다름이 있는가. 어찌하여 병신 모양으로 사나이의 벌어 주는 것만 먹고 평생을 심규에 처하여 그 절제만 받으리오. …… 우리도 타국과 같이 여학교를 설치하고 각각 여아들을 보내어 각항 재주와 규칙과 행세하는 도리를 배워 이후에 남녀가 일반 사람이 되게 하려고 장차 여학교를 설치하오니 뜻있는 우리 동포 형제 여러 부녀 중 영웅호걸 님네들은 각각 분발한 마음을 우리 학교 회원에 드시려 하시거든 곧 착명하시기를 바라옵나이다.

- 독립신문, 1898년 9월 28일

이 통문은 찬양회라는 여성 단체가 조직될 때 발표한 글이다. 여학교 실시 통문은 한국 근대 여성사 최초의 여권 선언으로 여성 교육기관을 세우려는 목적 아래 발표되었다. 찬양회는 1898년 9월, 여학교 설립을 후원하려고 만든 단체였다. 찬양회 회원 백여 명은 같은 해 10월 대궐문 앞에 나아가 고종 황제에게 상소를 올려 관립 여학교를 설립해 줄 것을 청원했다. 명분은 여학교 출입이었지만 그들의 첫 요구는 자유로운 문밖출입에 있었다. 문밖출입은 곧 '학문이 없고', '남자들이 벌어 주는 것만 먹고', '죄인 모양 권리 없는' 여성의 상태와 봉건적 질곡을 무너뜨리는 첫걸음이었다.

　찬양회 회원들의 상소에도 학교 설립이 쉽지 않자 이들은 힘을 모아 1899년 2월, 순성여학교를 설립했다. 종로구 승동(현 인사동)에 있던 이 학교는 민간인이 세운 최초의 여학교였다. 찬양회는 성인 여성들을 대상으로 연설회와 토론회를 개최하고 만민공동회에도 적극 참여했다. 이러한 흐름은 대한부인회 등의 여성 교육 운동 단체로 이어졌다.

• **이 무렵 여성들이 겪는 차별은 무엇이었는지 토론해 보고 내 생각을 써 보자.**

02

꿈을 잃은 사회

하급 일본인을 만드는 학교 · **식민지 교육 1910 ~ 1945**

이제 일제에 협조하자 · **친일파의 탄생과 성장 1920 ~ 1945**

학생, 청년, 어린이, 여성, 백정 들의 목소리 · **각 계층의 근대화 노력 1920년대**

총알받이로, 노예로, 위안부로 살다 · **일제의 인적, 물적 수탈 1930 ~ 1945**

카레이스키, 코리언, 애니깽, 조센진 · **이주 동포의 삶 1910 ~ 1945**

1
하급 일본인을 만드는 학교

칼을 찬 교사

칼을 쥔 교사들
학교 교사들까지 경찰관 같은 위압적인 옷을 입었다. 이때는 공립학교에서 조선어 교과를 빼고는 모두 국어(일본어)를 써야 했다.

일제는 1911년 1차 조선교육령을 발표하고 보통교육과 실업교육을 통해 조선인을 충실한 국민으로 만들려 했습니다. 또한 일본 사람을 교사로 뽑고 일본어와 일본 역사를 강조했지요. 교사들은 제복을 입고 칼을 차 공포 분위기를 조성했고 학생들은 이성적인 사고력을 기르기보다는 순종을 배우며 식민지 노예근성을 몸에 익혔습니다.

일제는 민족의식을 일깨우는 사립학교의 문을 닫게 하고, 신채호의 〈을지문덕전〉 등 수천 권의 책을 불태우며 팔지 못하게 했습니다. 그리고 한민족의 역사와 민족성을 왜곡하려고 조선사편수회(1916)를 만들어 식민사관을 퍼뜨렸습니다. 이들이 펴낸 〈조선반도사〉에는 '조선 사람은 스스로 살아갈 능력이 없어 남에게 의지하고 힘센 사람에게 굽신거리기를 잘한다.'고 적혀 있습니다. 일제의 역사 왜곡은 〈조선사〉(1937)의 발간으로 완성되었습니다.

1차 조선교육령(1911.8.23)

제2조. 교육은 충량한 국민을 육성하는 것을 본의로 한다.
제5조. 보통교육은 보통의 지식, 기능을 부여하고 특히 국민된 성격을 함양하며, 국어(일본어)를 보급함을 목적으로 한다.

일제의 식민사관

• 정체성론 : 개항 전 조선은 봉건제도에 도달하기 이전 단계이다. 일본과 비교할 때 조선은 약 천 년 정도 뒤떨어져 있다.
• 당파성론 : 조선 민족은 파쟁 의식과 분열주의를 가지고 있으며 이러한 조선인의 체질 때문에 조선 왕조가 멸망하였다.
• 타율성론 : 조선사는 남의 힘으로 움직인다. 반도라는 지리적 조건 때문에 정치도 문화도 대륙에 휩쓸렸다.

노예 양성소

일제는 1922년 2차 조선교육령을 발표하고 일본인과 조선인이 같은 학교에 다니는 일선공학日鮮共學을 장려해 조선인을 일본에 동화시키려 했습니다. 또한 일본인이 조선을 더욱 잘 이해하고 지배하기 위해 조선어 시간이 생겼지요. 조선인들의 고등 교육열을 수용한다는 명분으로 경성제국대학을 만들기도 했습니다. 일제는 1929년 초등교육 기회를 늘린다며 사립학교나 서당을 2년제 간이학교로 바꿨습니다. 이는 독립 의식을 고취하는 사립학교, 서당, 야학을 제도권 안으로 편입시켜 통제하려는 것이었습니다.

일제는 1938년 3차 조선교육령을 발표하고 황국신민서사를 외우게 했습니다. 이 때문에 학생들은 어릴 적부터 천황 폐하에게 충성하는 황국신민으로 교육되었지요. 또한 모든 교과서가 일본어로 제작되고 학생들은 학교에서 조선말을 사용할 수 없게 되었습니다.

1943년 발표된 4차 조선교육령(1943) 때는 모든 교육기관의 수업연한이 즐고, 국민학생은 송진 채집에 중학생은 토목공사에 동원했지요. 또한 전문 학생들과 대학생들은 학도병으로 강제 지원시켜 총알받이로 만들었습니다.

학교는 '노예 양성소'이다

"……자식을 낳으면 일어를 국어라, 일본 글을 국문이라 가르치는 노예 양성소로 보내고, 조선 사람으로 조선 역사를 읽게 된다면 한강 이남은 예로부터 일본 땅이었다는 엉터리 역사를 배우게 되며, 신문이나 잡지를 본다면 강도 일본 제국주의자들의 정치를 찬양하는 노예적 글밖에 없다.

– 신채호, '조선 혁명 선언'(1923)에서

• 교육 현장 실태 보고

1910년대 교실 모습을 그려 낸 염상섭의 〈만세전〉에는 이런 표현이 있다.

"소학교 선생님이 세이버(환도)를 차고 교단에 오르는 나라가 있는 것을 보셨습니까? 나는 그런 나라 백성이외다."

일제는 매일 아침 열리는 조회를 통해 학생을 감시하고 훈육했다. 조회는 '복장 검사, 인사, 5분 체조'를 하거나 '경례, 학교장 훈유, 경례'의 순서로 진행되었다. 학생들은 눈조차 돌릴 수 없었다. 교원들은 상급자의 지시를 받아 각 학급에 가서 교장 훈유의 취지와 지시 사항을 설명했다.

국가 의식도 학교에서 치렀는데 1915년 11월 10일 오후 2시에 시작한 즉위례 봉축식은 '기미가요' 합창, 천황 진영에 최경례, 교육 칙어 봉독, 학교장 훈화, 봉축 창가 합창, 천황 폐하 만세 삼창 순서로 무려 한 시간 반 동안 이어졌다. 학생들은 긴 시간 동안 꼼짝없이 서서 신체와 정신에 끼치는 고통을 견뎌야 했다.

일제의 감시와 훈육이 거둔 성과는 '아동 심리 조사'에서 드러났다. 1916년 개성제일공립보통학교의 경우 "가장 위대한 사람은?"이라는 질문에 "천황 폐하."라는 답이 가장 많았고, "가장 중요한 일은?"이라는 질문에 "직업이 있는 것."이라 답했다. 조사관들은 이런 답변에 뿌듯함을 느꼈다고 한다.

일제는 노예 교육을 통해 식민지 학생에게 명령과 복종의 상하 질서에 젖게 했다. 이로써 학생들은 '나보다는 전체'를 생각했고, 국가 권위에 무조건 복종하는 전체주의의 도구가 되어 갔다. 그러나 여기에 저항하는 학생 조직들이 서서히 생겨나 일제의 식민 교육에 맞설 항쟁을 준비하기 시작했다.

• 오늘날 교육 현장에 남은 일제 잔재는 무엇인지 토론해 보고 어떤 문제가 있는지 내 생각을 정리해 보자.

2
이제 일제에 협조하자

거꾸로 가는 민족개량주의

일제는 문화정치를 통해 반일 운동을 누르고 조선인 자산가들을 지방 자치에 끌어들였습니다. 1931년에는 자문기관이던 일부 협의회와 평의회를 의결기관으로 고치고, 부, 읍, 면 선거를 실시했지요. 친일 세력과 민족개량주의자들은 선거에 출마해 특권을 얻었고, 친일 활동으로 보답했습니다.

민족개량주의자인 천도교의 최린은 〈조선농민사〉를 만들어 정치 문제보다는 농촌계몽 등 현실적인 이익에 힘을 쏟자고 주장했지요. 기독교 단체들도 강습회를 열어 토지문제의 근본적인 해결보다는 일제가 추진하던 농사 개량에 관심을 보였습니다.

동아일보는 문맹과 비위생 상태에 놓인 농민을 계몽하자는 브나로드운동을 벌였습니다.(1931~1934) 이들은 농민들이 열심히 배우고 일해야 잘살 수 있고, 민족의 실력이 길러진다고 했지요. 그러나 이들의 주장은 빈곤의 원인을 농민 탓으로 돌린 점에서 일제가 내세운 농촌 진흥 운동과 닮은 점이 있었습니다. 또한 사회주의자들이 주도한 적색 농민조합 운동을 견제하고 민족개량주의 운동을 넓히려는 의도도 있었습니다. 브나로드운동 지도부는 단순한 계몽 활동을 원했지만 여기에 참여한 학생들은 반일 의식을 높이는 데 힘썼지요. 이 때문에 브나로드운동은 일제의 탄압을 받고 금지되었습니다.

브나로드운동

소설 속 브나로드운동

농민 속으로 가자. 편지도 써 주고, 주재소, 면소에도 대신 다녀 주고, 그러면서 글도 가르치고, 소비조합도 만들어 주고, 뒷간, 부엌 소제도 해 주고, 이렇게 내 일생을 바치자.

일제가 만주 점령에 이어 중일전쟁에서도 승기를 잡자 독립에 대한 전망은 어두워졌습니다. 민족 개량주의자들 가운데에는 "이제 조선인들이 할 수 있는 것은 일본에 완전히 동화해 '내지'와 동일한 지위를 누리는 것뿐이다."라고 생각하는 사람들도 생겼습니다.

조선일보 1940년 1월 1일 신년 호
신문 제호 위에 일장기를 달고, 일왕 부부의 덕을 기리는 기사를 1면에 싣고 있다.

**개량주의에 대한
조선총독부 보고서**

"현재 민족주의는 과거의 급진 운동이 모두 실패로 돌아간 뒤 독립은 뒷날로 미루자는 이른바 실력 양성 운동으로 방향을 바꿨다. 한편 사회주의 운동은 공산당과 비밀 결사를 조직하고, 노동쟁의와 소작쟁의를 선동해 청소년에게 사상의 해악을 끼치고 있다."

종교계에서는 천도교와 천주교 그리고 개신교의 대부분 종파가 신사참배에 참여했습니다. 연희전문학교 교장 언더우드는 "벌써 이렇게 될 것을 알고 있었다."며 기독교계의 친일을 부추겼지요. 천주교도 황군 위문금을 모금한 것을 비롯해 전시 동원에 동조했습니다. 조선일보와 동아일보는 지원병에 적극 참여하자고 앞다투어 보도하며 식민 지배에 협조했고, 경제계의 박흥식도 비행기를 헌납하며 협력했습니다. 교육계에서는 이화여자전문학교장 김활란이 학생을 동원해 애국여자단을 조직하고, 여러 곳에 글을 실어 친일 활동에 앞장섰지요. 덕성여자실업학교장 송금선, 성신가정여학교장 이숙종 등도 일제 기관지 매일신보를 통해 황국신민 교육의 중요성을 역설했습니다.

또한 많은 친일 지식인들이 징병, 징용, 정신대에 참여하자는 연설을 하고 글을 썼지요. 이로써 친일파들은 사법, 군대, 경찰 등의 억압 기구뿐만 아니라 경제, 사회, 문화, 교육 등 모든 분야에 폭넓게 자리 잡았습니다.

• 각계의 친일 행각

• 조선일보 – 조선인 지원병 허용에 감사

이번 지원병 제도의 실시는…… 반도 민중의 애국 열성을 보아서 내선일체의 대정신으로 종래 조선 민중이 국민으로서의 의무를 다하지 못하고 있던 병역의무의 제일 단계를 실시케 하는 것이다. 황국신민된 사람으로 그 누가 감격치 아니하며 그 누가 감사치 아니하랴.

– 조선일보, 1938.6.15

• 언론계 – 김성수 : 동아일보 사장, 2대 부통령

이제 대망의 징병이 실시됨에 따라 우리는 학생이 없는 가정이라도 적령기의 청년 남아를 가진 집에서는 모두 이 며칠 동안 반도 전역이 감격으로 환송하는 장쾌한 병역의 성사를 맛보게 될 것이다. 반도 출신의 젊은 병사들을 전열로 보내는 것은 실로 이제부터 시작되는 것이다.

– 담화, 1944.1.12

• 경제계 – 박흥식 : 화신백화점 사장

우리들 산업 경제계에 있는 사람들은 황공하옵신 황제 폐하를 위해 더욱 노력하지 않으면 안 됩니다. …… 모든 직장에 있는 자는 오직 증강에만 용기를 내어 최후의 승리를 얻기까지 매진하여야 합니다.

– 매일신보, 1943.12.26

• 교육계 – 김활란 : 이화여자전문학교 교장, 이화여대 총장

이제야 기다리고 기다리던 징병제란 커다란 감격이 왔다. 우리는 아름다운 웃음으로 내 아들이나 내 남편을 전장으로 보낼 각오를 가져야 한다. 따라서 만일의 경우에 남편이나 아들의 유골을 조용히 눈물 안 내고 맞아들일 마음의 준비를 가져야 한다.   – 신시대, 1942

• 사회 지도급 인사들의 친일 행위는 어떤 문제가 있는지 내 생각을 써 보자.

3
학생, 청년, 어린이, 여성, 백정 들의 목소리

학생, 청년, 어린이

학생들을 검문검색하는
일제 경찰

광주학생운동 당시 격문

1. 청년 대중이여 죽음을 초월하여
투쟁하자!
1. 교내에 경찰의 출입을 반대한
다!
1. 검거 학생들을 우리의 손으로
탈환하자!
1. 조선인 본위의 교육제도를 확립
하라!
1. 만행을 저지른 광주중학(일본
인 학교)을 즉각 폐쇄하라!
1. 직원회에 학생 대표를 참가시키
자!

학생들은 일제의 탄압을 피해 학교 안에 비밀 독서회 등을 만들고 강연회와 토론회를 열어 독립 의지를 높였습니다. 많은 학생들이 3.1운동에 참여해 활약했습니다. 1920년대가 되자 사회주의를 받아들인 조선학생과학연구회는 조선공산당과 함께 6.10만세운동을 앞장서 이끌었습니다. 학생운동은 1929년에 일어난 광주학생운동을 계기로 절정에 이르렀지요. 학생들은 149개 학교에서 5만 4천여 명이 참가해 '민족 차별 중지'와 '식민지 교육제도 철폐' 등을 요구하며 항일운동을 벌여 일제의 간담을 서늘케 만들었습니다.

청년들은 1920년대 들어 활발한 활동을 벌였습니다. 1924년에는 2백여 개의 청년 단체들이 모여 조선청년총동맹을 만들었지요. 이들은 '신사회 건설'과 '조선 민중 해방 운동의 선구자가 될 것'을 강령으로 내걸고 사회의 여러 부문에서 활약했습니다.

소년 운동은 조선소년연합회가 결성되며 체계를 갖추었습니다. 천도교의 방정환은 처음으로 어린이라는 말을 사용하고 잡지 〈어린이〉(1923)를 창간했습니다. 그는 "어린이도 사람이다. 인격을 존중하자."며 어린이 인권을 주장하고, 어린이 교육의 중요성을 강조했습니다.

여성운동과 형평운동

일제강점기에도 차별받는 여성들의 운동은 이어졌습니다. 1922년에 만들어진 조선여자기독청년회YWCA는 기독교 정신에 따라 첩 제도 타파와 여성 교육에 앞장섰지요. 1924년에는 사회주의 계열의 조선여성동우회가 만들어져 남녀평등과 여성해방운동을 펼쳤습니다. 민족주의 계열과 사회주의 계열로 나뉘어 있던 여성운동은 신간회에 자극을 받아 근우회를 출범시켰습니다.(1927) 근우회는 교육의 남녀 차별 철폐, 혼인과 이혼의 자유 보장, 인신매매와 공창제 폐지, 여성 노동자의 복지와 권익을 위해 활동했지요. 근우회는 1930년에는 회원 수가 3천 명이 되었지만 기독교 계통의 여성 지도자들이 급진 운동에 불만을 품고 탈퇴하기도 했지요. 신간회가 해소되자 근우회 활동도 중지되었습니다.

근우회 창립총회

　형평운동은 경남 진주의 백정들이 신분 차별을 없애려고 조선형평사(1923)를 만들며 시작되었습니다. 갑오개혁으로 백정에 대한 법적인 차별은 사라졌지만 호적에는 도한屠漢(도살자)이라 적었고 사회적인 차별도 여전했습니다. 형평운동은 계급 운동으로 발전하며 40만 명의 회원을 가진 조직으로 성장했습니다. 그러나 일제의 탄압과 내부 분열로 힘을 잃었지요. 그 뒤 대동사로 이름이 바뀌고 7천여 회원의 단체로 줄어들었습니다.

형평사 제6회 대회 포스터

• 광주학생운동

1929년 10월 30일, 나주역에서 광주중학교 3학년 후쿠다 등의 일본인 학생들이 광주여고보 3학년 박기옥을 괴롭히자 사촌 동생 박준채 등이 일본 학생들과 싸웠다. 11월 1일, 일본인 학생 30여 명이 후쿠다의 복수를 한다며 광주역에서 조선인 학생들과 충돌했다. 싸움은 경관, 역무원 등의 제지로 수습되었지만 조선인 학생들만 처벌되었다.

1929년 11월 3일은 우리나라를 침략한 일왕 메이지의 생일이었는데 공교롭게도 그날은 우리나라 개천절인 음력 10월 3일이었다. 일제는 일요일이었지만 학생들을 동원해 일왕 생일 축하 행사를 했다. 이날 학생들은 광주중학교의 일본인 학생들과 충돌했는데 이 와중에 한 조선인 학생이 일본인 학생의 칼에 맞았다. 또한 광주중학교의 일본인 유도 교사는 학생들을 무장시켜 조선인 학생들을 습격했다.

싸움이 끝난 뒤 조선인 학생 장재성은 "우리의 적은 일본 학생들이 아니라 일본 제국주의다. 우리는 독립을 쟁취하기 위하여 끝까지 싸워야 한다."고 했다. 학생들은 오후 2시에 다시 시가지로 몰려나와 조선 독립 만세, 제국주의 타도 만세 등의 구호를 외쳤다.

만약 당시의 학생들이 자신을 괴롭히는 불평등이 무엇인지 보지 못했다면 이 일은 단순히 조선 학생과 일본 학생의 패싸움으로 끝났을 것이다. 하지만 이들은 자신에게 주어진 불평등의 원인을 올바로 보았고 단결했다. 이 때문에 광주에서 시작된 학생들의 외침은 일제의 엄혹한 지배를 뚫고 전국으로 퍼져 나갔다.

• 광주학생운동을 어떻게 볼 것인지 토론해 보고 이를 통해 얻을 수 있는 교훈을 써 보자.

4
총알받이로, 노예로, 위안부로 살다

신사에 참배하고 궁성에 절하고

일제는 1938년 국민정신총동원연맹을 만들고, 그 아래 열 가구 단위로 애국반을 조직해 민중들의 생활을 철저히 통제했습니다. 애국반은 1917년부터 시작한 반상회를 이용해 일장기 걸기, 신사참배, 일왕 궁성을 향해 절하기 등을 강요했습니다. 1942년 애국반원으로 가입한 사람은 무려 448만 명이나 되었지요. 세대주가 반원이 된 것을 따져 보면 거의 모든 조선인을 조직한 것이었습니다.

일제는 공산주의 독립운동을 탄압하고, 일본의 무사도 정신을 높이기 위해 조선방공협회(1938)를 만들었습니다. 1941년에는 조선 사상범 예방 구금령을 발표하고 법을 어기지 않았어도 의심이 가는 사람들까지 서대문형무소 안의 예방 구금소에 가두었지요. 이처럼 일제는 조선인들을 침략 전쟁에 동원하고 수많은 민족해방운동가들을 투옥했습니다. 이러한 가운데 변절하거나 일제의 정책에 협력하는 친일 반민족 행위자들도 차츰 늘어났습니다.

1939년 초등 2학년 수신 교과서

서대문형무소

1908년 경성감옥으로 문을 연 뒤 독립운동을 벌이던 수많은 애국지사들을 체포하고 투옥하였다. 1923년 서대문형무소로 이름이 바뀌었다. 1945년 해방이 될 때까지 일제는 수많은 독립운동가들을 이곳에 가둬 고문하고 처형했다. 고통과 병으로 감옥에서 숨을 거둔 사람들도 많았다.

일제에 끌려간 조선인

징병
징병제를 식민지에도 적용한 것에 감사하는 시가 행진과 신사참배 모습이다.

일제는 대륙 침략의 효율성을 높이려고 한반도에 군수공장을 만들었습니다. 그리고 국가총동원법(1938)을 만든 뒤, 국민 징용령을 실시해 조선인 노동자를 공장과 광산으로 보냈습니다. 일제는 처음에는 모집, 징용, 근로 보국대 따위의 그럴듯한 간판을 내걸었지만 지원자가 모자라자, 1942년부터 강제 연행으로 부족한 노동력을 채웠지요. 강제로 끌려간 노동자들은 탄광과 금속 광산 등에서 전쟁터 못지않은 노예 노동에 시달렸습니다.

일제는 1938년, 지원병제를 실시해 전투 인력을 확충했습니다. 1943년에는 모든 조선 청년을 일본 군대에 보내는 징병제를 실시했고 나아가 학생들까지 동원하는 학병제를 실시했지요. 이 때문에 해방이 될 때까지 약 20만 명의 젊은이들이 일본 제국주의를 위한 총알받이로 일제의 침략 전쟁에 끌려갔습니다.

일제는 일본군이 현지에서 옮은 성병으로 군사력에 피해를 입자, 조선 여성의 성性까지 수탈했습니다. 일제는 어린 여성에게 접근해 좋은 일자리라고 속이거나 강제로 끌고 가 군인들의 위안부로 삼았지요. 이렇게 끌려간 여성들은 정기적으로 성병 검사를 받으며, 일본군의 성 노예가 되었습니다. 전쟁 막바지에는 여자정신대근로령(1944)을 만들어 수십만 명의 여성을 강제로 동원했지요 일본군은 조선인 여성들을 전쟁터로 끌고 다니다 패전 뒤에는 집단 학살해 증거를 없애려 했습니다.

• 징용 노동자 최천수 씨 체험담

홋카이도에 끌려간 징용자들

머리에는 이가 득실거리고 등의 상처는 썩어 갔다. 여기서는 조선말을 쓰면 밥 한 끼를 줄였다. 밥이라고 해도 콩을 쪄서 안남미와 섞은 것이었다. 국은 소금국으로 건더기가 없었다. 갱내에서 목이 말라 갱내의 붉은 물을 마시면 설사를 심하게 했다. 그래도 아침 6시부터 밤 11시까지 일을 시켰다. 술이나 담배, 약품 배급은 구미組에서 가로챘다. 당시 임금은 2원 35전인데 함바 값으로 1원 50전을 떼였다. 많은 사람들이 죽었다. 먼젓번 젊은 아이가 가족 이름을 부르며 죽었다. 지금 생각해도 눈물이 난다. 서울에서 온 교양 있는 집안의 아들은 도망치다가 잡혀 심하게 매를 맞고 미쳤다. 집단으로 탈출한 사람들은 얼어붙은 강을 건너다가 물에 빠져 많이 죽었다. 봄이 되어 눈이 녹으며 그 시체가 이리카리가와 언저리의 버드나무 가지에 걸려 있는 것이 가끔 발견됐다. 1943년 12월 18일이었다. 임금이 1천 얼마로 체불되었는데, 독촉해 보니 3백 원을 가족에게 송금해 주겠다고 했다. 그러나 3개월을 기다려도 조선에서는 돈을 받았다는 소식이 오지 않았다.

• **강제징용 노동자 문제의 현재에 대해 조사해 보고 해결 방안을 써 보자.**

카레이스키, 코리언, 애니깽, 조센진

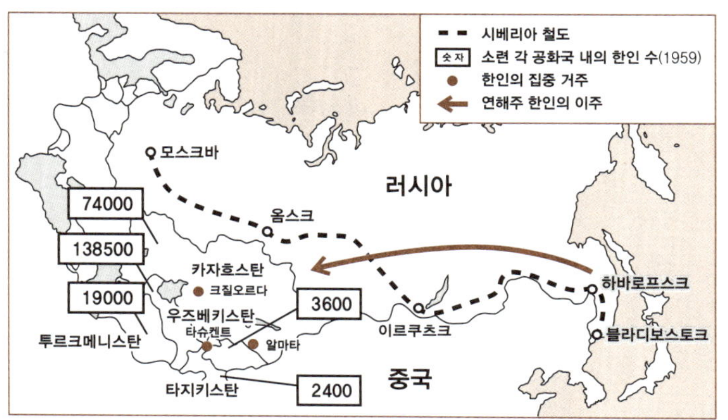

카레이스키(고려인)**들의
중앙아시아 강제 이주**(1937)
소련 당국은 연해주 지역으로 한인
들을 약 6000km나 떨어진 중앙아
시아로 강제 이주시켰다.

카레이스키, 코리언, 애니깽

연해주의 독립운동은 러시아 정부가 자유시사변 뒤 독립군의 무장을 해제하자 세력이 약해졌습니다. 한인들은 한글 신문 '선봉'을 펴내고, 교육 사업을 통해 민족의 정체성을 지키는 데 힘을 쏟았지요. 그러나 민족주의를 제거하고 사회주의를 수립하려는 스탈린 정권은 1937년 연해주 한인들을 중앙아시아로 강제 이주시켰습니다. 한인들은 척박한 중앙아시아에서 힘겹게 새로운 삶의 터전을 일구어야 했습니다.

미주 한인 단체는 무장 독립론을 주장하는 박용만과 외교론을 주장하는 이승만으로 나뉘었습니다. 이승만은 박용만의 무장투쟁론을 비판하고 대한인동지회를 중심으로 활동하며 하와이 한인 사회를 분열시켰지요. 동포들은 그가 돈만 밝히는 사람이라고 비난했지만, 뛰어난 처세술로 미국의 신임을 얻었습니다. 미국이 2차 세계대전에 참전하자 대한인국민회는 미주 한인들을 모아 해외한족대회(1941)를 개최하고 임시정부 재정을 도왔습니다.

멕시코 사탕수수 농장에 팔려 간 한인들은 애니깽이라 불리며 노예처럼 일했지요. 이들은 생존을 위해 어렵게 번 돈을 독립운동을 위해 아끼지 않고 내놓았습니다.

조센진과 관동대진재(1923)

　일제는 식민 통치 초기에는 일본 이주를 허용하지 않았습니다. 1차 세계대전이 일어나자 값싼 노동력이 필요해진 일제는 조선인 이주를 권장해 많은 사람들이 일본에 갔지요. 이들은 민족 차별을 받으며 공장이나 탄광의 열악한 작업환경 속에서 장시간 동안 일했습니다. 1923년 일본 관동 지방에 대지진이 일어나자 일본 정부는 지진의 책임을 조선인들에게 돌리려고 조선인들이 집에 불을 지르고 사람들을 죽이고 있다는 거짓 포고문을 발표했습니다. 흥분한 일본인들은 자경단을 조직해 일본도와 죽창, 망치, 낫 등으로 조선인들을 닥치는 대로 죽였지요. 이때 죽은 조선인들은 학생 1천여 명을 포함해 6천여 명에 이르렀습니다.

　관동대진재를 피한 조선 노동자들은 일본 노동운동을 이끌던 전협 아래 산업별 조합을 만들어 활동했습니다. 전협은 조선과 대만의 완전 독립, 천황제 폐지 등을 행동 강령으로 내걸었지요. 또한 조선프롤레타리아예술동맹 동경지부를 결성해서 활발하게 민족문화 연구 활동을 전개했습니다.

　1930년대에는 강제 연행으로 끌려 온 조선인들이 늘어 백만 명에 달했습니다. 이들은 산업 현장에서 태업과 파업 등 조직적인 저항을 펼쳤지요. 유학생들은 대학에서 소그룹별 단체를 조직해 반일 투쟁을 벌였습니다. 이처럼 재일 조선인들은 민족 차별을 이겨 내고 삶의 현장에서 일본 제국주의와 싸웠습니다.

관동대진재 때 학살당한 조선인

관동대진재과 조선인 학살

많은 조선인들이 죽창으로 고문을 당하면서 서서히 죽어 갔다. 그동안에 고문자들은 빙 둘러서서 박수를 치는 것이었다. 어린 여학생과 부인들은 대못으로 고문을 당했다. 이 사건 뒤 극동의 어느 민족도 일본의 '우호'를 믿지 않게 되었다.
－ 님 웨일스, 〈아리랑〉

1945
1990

통제에서 자율로

반공을 위한 교육과 언론 · 미군정과 이승만 정권 시기 사회상 1945~1960

국민교육헌장과 향토예비군 · 박정희 정권 시기 사회상 1961~1972

학교와 사회를 군대식으로 · 유신 시대의 사회상 1972~1979

광주의 아픔을 딛고 · 1980년대 민중운동의 성장 1980~1988

교육 민주화 선언과 보도 지침 · 전두환 정권 시기 사회상 1980~1987

지역과 부문으로 조직되는 사람들 · 노태우 정권 시기 사회상 1987~1992

눈뜨는 시민들 · 1990년대 시민운동의 성장 1992~현재

진보와 소수자들의 목소리 · 현대사회의 다양한 목소리 1989~현재

1
반공을 위한 교육과 언론

미군정기의 교육과 언론

미군정은 친일 경력이 있는 한민당과 기독교 인사들로 조선교육위원회를 구성했습니다. 이 때문에 일제 군국주의 교육은 청산되지 못했지요. 미군정은 홍익인간을 교육 이념으로 채택하고, 초등 6년, 중등 3년, 고등 3년, 대학 4년의 미국식 학제를 도입했습니다. 또한 무허가 학교 폐쇄령을 공포해 학교, 학원, 강습소를 폐쇄했습니다.

미군정은 경성제국대학을 중심으로 9개 단과대학을 통합한 '국립서울대학교 설립에 관한 법령'을 발표하고, 미군 대위 출신 앤스테드 박사를 총장으로 임명했지요.(1946.8.22) 학생들은 '친일 교수 배척, 미국인 총장을 한국인으로 대체할 것' 등을 요구하며 반대 운동을 벌였습니다. 그러나 이 운동은 좌우 대결로 번져 유혈 사태를 낳았고, 좌익 성향의 교수와 학생들이 쫓겨났지요. 미군정은 교육 원조의 대부분을 서울대학교에 투자해 미국에 우호적인 지식인을 양성했습니다. 이 무렵 북한도 김일성종합대학을 건립하면서, 대학에도 이념의 장벽이 높아졌습니다.

해방 뒤 발간된 신문은 지방지를 포함해 70여 개에 이르렀습니다. 이들 중 좌익 계열은 해방일보와 조선인민보 등이, 우익 계열은 조선일보와 동아일보 등이 있었습니다. 미군정은 정판사 위조지폐 사건을 계기로 좌익계 신문을 폐간시키고, 신문 및 정기간행물의 허가제를 담은 미군정 법령 88호를 공포해 언론 자유를 억압했습니다.

반공주의와 국가주의

이승만 정권은 반공 교육을 강화하는 등 교육을 정치의 도구로 이용했습니다. 1949년 7월 문교부는 우리의 맹세, 학생의 맹세, 청년의 맹세 등을 제정했지요. 이 맹세는 각급 학교 학생들이 암기해야 했고, 교과서는 물론 서적 뒤에 빠짐없이 인쇄되었습니다. 또한 학도호국단을 창설해 50만 명의 학생을 통제했지요. 의무교육은 미군정기에 발표되었으나 예산 부족으로 시행되지 못하다가 한국전쟁 뒤 추진되었습니다.

언론은 미군정기 때 좌익계가 몰락했지만, 동아일보와 경향신문 등이 이승만의 독재정치를 비판하며 사회에 활력을 불어넣었지요. 진보적인 지식인들의 목소리를 담은 사상계를 비롯한 잡지들도 창간되었습니다. 정부 수립 뒤 국가 이념으로 채택된 일민주의는 민족주의와 전체주의를 결합한 것으로 국민을 통합하는 역할을 했습니다. 또한 국가에 대한 애국심을 강조하려고 국민의례가 제정되었지요. 국기에 대한 경례도 절을 하는 방식에서 오른손을 왼쪽 가슴에 대는 방식으로 변경되었습니다. 이러한 의례를 통해 국민들은 국가를 위해 자신을 희생하도록 길러졌습니다.

학도호국단 행진
학도호국단은 군대식 편제를 적용해 학원을 병영화하였다. 이들은 한국전쟁에 참전하였으나 희생이 컸고 4.19 혁명 이후 해체되었다.

• 국민개병제와 의무교육제

징병검사
전남도청에서 징병검사가 실시되고 있다.(1950.3)

반공 교본
반공 교육은 교과서 내용뿐만이 아니라 반공 표어, 포스터, 웅변 대회 등을 통해 학생들에게 끊임없이 주입되었다.

이승만 정권은 여순사건을 계기로 장교와 교사들을 대상으로 대대적인 숙청을 했다. 이를 통해 얻어진 장교와 교사들의 이념적 동질성은 국민개병제와 의무교육제의 성공을 위한 기초가 되었다.

1949년 8월 6일, 병역법이 공포되어 지원병제에서 징병제로 바뀌었고 한국전쟁이 일어나자 본격적인 징집이 이루어졌다. 청년들은 "군대에 갔다 와야 사람이 된다."는 말을 들으며 군대에 갔다. 여기서 사람이란 반공 의식, 집단주의 문화, 군대의 기술을 습득한 인간을 가리켰다. 어린이들은 국민학교에서 국민적 교양과 반공주의를 배우고 우리의 맹세의 한 구절대로 대한민국의 아들, 딸로 거듭났다. 학생은 국민학생으로 군인은 국민병으로 불렸다. 이처럼 사람들은 학교교육과 군 복무를 통해 반공을 중요시하는 국민으로서의 정체성을 확립하였다.

• 이 시기 국민개병제와 의무교육제도의 문제점을 토론하고 내 생각을 써 보자.

2
국민교육헌장과 향토예비군

강화되는 반공 체제

5.16군사정변으로 집권한 박정희 정권은 교원 노조를 불법화시키고 가입한 교사들을 대량 해직시켰습니다. 박정희 정권은 국민교육헌장(1968)을 제정해 국가주의 교육을 강화했습니다. 이 무렵 달아올랐던 중학교 입시 경쟁은 무즙 파동(1964)을 겪은 뒤 1968년 무시험 제도로 바뀌었습니다.

4월 혁명 뒤 미군정 때 만들어진 신문 및 정기간행물의 허가제가 폐지되고 신고제가 시행되면서 언론 매체가 급격히 증가했지요. 그러나 박정희 정권은 민족일보와 같은 혁신계 언론뿐만이 아니라 동아일보와 한국일보 등도 탄압했습니다. 언론인들은 공화당이 만든 악법인 언론윤리위원회법은 막아 냈지만 정보기관을 통한 언론통제는 계속되었습니다.

1968년 북한은 무장 공비 청와대 기습 사건, 울진, 삼척 무장 공비 침투 사건 등을 비롯한 군사 도발을 일으켰습니다. 북한의 군사 도발은 한국을 압박해 베트남에 파병한 한국군을 철수시키려는 것이었지요. 그러나 이는 오히려 한국의 반공 체제를 강화하는 원인이 되었습니다. 박정희 정권은 군사 도발을 구실 삼아 250만 명의 향토예비군을 창설하고 교련을 부활시켜 사회와 학교를 병영화했습니다. 또한 주민 등록증 제도를 도입해 국민을 통제했습니다.

향토예비군

250만 향토예비군에는 여성들도 동원되었다. 뒤쪽으로 싸우면서 건설하자는 구호가 보인다.

무즙 파동

1964년 서울 시내 전기 중학교 입시 과학 문제에 '엿을 만드는 과정에서 당화 작용을 할 수 있는 것은?'이란 문제가 나왔다. 정답은 '디아스타아제'였지만 '무즙'도 답이 될 수 있었다. 학부모들은 무즙으로 엿을 만들어 제시하고 소송을 제기했다. 법원이 정답은 2개라는 판결을 내리자 38명이 구제되었고 서울시 교육감 등 8명이 사표를 제출했다.

각 계층의 민주화운동

3선 개헌 반대 운동
1969년 6월 들어 3선 개헌설이 나
돌자 학생들이 시위를 벌이고 있다.

사법 파동
1971년 7월 28일, 서울지검은 판
사 두 명과 서기에게 구속영장을
신청했다. 이유는 이들이 제주도
에 다녀오면서 담당 변호인에게 항
공료와 술값을 제공받았기 때문이
었다. 그러나 이는 판사들이 반공
법 위반 혐의자들을 무죄 판결한
데 대한 정권의 불만이 반영된 것
이었다. 판사들은 이에 항의해 사
법권 수호 투쟁을 벌였다.

박정희 정권이 장기 집권을 위해 3선 개헌을 추진하자 학생들과 재야
인사들은 3선 개헌 반대 운동을 계기로 모였습니다. 여기에 전태일의
분신으로 박정희 정권의 경제성장 논리가 허구임이 드러나자 민주수
호전국청년학생연맹(1971.4.14)과 민주수호국민협의회(1971.4.19)가 결성
되어 민주화운동을 벌였습니다. 또한 정부가 2시간이던 교련 교육을 3
시간으로 늘리고 교관도 현역으로 교체하자 학원 병영화를 반대하는
투쟁을 벌였습니다.

독재에 대한 저항은 중간층에서도 터져 나왔습니다. 언론인들은 동
아일보 기자들의 언론 자유 수호 운동을 발전시켜 언론자유수호선언
(1971.4)을 채택했습니다. 1971년 7월에는 서울 지방법원 판사들이 모
두 사표를 내는 사법 파동이 일어났지요. 박정희 정권은 판사들이 반
공법 위반 혐의로 기소된 피고인들에게 무죄를 선고하자, 불만을 품고
판사들을 구속하려 했습니다. 이 사건은 결국 백지화되었지만 사법권
보장을 위한 조치는 없었습니다. 교수들도 정권의 학원 간섭에 맞서
학원 질서를 바로 잡자는 대학 자주화 선언을 발표했습니다.(1971.8.18)

이처럼 학생들과 지식인들이 민주화운동을 벌였지만, 박정희 정권
의 물리적인 탄압과 경제성장 논리를 뚫고 나갈 수 있는 힘은 갖추지
못했습니다.

• 국민교육헌장

1968년에 만들어진 국민교육헌장은 학교 교과 시간에 포함되었고 그림책, 영화, 음반 등으로 제작 배포되었다. 초, 중, 고의 모든 학생들은 아래 393자의 헌장을 처음부터 끝까지 줄줄 외워야 했다.

"우리는 민족중흥의 역사적 사명을 띠고 이 땅에 태어났다. 조상의 빛난 얼을 오늘에 되살려, 안으로 자주 독립의 자세를 확립하고, 밖으로 인류 공영에 이바지할 때다. 이에, 우리의 나아갈 바를 밝혀 교육의 지표로 삼는다. 성실한 마음과 튼튼한 몸으로 학문과 기술을 배우고 익히며, 타고난 저마다의 소질을 계발하고, 우리의 처지를 약진의 발판으로 삼아, 창조의 힘과 개척의 정신을 기른다. 공익과 질서를 앞세우며 능률과 실질을 숭상하고, 경애와 신의에 뿌리박은 상부상조의 전통을 이어받아, 명랑하고 따뜻한 협동 정신을 북돋운다. 우리의 창의와 협력을 바탕으로 나라가 발전하며, 나라의 융성이 나의 발전의 근본임을 깨달아, 자유와 권리에 따르는 책임과 의무를 다하며, 스스로 국가 건설에 참여하고 봉사하는 국민 정신을 드높인다. 반공 민주 정신에 투철한 애국 애족이 우리의 삶의 길이며, 자유 세계의 이상을 실현하는 기반이다. 길이 후손에 물려줄 영광된 통일 조국의 앞날을 내다보며, 신념과 긍지를 지닌 근면한 국민으로서, 민족의 슬기를 모아 줄기찬 노력으로, 새 역사를 창조하자."

국민교육헌장(1968.12.5)
박정희 대통령은 일본 천황의 교육 칙어를 본뜬 국민교육헌장을 선포하였다.

• **국민교육헌장의 문제점은 무엇인지 토론해 보고 내 생각을 써 보자.**

3
학교와 사회를 군대식으로

국정교과서와 백지 광고

박정희 정권은 1972년 10월 유신 뒤 국가를 우선시하는 '국적 있는 교육'을 강조했습니다. 이에 따라 1974년부터 국사와 국민윤리 과목은 국가가 교육 내용을 정하는 국정교과서 제도가 실시되었지요. 그러나 국정교과서는 학생들에게 일방적인 가치만을 주입하고 창의적 사고와 비판적 사고를 가로막았습니다. 1975년에는 4월 혁명으로 사라진 학도호국단을 부활시켜 학원을 병영화했습니다.

박정희 정권은 고등학교 입시 경쟁과 과외를 없애려고 고교 평준화 제도(1973.2.28)를 도입했습니다. 그러나 여기에는 저소득층의 교육 소외감을 보상해 정권의 지지 기반을 넓히려는 의도가 숨어 있었지요.

유신 시대 언론은 어떤 분야보다 수난을 당했습니다. 1974년 10월 23일 동아일보의 송건호 편집국장을 비롯한 3명의 간부가 중앙정보부에 연행되었습니다. 이유는 동아일보가 '서울 농대생들 3백여 명 데모'라는 기사를 냈기 때문이었지요. 다음 날 동아일보 기자 2백여 명이 이에 항의하는 자유언론실천선언을 했습니다. 박정희 정권은 동아일보 광고주들에게 광고를 취소하라는 압력을 넣었습니다. 결국 광고가 취소되고 백지 광고 사태가 일어났지요. 그러나 백지 광고 사태는 오히려 언론 자유 수호 운동이 민주화운동과 결합하는 계기가 되었습니다.

학도호국단 부활
1975년 5월 20일, 국무회의를 통해 안보 강화를 목적으로 고등학교 이상 모든 학교에 학도호국단이 부활하였다.

새마을운동과 민방위 훈련

새마을운동은 경제 발전의 불균형으로 발생한 농촌문제가 유신 체제의 위기로 번지는 것을 막으려고 추진되었습니다.(1971) 근면, 자조, 협동의 정신을 내걸고 전개된 이 운동으로 초가집이 개량되고, 농촌 도로가 정비되었지요. 박정희 정권은 새마을운동으로 살기 좋은 농촌이 되었다고 선전했지만, 농촌의 소비수준은 도시에 미치지 못했고 문화적인 혜택도 누리지 못했습니다. 새마을운동은 농촌문제의 원인을 잘못된 경제정책이 아니라 농민들의 게으름 탓으로 돌리고 노동력을 동원했지요. 그리고 대대적인 선전을 통해 농민들을 효과적으로 유신 체제에 적응시켰습니다.

공장에서도 새마을운동이 진행되었습니다. 공장 새마을운동은 직장의 제2가정화 운동, 종업원의 복지 향상 등을 내세워 노사협조주의를 강화하고 노동자들의 의식을 통제하려는 것이었습니다.

박정희 정권은 1975년에는 북한의 무력 도발에 대비한다며 민방위 훈련을 실시했습니다. 이 때문에 사람들은 언제든지 정권에 충성하는 병사로 훈련에 나가야 했지요. 이처럼 유신 체제는 새마을운동과 민방위 훈련으로 사람들을 동원해 정권에 순응하는 국민으로 길들였습니다.

새마을운동
새마을운동에 동원된 향토예비군들이 마을 길을 넓히는 공사를 하고 있다.

민방위대 창설
1975년 9월 1일, 장충체육관에서 서울특별시 민방위대 신고식이 열렸다. 민방위대는 17세에서 50세까지의 대한민국 남자로 조직되며 대원은 연 10일, 50시간 범위 안에서 교육 및 훈련을 받도록 되어 있었다.

• 백지 광고와 격려 광고(1974.12)

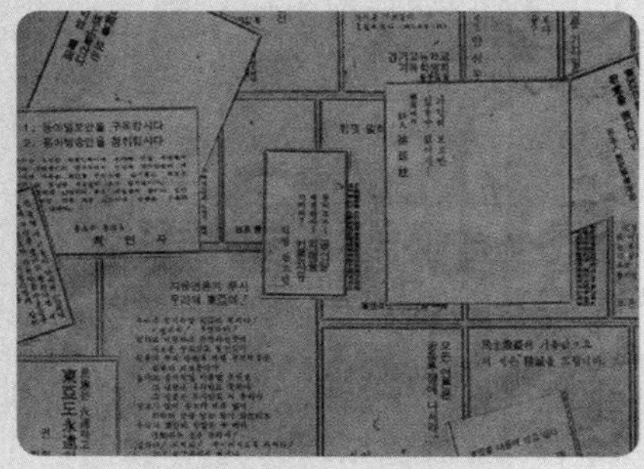

동아일보 광고 해약 사태

1974년 10월 24일, 동아일보 기자들은 유신 반대 시위를 보도한 송건호 편집국장의 연행에 항의해 자유 언론 실천 대회를 개최했다. 이들은 "오늘날 우리 사회가 처한 미증유의 난국을 극복할 수 있는 길이 언론의 자유로운 활동에 있음을 선언한다."고 했다. 이 선언 후 여러 해 동안 금기시되었던 유신에 반대하는 데모 소식, 노동운동, 개헌 문제까지도 기사로 다루어졌다. 박정희 정권은 중앙정보부를 동원해 동아일보 광고주들에게 광고를 취소하라는 압력을 넣었다. 유신 체제의 서슬 퍼런 압력에 놀란 광고주들은 광고를 해약했다.(1974.12.30) 결국 광고가 나가야 할 지면은 백지로 나갔다. 그러나 얼마 지나지 않아 독자들이 빈 광고 지면을 채우기 시작했다. 이는 세계 광고 사상 유래가 없는 '자유 언론 격려 광고'였다. 여기에는 학생, 지식인, 종교인은 물론 주부들까지 참여했다.

결국 박정희 정권은 동아일보 사주에게 자유 언론 운동을 벌이는 기자들에 대한 해직 압력을 넣었다. 정권의 압력에 굴복한 동아일보 사주는 기자들을 해직시켰다. 해직된 언론인들은 자유 언론 운동과 민주화운동을 벌여 나갔다.

• 백지 광고 사건의 문제점은 무엇인지 토론해 보고 내 생각을 써 보자.

• 농촌 진흥 운동과 새마을운동

농촌 진흥 운동은 1932년 7월부터 1940년 12월까지 조선총독부가 주도한 관제 농민운동이었다. 그런데 유신 시대에 실시된 새마을운동은 농촌 진흥 운동과 매우 비슷했다.

첫째, 농촌 진흥 운동은 농민들이 일제의 수탈에 저항하는 것을 막기 위한 관제 운동이었다. 새마을운동도 경제 발전의 불균형으로 생겨난 농민들의 불만을 막기 위해 추진되었다.

둘째, 농촌 진흥 운동은 자립, 근검, 협동을, 새마을운동은 근면, 자조, 협동을 내세운 정신 계발 운동이었다. 두 운동 모두 농촌 문제의 원인을 농민들의 정신 자세 탓으로 돌렸다.

셋째, 농촌 진흥 운동이 식량 증산 운동이었듯이 새마을운동도 농촌 개발보다는 식량 증산을 위한 노력 동원 운동이었다.

넷째, 농촌 진흥 운동이 부락마다 중견 인물을 육성하였듯이 새마을운동도 지도자를 육성하여 마을에 대한 통제와 동원을 강화했다.

다섯째, 농촌 진흥 운동으로 일부 소농들이 안정화된 것처럼 새마을운동 역시 일정 기간(1971~1976) 동안 농촌의 안정화에 기여했다.

이처럼 농촌 진흥 운동과 새마을운동이 유사한 원인은 박정희의 경력을 통해 추측할 수 있다. 박정희는 1937년 문경 보통학교 교사로 3년간 근무했다. 당시 조선총독부는 농촌 진흥 운동을 지도하기 위해 학교의 직원을 총동원하였는데 문경 보통학교가 이 운동의 지정 학교였다. 그러므로 박정희는 이 시기의 경험을 토대로 새마을운동을 기획하고 추진했을 가능성이 높다.

• 새마을운동이 농촌 진흥 운동의 영향을 받았는지 토론해 보고 새마을운동의 장점과 단점을 써 보자.

4
광주의 아픔을 딛고

변혁 운동의 성장

광주민중항쟁의 실패를 경험한 민중운동 세력은 한국 사회의 근본적인 모순 구조를 인식했습니다. 그리고 민중과 민족의 입장에서 사회변혁을 지향했지요. 변혁 운동은 주체와 이념에 따라 시민Civil, 민족National, 민중People 민주주의로 나뉘어 활발한 논쟁을 거쳤습니다. 변혁 운동은 한국 사회의 문제점을 지적하고 나아갈 길을 제시해 민주화운동의 성장을 불러왔습니다. 1980년대 초 많은 학생들이 노동자들과 함께 사회변혁을 이루려고 공장으로 들어가 뿌리를 내렸지요. 학교에 남은 학생들도 청계피복 노조 투쟁(1983.9), 구로 동맹파업(1986.5) 등 노동운동과 연대했습니다. 학생들은 광주 학살의 진상 규명을 요구하다가 제적되거나 녹화 사업에 희생되었습니다.

오랫동안 금기시되었던 반미 투쟁도 전개되었습니다. 1982년 부산 미 문화원 방화 사건은 우리 사회에 반미를 최초로 제기했지요. 1985년에는 73명의 대학생이 서울 미 문화원을 점거하고 광주민중항쟁에

미 문화원 점거 농성
(1985.5.23)
73명의 학생들이 미 문화원을 점거하고, 미국을 광주 학살의 책임자로 규정하면서 72시간 농성하였다.

녹화 사업

1980년대 초 전두환 정권은 운동권 학생들을 강제 징집해 붉은 사상을 푸르게 만든다는 '녹화 사업'을 실시했다. 또한 이들에게 휴가를 주어 동료와 선후배들의 동향을 파악해 보고할 것을 강요했다. 녹화 사업의 대상자 가운데 6명이 의문사했다.

논쟁	변혁 운동	특징
CNP 논쟁	시민 (Civil) 민주주의	시민운동
	민족 (National) 민주주의	반미 운동
	민중 (People) 민주주의	노동운동

대한 미국의 책임 문제를 제기해 미국을 새롭게 인식하는 계기가 되었습니다.

노동자, 농민, 빈민 운동

1980년대 한국 노동자들은 세계에서 가장 긴 노동시간에 시달렸고 세계 2위의 산업재해국이라는 오명을 얻었습니다. 임금도 물가 상승률을 따라가지 못했습니다. 전두환 정권은 노동조합을 기업별 노조로 한정해 노동자의 단결권을 제한했습니다. 또한 노동운동어 대한 제3자 개입 금지 조항을 마련해 사회적인 관심을 차단했지요. 그러나 광주민중항쟁 이후 많은 학생들이 노동 현장에 뛰어들어 노동자들의 의식이 성장하는 데 도움을 주었습니다.

1983년 유화 국면이 조성되자 노동운동은 블랙리스트 철폐 운동을 시작으로 고개를 들었습니다. 1985년 6월에는 구로 지역 노동자들이 지역 노조와 연대하여 구로 동맹파업을 전개했습니다. 구로 동맹파업은 노동자들이 기업별 노조의 한계를 넘어 정치적으로 단결하는 계기가 되었습니다.

1960~1970년대 정부의 산업화 정책에 밀려 위기에 처했던 농촌은 1980년대 들어 농축산물 개방 압력에 부딪혔습니다. 농민들은 미국의 압력으로 농축산물 수입이 확대되고 소 값을 비롯한 고추, 마늘 등의 가격이 폭락하자 불만이 높아져 1985년 여름에는 전국 20여 개 군에서 소몰이 투쟁이 벌어졌습니다.

빈민들은 88 올림픽 성화가 지나는 곳을 꾸민다는 정비 사업 때문에 살던 집에서 쫓겨났지요. 이들은 비닐하우스나 토굴에서 생존을 위한 힘겨운 투쟁을 벌였습니다.

철거민과 올림픽
올림픽 겉치레를 위해 철거민들이 거리로 내몰렸다.

블랙리스트
블랙리스트는 노동운동을 하다가 해고된 노동자들의 명단이다. 정보기관에서는 해고 노동자에 대한 정보를 기업에 주어 이들의 취업을 막았다. 블랙리스트는 노동자들의 생존권을 빼앗고 노동운동을 말살하려는 것으로 근로기준법에서 금지하고 있다.

• 구로 동맹파업

구로 동맹파업
구로 동맹파업은 노동자들이 기업별 노조를 넘어 단결하는 계기가 되었다.

1985년 6월 24일, 구로 지역 민주 노조들의 동맹파업이 일어났다. 정부가 대우어패럴의 김준용 위원장을 구속한 것이 원인이었다. 구로 공단에 위치한 대우어패럴, 효성물산, 가리봉전자 등은 결성 때부터 공동 교육과 임금 인상 투쟁 지원 등의 활동을 펼쳤다. 이들은 6월 23일 비상 대책 회의를 열어 대우어패럴 노조 위원장 구속에 항의하는 동맹파업을 결정했다. 구로 동맹파업에 참가한 노조는 10개 노조의 조합원 2500여 명으로 늘어났다. 6월 26일에는 동맹파업을 지지하는 노동자들과 학생들이 가리봉 오거리에서 가두시위를 벌였다. 경찰은 동맹파업에 참가한 노조들을 강제해산시켰다. 6월 29일에는 대우어패럴 노조마저 농성장 벽을 뚫고 진입한 회사에 의해 진압되었다. 이 파업으로 노동자 30여 명이 구속되고 1200여 명의 노조 간부와 조합원들이 해고되었다.

구로 동맹파업은 임금 인상이 아닌 구속자 석방과 민주 노조 탄압 금지를 내세운 정치적인 동맹파업이었다. 노동자들은 정권과 자본의 탄압을 이겨 내려면 기업별 노조의 한계를 넘어 단결해야 한다는 것을 깨달았다. 구로 동맹파업이 실패한 뒤 변혁적인 이념을 가진 서울노동운동연합 등이 등장했다. 이들은 사회변혁을 위한 정치투쟁을 중요한 임무로 생각하고 활동을 펼쳐 나갔다.

• 구로 동맹파업을 어떻게 볼지 토론해 보고 내 생각을 써 보자.

5
교육 민주화 선언과 보도 지침

교육 민주화운동

전두환 정권은 교육을 통제하는 동시에 자신의 지지 기반을 확보하는 도구로 이용했습니다. 신군부는 1980년, 7.30 교육개혁을 발표해 본고사 폐지, 과외 금지, 졸업정원제를 실시했습니다. 본고사 폐지와 과외 금지는 저소득층의 교육 소외감을 보상해 지지를 높이려는 의도가 있었지요. 졸업정원제도 입학은 쉽게 하고 졸업은 어렵게 해서 학생운동을 위축시키려는 의도였습니다. 그러나 대학생 숫자가 늘어나 정권에 부담이 되자 폐지되었지요. 또한 중고등학생 두발 자유화와 교복 자유화를 실시하기도 했습니다. 무엇보다 전두환 정권은 집권 기간 동안 국민 정신교육, 반공 교육, 사회 정화 운동 등을 강화하며 민주화운동 세력을 좌경 세력으로 매도했습니다.

1982년, YMCA 중등교육자협의회가 결성되면서 교육 민주화운동이 시작되었습니다. 이 무렵 교육 현실과 학교교육의 문제점을 제기한 잡지 〈민중교육〉이 반향을 일으켰지요. 마침내 1986년 5월 10일, 수백 명의 교사들이 입시 교육과 국가의 교육 통제에 반대하는 교육 민주화 선언을 채택했습니다. 전두환 정권은 두 사건에 관련된 교사들을 파면시켰지요. 그러나 5.16군사정변 뒤 오랫동안 굴욕을 강요당한 교육 현장의 민주화 요구를 잠재울 수는 없었습니다.

교복, 두발 자유화

고등학교 개학식에서 자유로운 복장을 한 고교생들이 새 학기를 맞이하고 있다.

교복과 두발 자유화

1982년에는 두발 자유화가 1983년에는 교복 자유화가 발표되었다. 이는 두발 제한과 교복 착용이 일제 잔재라는 의견에 따른 것으로, 학생 인권과 학교 민주화를 존중하는 의미는 아니었다. 결국 보수적인 학부모와 교육계의 요구로 1986년부터 학교 재량에 맡기자 대부분 학교에서 두발 규제와 교복 착용이 부활했다.

보도 지침 항의 성명

보도 지침을 폭로한 사건으로 언론인
들이 구속되자 민주언론운동협의회
회원들이 이에 항의하는 성명을 발표
하고 있다.

보도 지침

1. 1985년 10월 26일 : '국회의
원 미행 도청 마라' 보도하지 말 것.
야당 의원 의사 진행, 신상 발언 등
을 모은 박스 기사 보도하지 말 것.
2. 1986년 7월 17일 : 성 고문 사
건 검찰 조사 결과 발표 내용만 쓰
고 시중에 나도는 반체제 측 고소
장 내용 보도하지 말 것.
3. 1986년 8월 8일 : 독립기념관
원형극장 시설이 모두 일제로 만들
어졌다는 사실은 싣지 말 것.

언론 민주화운동

전두환 정권은 집권 초기 방송과 신문 등의
언론기관을 통폐합했습니다. 사상 유래가
없는 이 조치로 정권에 비판적인 신문사와
텔레비전, 라디오는 문을 닫았으며 언론인
들은 대량 해고되었습니다. 또한 1970년대
지식인들의 활동 무대였던 〈창작과 비평〉,
〈문학과 지성〉, 〈씨알의 소리〉 등 정기간행물 172종에 대한 등록이 취
소되었지요. 새로 창간된 신문은 스포츠서울이 유일했습니다. 언론 통
폐합 이후에도 모든 기사들은 보도 지침으로 철저히 통제되었고 언론
은 정권의 시녀가 되었습니다. 청와대는 문화공보부를 통해 매일 신문
사에 전화를 걸어 "이 사건은 몇 단으로 다루어라, 저 사건은 보도하
지 마라." 하고 일일이 지침을 내렸습니다. 이러한 사실은 시사 잡지 월
간 〈말〉 특집호(1986.9)가 보도 지침의 진실을 다루며 알려졌지요. 보
도 지침 사건은 전두환 정권이 스스로 독재 정권임을 드러낸 사건이었
으며 언론 민주화운동의 계기가 되었습니다.

그러나 이 시기 많은 언론사들이 권력자의 비위를 맞추고 특혜를
받아 사세를 키웠습니다. 언론이 제 역할을 못 하자 사회과학 서적이
역할을 대신했지요. 정권은 이러한 서적들을 불온서적으로 규정하고
갖고 있기만 해도 국가보안법 위반으로 처벌했습니다. 하지만 금서로
찍혀야 잘 팔린다는 이야기가 나올 정도로 사람들은 진실에 목말라했
습니다.

• 교육 민주화 선언

1986년 5월 10일, 한국 YMCA 산하 서울, 부산, 광주, 춘천 지역협의회 소속 교사 546명이 교육 민주화 선언을 발표했다. 이 무렵 교육계는 내신제 도입에 따른 부작용, 입시 경쟁, 보충수업과 자율 학습의 강제 실시, 사학 비리 등이 심화된 상황에서 학생들의 잇단 자살로 위기 상황이었다.

교육 민주화 선언은 '학생들과 함께 진실을 추구해야 하는 우리 교사들은 오늘의 참담한 교육 현실을 지켜보며 가슴 뜯었다.'는 문장으로 시작되었다. 그리고 교육 민주화를 위해서는 교육의 정치적 중립성 보장, 교사의 교육권과 시민권의 보장, 교육행정의 비민주성 개선. 교원 단체 설립 보장, 보충수업과 심야 학습의 철폐를 주장했다. 이들은 〈민중교육〉 지 사건으로 해직된 교사들과 함께 민주교육실천협의회를 결성하고 자살 학생 위령제, 민주 교육 실천 대회 등의 활동을 벌였다.

전두환 정권은 150여 명의 교사들을 구속하고 하임시켰다. 이러한 탄압에 맞서 민주교육탄압저지공동대책위원회가 설립되면서 교육 민주화 운동은 전국의 교사, 학생, 학부모에게 확산되었다. 교육 민주화 선언은 전국교사협의회(1987.9)에 이어 전교조의 결성을 불러왔고 오늘날 참교육 운동으로 이어지고 있다.

• 교육 민주화 선언에 담긴 주장들은 오늘날 잘 이루어지고 있는지 토론해 보고 자신의 생각을 써 보자.

6

지역과 부문으로 조직되는 사람들

민중운동의 조직화

노태우 정권은 국가보안법을 무리하게 적용해 민중운동을 탄압했지만 민중들은 전교조 결성(1989.5.25)을 시작으로 힘을 모으기 시작했습니다. 노동자들은 어용 노조인 한국노총과 구분되는 전국노동조합협의회(1990.1)를 건설했습니다. 20여 만 명이 참여한 전노협은 민주적인 노동운동뿐만이 아니라 정치, 경제, 사회의 근본적인 개혁을 주장했습니다. 농민들은 전국농민회총연맹(1990.4)을 조직하고 수입 개방 반대 운동을 벌였습니다.

빈민들도 전국빈민연합(1989.11.11)을 결성하고 강제 철거와 노점상 단속에 맞서 투쟁했지요. 학생들은 통일 운동을 중요시하는 민족해방 NL 진영과 노동운동을 중요시하는 민중민주PD 진영으로 나뉘어 활동했지요. 1989년에는 대학생 임수경이 평양에서 열린 13차 세계 청년 학생 축전에 참가해 통일 운동에 대한 관심을 높였습니다.

이처럼 민중들은 계급, 계층별 전국 조직을 중심으로 서로 연대하면서 사회 변화를 이끄는 세력으로 성장했습니다. 그러나 민중운동은 1990년대 초 '현실 사회주의'가 무너지는 국제 정세 속에서 우리 사회의 나아갈 길을 제시해야 하는 과제를 안게 되었습니다.

전국노동조합협의회 창립
(1990.1.22)
전노협의 창립으로 민주적 노동운동이 자리 잡았다.

임수경 방북
1989년 6월 30일, 전대협 대표 임수경이 단신으로 평양에 도착하였다. 임수경은 북한 주민들의 환영을 받았다.

시민운동의 등장

6월 항쟁 뒤 민중운동과 구분되는 시민운동이 성장했습니다. 이는 1970~1980년대 경제성장을 통해 중산층으로 볼 수 있는 시민층이 형성되었기 때문이었지요. 이 무렵 보수 언론은 민중운동의 시대는 가고 시민운동의 시대가 왔다는 인식을 확산시켰습니다. 노태우 정권도 시민운동을 새로운 사회운동으로 인정했지만 민중운동은 고립시키고 탄압했지요.

시민운동은 중산층의 온건한 사회운동으로 환경, 여성, 교육, 의료, 주택, 문화 등 사회 각 분야에서 펼쳐졌습니다. 개발독개 시절의 산업화 정책은 심각한 환경 파괴를 낳았습니다. 사람들은 안면도 핵폐기물 처리장 반대 운동(1990.11)과 낙동강 페놀 오염 사건 등을 겪으며 환경 문제에 관심이 높아졌지요. 환경 운동은 1993년에 8개 단체가 연합한 환경운동연합이 결성되며 대중적으로 확산되었습니다.

합리적인 경제 질서를 세워 빈부 격차를 줄이려는 운동도 등장했습니다. 경제정의실천시민연합(1989)은 경제 정의와 부정부패 추방 등을 위해 활동했습니다. 여성운동은 부천서 성 고문 사건을 계기로 대중들에게 확산되었고 다양한 단체들이 활동하게 되었습니다. 시민운동은 온건한 개혁을 바라는 사람들의 지지를 받으며 군부독재 아래 억눌렸던 민주주의를 사회 전반에서 발전시킬 수 있는 가능성을 코여 주었습니다.

눈뜨는 시민들

동강 살리기 운동

우리나라에 몇 안 되는 희귀 동식물
이 사는 동강에 정부가 영월댐을 만
들려고 하자 환경 단체와 시민들이
나서 막아 내었다.

발전하는 시민운동

시민운동은 김영삼 정권과 김대중 정권을 거치며 급
속하게 성장했습니다. 이들은 다양한 영역에서 전문
성을 발휘하며 정책 개발과 여론 형성을 통해 영향력
을 미치고 있습니다.

시민운동은 대중들이 소시민과 개인주의의 취향을
넘어 사회문제에 관심을 갖게 하는 데 이바지했습니
다. 또한 군부독재 아래 눌려 온 정치, 경제, 사회 각 영역에서 민주주
의를 뿌리내리고 있지요. 그러나 시민운동은 IMF 이후 더욱 열악해지
는 노동자, 농민, 빈민의 삶에 관심을 기울여야 하는 과제를 가지고 있
습니다.

1990년대 들어 환경에 대한 사람들의 관심이 높아지면서 환경 운동
은 급속히 성장했습니다. 환경 운동 단체들은 폭넓은 대중들의 지지를
바탕으로 동강 살리기 운동, 부안 핵 폐기장 건설 저지 운동, 천성산
살리기 운동 등을 벌였습니다.

1994년 창립된 참여연대는 전문적 법률 지식과 정책 능력으로 소액
주주 운동, 낙천 낙선 운동, 재벌 개혁 운동 등을 전개했습니다. 경실련
은 아파트 값 거품 빼기 운동과 공공사업 예산 감시 운동 등을 벌였습
니다. 민주화를 위한 전국교수협의회는 교육 개방 반대와 공교육 정상
화 등을 위해 활동하고 있습니다.

여성운동의 성장

우리 현대사에서 여성들은 많은 차별을 이겨 내고 여성 인권뿐만이
아니라 노동운동과 민주화운동 등에서 활발한 활동을 벌이며 성장했
습니다.

여성의 사회적 지위가 향상되자 김영삼 정권은 청와대에 여성특별위
원회를 설치하였고 김대중 정권은 여성부를 신설했습니다. 2005년에는
가부장제와 여성 억압의 상징이었던 호주제가 폐지되면서 여성의 인권
이 한 단계 높아졌습니다. 그러나 우리 사회 곳곳에 남아 있는 가부장
적 사회 문화와 여성 차별은 극복해야 할 과제로 남아 있습니다.

이 밖에 의료 문제, 교통 문제, 소비자 문제 등 다양한 분야에서 시
민들의 권리를 찾으려는 시민단체들이 만들어져 활동하고 있습니다.
한편 일부 시민운동은 우리 사회의 반공 의식이나 권위주의 등을 극
복하지 못하고 있습니다. 이에 대해 성찰하고 극복하는 것이 우리 사
회의 과제입니다.

호주제

일제강점기에 만들어진 호주제는 양성평등에 기초한 헌법 정신을 위배하고 남녀평등을
가로막았다. 호주제는 호주 승계 순위에서 남성이 모든 여성에 우선하도록 규정해 가족
속에서 아들과 딸의 차별을 낳았다. 이 때문에 가계가 남계 혈통 중심으로 이어져 남아
선호 사상을 부추기고 여아를 불법 낙태시키는 결과를 낳았다. 또한 미혼모와 재혼 가정
등 변화하는 가족의 형태도 반영하지 못했다.

• 가족법 개정 운동에서 호주제 폐지까지

가족법 개정 운동
가족법 개정 운동은 양성평등을 위한 첫걸음이었다.

호주제 폐지 운동의 기원을 거슬러 올라가면 가족법 개정 운동과 1998년 작고한 이태영 변호사를 만나게 된다. 최초의 여성 변호사였던 이태영은 1956년 한국 가정 법률 상담소를 창설하고 가족법 개정 운동을 주도했다. 1977년 개정된 가족법에서는 법원의 정식 재판 절차를 밟아야 이혼이 가능한 '협의 이혼 제도'가 만들어졌다. 이전까지는 동사무소에서 작성한 서류 한 장에 이혼이 가능해 많은 여성들이 피해를 입었다. 또한 아버지만이 절대적인 권한을 행사했던 친권 양육 권한이 어머니에게도 있다고 인정되었다.

1989년의 법 개정에서는 아들과 딸의 상속 몫이 같아졌고 이혼한 여성의 재산 분할 청구권 등이 인정되었다. 이처럼 여성 인권이 신장하면서 2000년 9월에는 137개 시민 사회단체가 모여 '호주제 폐지를 위한 시민 연대'를 발족했다. 이들은 호주제가 양성평등을 규정한 헌법에 위배된다며 '호주제 위헌 소송'을 내었다. 5년 남짓 끌어온 이 소송에서 헌법재판소는 "아버지를 중심으로 가家를 편제한 호주제는 개인의 존엄과 양성평등을 규정한 헌법에 위배된다."며 '헌법 불합치' 결정을 내렸다.(2005.2.3) 마침내 2005년 3월 2일, 국회는 호주제 폐지를 골자로 하는 민법 개정안을 통과시켰다.

• **호주제 폐지로 변화된 사회 모습을 써 보자.**

8
진보와 소수자들의 목소리

교육과 언론의 변화

6월 항쟁으로 직선제 개헌을 쟁취한 사람들은 교육과 언론을 비롯한 여러 영역에서 민주화를 위해 싸웠습니다. 교사들은 노동삼권 보장과 민족, 민주, 인간화 교육의 실천을 주장하며 전국교직원노동조합(1989.5.25)을 결성했지요. 그러나 노태우 정권은 전교조를 인정하지 않고 여기에 가담한 교사 1711명을 해직시켰습니다. 이들은 10년이 지난 1998년에야 교원 노조가 합법화되면서 교단에 돌아올 수 있었지요. 전교조의 시련은 우리 사회의 한 분야에서 민주화가 이루어지는 것이 얼마나 어려운지 보여 주었습니다.

6월 항쟁으로 언론 기본법이 폐지되자 언론사가 크게 늘었습니다. 언론 자유 운동을 벌였던 해직 언론인들도 한겨레신문(1988.5.15)을 창간하며 활동을 했지요. 그러나 대부분의 언론이 급격히 보수화되고 상업화되었고 사람들은 이를 제도 언론이라며 비난했습니다. 제도 언론은 시민운동은 '공동선'을 추구하고 노동운동은 '계급 이기주의'를 추구하는 것처럼 대립시켰습니다. 그러나 이는 민중들이 정당한 권리를 찾으려 벌이는 운동을 일방적으로 매도한 것이지요. 또한 재벌 기업이 언론계에 진출하면서 언론은 자본으로부터 독립이라는 새로운 과제를 안게 되었습니다.

전국교직원노동조합 결성
전교조의 결성으로 정권의 도구로 전락한 교육 현장에 민주화와 참교육의 목소리가 터져 나왔다.

한겨레신문 창립 선언문
오늘의 제도 언론이 보여 주듯이 사소한 일을 크게 선정적으로 보도하고, 정작 크고 중요한 정치, 경제, 사회의 문제들은 은폐하거나 왜곡 보도하여 국민들을 오도하는 일은 결코 하지 않을 것입니다. 우리는 권력이 요구해 올지도 모를 부당한 간섭을 거부하고 용기 있게 진실을 보도할 것입니다.

소수자들의 다양한 목소리

민주화가 진전되면서 소수자들도 목소리를 내기 시작했습니다. 450만이나 되는 장애인들은 이동권 투쟁을 통해 자신들의 열악한 처지를 알렸지요. 또한 교육과 자립 생활의 권리를 얻기 위해 싸우고 있습니다. 동성애자를 비롯한 성적 소수자들과 희귀병 환자들도 권리를 찾으려 노력하고 있습니다. 오늘날 사람들은 민주주의를 넘어 인권과 평화 등의 가치에 주목하고 있습니다. 과거 고문 피해자였던 서준식 씨가 창립한 인권운동사랑방은 양심수뿐만 아니라 외국인 노동자, 양심에 따른 병역 거부자 등의 인권을 위해 활동하고 있지요. 또한 미국의 이라크 침략과 한국 정부의 이라크 파병을 계기로 평화를 외치는 목소리도 높아지고 있습니다.

장애인 이동권 운동
대중교통을 이용할 수 없어 교육받지 못하고 노동을 할 수 없는 장애인들이 이동할 수 있는 권리를 위해 싸우고 있다.

• 소수자들의 목소리

• 장애인도 이동할 수 있는 권리를 달라

"나는 목발을 사용하기 때문에 계단을 오르내리는 일은 그야말로 쥐약이다. 지하철을 한 번 타려면 온몸에 기운이 모두 빠져나간다. 그렇다고 버스를 탈 수 있느냐? 결국 눈물을 흘리며 택시를 타야 하는 일들이 많다. 내 몸이 절대로 따라 주지 못하는 현실에서 난 언제쯤 마음 놓고 외출을 할 수가 있을까?"

• 양심에 따른 병역거부를 선언한 오태양의 편지(2001.12.17)

'평화를 원한다면 전쟁을 준비하라.'는 낡은 역사적 명제 앞에서, 제가 선택한 것은 '평화를 원한다면 평화를 준비하라.'는 새로운 관점과 접근이라고 하겠습니다. 종교적 신념과 인생관에 따르는 삶을 살아가기 위해 군사훈련 대신 감옥을 선택하겠다는 것, 그것이 외형상으로는 고난의 길일지는 모르겠으나 내면의 홍역을 충분히 거친 저에게 그것은 자기 진정성을 실현하는 길이었음에 결코 후회되거나 두렵지 않습니다.

• 동성애자 억압에 반대한다

동성애는 이성애와 마찬가지로 인류의 자연스러운 생활양식의 일부였습니다. 우리나라에서도 역사적 사례 속에서 자연스러운 것이었습니다. 에이즈를 들먹이며 동성애자를 공격하기도 하지만 에이즈는 바이러스일 뿐 동성애와는 아무 상관이 없습니다. 동성애자 억압은 여성 억압이나 장애인, 외국인 노동자 등에 대한 억압과 떨어진 문제가 아닙니다. 이것은 단지 차별 금지뿐만이 아니라 인간으로서의 모든 권리를 찾으려는 행동입니다.

• 위의 목소리를 해결하려면 각각 어떠한 노력이 필요한지 써 보자.

1943
1899
1921
1942
1945
1949
1967
1971
1970
1982

문화사

시대를
비춘
거울

1876
1910

01

서양 것과 우리 것

겉 다르고 속 다른 근대 문물 · **개항기 근대 문물 1876~1910**

문예와 생활의 변화 · **개항기 문화 예술**

1
겉 다르고 속 다른 근대 문물

근대 문물

개항 뒤 교통, 통신, 전기, 의료, 건축 분야에서 근대적 시설이 갖추어 졌습니다. 철도는 일본이 1900년에 경인선 완공을 시작으로 경의선 (1905)과 경부선(1906)을 놓았지요. 일본은 철도로 조선인들의 생활이 편리해졌다고 선전했지만, 조선 침탈과 대륙 침략을 위한 속셈이 있었습니다. 전신은 1884년 부산과 일본 나가사키 사이에 해저 전선이 가설되면서 개통되었고, 1887년에는 경복궁에 최초의 전등이 밝혀졌지요. 1890년대 중반 한성전기회사는 서대문-종로-청량리-홍릉을 잇는 전차 노선을 개통했습니다.

서양식 의료 시설도 도입되어 선교사 알렌은 최초의 서양식 병원인 광혜원을 세웠고, 뒤이어 세브란스병원 등 의료 시설이 건립되었습니다. 정부도 위생국을 신설하고 전국에 자혜의원을 세워 국민 보건을 위해 노력했지요. 대한의원에서는 의료인을 양성하고, 서양 의료 기술을 배우려고 유학을 떠나기도 했습니다.

서양 건축은 일본과 서양의 영사관 건물이 지어지면서 들어왔지요. 대한제국 시기에는 프랑스의 개선문을 모방한 독립문과 르네상스식의 덕수궁 석조전, 고딕식의 명동성당이 세워졌습니다.

경인 철도 개통식(1899)
제국주의 열강은 정치적 경제적 군사적 이익을 위해 교통수단을 장악하려 했다. 이를 상징하듯 경인 철도 개통 장면에는 성조기와 일장기가 휘날리고 있다.

교통기관을 장악하라

4. 교통기관을 장악할 것 : 중요한 교통 및 통신 기관을 장악하는 것은 정치, 군사, 경제 여러 점에서 아주 중요하다. 교통기관인 철도 사업은 한국을 경영하는 데 가장 중요한 것이라고 할 수 있다.
– 일제의 대한 시설 강령

종교의 변화

문호 개방 뒤 유교적 가치관이 무너지면서 종교계는 커다란 변화를 겪었습니다. 오랫동안 박해를 받은 천주교는 1886년 프랑스와 수교를 맺은 뒤 포교의 자유를 얻고, 활발한 사회사업을 펼쳤지요. 개신교는 왕실과 개화 지식인들의 지지를 받으며 계몽운동에 참여하고 학교와 의료 시설을 설립했습니다. 그러나 서양 종교는 전통적인 가치관과 충돌해 혼란을 일으키기도 했고, 제국주의 열강과 일제의 침략을 옹호하기도 했습니다.

동학은 동학농민운동 실패 뒤 이용구가 일진회를 만들어 친일 행위를 일삼자 손병희가 천도교로 개칭하며 정통성을 지켰습니다. 1909년에는 나철이 단군 신앙을 발전시킨 대종교를 창시해 독립 의식을 높였지요. 이들은 일제가 국권을 빼앗자 만주로 옮겨 무장 독립운동을 벌였습니다.

유교는 위정척사 운동을 전개하며 반침략 운동을 전개했지만 개화를 외면해 시대 변화를 따라가지 못했지요. 이 때문에 박은식은 국민의 지식과 권리를 계발하고 실천을 중시하는 유교구신론을 주장했습니다. 또한 신채호를 비롯한 일부 유학자들은 국권 회복 운동에 참가하고, 중국과 간도 등에서 독립운동을 벌였지요. 불교계에서는 한용운이 불교 개혁을 주장하며 계몽운동과 국권 회복을 위해 노력했습니다.

• 알렌을 어떻게 볼 것인가?

미국인 알렌은 구한말 조선에서 활동한 선교사요 외교관이며 의사였다. 그러나 알렌에 대한 남한 학자들과 북한 학자들의 시각 차이는 크다. 남한에서는 알렌을 조선의 근대화에 도움을 준 선교사이면서 의사로 보는 반면 북한에서는 알렌은 제국주의의 앞잡이이며 미국이 조선 침략을 위해 파견한 인물로 보고 있다.

갑신정변이 일어나 급진 개화파의 칼을 맞은 민영익은 오른쪽 귀 측두골 동맥에서 오른쪽 눈두덩까지 칼자국이 나 있었다. 목 옆쪽 정맥도 세로로 상처가 나 있었지만 경정맥이 잘리거나 호흡기관이 절단된 것은 아니었다. 알렌은 하나님에게 의지하며 수술용 가방을 열었다. 이 수술은 반드시 성공할 것이고 기독교와 진보는 이 나라에서 꽃을 피우고 열매를 맺게 될 것이다. 조선의 보수 수구 세력의 거두인 민영익은 그들이 경계하던 미국과 기독교의 상징인 인물에게 몸을 맡겼고 수술은 성공적이었다.

- 민경배, 〈알렌의 선교와 근대 한미 외교〉

미국은 의사이며 선교사인 미 국무성 직속의 아시아 전문가인 알렌을 중국에서 소환하여 조선 주재 미국 공사관 부속 의사로 가장하여 파견하였다. 미국은 당시 개화파에 의해 칼에 맞은 보수파의 대표인 민영익을 미국 공사관에 끌어들여 치료케 하였다. 알렌은 민영익의 치료를 계기로 봉건 지배층에게 높은 신임을 얻었고 국왕에게까지 접근하였다. 마침내 1885년에는 알렌만 포교할 수 있다는 특혜를 얻었으며 서울에 미국 병원(광혜원)을 개설할 수 있는 허가까지 받았다.

- 〈조선보건사〉, 평양 사회과학 백과사전 출판사

• **알렌을 어떻게 볼 것인지 토론해 보고 내 생각을 써 보자.**

2
문예와 생활의 변화

문학과 예술

대한제국 시기에는 한글로 쓰인 신소설이 등장했습니다. 신소설은 자주독립, 여권신장, 신분 타파, 자유결혼 등 주로 대중을 계몽하는 내용이었지요. 시가 문학에서는 최남선이 '해에게서 소년에게'라는 신체시를 발표해 새로운 형식이 등장했습니다. 신체시와 신소설 중에는 문명개화, 부국강병 등의 내용도 있었지만, 의병 투쟁을 비난하거나 일제의 정치 선전에 가담하는 문인들도 있었습니다. 최초의 근대 소설인 이인직의 〈혈의 누〉에는 일본을 미화하는 내용이 있었지요.

서양 음악이 보급되면서 서양식 악곡에 우리말 가사를 붙여 부르는 창가가 유행했는데 애국가, 독립가, 권학가, 항일가 등이 있었습니다. 양반 사회를 풍자한 민속 가면극과 판소리를 재구성한 창극 등이 일어났고, 최초의 서양식 극장인 원각사에서 신연극인 이인직의 '은세계'가 공연되었지요. 미술계에서는 전통 회화와 민화가 중심을 이루는 가운데 서양인 화가와 도예가들의 작품이 국내에 소개되었습니다.

의식주 생활의 변화

개항 뒤 실용적인 서양 문물을 받아들이면서 옷차림도 간소화되었습니다. 1894년 갑오개혁으로 관리들의 복장이 간편하게 바뀌고 1900년에는 문관 복장 규칙에 따라 관리들도 양복을 입게 되었지요. 또한 민간인들도 차츰 양복과 한복을 혼합해 입었고, 지팡이와 안경도 유행했습니다. 여성들은 한복을 주로 입었지만 사회 활동이 늘면서 저고리가 길고 치마를 줄인 개량 한복이 유행했지요.

식생활의 변화는 외국인들과 접촉이 잦은 궁중과 개화 지식인 사이에서 일어났습니다. 1890년대 궁중에서는 양식을 먹고 커피를 마셨지요. 임오군란 뒤에는 청나라 군인들과 상인들이 들어오면서 호떡집이 생겼고 중국 음식점들도 늘었습니다. 또한 개항장을 중심으로 일본인들이 늘면서 일본 음식도 들어왔습니다.

조선의 가옥은 신분 차이에 따라 가옥의 규모와 장식에 차등이 있었습니다. 그러나 개항 뒤 재력을 지니고 있던 중인층이 제한 규정을 무시하고 큰 집을 지었고, 갑오개혁으로 신분제가 폐지되면서 규제도 사라졌습니다. 일본인과 서양인이 늘면서 일본인 주택과 서양식 건물이 늘었지요. 또한 상업용 건물과 교회와 학교 건물이 늘어 가면서 도시의 모습은 점차 변해 갔습니다.

• 개화 지식인의 마음 – 윤치호 일기

윤치호(1865~1945)

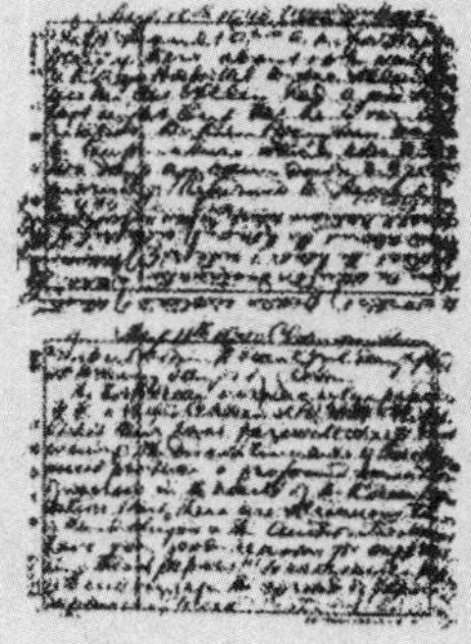

윤치호 일기
윤치호는 미국에 유학 간 지 1년 만에 영어로 일기를 쓰기 시작해 죽을 때까지 썼다.

윤치호는 개화파 윤웅렬의 아들로 태어나 영어와 서양 학문을 배웠다. 1889년에 미국에 건너가 5년간 유학했고 귀국 뒤 독립협회에서 계몽운동을 펼쳤다. 해방 뒤 일제에 협조한 경력 때문에 친일파로 규탄받자 자결했다. 그는 개화 지식인 가운데 완벽한 영어 문장으로 이름을 떨쳤다.

그러나 일기까지 영어로 쓰며 미국인이 되려 했던 윤치호는 미국인으로 대접받지 못했다. 그는 미국에서 황인종이라는 이유로 백인 불량배들에게 얻어맞았고 호텔 투숙도 자주 거절당했다. 그는 "소위 자유의 땅에서 천부인권을 누리려면 일단 먼저 백인으로 태어나야 한다."(1890.2.14, 윤치호 일기)고 적었다. 그는 친미와 친일로 이어진 삶을 살다가 비참한 최후를 맞이했다.

나에게 짐을 미리 배에다 실으라고 강력하게 권고했던 휴제스 부인이 "내가 지나치게 강요를 해서 미안한데, 우리 선교사 같으면 당신네들을 보통 작은 아이로 보는 습관이 있지 않습니까?" …… 그녀는 충실하고 선심 많은 선교사인데, 이처럼 우리들을 무시하는 것은 인종주의적 오만과 편견이 강한 미국 출신이기 때문이다.

- 윤치호 일기, 1897.4.23

• **개화 지식인 윤치호의 의의와 한계에 대해 내 생각을 써 보자.**

1910
1945

02

흔들리는 민족문화

숨죽여 부르는 아리랑 · **일제강점기 문화 1910~1945**

신사에 참배하는 종교인 · **일제강점기 종교 1910~1945**

우리말 우리 역사 · **국어와 국사 연구 1910~1945**

몸뻬, 커피, 개량 한옥 · **일제강점기 의식주의 변화 1910~1945**

1
숨죽여 부르는 아리랑

문학, 연극, 영화

일제강점기 일부 예술인들은 민족의식과 독립 의식을 고취하려 했지만 많은 예술인들이 친일의 길을 걸었습니다. 1920년대 초 작가들은 서구 낭만주의 문학의 영향을 받아 〈창조〉, 〈백조〉 등의 동인지를 통해 순수문학 활동을 벌였습니다. 식민지 현실에 눈을 돌린 최서해의 〈탈출기〉(1925), 한용운의 〈님의 침묵〉(1926) 등의 작품도 있었습니다. 1920년대 중반에는 사회주의사상에 영향을 받은 신경향파 문학이 나타났습니다. 이들은 문학의 사회참여를 강조했지요. 1930년대에는 이광수, 모윤숙, 노천명, 서정주, 주요한 등의 친일 문학이 대세였지만 윤동주, 이육사처럼 민족의 양심을 지키거나 절필하는 문인들도 있었습니다.

영화는 1926년 나운규의 〈아리랑〉이 디딤돌을 놓았습니다. 아리랑은 나라 잃은 슬픔과 한을 깊이 있게 표현해 대중들의 항일 의식을 일깨웠지요. 나운규는 〈임자 없는 나룻배〉(1932)에서도 뛰어난 연기를 보였습니다. 그러나 1940년 조선 영화령이 공포된 뒤 안석영의 〈지원병〉 등 친일 영화가 대량으로 만들어졌습니다.

연극은 3.1운동 뒤 토월회(1922)와 극예술연구회(1930)가 조직되면서 발전했지요. 많은 극단이 민족의 비참한 현실을 고발하거나 민족의식을 높였지만, 중일전쟁 뒤에는 유치진과 서항석 등이 친일 작품을 만들었습니다.

임자 없는 나룻배
이규환 연출, 나운규 주연
철교로 삶의 터전을 잃은 주인공이
공사 감독을 도끼로 죽이는 마지막
장면이 큰 반향을 불러일으켰다.

음악, 미술

1910년대는 일본 창가에 우리말 가사를 붙인 학도가, 망국가, 장한몽가 등이 유행했습니다. 1920년대에는 서양 음악이 들어오면서 홍난파의 봉선화와 윤극영의 반달이 창작되었지요. 나라 밖에서는 안익태가 '코리아 환상곡'(1936)을 작곡했습니다. 그러나 일제 말 홍난파, 현제명, 이흥렬 등 많은 음악인들이 친일 단체에서 일제의 통치에 협력했습니다.

1920년대 윤심덕의 '사의 찬미'로 시작한 대중가요는 1930년대 이후에는 손목인, 박시춘, 고운봉, 남인수 등이 활발히 활동했습니다. 그러나 이들은 일본 음계와 박자로 황민화를 찬양하는 친일 가요를 부르며 민족 정서를 왜곡했지요. 이와 달리 김세형, 윤이상 등은 민족 가극을 창작했고, 일본군과 전투를 벌이던 독립군들도 항일 민족 가요를 불렀습니다. 또한 전통 예술인 판소리, 가면극, 꼭두각시놀음, 사당패들의 연희는 거의 사라지고 일본풍의 신파극이 자리를 잡아 대중들의 애환을 달랬지요.

미술에서는 안중식 등이 전통 회화를 발전시켰고, 서양화에서는 고희동과 이중섭 등이 독특한 경지를 이루었습니다. 그러나 일제 말 김인승, 심형구, 김은호, 김기창 등은 친일 작품 창작에 적극 나섰습니다.

1940년대 일제는 조선문인협회, 조선음악가협회, 조선연극협회 등의 어용 단체를 만들어 일제를 찬양하는 예술 활동을 했지요. 해방 뒤 이러한 단체와 인물들은 청산되지 않은 채 문화계의 주도권을 잡았습니다.

김은호의 금차봉납도
이 그림은 김활란 등이 간사로 있던 애국 금차회 결성식 때 금비녀, 금반지, 현금을 즉석에서 모아 일제의 성전 승리를 위해 미나미 총독에게 바치는 광경이다. 김은호는 1965년 3.1 문화상을 받았다.

• 미술과 문학의 친일 논란

김기창의 그림

적진 육박(일제강점기)

청산목가(1970년대)

서정주의 시

마쓰이 히데오 송가(1944)

그대는 우리의 *오장 우리의 자랑
그대는 조선 경기도 개성 사람…
우리의 동포들이 밤과 낮으로
정성껏 만들어 보낸 비행기 한 대에
그대, 몸을 실어 날았다간 내리는 곳…
우리의 땅과 목숨을 뺏으러 온
원수 영미英米의 항공모함을
그대 몸뚱이로 내리쳐서 깨졌는가…
장하도다 우리의 육군 항공 오장
마쓰이 히데오여…

*오장은 일본 육군 하사이다

국화 옆에서(1947)

한 송이의 국화꽃을 피우기 위해
봄부터 소쩍새는
그렇게 울었나 보다
그립고 아쉬움에 가슴 조이던
머언 먼 젊음의 뒤안길에서
인제는 돌아와 거울 앞에 선
내 누님같이 생긴 꽃이여
노오란 네 꽃잎이 피려고
간밤엔 무서리가 저리 내리고
내게는 잠도 오지 않았나 보다

• 두 작가의 일제강점기 작품과 이후의 작품을 비교해 보고 이들을 어떻게 볼 것
인지 내 생각을 써 보자.

2
신사에 참배하는 종교인

유교, 불교, 천도교, 대종교

일제는 종교에 대해 탄압과 회유정책을 동시에 펼쳤습니다. 일제는 여론을 형성하던 유교를 포섭하려고 유생들에게 은사금을 주고, 성균관을 경학원으로 바꿔 조선 총독 관할 아래 두었습니다. 일제는 친일 단체인 유도진흥회를 만들어 많은 유생들을 끌어들였지요. 그러나 김창숙 등은 파리강화회의에 독립 청원서를 내며 저항했습니다.

불교는 사찰령(1911)이 발표되면서 조선 총독의 통제 아래 놓였습니다. 조선 총독은 주지 임명권을 행사하며 불교 교단을 뜻대로 움직였지요. 그리고 대가로 사찰들을 대지주의 자리에 올려 주었지요. 일제는 이러한 방법으로 불교계를 포섭했습니다. 그러나 한용운 등은 3.1운동에 참가했고, 조선불교유신회(1921)를 만들어 조선총독부의 불교 정책에 반대했습니다.

천도교는 동학의 친일 조직인 일진회와 분리해 이상 사회 수립과 사회주의사상을 접목한 운동을 벌였지요. 천도교는 3.1운동을 주도했지만 일제와 타협하는 분파가 생기며 분열했습니다.

대종교는 단군 신앙을 중심으로 민족의식을 일깨우고 만주로 본부를 옮겨 중광단을 조직해 무장투쟁 활동을 활발하게 전개했습니다. 그러나 1940년 뒤 간부의 대부분이 검거되면서 활동이 어려워졌습니다.

개신교와 천주교

일본 나라 신궁 참배 뒤 기념
촬영하는 조선인 목회자들(1943)

개신교는 3.1운동에 적극 참여해 제암리 교회 사건 등 큰 희생을 겪었습니다. 그러나 문화정치 때부터 일제의 회유책으로 교회 지도층이 친일로 넘어가기 시작했습니다. 일제는 그 대가로 교회 재산을 인정하고, 선교사들에게 편의를 보장해 주었지요.

일제는 신사참배를 거부하는 기독교 학교를 폐교시켰습니다. 그리고 대부분의 종단이 신사참배를 받아들였지요. 그러나 주기철 목사와 같이 신사참배를 반대하다 순교한 사람들도 있었습니다.

천주교는 3.1운동 때 대표들이 참여하지 않았지만 만주에서는 천주교 신자들이 의민단을 조직해 무장투쟁을 펼쳤습니다. 신사참배도 로마 교황청이 애국의 표현이고 시민으로서의 가치로 판단하자 받아들였습니다.(1936) 그러나 이러한 조치는 일제의 탄압을 피하려는 조치였습니다. 일제는 무단통치 때 종교 활동만은 허용해 3.1운동 때 종교계가 큰 힘을 발휘했지요. 이 때문에 종교계는 일제로부터 큰 고통을 겪었습니다. 또한 일제의 회유정책으로 많은 종교 지도자들이 방향을 바꿨습니다. 이들은 식민지 민중의 처지와 제국주의의 착취에 등을 돌렸고 심지어는 친일에 앞장서는 종교인들도 있었습니다.

• 개신교와 천주교의 친일

• 개신교

1936년 감리교의 양주삼 초대 총리사는 총독부 방침에 따라 신사참배를 결의했고, 마지막까지 신사참배를 거부하던 장로교도 1938년 제27회 총회에서 신사참배를 결의하면서 기독교의 친일 행위가 본격화되었다. 1940년대에는 장로교를 비롯한 한국 교회는 전투기와 기관총 대금을 헌납하고 교회 종鐘을 떼어다 바쳤다. 심지어 교회를 통폐합한 뒤 건물과 부지를 일제에 상납하는 일까지 벌어졌다. 일제는 예수를 왕으로 표현하거나 재림에 대한 찬송가를 일체 금지시켰고, 민족혼을 고취시키는 찬송 또한 부르지 못하게 했다. 교회에서는 찬송가와 함께 기미가요가 울려 나왔다.

- '한국 교회의 친일을 말한다', CBS-V 8.15 특집

• 천주교

천주교는 초기에 신사참배를 금지하다가 1937년 허용했다. 그러나 이는 신학적인 탐구와 토론을 거쳐서 나온 것이 아니라 총독부의 제재에 대한 두려움 때문에 굴복한 것이다. 또한 1939년에는 최초로 국민 정신 총동원 천주교 경성 교구 연맹을 결성해 참전 독려, 병기 헌납, 전승 축하 미사 등 다양한 형태로 적극 협력했다. 그러나 이 전쟁은 부당한 침략이었을뿐 아니라 난징 대학살이나 생체 실험 등 추악하고 비인도적인 전쟁이었다. 교회의 방침에 따라 신사참배하고 전쟁에 참가해 친일파로 몰리고 희생을 당한 조선인 신자들을 누가 책임질 것인가? (2000년 12월 한국 천주교는 민족사에 끼친 과오에 대해 반성하는 참회문을 발표하였다.)

- 식민지 정권과 교회, 평화신문, 1999.11.14

• 개신교와 천주교가 일제 시기 친일을 한 이유는 무엇인지 내 생각을 써 보자.

3
우리말 우리 역사

조선어학회 사건으로
고난을 겪은 회원들

조선어 연구와 조선어학회 사건

일제는 조선말과 글을 없애 민족의식과 정체성을 짓밟아 없애려 했습니다. 일제 말기에는 학교에서 조선어를 가르치지 못하게 하고, 민원 업무를 볼 때도 일본어를 쓰게 했지요. 또한 한글을 총독부령으로 금지하고, 조선어로 된 신문과 각종 잡지들을 폐간시켰습니다. 일제는 조선인들이 일본 말로 대화하고, 일본 말로 생각하길 원했습니다. 그러나 의도만큼 일본어 해득률이 늘지 않자, 전국에 일본어 강습소를 세워 학습을 강요했습니다.

일제의 조선어 탄압에 맞서 1921년 이윤재, 최현배 등은 조선어연구회를 만들었지요. 이들은 한말부터 이어 온 국어 연구를 계속했고 조선어학회로 이름을 바꾼 뒤 한글 보급에 앞장섰습니다. 조선어학회는 1926년, 한글 기념일을 정해 '가갸날'이라 이름 지었습니다. 또한 잡지 〈한글〉을 펴냈고, '한글 맞춤법 통일안'을 완성했습니다. 나아가 〈우리말 큰 사전〉을 펴내려 노력했습니다. 1942년 일제는 '조선어학회 사건'(1942)을 일으켜 조선 민족의 정신을 담은 조선어 연구를 금지시켰습니다. 이 사건으로 회원들이 대거 검거되었고 이윤재 등은 감옥에서 죽었지요. 조선어학회는 해방 뒤 한글학회로 이름을 바꾸고, 1957년, 〈우리말 큰 사전〉을 모두 펴냈습니다.

국사 연구

일제가 식민사관으로 역사를 왜곡하자 박은식, 신채호는 이를 극복하는 민족주의 사학을 세웠습니다. 박은식은 혼을 강조하며 일본의 침략 과정을 밝힌 〈한국통사〉와 민족해방운동을 다룬 〈한국독립운동지혈사〉를 썼지요. 신채호는 고대사 연구에 힘을 쏟아 〈조선사 연구초〉, 〈조선상고사〉 등을 썼습니다. 그는 역사를 아我와 비아非我의 싸움으로 본 투쟁 사관을 세우고, 민족과 나라의 주체성을 강조했습니다. 민족주의 역사학은 안재홍의 민족정기, 정인보의 얼, 문일평의 조선 심으로 계승되었습니다.

단재 신채호(1880~1936)

　백남운, 이청원 등은 역사 발전의 원동력을 민중에게서 찾는 사회경제 사학을 펼쳤지요. 이들은 조선 역사도 세계사의 발전 단계에 따라 성장했음을 주장함으로써 식민 사학의 정체성론을 반박했습니다. 이병도, 손진태 등은 실증주의 사관을 내건 진단학회를 만들어 일제가 내세운 청구학회의 왜곡된 한국사 연구에 대응했습니다.

역사학의 세 경향

• 민족주의 : 박은식, 〈한국통사〉
옛 사람이 말하기를 나라는 가히 멸할 수 있으나 역사는 가히 멸할 수 없으니, 대개 나라는 형이나 역사는 혼이기 때문이다. 혼이 존재하여 불멸하면 형은 때맞춰 부활한다.
• 사회경제사 : 백남운, 〈조선사회경제사〉
조선사 연구는 사적 변증법에 따라 그 민족 생활의 계급적 제 관계 및 사회체제의 역사적 변동을 구체적으로 분석하고 다시 그 법칙성을 일반적으로 추상화함으로써만 가능하다.
• 실증주의 : 이상백, 〈조선문화사연구논고〉
역사 연구의 임무는 민족의 구체적인 생활의 실상과 그 전전의 정세를 구체적으로 파악하여 역사로서 그것을 구성하는 데에도 있을 것이다.

• 조선어학회 사건

1942년 함흥 일출여고에서 학생 사상 사건이 일어났다. 여학생을 취조한 결과 학교 교원으로 있던 정태진의 영향을 받았음이 밝혀졌다. 경찰은 당시 어학회의 사무원으로 있던 정태진을 검거하고 조선어학회가 하는 일에 의심을 품었다. 함남 홍원경찰서는 그해 10월 1일 이윤재, 한징, 이극로, 정인승, 이중화, 김윤경, 이석린, 최현배, 권승욱, 이희승, 장지영 등 모두 32명을 치안유지법 위반으로 검거하였다. 일제는 어학회가 국체 변혁을 목적으로 하는 결사라는 죄를 뒤집어씌우려 혹독한 고문을 하였다. 그리고 조선어 사전 편찬 사업이 조선 문화의 향상과 민중에 민족의식을 높여 조선 독립을 꾀하려는 것이라는 해석을 붙였다. 함흥 지방 법원은 16인을 공판에 회부시켰는데 이윤재, 한징이 옥사를 당하고, 정렬모, 장지영 등은 면소되고, 나머지 12명에게 유죄 판결이 내려졌다.

  취조를 받는 동안 고초가 얼마나 컸는지는 이윤재, 한징 두 선생이 옥창 속에서 별세하였다는 것만으로도 알 수 있다. 담임 형사는 호랑이 형사라고 이름난 안정모란 자와 함경남도 경찰부에서 응원 온 창시 명 시전 건차(柴田健次)란 자다. 이들은 어학회 회원들을 천정 대들보에 두 팔을 끌어 매어 달어 놓기도 하고, 개 짐승같이 마룻바닥에 엎드려 놓기도 하고, 같이 취조 받고 있는 동지까지 서로 맞세워 놓고 죽검으로 마구 때리라고 강박도 하고, 혹은 유도로 볏단을 던지듯 들러 메꽂기도 하고, 몽둥이로 뭇놈의 형사가 떡치듯 돌아가며 내치기도 하고, 혹은 콧구멍에 물 주전자를 대고 붓기도 하며 날마다 야만적인 고문을 그칠 날이 없었다.

– 매일신보에서 발췌, 1945.10.10

• **조선어학회 사건을 어떻게 볼 것인지 토론해 보고 내 생각을 써 보자.**

4
몸뻬, 커피, 개량 한옥

몸뻬와 국민복

일본과 서양 문물이 들어오면서 의식주 생활이 변했습니다. 일제가 조선을 강점하자 일부 친일파와 유학생들이 일본 옷인 기모노를 입기 시작했지요. 이에 따라 한복과 양복, 그리고 일본 옷을 입는 삼중 구조가 만들어졌습니다. 일제는 한복이 비실용적이고, 비경제적이라며 의복 개량 운동을 벌였지요. 일제는 소매가 긴 한복 대신 몸뻬와 국민복을 강요했습니다. 몸뻬는 일제가 여성 노동력을 동원하려고 고안한 바지였습니다. 조선 민족을 상징하는 흰 옷은 유령복, 미성복이라는 등의 악선전을 하면서 못 입게 했지요. 그래서 사람들은 일제가 권장하는 꺼먼 물을 들여 입어야 했습니다.

한편, 상투가 사라지면서 갓 대신에 파나마, 맥고, 중절모 등의 서양 모자가 늘었지요. 이는 의례와 외출할 때 의관을 중시하는 오랜 관습의 영향이 컸습니다. 1920년대에는 미장원이 생겼고, 장옷 대신에 양산을 쓰고 외출하는 여성들도 늘어났습니다. 1942년에는 남녀 중등생 제복이 제정되어 전국에 걸쳐 획일화되었습니다.

고무신과 넥타이, 허리띠

몸뻬와 국민복,
도시 가족의 옷차림(1942)

커피와 우동

개화기부터 들어온 외국 음식들은 시간이 지나면서 차츰 널리 퍼졌습

미쓰코시백화점 옥상의 노천 카페
카페에서는 커피를 즐기는 사람이 생겨났다.

니다. 케이크, 비프스테이크, 아이스크림, 양과자 등이 있었지요. 화신백화점에서는 경양식을 팔았고, 미쓰코시백화점에서는 1원 50전 짜리 양정식과 원두커피가 유명했습니다.

1927년경에는 일본식 어묵집과 우동집이 들어섰고 1940년경에는 명동에 라면집이 들어섰습니다. 이 밖에 우유, 햄, 소시지, 과자, 술, 청량음료, 식용유, 통조림 등 서구식 식품들이 일부 상류층의 식생활을 다양하고 윤택하게 했습니다.

이와 달리 일반 농민들의 식생활은 어려웠습니다. 1920년대 산미 증식 계획 뒤에는 쌀이 일본으로 유출되면서 농민들이 먹을 쌀이 부족해졌습니다. 1933년 전체 농가의 76.1%를 차지한 소작농과 도시 토막민들의 먹을거리는 비참했지요. 중일전쟁 뒤 일제는 쌀을 비롯한 갖가지 물자를 공출로 빼앗아 갔습니다. 농민들은 쌀밥 대신에 대두밥이나 수수밥을 지어 먹었지요. 보릿고개에는 산나물이나 나무의 어린 뿌리를 캐어 곡물과 섞어 죽을 쑤어 먹었습니다. 여름철에는 참외로 끼니를 대신하고 감자를 주식으로 하기도 했습니다. 이때는 보통 하루 두 끼를 먹었지만, 이것마저도 거르는 사람들이 많았습니다.

문화주택과 개량 한옥

근대 건축은 상공학교(1899)와 경성공업전문학교(1916)의 설립과 함께 시작되었습니다. 1920년대 산업화가 진전되고 도시화가 진행되면서 동아일보는 '신생활 운동'(1923)을 펼쳤습니다. 조선식 주택의 불합리한 점을 개량해 식당을 만들고, 서양의 의자식 생활을 채용할 것을 주장했지요.

1930년대에는 도심 주변에 대규모 주택을 만들면서 도시형 한옥이 등장했습니다. 도시형 한옥은 전통 한옥 양식에 근대 재료를 섞은 것으로 개량 한옥이라고 부릅니다. 도시형 한옥은 서울 경기 지방의 전통적인 중상류 주택을 본떠 상품 가치를 높였습니다. 도시형 한옥은 일본식 주택과 경쟁하며 주거 문화의 정체성을 지키는 데 이바지했습니다. 그러나 일본의 경제 수탈과 빠른 도시화, 공업화 속에서 한옥은 더 이상 발전하는 데 실패했습니다. 왜냐하면 수공업에 기댄 생산방식 탓에 대량생산이 불가능했기 때문이었지요. 좁은 택지에 많은 주택을 싼값에 공급하려고 도시 주택은 어느덧 고층화하고 고밀해졌습니다. 그 대신 대량생산에 유리한 근대 서양식 건축이 일반화되었습니다. 이로써 일본을 통해 수입된 서양 근대 건축이 한옥을 밀어내고 보편화되었습니다.

문화주택
일본식 건물로 상류층이 거주하였다.

개량 한옥
한옥을 개조하여 중류층이 거주하였다.

1945
1990

03

겨울 그리고 봄

비바람 속에 피는 꽃 · 미, 소 군정기의 문화 1945~1948

한쪽 날개를 잃은 문화계 · 1950년대 문화

군사독재에 이용된 대중문화 · 1960년대 문화

청바지와 통기타 · 1970년대 문화

3S 정책과 노동의 새벽 · 1980년대 문화

돈이 만드는 문화 · 1990년 이후 문화

1
비바람 속에 피는 꽃

조선문필가협회 결성식
순수문학을 지향하는 문인들은
전조선문필가협회를 만들었다.
(1945.3.13)

참여 예술과 순수예술

미군정기의 문화계는 사회적인 혼란과 이념 대립이
반영되었습니다. 문화계 인사들은 민족주의와 사회
주의, 친일파 청산, 모스크바삼상회의 결정 등 여러
쟁점에서 대립했습니다.

　　예술의 사회참여를 주장한 좌익 문인들은 홍명
희를 중심으로 조선문학가동맹(1945.12)을 결성했
습니다. 순수예술을 주장한 우익 문인들은 정인보를 중심으로 조선문
필가협회(1946.3)를 조직했지요. 좌우 단체의 결성은 미술, 연극, 음악
분야에도 파급되어 좌익은 '동맹', 우익은 '협회'라는 호칭을 써서 구
별했습니다. 그리고 여러 단체들이 모여 좌익은 조선문화단체총연맹
(1946.2)을 우익은 전국문화단체총연합회(1947.2)를 결성했지요. 이러한
가운데 친일에 앞장섰던 인사들이 애국 인사로 돌변해 혼란을 주었습
니다.

홍명희와 정인보

홍명희는 소설 임꺽정의 작가로 널
리 알려졌으며 정인보는 한문 학자
이면서 역사학자로 활동했다. 홍
명희와 정인보는 사돈을 맺을 정도
로 가까웠다. 이처럼 해방 후의 문
화인들은 좌익과 우익으로 나뉘기
는 했지만 서로를 존중하며 활동하
면서 우리 문화를 풍부하게 했다.

　　문화계는 활발한 논쟁을 벌이며 서로에게 자극을 주었습니다. 김동
리는 문학의 독자성을 주장한 순수문학을 김동석은 사회성을 강조한
참여문학을 주장해 우리 문화를 풍부하게 만들었지요. 좌우 대립을
넘으려는 성숙한 노력들도 있었습니다. 우익 일부에서 신민족주의와
신민주주의를, 좌익 일부에서 연합성 신민주주의를 제창해 새로운 이
념과 문화의 가능성이 보였습니다. 그러나 한국전쟁이 일어나면서 새

로운 가능성은 꺾이고 말았습니다.

대중가요와 영화

해방과 더불어 사람들의 입에 오르내리던 단어는 '인민대중, 민중, 소시민, 서민 대중'이었습니다. 일제강점기에 사용되던 유행가라는 명칭은 자연스럽게 대중가요라는 말로 바뀌었습니다.

이 무렵 유행한 대중가요는 이인권이 부른 '귀국선', 남인수가 부른 '가거라 38선' 등을 들 수 있습니다. 이때는 일본인들이 철수하면서 음반 제작 시설을 가져가 한동안 레코드 취입이 어려웠지요. 그래서 많은 연예인들이 직접 무대에서 대중을 상대로 춤추며 노래 부르고 희극 등을 보여 주었습니다.

해방 후 영화계도 다른 곳처럼 좌익과 우익으로 나뉘었습니다. 우익은 조선영화건설본부를 조직하고 미 군정청으로부터 뉴스, 영화 제작에 대한 독점권을 부여받았지요. 좌익은 조선영화동맹을 결성하고 시사 뉴스, 영화를 제작했습니다.

이들이 만든 해방뉴스는 1보에서 10보까지 제작했는데 1보에서 5보까지는 조선 의용군들의 무용담을 그린 영화로 전국 각지에서 상영되었습니다. 이 시기 흥행에 성공한 영화로는 〈자유 만세〉, 〈똘똘이의 모험〉, 〈푸른 언덕〉 등이 있습니다. 독립운동가의 생애를 그린 최인규 감독의 〈자유 만세〉는 해방 후 만들어진 본격적인 극영화로서 한국 영화의 첫걸음이 되었습니다.

• 문학작품을 통해 본 사회 모습

채만식, 〈민족의 죄인〉

많은 수효의 영리한 사람들(1)이 저의 이익과 안전을 도모하기 위하여 진심으로 일본 사람을 따랐다. 역시 적지 아니한 수효의 사람(2)이 핍박을 받을 용기가 없어 일본 사람에게 복종을 하였다. 복종이 싫고 용기가 있는 사람(3)은 외국으로 달리어 민족 해방의 투쟁을 하였다. 더 용맹한 사람들(4)은 외국으로 망명도 않고 지하로 숨어 다니면서 꾸준히 투쟁을 하였다.

이 글에서 첫 번째(1) '사람들'은 일본에 협조한 친일파를 가리키며 두 번째(2) '사람'은 일제 지배에 저항하지 않고 생업에 종사한 사람들을 가리킨다. 세 번째(3) '사람'은 해외 독립운동가를 네 번째(4) '사람들'은 국내 독립운동가들을 가리킨다. 이는 해방 뒤 국내에서 활동한 독립운동가들에 대한 지지가 높았음을 보여 준다.

이태준, 〈해방 전후〉

미국 군은 조선 민중의 기대는 모른 척하고 일본인들에게 관대한 삐라부터를 뿌리어 아직도 총독부와 일본 군대가 조선 민중에게 '보아라 미국은 아직 일본과 상대이지 너 따위 민족은 문제가 아니다.' 하는 자세를 부리기 좋게 하였다. 이승만 박사가 민족의 미칠 듯한 환호 속에 나타나 무엇보다 조선 민족이기만 하면 우선 한데 뭉치고 보자는 주장에 그 속에 틈이 있음을 엿본 민족 반역자들과 모리배들이 나서 활동을 일으키어…….

첫 문단에서 작가는 미군이 조선 민중의 기대를 저버리고 조선 민족을 무시하고 있음을 지적하고 있다. 두 번째 문단에서는 이승만이 친일파들과 손잡고 정치 활동을 하는 것에 대한 불만을 드러내고 있다.

• 두 작품을 읽고 독후감을 써 보자.

2

한쪽 날개를 잃은 문화계

격동의 문화계

친일파 청산의 실패는 주체성의 상실을 가져와 문화 풍토를 어둡게 만들었습니다. 친일파들이 돈과 권력을 쥐고 영화를 누리자 도덕적 정당성은 사라지고 시류와 영합하는 기회주의가 자리 잡았지요. 친일 경력이 있던 사람들은 버젓이 독립 유공자로 변신했습니다.

조선 청년들에게 일본군 입대를 호소한 김성수는 독립 유공자 1급 훈장을 받았지만 옥사한 유관순은 독립 유공자 3급 훈장을 받았습니다. 공무원 사회는 부정부패가 만연했고, 세상은 백이 모든 것을 결정했습니다. 그래서 전방에서 싸우다가 죽는 군인들이 죽을 때 '빽 하고 죽는다'는 풍자가 유행하기도 했습니다.

한국전쟁이 일어나자 문인들은 문화인 구국대를 구성하고 반공 전선에 나섰습니다. 소설가 박종화, 황순원, 국문학자 양주동, 시사만화가 김용환 등은 좌익 경력으로 이후까지 고통을 겪었지요. 전쟁을 거치며 좌익 문화인들은 북한으로 넘어가거나 처형되었습니다. 남한에는 우익 문화인들만 남아 반공주의의 바탕 위에 예술의 순수성을 강조했습니다.

전쟁 중에 수많은 피난민들이 내려오고 농민들이 도시로 이동했습니다. 이에 따라 서민적인 도시 문화와 기독교 문화가 확산되면서 유교적인 양반 문화는 무너졌지요. 이러한 문화 변동은 사회 발전의 활력소였지만, 전통과 권위가 무너져 무질서를 가져왔습니다.

성벽을 뚫고(1949.10)

최초의 반공 영화이다. 집길과 영팔은 대학 동기 동창이자 처남 매부 간이었다. 그런데 영팔은 공산주의자요. 집길은 육군 소위였다. 둘은 여순사건 때 숙명적으로 만났다. 집길은 영팔을 설득하려 했지만 공산주의자인 영팔이 천륜마저 저버리고 가슴에 총을 겨누자 하는 수 없이 방아쇠를 당겼다는 내용이다.

폐허 위에 피어난 문화

좌우 대립과 전쟁이라는 척박한 상황에서도 문화는 피어났습니다. 순수 문예지인 〈문예〉가 창간되었고 소설과 시들도 발표되었지요. 또한 전쟁을 불러온 이념에 대한 혐오와 새로운 가치에 대한 몸부림이 일어났습니다. 음악에서는 고려교향악단과 서울교향악단의 연주회가 개최되었고, 합창단도 생겨났습니다. 미술은 1949년부터 국전이 개최되어 신인들이 나오기 시작했습니다. 연극에서는 유치진과 이해랑이 활동했으며 국립극장이 문을 열었습니다. 영화는 반공 영화와 함께 멜로, 신파, 희극 영화 등이 만들어져 대중들의 사랑을 받았습니다. 대중가요는 애틋한 감성으로 사람들의 심금을 울렸고 외국의 팝 음악도 자리를 넓혀 갔습니다. 미국의 경제원조와 함께 홍수처럼 밀려온 미국 문화는 사람들의 가치관과 생활을 크게 바꾸었습니다. 맘보, 차차차 등 서구식 대중음악이 유행하고 '홍콩 아가씨', '슈샤인 보이', '차이나타운' 등 이국적 취향이 드러나는 가요들이 범람했습니다.

시장에는 미군 부대에서 흘러나온 상품이 판을 쳤고, 거리에는 고아와 거지, 슈샤인 보이 등이 넘쳐 났습니다. 이처럼 일제 잔재가 청산되지 않은 상황에서 서구 문화가 빠르게 유입되자 가치관의 혼란이 생겼지요. 정비석의 소설 〈자유부인〉은 풍속 논란을 낳으며 세간의 화제가 되었습니다.

초콜릿을 주는 미군
구호품으로 아이들에게 새 옷을 입혀 준 미군이 초콜릿을 주고 있다.

자유부인

이 소설은 피난 수도 부산과 환도 후의 서울을 배경으로 상류층의 생활을 다루었는데 대중들로부터 재미와 공감을 얻어 1954년 최고의 베스트셀러가 되었다. 〈자유부인〉은 혼미한 시대상을 대변하였다.

• 한국의 자유민주주의와 친미주의

자유민주주의는 반공을 합리화하는 중요한 이유가 되었다. 반공을 말할 때마다 자유민주주의 체제의 고귀함과 우월성은 강조되었다. 사람들은 자유민주주의를 주권재민, 삼권분립, 대의제, 평등, 자유, 인권 등으로 받아들였다. 보통선거의 경험, 언론과 신앙의 자유 보장 등은 자유민주주의가 잘 구현되는 것으로 보였다. 자유민주주의의 중요한 가치 중의 하나는 사회의 각 계급, 계층이 지닌 다양한 정치, 사상의 자유를 보장하는 것이었다. 그러나 분단과 전쟁은 자유민주주의의 다원성을 심각하게 훼손했다. 노동자와 농민들의 목소리는 좌익적인 것으로 구분되어 철저히 탄압받았다. 또한 국가보안법과 연좌제, 통행금지제 등의 억압적인 제도들은 조봉암과 진보당 사건과 같은 정치 비극의 원인이 되었다.

미국의 군사 지원과 경제원조에 대한 경험은 친미주의를 급속히 확산시켰다. 사람들은 미국이 한국을 적으로부터 보호해 주었으며 전후의 궁핍에서 구해 주었다고 느꼈다. 그러나 이는 한국에 공산권 방어 기지를 만들려는 미국의 필요에 의한 것이었다.

• 연좌제

연좌제는 친족 관계로 연루되어 형사책임을 지는 제도를 의미하나, 넓게는 친족 이외의 자의 형사책임뿐만 아니라 기타 불이익을 받는 경우까지를 포함한다. 해방 후 독재 정권 아래서 광범위한 연좌제 적용이 문제가 되었다. 예를 들어 사상범의 가족 또는 친족임이 신원 조회에서 밝혀지면 공무원 임용이 되지 않았고, 해외여행이나 출장 등이 제한되었다.

• 이 시기 자유민주주의의 문제점에 대해 토론해 보고 내 생각을 써 보자.

3
군사독재에 이용된 대중문화

라디오와 텔레비전 그리고 통제

4월 혁명 뒤 유현목 감독의 작품 〈오발탄〉이 개봉되었습니다. 〈오발탄〉은 한국전쟁의 상처가 아물지 않은 1950년대의 사회상을 리얼리즘 기법으로 잘 묘사했지요. 4월 혁명은 소설에서는 〈광장〉을 낳았습니다. 최인훈의 〈광장〉은 금기시되어 있던 남과 북의 대비를 통해 남한의 현실에 근본적인 비판을 가했습니다.

그러나 5.16군사정변으로 진보적 성격을 가진 민족일보가 폐간되었고 사장인 조용수는 사형되었지요. 영화 〈오발탄〉도 주인공 어머니가 외치는 '가자'라는 대사가 월북을 암시한다며 상영 금지시켰습니다.

박정희 정권은 대중매체를 통해 반공주의와 근대화지상주의를 확산시키려 했습니다. 문화라디오(1961), 동아라디오(1963), 동양라디오(1964)가 개국했고, 텔레비전 방송국인 KBS(1961), TBC(1964), MBC(1970)가 개국했습니다. 대중매체가 늘어나자 정권은 1963년 방송법(1963)을 제정하고, 방송윤리위원회를 설치해 프로그램 내용까지 통제했습니다. 또한 영화법과 출판법 등을 제정해 영화와 출판물에 대해 정부가 합법적으로 간섭했지요. 박정희 정권은 홍보 수단으로 '올해는 일하는 해', '맹호는 간다' 등의 건전 가요나 〈팔도강산〉 등의 계몽 영화를 만들어 대중들의 의식을 지배했습니다. 이러한 정부의 지나친 통제는 창작 의욕과 문제의식을 위축시켜 사회 분위기를 어둡게 만들었습니다.

계몽 영화 〈팔도강산〉(1967)
산업화된 팔도를 유람하는 노부부를 통해 경제개발을 홍보했다.

민족일보와 조용수
민족일보는 1961년 2월 13일 창간되어 5월 16일까지 매일 3만 5천 부를 발행하였다. 박정희 정권은 민족일보가 평화통일 등 북한의 주장에 동조했다는 이유로 폐간하고 사장인 조용수는 사형하였다. 이 사건은 2008년 재심에서 무죄를 선고받았고 2009년에는 국가가 유족에게 배상금 23억 원을 지불하라는 판결을 내렸다.

문학, 독재에 맞서다

4.19 혁명과 5.16군사정변은 시인들에게 많은 영향을 주었습니다. 김수영과 신동엽은 개인주의적 주지주의를 거부하고 현실을 작품의 소재로 삼았습니다. 이들의 문제의식은 강한 현실 비판과 풍자로 이어졌지요. 김지하는 1970년 5월 '오적'이라는 시로 한국 사회의 지도층을 신랄하게 비판했습니다. 그는 부정부패로 물든 재벌, 국회의원, 고급 공무원, 장성, 장차관을 '오적'이라 일컫고, 이들을 을사오적에 비유하여 거침없이 풍자했습니다.

방송 매체가 늘자 트로트 가요가 주류를 차지한 가요계에 팝 음악의 영향을 받은 미 8군 가수들의 음악이 새롭게 자리 잡았지요. 이 무렵 윤이상은 세계적인 작곡가로 명성을 날렸습니다. 그는 서양음악과 동양음악을 결합한 독특한 음악 세계를 열었지요. 그러나 윤이상은 이른바 동베를린(동백림) 간첩단 사건에 연루되어 한국에서 옥살이를 했습니다.

박정희 정권은 반공 의식을 고취하기 위해 전쟁 영화에 많은 지원을 했습니다. 이에 따라 〈돌아오지 않는 해병〉, 〈빨간 마후라〉를 비롯한 영화들이 만들어졌습니다.

노란 샤쓰 입은 사나이(1961)
(손석우 작사/작곡, 한명숙 노래)

노오란 샤쓰 입은 / 말 없는 그 사람이 / 어쩐지 나는 좋아 어쩐지 나는 좋아

무명 가수가 부른 이 노래는 사람들의 인기를 얻지 못했다. 이 노래가 다시 살아난 것은 5.16군사정변 덕분이었다. 박정희 육군 소장이 집권하자 KBS는 어수선한 사회 분위기를 바꾸기 위해 밝고 활기찬 노래를 의도적으로 틀어 댔다. 이 노래는 군사정권의 대국민 홍보 역할을 톡톡히 해냈다.

김지하의 '오적' 중에서

…… 첫째 도둑 나온다 재벌이란 놈 나온다 …… 세금 받은 은행 돈, 외국서 빚낸 돈, 왼갖 특혜 좋은 이권은 모조리 꿀꺽 …… 또 한 놈 나온다. 국회의원 나온 …… 혁명이닷, 구악 舊惡은 신악新惡으로! 개조改造닷, 부정 축재는 축재 부정으로 ! ……
셋째 놈이 나온다 고급 공무원 나온다 …… 높은 놈껜 삽살개요 아랫놈껜 사냥개라, 공금은 잘라 먹고 뇌물은 청請해 먹고 …… 넷째 놈이 나온다 장성 놈이 나온다 …… 쫄병들 줄 쌀가마니 모래 가득 채워 놓고 쌀은 빼다 팔아먹고 …… 가지막 놈 나온다. 장차관이 나온다.…예산에서 몽땅 먹고 입찰에서 왕창 먹고 행여나 넘새날라 질근질근 껌 씹으며 ……

• 고국을 그리며 이국 땅에 잠든 작곡가 윤이상

윤이상은 마흔 살에 한국을 떠나 독일에서 작곡을 공부해 성공했다. 1960년대에 선보인 윤이상의 음악은 자연의 섭리에 순응하는 흐르는 물과 같았다. 독일에서 음악 활동을 하던 윤이상은 1963년에 북한을 방문했고, 그곳의 문화 유적을 관람했다.

1967년에 한국 정부는 유럽과 미국에서 북한을 이롭게 하는 간첩 행위를 한 예술가와 학자들을 검거한 동백림(동베를린) 간첩단 사건을 발표했다. 북한을 방문했던 윤이상도 조작이라는 꼬리표가 붙는 이 사건에 연루되어 사형을 선고받고 한국 감옥에 갇혔다. 그러나 한 음악가에게 가해지는 폭력에 항의하는 세계 여론의 힘으로 1년 후에 석방되었다. 그는 상처만 안겨 준 조국을 떠났지만 다시 돌아오지 못했다. 그의 모국 한국은 이적 행위를 한 작곡가 윤이상을 경계했다.

1994년 9월에 한국에서 윤이상 음악제가 열렸을 때 그는 무척이나 기뻐했다고 한다. 칠십이 넘은 노 작곡가는 고향 땅을 밟을 꿈에 부풀어 있었다. 그러나 김영삼 정부도 윤이상을 친북 인사로 생각하기는 마찬가지였다. 정부는 과거 행적에 대한 공식적인 사과를 요구했지만 자신의 신념에 따라 행동한 윤이상은 이를 거부했다. 음악제는 성대하게 거행되었지만 분단의 아픔을 여운으로 남겼다. 통영의 밤바다에서 들었던 어부의 노래, 어머니가 밭일을 하면서 부르던 노래를 잊지 못했던 윤이상은 1995년 11월 3일 베를린에서 78년의 삶을 마감했다.

"그리고 어느 날 일을 끝내고 다시 한국의 고향에 돌아가, 그저 조용히 해변에 앉아서 낚시를 하고 싶습니다. 또 나는 그 땅에 묻히고 싶습니다. 내 고향 대지의 따스함 속에 말입니다."

• 윤이상을 어떻게 볼지 토론해 보고 내 생각을 정리해 보자.

4
청바지와 통기타

청년, 자유를 노래하다

경제개발로 산업화와 도시화가 진행되고 대중마
체가 발달하자 대중문화가 본격적으로 발달했습
니다. 1970년대 대중문화 전파에 결정적인 역할을
한 것은 흑백텔레비전의 보급이었습니다. 텔레비전
방송은 정부의 통제를 받으며 철저히 상업성을 츠
구했지요. 교양 프로는 새마을운동이나 유신 체제
를 합리화하는 프로그램들로 채워졌고, 일반 프로
는 일일 연속극, 코미디, 쇼, 대중가요가 전부였습니다. 시사 프로그램
이나 문화 예술 프로그램은 찾을 수 없었습니다. 1976년에는 문공부
에서 편성 지침을 만들어 저녁 8시에는 3개 텔레비전 채널이 모두 안
보와 새마을 등을 주제로 매일 25분짜리 프로그램을 방송했습니다.

대중가요는 청바지와 통기타로 상징되는 청년 문화를 만나며 풍부
해졌습니다. 이 무렵 청년 문화는 베트남전쟁 탄대 등 강렬한 사회 비
판을 담은 미국 음악의 영향을 받았지요. 유신 체제는 청년 문화에 대
해 상식 밖의 탄압을 했습니다. 한대수의 '물 좀 주소'와 양희은의 '아
침이슬'을 비롯한 수많은 노래들이 금지되고, 정권 홍보를 위한 건전
가요가 빈자리를 메웠지요. 오늘날 건전 가요는 거의 사라졌지만 금지
곡들은 널리 애창되고 있습니다. 이처럼 유신 정권은 대중문화에 대한
조작과 통제로 의식을 지배하려 했습니다.

텔레비전과 대중문화

1970년대 들어 텔레비전 보급이 증
가하면서 대중문화가 확산되었다.
동양방송 프로그램 가요대전의 녹화
장면.

물 좀 주소
(한대수 작사/작곡, 1974)

물 좀 주소 물 좀 주소 / 목 마르요
물 좀 주소 ……

가수 한대수는 타는 듯한 목소리
로 이렇게 시대의 갈증을 노래하였
다. 그의 슬로건은 한마디로 자유
였다. 1974년과 1975년에 나온
그의 두 앨범은 발매되자마자 모조
리 수거되고, 원본까지 파기해 자
유의 부활을 원천 봉쇄하였다.

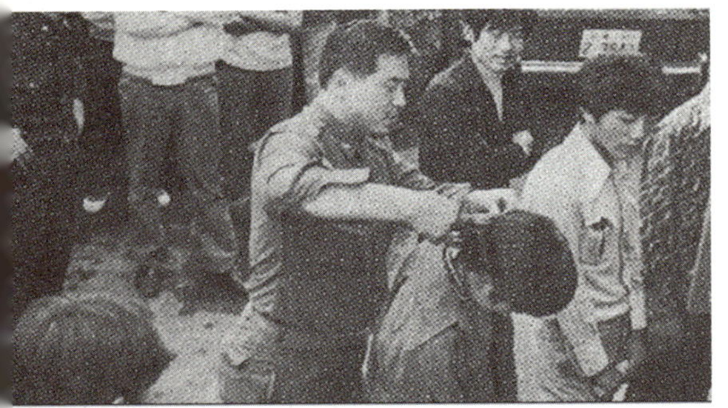

장발족 일제 단속

1971년 10월 2일, 서울시경은 타인에게 혐오감을 준다는 이유로 단속에 나서 하루 동안 677명을 검거하여 29명을 즉심에 넘기고, 나머지는 머리를 짧게 깎은 뒤 훈방했다.

영화법의 검열 기준

1. 헌법(유신헌법)의 기본 질서에 위배.
2. 국가 권위 손상.
3. 미풍양속과 사회 질서 문란과 기본 질서 위해…….

우수 영화 선정 기준

1. 10월 유신 구현 내용.
2. 민족주체성, 애국, 애족의 국민성 고무.
3. 새마을운동 참여 독려.
8. 조국 근대화 위해 헌신하는 산업 전사 소재.
13. 국가와 민족을 위해 헌신하는 공무원상 부각…….

가위질당한 머리와 필름

유신 체제는 청년들의 장발과 미니스커트를 단속하였을 뿐만 아니라 문화 예술을 체계적으로 통제했습니다. 박정희 정권은 '우수 영화 선정 기준' 등을 만들어 유신 이념을 홍보했습니다. 여기에 1960년대부터 만들어진 방송, 신문, 도서 잡지, 공연 윤리 위원회는 더욱 억압적인 검열의 칼날을 휘둘렀지요.

문학은 이러한 탄압 속에서도 성장했습니다. 김지하의 오적에 이어 등장한 김남주의 시들은 1980년대 민족, 민중 시의 전형이 되었지요. 산업화에 따른 인간소외와 노동자와 농민의 삶을 다룬 문학작품들과 박경리의 〈토지〉, 황석영의 〈장길산〉 등과 같은 대하소설들도 등장했습니다. 이 시기에 발간된 〈창작과 비평〉은 문학뿐 아니라 종합 사회 비평지로서의 역할을 해냈습니다.

1970년대 한국 영화는 〈별들의 고향〉이나 〈영자의 전성시대〉와 같은 작품이 등장해 산업화의 어두운 그림자를 반영하기도 했습니다. 그러나 이 시기의 한국 영화는 침체의 늪에 빠졌습니다. 이는 텔레비전의 보급으로 영화 팬을 안방에 빼앗긴 이유도 있었지만 지나친 규제가 원인이었지요. 이러한 가운데 의무 제작 편수와 우수 영화 보상제가 외화 수입권과 연결되면서 영화계는 길들여졌습니다. 의무 제작 편수를 채우려는 졸속 영화와 유신 이념을 홍보하는 정책 영화가 판을 쳤습니다. 여기에 광범위하게 이루어진 영화에 대한 가위질은 감독들의 창작 의욕에 찬물을 끼얹었습니다.

• 청년 문화와 금지 가요

1970년대 중반 이후 긴급조치가 남발되고 사회 분위기가 극도로 경직되면서 대중문화는 더욱 억압적인 통제를 받았다. 1975년 6월, 긴급조치 9호가 선포되자 한국예술문화윤리위원회는 국내 대중가요의 재심의 기준과 금지곡 목록을 발표했다.

이때 발표된 재심의 기준은 국가 안보와 국민 총화에 악영향을 주는 것, 외래 풍조의 무분별한 도입과 모방, 패배적이거나 선정적인 것 등이었다. 이러한 기준에 따라 모두 223곡

통기타를 치는 젊은이들

기차를 타고 여행을 가는 젊은이들이 통기타를 치며 노래하고 있다. 그러나 유신 시대에는 통기타 문화도 단속의 대상이 되어 길거리에서도 통기타를 빼앗기 일쑤였다.

이 금지곡이 되었다. 대표적인 금지곡은 양희은의 '아침이슬', 김민기의 '친구', 송창식의 '왜 불러', '고래사냥', 신중현의 '거짓말이야', 이미자의 '기러기 아빠' 등이 있었다. 이러한 노래가 금지곡이 된 이유는 가사가 집권 세력의 귀에 거슬렸기 때문이다.

'아침이슬'은 1973년에 건전 가요로 선정될 정도로 별 문제가 없었다. 그런데 '태양은 묘지 위에 붉게 떠오르고'라는 가사가 문제가 되었다. '붉은 태양'이 북한의 지도자를 나타낸 것이라는 이유로 금지곡이 되었다. 김추자의 '거짓말이야'는 '거짓말이야, 사랑도 거짓말 울음도 거짓말'이라는 가사가 당시의 정치 현실을 풍자한 것이 이유였다. '기러기 아빠'는 월남 파병 용사인 아빠가 돌아오지 못한 걸 빗댔다는 이유로 금지곡 목록에 올랐다.

• **금지곡 사건의 문제점은 무엇인지 토론해 보고 내 생각을 정리해 보자.**

5
3S 정책과 노동의 새벽

프로야구 개막 시구
(1982.3.27)

국풍 81

전두환 정권은 1981년 5월 28일부터 6월 1일까지 여의도 광장에서 '국풍 81'을 개최했다. 이 행사는 한국신문협회가 주최하고 KBS가 주관했다. 여기에 MBC까지 가세해 대학가요제와 마당놀이를 벌였다. 국풍 81은 민속제, 전통 예술제, 가요제, 연극제, 학술제 등 다양한 행사를 통해 대학생들의 참여를 유도하고 비판 의식을 마비시키려 했다.

미스유니버스 대회와 올림픽

전두환 정권은 광주민중항쟁의 충격이 가시기 전에 서울에서 미스유니버스 대회(1980.7.8)를 개최했습니다. 1981년에는 여의도 광장에서 '국풍 81'이라는 대대적인 문화 행사를 열었지요. 그러나 이는 광주민중항쟁을 폭력으로 진압한 정권이 어두운 시대의 그림자를 덮으려는 관제 행사에 지나지 않았습니다.

전두환 정권은 86 아시안게임과 88 올림픽을 유치한 후에는 질서와 화합을 강조했습니다. 그리고 성공적인 올림픽 개최를 위해 민주화를 유보하자는 논리를 펼쳤지요. 이 때문에 생존권과 민주화를 요구하는 민중들의 목소리는 무질서한 것으로 몰아붙였습니다. 전두환 정권은 야구와 축구 등 스포츠를 통해 대중의 관심을 정치에서 돌렸습니다. 실제로 프로야구는 권력의 폭력에 주눅 든 사람들의 불만을 통쾌한 홈런 한 방으로 해소시키는 통로로 자리 잡았습니다.

이 무렵 시작된 컬러텔레비전 방송은 쇼 프로그램들이 대부분이었고, 영화와 가요 등에서도 상업적인 대중문화가 일상을 지배했습니다. 또한 통행금지가 해제되자 유흥업소가 늘어나면서 성 산업이 팽창했지요. 이처럼 전두환 정권은 스포츠, 영화, 성(sports, screen, sex)을 내세운 3S 정책을 통해 사람들의 관심을 정치에서 돌리려 했습니다.

민중 문화의 성장

1980년대에는 군사정권의 폭력적인 통치에 저항하는 민중 문화가 급속히 성장했습니다. 민중 문화는 대중매체로부터 철저히 외면당했지만 노동조합이나 학생회 등에서 꽃을 피웠습니다. 민중 문화는 노동자들의 열악한 현실, 지배층의 비리와 부패, 민주화와 평화통일 등 현실의 문제를 다루며 발전했습니다. 노동자 시인 박노해는 충격적인 노동 현실과 현실의 모순을 날카롭게 포착해 민중문학의 새로운 지평을 열었습니다.

홍성담의 대동세상
광주민중항쟁을 표현하고 있다.

1970년대 민족 문학의 흐름을 잇는 자유실천문인협의회는 1980년대 초 〈실천문학〉이라는 무크지를 열면서 활동했습니다. 이들은 이후 민족문학작가회의로 활동을 이어 가고 있습니다.

민중예술 운동도 크게 확대되었습니다. 1970년대부터 시작된 탈춤 등 전통 민중예술을 창조적으로 계승하려는 노력은 문화패 운동으로 발전했지요. 1984년 4월에는 문학, 미술, 연극, 음악의 대표자들이 모여 민중문화운동협의회를 발족시켰습니다. 이러한 흐름은 이후 한국민족예술인총연합(1988.12, 민예총)의 결성으로 이어졌습니다. 민예총은 민중운동과의 연대 사업, 정부 문화 정책 비판, 대중 문예 학교의 개설 등 다양한 활동을 펼쳤습니다.

노동의 새벽, 박노해

전쟁같은 밤일을 마치고
난 새벽 쓰린 가슴 위로
차가운 소주를 붓는다
(중략)
어쩔 수 없는 이 절망의
벽을 기어코 깨뜨려 솟구칠
거치른 땀방울, 피눈물
속에 새근새근 숨쉬며
자라는 우리들의 사랑
우리들의 분노 우리들의
희망과 단결을 위해
새벽 쓰린 가슴 위로
차가운 소주잔을 돌리며
돌리며 붓는다
노동자의 햇새벽이 솟아
오를 때까지

• 향락 문화의 산업화와 10대 문화 시장

1980년대에 들어 향락 문화가 본격적으로 산업화되었다. 이에 따라 불법 비디오, 외설 영화, 유흥업 등이 급속도로 팽창했다. 향락 문화 번창의 원인은 1960년대부터 독재 정권에 의해 추진된 경제성장과 문화 통제에 있었다.

수출 중심의 경제구조는 외국 바이어들에 대한 접대 문화를 사회적으로 확산시켰고, 고도성장 과정에서 투기와 불로소득이 만연하면서 향락 산업은 번창했다. 1970년대까지 지하에서 음성적으로 번성하던 향락 문화는 1980년대 들어 대중문화 전반에 영향을 주었다.

1980년대에는 한국의 대중문화 시장에 10대 청소년층이 새로운 소비자로 등장했다. 1960~1970년대 지속된 경제성장은 대도시를 중심으로 소득이 높은 중산층을 형성했다. 중산층의 자녀들은 부모로부터 받은 용돈으로 구매력을 갖춘 소비자로 등장했다. 이들이 자신이 좋아하는 가수의 음반을 사고 콘서트를 보러 가게 됨에 따라 대중문화 시장의 판도는 변했다. 이때부터 이른바 오빠부대가 등장했다.

대중음악의 경우 10대 취향의 댄스음악이 돌풍을 일으키면서 가요 시장은 트로트, 발라드, 댄스로 삼분되었다. 텔레비전의 쇼 프로그램은 10대 취향의 댄스 가수들로 채워지기 시작했고 비디오형 가수들이 늘어났다.

• 향락 문화의 산업화와 10대 문화 시장이 성장하게 된 배경에 대해 토론해 보고 내 생각을 써 보자.

6
돈이 만드는 문화

스타와 오빠부대

6월 항쟁 뒤 문화는 억압적인 고삐가 풀렸습니다. 노태우 정권 때 실시된 금지곡 해제와 검열 완화는 대중문화와 민중 문화의 경계를 허물었습니다. '노래를 찾는 사람들'의 음반은 방송 가요 인기 순위를 오르내렸고 민중 문화의 공연장에는 많은 사람들이 모였습니다. 이 시기 대중문화와 결합된 민중 문화는 우리 문화의 폭을 넓히고 깊이를 더했습니다.

그러나 민중 문화가 대중들의 지지를 받는 상황은 오래가지 않았습니다. 민주와 독재의 대립 구도를 바탕으로 성장한 민중 문화는 대중들의 정치적 욕구를 만족시켰지만 문화적인 욕구를 충족시키지는 못했습니다. 대중들은 급속하게 정치에서 멀어졌고 여가와 오락, 자기 표현의 욕구가 늘었습니다. 이 무렵 가요계는 오빠부대를 몰고 다니는 스타들이 이끌었지요. 이처럼 스타를 만들어 내고 이를 통해 이윤을 극대화시키는 시스템이 대중문화 전반에 자리 잡았습니다.

한편 88 올림픽의 성공적인 개최는 한국이 국제사회에서 위상을 높이는 동시에 북방 외교의 성공을 불러왔습니다. 그러나 올림픽 성화 봉송로 주변을 미화한다며 이루어진 대규모 철거와 개고기집 폐쇄 조치 등은 문화사대주의라는 비판을 받았습니다.

신세대와 자본의 문화 지배

1990년대에 들어 새로운 감성을 가진 신세대가 등장했습니다. 이들은 정보 통신 혁명과 함께 도래한 영상 문화에 가장 잘 적응하고 있습니다. 오늘날 신세대는 문화의 수동적인 소비자에서 벗어나 주체가 되려는 노력이 필요합니다.

1990년대 이후 기술과 정보 통신의 발달로 휴대전화와 초고속 인터넷 망이 개인과 사회를 연결하고 있습니다. 다양한 정보가 공유되자 사회는 다원화되고 새로운 문화가 생겼지요. 기술의 발달은 과거에 침묵하던 사람들을 깨어나게 했습니다. 인터넷상의 시민이라는 뜻으로 네티즌이라고 불리는 이들은 인터넷을 통해 사회적 쟁점을 공유하고 오프라인에서 행동에 나섰습니다. 이들은 조선일보 반대 운동을 인터넷을 통해 확산시키며 네티즌의 힘을 보여 주었습니다. 또한 오마이뉴스를 비롯한 인터넷 신문들이 탄생해 진보적인 목소리를 전하고 있습니다.

김영삼 정권은 문화 산업 전반에 대기업의 참여를 유도했습니다. 이에 따라 대기업이 케이블 TV, 지역 민방, 위성방송, 통신 산업 등을 점유했지요. 이로 인해 자본의 문화 산업 지배는 가속화되었습니다. 이러한 가운데 민족이나 국가의 문화적 독립성과 자율성이 사라질 수 있다는 위기의식이 높아졌습니다. 실제로 세계 영화 시장의 대부분을 거대 자본이 투입된 할리우드 영화가 지배하고 있지요. 우리나라도 한미 자유무역협정을 체결하려고 스크린 쿼터제를 축소해 한국 영화의 위기를 맞았습니다.

• 안티 조선 운동과 네티즌

조선일보 반대 운동
시민 사회단체 3백여 명이 종묘공원에서 '조선일보 규탄 전국대회'를 개최해 한나라당 편향 보도, 한반도 긴장 고조시키는 북핵 보도, 시민단체 명예훼손 고소 등을 규탄하고 있다.

안티 조선 운동은 1998년 조선일보가 벌인 이른바 '최장집 사상 검증' 사건에서 비롯되었다. 월간조선과 조선일보는 김대중 정권의 대통령 자문 정책 기획 위원장을 맡은 최장집 교수에게 색깔 공세를 퍼부었다. 이는 논문에 사용된 어휘 몇 개를 근거로 용공 혐의를 씌운 것으로 결국 최 교수는 위원장 자리에서 물러났다. 네티즌들은 온라인 커뮤니티 '안티 조선 우리 모두'(www.urimodu.com)와 '조선일보 바로 보기 시민 모임'(www.mulchong.com)을 결성해 조선일보의 문제점을 온라인에서 확산시켰다. 2000년 8월에는 '조선일보 반대 시민연대'가 출범하고, 지식인들의 조선일보 구독, 기고, 인터뷰 거부 선언이 이어졌다. 2002년에는 파업을 왜곡 보도한 것에 대한 항의로 민주노총과 전교조 등이 결합했다.

2003년 네티즌들은 '조선일보 없는 아름다운 세상을 만드는 시민들의 모임'인 '조아세'(www.joase.org)를 만들었다. '조아세'는 조선일보의 친일 행적을 공론화시켜 친일 기사를 찍어 내던 조선일보 윤전기를 독립기념관 전시실에서 철거시켰다.(2003.3.18) 조선일보도 2002년부터 '독자와의 대화'라는 사외보를 발행해 안티 조선 운동을 비난했다. 그러나 안티 조선 운동을 통해 일제와 독재 정권을 옹호하던 보수 언론의 문제점이 드러나면서 언론계에도 변화의 바람이 불고 있다.

• 안티 조선 운동이 일어난 원인은 무엇인지 토론하고 내 생각을 정리해 보자.

이 책에 쓰인 사진과 도판을 제공해 주신 분들

경향신문
눈빛출판사
뉴스뱅크이미지
서울시립대박물관
연합포토
웅진지식하우스
이성과힘출판사
전태일재단
중앙포토
지식산업사
SACK

이 책에 쓰인 사진은 정해진 절차에 따라 저작권자에게 사용 허락을 받은 것입니다.
저작권자를 찾지 못한 일부 사진에 대해서는 저작권자가 확인되는 대로
게재 허락을 받고 통상의 기준에 따라 사용료를 지불하도록 하겠습니다.